国家卫生健康委员会“十四五”规划教材
全 国 高 等 中 医 药 教 育 教 材
供中医学、中西医临床医学、针灸推拿学等专业用

大学语文

第4版

主　　编　赵鸿君　王明强

副 主 编　薛芳芸　任宏丽

编　　委　（以姓氏笔画为序）

于　恒（辽宁中医药大学）
王明强（南京中医药大学）
冯莉莉（河北中医药大学）
任宏丽（上海中医药大学）
邬晓东（黑龙江中医药大学）
许　盈（湖南中医药大学）
李　庆（成都中医药大学）
李计筹（广州中医药大学）
李莹波（陕西中医药大学）
杨　莉（北京中医药大学）
张　星（浙江中医药大学）
张　继（南京中医药大学）
赵鸿君（辽宁中医药大学）
郜晓芹（安徽中医药大学）
段鸣鸣（江西中医药大学）
黄　璐（河南中医药大学）
薛芳芸（山西中医药大学）
薄　彤（天津中医药大学）

学术秘书　于　恒（兼）　王　斌（南京中医药大学）

人民卫生出版社
·北　京·

图书在版编目（CIP）数据

大学语文/赵鸿君，王明强主编. —4版. —北京：人民卫生出版社，2023.8

ISBN 978-7-117-34907-9

Ⅰ.①大… Ⅱ.①赵…②王… Ⅲ.①大学语文课-高等学校-教材 Ⅳ.①H19

中国国家版本馆CIP数据核字(2023)第152207号

大 学 语 文

Daxue Yuwen

第4版

主　　编：赵鸿君　王明强
出版发行：人民卫生出版社（中继线 010-59780011）
地　　址：北京市朝阳区潘家园南里19号
邮　　编：100021
E - mail：pmph @ pmph.com
购书热线：010-59787592　010-59787584　010-65264830
印　　刷：三河市宏达印刷有限公司
经　　销：新华书店
开　　本：850×1168　1/16　　印张：18
字　　数：472千字
版　　次：2001年7月第1版　　2023年8月第4版
印　　次：2023年8月第1次印刷
标准书号：ISBN 978-7-117-34907-9
定　　价：65.00元
打击盗版举报电话：010-59787491　E-mail：WQ @ pmph.com
质量问题联系电话：010-59787234　E-mail：zhiliang @ pmph.com
数字融合服务电话：4001118166　E-mail：zengzhi @ pmph.com

数字增值服务编委会

主　　编　赵鸿君　王明强

副 主 编　薛芳芸　任宏丽

编　　委　（以姓氏笔画为序）

于　恒（辽宁中医药大学）
王　斌（南京中医药大学）
王明强（南京中医药大学）
冯莉莉（河北中医药大学）
任宏丽（上海中医药大学）
邬晓东（黑龙江中医药大学）
许　盈（湖南中医药大学）
李　庆（成都中医药大学）
李计筹（广州中医药大学）
李莹波（陕西中医药大学）
杨　莉（北京中医药大学）
张　星（浙江中医药大学）
张　继（南京中医药大学）
赵鸿君（辽宁中医药大学）
郜晓芹（安徽中医药大学）
段鸣鸣（江西中医药大学）
黄　璐（河南中医药大学）
薛芳芸（山西中医药大学）
薄　彤（天津中医药大学）

学术秘书　王　斌（兼）　于　恒（兼）

修订说明

为了更好地贯彻落实党的二十大精神和《“十四五”中医药发展规划》《中医药振兴发展重大工程实施方案》及《教育部 国家卫生健康委 国家中医药管理局关于深化医教协同进一步推动中医药教育改革与高质量发展的实施意见》的要求，做好第四轮全国高等中医药教育教材建设工作，人民卫生出版社在教育部、国家卫生健康委员会、国家中医药管理局的领导下，在上一轮教材建设的基础上，组织和规划了全国高等中医药教育本科国家卫生健康委员会“十四五”规划教材的编写和修订工作。

党的二十大报告指出：“加强教材建设和管理”“加快建设高质量教育体系”。为做好新一轮教材的出版工作，人民卫生出版社在教育部高等学校中医学类专业教学指导委员会、中药学类专业教学指导委员会、中西医结合类专业教学指导委员会和第三届全国高等中医药教育教材建设指导委员会的大力支持下，先后成立了第四届全国高等中医药教育教材建设指导委员会和相应的教材评审委员会，以指导和组织教材的遴选、评审和修订工作，确保教材编写质量。

根据“十四五”期间高等中医药教育教学改革和高等中医药人才培养目标，在上述工作的基础上，人民卫生出版社规划、确定了中医学、针灸推拿学、中医骨伤科学、中药学、中西医临床医学、护理学、康复治疗学 7 个专业 155 种规划教材。教材主编、副主编和编委的遴选按照公开、公平、公正的原则进行。在全国 60 余所高等院校 4 500 余位专家和学者申报的基础上，3 000 余位申报者经教材建设指导委员会、教材评审委员会审定批准，被聘任为主编、副主编、编委。

本套教材的主要特色如下：

1. 立德树人，思政教育　教材以习近平新时代中国特色社会主义思想为引领，坚守“为党育人、为国育才”的初心和使命，坚持以文化人，以文载道，以德育人，以德为先。将立德树人深化到各学科、各领域，加强学生理想信念教育，厚植爱国主义情怀，把社会主义核心价值观融入教育教学全过程。根据不同专业人才培养特点和专业能力素质要求，科学合理地设计思政教育内容。教材中有机融入中医药文化元素和思想政治教育元素，形成专业课教学与思政理论教育、课程思政与专业思政紧密结合的教材建设格局。

2. 准确定位，联系实际　教材的深度和广度符合各专业教学大纲的要求和特定学制、特定对象、特定层次的培养目标，紧扣教学活动和知识结构。以解决目前各院校教材使用中的突出问题为出发点和落脚点，对人才培养体系、课程体系、教材体系进行充分调研和论证，使之更加符合教改实际、适应中医药人才培养要求和社会需求。

3. 夯实基础，整体优化　以科学严谨的治学态度，对教材体系进行科学设计、整体优化，体现中医药基本理论、基本知识、基本思维、基本技能；教材编写综合考虑学科的分化、交叉，既充分体现不同学科自身特点，又注意各学科之间有机衔接；确保理论体系完善，知识点结合完备，内容精练、完整，概念准确，切合教学实际。

4. 注重衔接，合理区分　严格界定本科教材与职业教育教材、研究生教材、毕业后教育教材的知识范畴，认真总结、详细讨论现阶段中医药本科各课程的知识和理论框架，使其在教材中得以凸显，既要相互联系，又要在编写思路、框架设计、内容取舍等方面有一定的区分度。

5. 体现传承，突出特色　本套教材是培养复合型、创新型中医药人才的重要工具，是中医药文明传承的重要载体。传统的中医药文化是国家软实力的重要体现。因此，教材必须遵循中医药传承发展规律，既要反映原汁原味的中医药知识，培养学生的中医思维，又要使学生中西医学融会贯通；既要传承经典，又要创新发挥，体现新版教材“传承精华、守正创新”的特点。

6. 与时俱进，纸数融合　本套教材新增中医抗疫知识，培养学生的探索精神、创新精神，强化中医药防疫人才培养。同时，教材编写充分体现与时代融合、与现代科技融合、与现代医学融合的特色和理念，将移动互联、网络增值、慕课、翻转课堂等新的教学理念和教学技术、学习方式融入教材建设之中。书中设有随文二维码，通过扫码，学生可对教材的数字增值服务内容进行自主学习。

7. 创新形式，提高效用　教材在形式上仍将传承上版模块化编写的设计思路，图文并茂、版式精美；内容方面注重提高效用，同时应用问题导入、案例教学、探究教学等教材编写理念，以提高学生的学习兴趣和学习效果。

8. 突出实用，注重技能　增设技能教材、实验实训内容及相关栏目，适当增加实践教学学时数，增强学生综合运用所学知识的能力和动手能力，体现医学生早临床、多临床、反复临床的特点，使学生好学、临床好用、教师好教。

9. 立足精品，树立标准　始终坚持具有中国特色的教材建设机制和模式，编委会精心编写，出版社精心审校，全程全员坚持质量控制体系，把打造精品教材作为崇高的历史使命，严把各个环节质量关，力保教材的精品属性，使精品和金课互相促进，通过教材建设推动和深化高等中医药教育教学改革，力争打造国内外高等中医药教育标准化教材。

10. 三点兼顾，有机结合　以基本知识点作为主体内容，适度增加新进展、新技术、新方法，并与相关部门制定的职业技能鉴定规范和国家执业医师（药师）资格考试有效衔接，使知识点、创新点、执业点三点结合；紧密联系临床和科研实际情况，避免理论与实践脱节、教学与临床脱节。

本轮教材的修订编写，教育部、国家卫生健康委员会、国家中医药管理局有关领导和教育部高等学校中医学类专业教学指导委员会、中药学类专业教学指导委员会、中西医结合类专业教学指导委员会等相关专家给予了大力支持和指导，得到了全国各医药卫生院校和部分医院、科研机构领导、专家和教师的积极支持和参与，在此，对有关单位和个人表示衷心的感谢！为了保持教材内容的先进性，在本版教材使用过程中，我们力争做到教材纸质版内容不断勘误，数字内容与时俱进，实时更新。希望各院校在教学使用中，以及在探索课程体系、课程标准和教材建设与改革的进程中，及时提出宝贵意见或建议，以便不断修订和完善，为下一轮教材的修订工作奠定坚实的基础。

人民卫生出版社
2023 年 3 月

前　言

大学语文是面向高等院校除汉语言文学专业以外的各个专业开设的一门公共基础课，主旨是提升大学生文学修养和文化素质、涵养大学生人文精神和培育大学生的健全人格，目的是培养大学生汉语语言文学方面的阅读、欣赏、理解和写作表达能力，培养对语言文化的亲近感、自豪感，为学习其他课程奠定人文基础。大学语文不是一种工具，而是一种修养，关系到美育和德育，关系到精神文明的建设、理想人格的塑造，承载着传承精华、立德树人的重任。

从2001年开始编写第1版，《大学语文》至今已经迈入第4版。光阴荏苒，经过4代编写者的努力奋斗、传承创新，《大学语文》形成了结构合理、内容完善、体裁丰富、中医药特色鲜明的大学生本科教材。本次修订经过编委会的充分讨论，根据课程宗旨和教学目的，在第3版的基础之上，进行了单元重构、篇章优化、增加模块、数字化融合教材建设等多项调整，以进一步优化和完善。

重新勾画教材布局，将教材分上、下两篇。上篇文选，七个单元，共六十课。第一单元“文以载道”，选择先秦古籍中既能体现中医药渊源，又能立德树人、陶冶情操的文选九课，包含了四十篇(则)在思想、哲理等方面均具代表性的经典文字。第二单元“诗文人生”，选择诗、词、赋等从古代到现当代有代表性的作品八课，包含颇具人文情怀的古今诗词十六首。第三单元“以文化人”，选择鉴赏评论、游记、散文、祭文、小品文、杂剧、笔记小说、文言短篇小说等不同体裁的作品八课，展现以文品化人品的美丽画卷。第四单元“知情达意”，选择传记、论说文、散文、小说等作品九课，展示从古至今不同群体对情意的不同理解，培养重情义、知荣辱的世界观。第五单元“学以致用”，选择在写作与表达方面颇具典范的古今名作九课。既有生活的启示，又有爱情婚姻的叮嘱；既有机智聪明的果敢，又有阅读写作的谆谆教导。内容丰富，化人润物，受益颇多。第六单元“医哲拾贝”，选择与中医学紧密相关，既有哲学的思辨，又能开启心智，提高养生修养的作品八课。第七单元“杏苑撷英”，选择文学色彩鲜明、具有人文特点的医学篇章九课，包括十六篇(则)，或为医林趣事，或为行医的准则，或为医易的思考，引人入胜，发人深思。下篇为通论，共七章，属于基础知识部分，介绍有助于提高阅读理解、写作表达、语言文化能力的基本理论、基本知识与基本技能。文末附“常用语文工具书简介”，以便读者学习选用。

模块、体例设置。教材设置“学习目标”模块，引导学生有效学习；文后面设有“知识链接”模块，以加深学生对文章内容或作者的理解；同时设置“思政元素”模块，以体现“课程思政”要求，潜移默化地对学生社会主义核心价值观、职业理想等产生影响。根据课程的特点，上篇文选以标题、题解、正文、注释、简析为通例；下篇通论则依其内容随宜处理。

融合教材建设。与纸质教材同步编写数字化融合教材。通过扫描二维码，学生可对教材的数字增值服务内容进行自主学习。

本教材力求突出人文性和实用性。中医学植根于中国传统文化，中国传统文化是中医学的母体，中医学是中国传统文化的载体。首先，在文选的选目上，本教材内容编写以古代作品为主，以现当代作品为辅。精选古代文学作品中与中医学关系密切的文章，贯穿阴阳之道、五行之道、天地人之道和精气神之道，让学生在优美文字中体会中华文化之美。其次，在文选的编排和注释上，按内容分成七个单元，第一单元的文章按先儒后道及时间先后排序，其余单元的文章以时间先后为序。注释力求准确、简洁，既注意注释的深度，又考虑学生已有的水平。最后，在基础知识的编写上，注重介绍与阅读理解、写作表达等相关的国学、中国文学、中国文化、诗词格律等知识。

在文字处理上，本教材以2013年教育部、国家语言文字工作委员会组织制定的《通用规范汉字表》为依据，力求文字标准化、规范化。本教材所用文字为简化字，依所据版本保留通假字、古今字、异体字，并出注说明。

本教材由全国高等中医药院校大学语文教师共同完成，分工如下（按编写内容顺序）：第一单元由张星、黄璐、郜晓芹、许盈、任宏丽编写，第二单元由赵鸿君、邬晓东、李计筹、冯莉莉、杨莉、许盈编写，第三单元由薄彤、邬晓东、薛芳芸、李计筹编写，第四单元由邬晓东、杨莉、许盈、冯莉莉、张继、李莹波编写，第五单元由李庆、张星、邬晓东、王明强、黄璐、李莹波编写，第六单元由张星、王明强、李庆、薄彤、张继、薛芳芸编写，第七单元由张继、段鸣鸣、任宏丽、薛芳芸、于恒编写。通论部分第一章由薛芳芸编写，第二章由赵鸿君编写，第三章由王明强编写，第四章由杨莉编写，第五章由王明强、段鸣鸣编写，第六章由任宏丽编写，第七章由赵鸿君、张继编写，附录及主要参考书目由李莹波编写。

本教材在编写过程中，得到了有关院校和专家、同仁的大力支持，一并表示衷心感谢。

由于时间紧迫，教材中如有缺漏不足之处，还请各位同仁斧正，以待再版修订完善。

编者

2023年3月

目　录

上篇　文　选

下篇　通　　论

上篇

文选

PPT 课件

第一单元

文以载道

学习目标

本单元以先秦经典之文，承乾坤之道、天人之道、阴阳之道、三才之道、五行之道、精气神之道、修身之道、养生之道，学习本单元要求达到以下目标：

1. 掌握《周易》“一阴一阳之谓道”所蕴含的“道”的内涵及功用。了解古代思维模式及哲学思想；了解乾坤二卦的特点、意义和作用。

2. 掌握古代五行学说的早期内涵。了解《洪范》九类大法的作用及其内容。

3. 掌握“三纲八目”的内涵，了解“修身”在其中的关键作用。

4. 掌握《老子》“道”的实质与特点，理解辩证思维、上善、修德、天人之道、社会理想等方面的深层含义，了解《庄子》的“养生”要义。

5. 掌握《水地》“水为万物本原”、《内业》“精气说”“化不易气”“天地人一体”的思想内涵。

一、《周易》四则

【题解】本文选自《周易本义》，据中华书局2009年点校本排印。《周易》又称《易经》，简称《易》，群经之首，是建立在太极和阴阳二元论的基础上，对天地万物的性质、特点及其规律予以论证和描述的一部中华文化元典。内容分为“经”“传”两部分：“经”主要是六十四卦的卦形符号与卦爻辞；“传”由《彖辞》上下、《象辞》上下、《系辞》上下、《文言》《说卦》《序卦》《杂卦》七种十篇构成。因其阐发经文大义，犹如羽翼，故汉人称之为“十翼”，后世统称《易传》。作者旧传为伏羲（画卦）、周文王（演为六十四卦并作辞）、孔子（作传）。《周易本义》为南宋朱熹注解《周易》的著作。

第一则选自《周易·系辞上》第一章，开宗明义，讲《周易》的大道理就是阴阳，而这个大道理是非常简单的，是容易遵守的，正因为简单，所以它是最接近于本质的，而这个规律，我们是可以找到的。第二则选自《周易·系辞上》第五章，论述“一阴一阳之谓道”以及“道”的蕴义、功用，分析了“阴阳变化”的道理。第三则选自《周易·系辞上》第十一章，旨在总括圣人根据《周易》的根本作用“开物成务、冒天下之道”来善知善处天下万物和人己诸事以“神明其德”之大义，要求欲成大业的人们要像圣人那样遵从并勤勉而为。第四则选自《周易·系辞下》第六章，阐述乾坤是《易》的门户，论述卦爻的特点、意义和作用。

（一）

天尊地卑，乾坤定矣[1]。卑高以陈[2]，贵贱位矣[3]。动静有常[4]，刚柔断矣[5]。方以类

聚[6]，物以群分，吉凶生矣。在天成象[7]，在地成形[8]，变化见矣。是故刚柔相摩，八卦相荡[9]，鼓之以雷霆，润之以风雨[10]，日月运行，一寒一暑。乾道成男，坤道成女[11]。乾知大始[12]，坤作成物。乾以易知，坤以简能。易则易知，简则易从。易知则有亲，易从则有功。有亲则可久，有功则可大。可久则贤人之德，可大则贤人之业。易简而天下之理得矣，天下之理得，而成位乎其中矣。（《周易·系辞上》第一章）

[1] 乾坤：乾卦和坤卦。

[2] 陈：陈列，罗列。　以：通“已”。

[3] 位：用作动词，位置确定。

[4] 常：规律。

[5] 刚柔：指阴阳。《周易本义》：“刚柔者，《易》中卦爻阴阳之称也。”

[6] 方以类聚：各种事情根据类别而聚集。方，《周易本义》谓“事情所向。言事务善恶，各以类分”。

[7] 象：指日月星辰、风雨雷电等天象。

[8] 形：指山河湖海、草木虫鱼等有形的事物。

[9] 八卦：即乾坤、震巽、坎离、艮兑。八卦代表八种自然现象，即天地、风雷、水火、山泽。　相荡：指易卦的变化。《周易本义》：“六十四卦之初，刚柔两画而已，两相摩而为四，四相摩而为八，八相荡而为六十四。”

[10] “鼓之以雷霆”两句：用雷霆来鼓动万物，用风雨来滋润万物。

[11] “乾道成男”两句：乾道可以化生一切阳性的物质，坤道可以化生一切阴性的物质。男，指阳性的物质。女，指阴性的物质。

[12] 知：主管，与下文“作”同义互文。大始：指开始形成万物的混沌之气。大，同“太”。

（二）

一阴一阳之谓道。继之者善也[1]，成之者性也[2]。仁者见之谓之仁，知者见之谓之知[3]，百姓日用而不知，故君子之道鲜矣。显诸仁，藏诸用[4]，鼓万物而不与圣人同忧[5]。盛德大业至矣哉。富有之谓大业，日新之谓盛德。生生之谓易[6]，成象之谓乾，效法之谓坤[7]。极数知来之谓占，通变之谓事[8]，阴阳不测之谓神（《周易·系辞上》第五章）

[1] 继：继承。

[2] 成：生成。此犹言具备。　性：本质属性。此指具有各自的属性。

[3] 知：同“智”。

[4] “显诸仁”二句：指“天地之道”显现于仁德，而潜藏于日用。

[5] “鼓万物”句：鼓动化育万物而不同于圣人的忧患之心。《周易正义》：“圣人化物不能全无以为体，犹有经营之忧；道则虚无为用，无事无为，不与圣人同用，有经营之忧也。”

[6] 生生：使万物生长不息。

[7] “成象”两句：把生生之功呈现出各种形象就叫乾，也就是天的功能；效法天道的就是地的功能，使万物呈现具体形态，叫做坤。

[8] “极数知来”两句：穷尽《周易》数的功用，可以预知未来，叫做占卜；通晓变化的规律，叫做事。极数，穷尽其技艺。数，指《易》筮中的蓍卦之数。

（三）

子曰：“夫《易》何为者也？夫《易》开物成务[1]，冒天下之道[2]，如斯而已者也。”是故圣人以通天下之志，以定天下之业，以断天下之疑。是故蓍之德圆而神[3]，卦之德方以知[4]，六爻之义易以贡[5]。圣人以此洗心，退藏于密[6]，吉凶与民同患。神以知来，知以藏往[7]，其孰能与于此哉！古之聪明睿知神武而不杀者夫[8]！是以明于天之道，而察于民之故，是兴神物[9]，以前民用[10]。圣人以此斋戒，以神明其德夫！

[1] 开物成务：发现和揭示万事万物的道理，而成就大的事业。唐代孔颖达疏：“言《易》能开通万物之

笔记栏

志，成就天下之务。”开，发现，揭示。务，事物。

[2] 冒：包容。

[3] 蓍之德圆而神：谓蓍草的性质是圆通而神奇的。德，指性质。

[4] 卦之德方以知：谓卦的特性是方正而明智的。

[5] 易：变化。 贡：告诉。

[6] 退藏于密：谓圣人卜卦之后，只将结果告知人们，使人趋吉避凶，并不讲说精微难通的卜卦之道，让人觉得卜卦之道就像隐藏在玄密的蓍、卦中一样。韩康伯注：“犹藏诸用也。”密，指玄密的蓍、卦。

[7] “神以知来”两句：蓍草的神奇作用是能够预知未来，卦的智慧蕴藏了过去的道理。知，同“智”。

[8] 杀：战斗。此指刑罚、讨伐。

[9] 神物：指蓍、卦。

[10] 以前民用：用来指导百姓的日常生活。前，引导，指导。

是故《易》有太极[1]，是生两仪[2]，两仪生四象[3]，四象生八卦，八卦定吉凶，吉凶生大业。是故法象莫大乎天地[4]，变通莫大乎四时，县象著明莫大乎日月[5]，崇高莫大乎富贵[6]。备物致用，立成器以为天下利，莫大乎圣人。探赜索隐[7]，钩深致远[8]，以定天下之吉凶，成天下之亹亹者[9]，莫大乎蓍龟[10]。是故天生神物，圣人则之[11]。天地变化，圣人效之。天垂象，见吉凶，圣人象之[12]。河出图，洛出书[13]，圣人则之。（《周易·系辞上》第十一章）

[1] 太极：指派生万事万物的本源。

[2] 两仪：指阴阳。

[3] 四象：指少阳、太阳、少阴、太阴。四象对应时间的春夏秋冬、空间的东南西北。

[4] 法象：对自然界一切事物现象的总称。

[5] 县象：天象，多指日月星辰。县，同“悬”。 著明：显明。

[6] 崇高莫大乎富贵：唐代孔颖达疏：“以王者居九五富贵之位，力能齐一天下之动而道济万物，是崇高之极，故云。”

[7] 探赜（zé 泽）索隐：探究深奥的道理，搜索隐秘的事情。赜，幽深玄妙。

[8] 钩深致远：谓能钩取深处之物和招致远处之物。喻探索深奥的道理。

[9] 亹亹（wěiwěi 伟伟）：勤勉不倦的样子。

[10] 蓍龟：指占卜。蓍，蓍草。龟，龟甲。均为占卜的工具。

[11] 则：效仿，效法。

[12] 象：模拟，取象以推演。

[13] “河出图”二句：相传伏羲时代，河南洛阳东北孟津县境的黄河中浮出龙马，背负“河图”，文如八卦。伏羲得之，据以创制八卦。又传大禹时代，洛阳西洛宁县洛河中浮出神龟，背驮“洛书”。大禹得之，据以治水成功，将天下划为九州，并据此定九章大法，治理天下。

（四）

子曰：“乾坤其易之门邪[1]？”乾，阳物也；坤，阴物也。阴阳合德而刚柔有体，以体天地之撰[2]，以通神明之德。其称名也[3]，杂而不越[4]，于稽其类[5]，其衰世之意邪？夫《易》，彰往而察来，而微显阐幽[6]，开而当名辨物[7]，正言断辞则备矣[8]。其称名也小，其取类也大[9]。其旨远，其辞文，其言曲而中，其事肆而隐[10]。因贰以济民行[11]，以明失得之报[12]。（《周易·系辞下》第六章）

[1] 其：大概。 门：门户。

[2] 体：体察。 撰：天地阴阳自然的变化规律。

[3] 称名：指卦爻辞所称物的名称。

[4] 杂：复杂。 不越：不超越阴阳的道理。

[5] 于：语气词。 稽：稽考。 类：事类。

笔记栏

［6］微显：显微，显现细微之事。　阐幽：阐发幽深的道理。
［7］开：撰写文辞开释卦爻。　当名辨物：名义适当，从而分辨代表和象征的事物。
［8］正言断辞：语言中正，措辞决断。
［9］取类：取喻的事类。
［10］肆：陈列。　隐：隐秘，深刻。
［11］因：依据。　贰：疑虑。一说，阴阳两方面的道理。　济：帮助。
［12］报：应验。

简　析

《周易》论理，均以天人相应为语境，以取象比类为思维，在阐述天地人三才之道的同时，揭示人们效法而为的积极作用。本课所选四则，从不同角度和层面体现了这些特点。

第一则，先从天高地低与其间万事万物的动静变化之有形状况说起，进而论述了能够说明其实质、特点和变化规律的乾坤之道，从而执简驭繁地阐明了乾坤之道平易、简约的特性及其作用，揭示了“圣人法之能见天下之理”。

第二则，在提出“一阴一阳之谓道”这句名言以后，分别指出“道”的蕴义、功用，最后分析了“阴阳变化”的道理。

第三则，在分别指出《周易》的根本作用乃是“开物成务，冒天下之道”及蓍、卦、六爻的特殊性用之后，特别简述了圣人据以“通天下之志”“定天下之业”“断天下之疑”和“洗心”“斋戒”来“神明其德”的大义。并由论述太极而八卦的体系，说到欲成大业的人应有的取法与变通、崇高与勤勉、趋吉与避害之道，则人们没有理由不像圣人那样遵从并勤勉而为。

第四则，阐述乾坤是《易》的门户，论述卦爻的特点、意义和作用。乾是阳性的事物，坤是阴性的事物，阴阳的德性互相配合，刚柔就成为形体了，也就是说乾坤两个卦、刚柔两种爻画就形成了。用乾坤可以体现天地运动变化，通晓神妙的变化规律。所以六十四卦三百八十四爻指称的名物虽然很繁杂，但没有超越阴阳的道理，没有超越天地变化的规律。《周易》可以彰知往事而察知未来，显现细微之事而阐发幽深的道理，具有指导百姓行为、明确吉凶得失的作用。

知识链接

阴阳应象大论

黄帝曰：阴阳者，天地之道也，万物之纲纪，变化之父母，生杀之本始，神明之府也，治病必求于本。故积阳为天，积阴为地。阴静阳躁，阳生阴长，阳杀阴藏。阳化气，阴成形。寒极生热，热极生寒。寒气生浊，热气生清。清气在下，则生飧泄。浊气在上，则生䐜胀。此阴阳反作，病之逆从也。

故清阳为天，浊阴为地；地气上为云，天气下为雨，雨出地气，云出天气。故清阳出上窍，浊阴出下窍；清阳发腠理，浊阴走五脏；清阳实四支，浊阴归六腑。

水为阴，火为阳。阳为气，阴为味。味归形，形归气，气归精，精归化。精食气，形食味，化生精，气生形。味伤形，气伤精，精化为气，气伤于味。

阴味出下窍，阳气出上窍。味厚者为阴，薄为阴之阳。气厚者为阳，薄为阳之阴。味厚则泄，薄则通。气薄则发泄，厚则发热。壮火之气衰，少火之气壮。壮火食气，气食少火。壮火散气，少火生气。气味，辛甘发散为阳，酸苦涌泄为阴。（选自《素问·阴阳应象大论》）

（张　星）

笔记栏

复习思考题

1. 搜集相关资料，归纳《周易》在中国文化中的渊源作用。
2. 结合文意和实际，解释下列词句。
(1) 易则易知，简则简从。
(2) 显诸仁，藏诸用，鼓万物而不与圣人同忧，盛德大业至矣哉！
(3) 开物成务。
(4) 蓍之德圆而神，卦之德方以知。
3. 举例分析文中所用的取象比类的思维与表达方法。

二、洪 范

【题解】本文选自《尚书》，据中华书局2018年点校本《书集传》排印。《尚书》相传由孔子整理而成，又称《书》或《书经》，以其为上古之书，故称《尚书》。它是我国现存最早的关于上古时历史文献的汇编，保存了商及西周初期的一些重要史料，被列为五经之一。南宋蔡沉认为《尚书》记载了二帝三王治天下的大经大法，故而具有重要地位。《尚书》有《古文尚书》《今文尚书》之别。汉代流行最早的是伏生所传《尚书》二十九篇，称为《今文尚书》。汉武帝时在孔子故宅中发现《尚书》，以蝌蚪文写成，称为《古文尚书》。孔安国传《古文尚书》，唐代孔颖达为之作疏，即今存《十三经注疏》中的《尚书》，影响很大。明清以后较为通行的版本是南宋朱熹弟子蔡沉所作《书集传》。《尚书》包括《虞书》五篇、《夏书》四篇、《商书》十七篇、《周书》三十二篇。《洪范》为《周书》第六篇，论述了《洪范》九类大法的作用及其内容，保存了古代五行学说的早期资料，概述了水、火、木、金、土五种自然界万事万物的运行方式。由于五行是商周之际人们从生活和生产实践中形成的唯物主义观点，因此对古代哲学和中医学有着深远的影响。

武王胜殷[1]，杀受[2]，立武庚[3]，以箕子归[4]，作洪范。

惟十有三祀[5]，王访于箕子[6]。王乃言曰："呜呼！箕子，惟天阴骘下民[7]，相协厥居[8]，我不知其彝伦攸叙[9]。"箕子乃言曰："我闻在昔，鲧陻洪水[10]，汩陈其五行[11]，帝乃震怒，不畀洪范九畴[12]，彝伦攸斁[13]。鲧则殛死[14]，禹乃嗣兴，天乃锡禹洪范九畴[15]，彝伦攸叙。

[1] 武王：即周武王。西周王朝的建立者。姓姬，名发。

[2] 受：《史记》作"纣"，即商纣。

[3] 武庚：一名禄父。商纣王之子。周武王灭商后，被封为殷君。

[4] 箕子：商纣的叔父，官拜太师。封于箕（今山西太谷东北），子爵，故称为箕子。

[5] 惟十有三祀：十三年。惟，语首助词。祀，年。夏称年为岁，商称年为祀。十三年指文王建国后的第十三年，亦即武王即位后的第四年。

[6] 访：询问，请教。

[7] 阴骘（zhì 质）下民：默默地使下界人民安定。阴，默默。骘，安定。使动用法。孔安国传："骘，定也。天不言，而默定下民。"

[8] 相（xiàng 向）协厥居：帮助和谐其居。相，辅助。协，和谐。厥，其。

[9] 彝伦：常理，常道。彝，常。伦，伦理，这里指道理。 攸：所。 叙：次序。

笔记栏

[10] 鲧(gǔn 滚):我国传说中原始时代的部落领袖,曾奉命治理洪水。采取筑堤堵水的方法,九年未成,被处死在羽山。 陻(yīn 因):"堙"的异体字。堵塞。

[11] 汩(gǔ 骨):扰乱。 陈:列。孔颖达疏:"治水失道,乱陈其五行。"

[12] 不畀(bì 必)洪范九畴:不给予九类大法。畀,给予。洪,大。范,法。畴,种类。

[13] 斁(dù 妒):败坏,混乱。

[14] 殛(jí 极)死:指在流放中死去。殛,诛戮,这里指流放。孔颖达疏:"放鲧,至死不赦。"

[15] 锡:通"赐"。

"初一曰五行,次二曰敬用五事[1],次三曰农用八政[2],次四曰协用五纪[3],次五曰建用皇极[4],次六曰乂用三德[5],次七曰明用稽疑[6],次八曰念用庶征[7],次九曰向用五福[8],威用六极[9]。

[1] 敬用五事:恭敬地做好五方面的事情。五事,指貌、言、视、听、思五件事。

[2] 农用八政:努力做好八项政务。农,勤勉。八政,食、货、祀、司空、司徒、司寇、宾、师八种政务。

[3] 协用五纪:根据日月运行的情况来校订历法,使之与日月的运行相和协,从而正确地使用五种纪时的方法。协,和。五纪,指岁、月、日、星辰、历数五种纪时法。

[4] 建用皇极:指人君应当建立至高无上的、最中正的准则,并以此教育人民。皇,大。极,中正的准则。

[5] 乂(yì 义)用三德:指治理人民要用三种德行。乂,治理。三德,孔颖达疏:"治民必用刚、柔、正直之三德。"

[6] 明用稽疑:意思是明察地运用卜筮决断疑难之事。孔颖达疏:"明用卜筮考疑之事。"稽疑,谓用卜筮决疑。稽,卜问。

[7] 念用庶征:指检验君王行为用各种天时众气的征候。庶征,各种征候。

[8] 向用五福:意思是用五福劝导人民。向,劝导,鼓励。五福,指寿、富、康宁、攸好德、考终命。

[9] 威:畏惧,警戒。 六极:谓六种极凶恶之事。指凶短折、疾、忧、贫、恶、弱。

"一、五行:一曰水,二曰火,三曰木,四曰金,五曰土。水曰润下,火曰炎上,木曰曲直,金曰从革[1],土爰稼穑[2]。润下作咸[3],炎上作苦,曲直作酸,从革作辛,稼穑作甘。

"二、五事:一曰貌,二曰言,三曰视,四曰听,五曰思。貌曰恭,言曰从[4],视曰明,听曰聪,思曰睿[5]。恭作肃[6],从作乂,明作晢[7],聪作谋,睿作圣。

"三、八政:一曰食[8],二曰货[9],三曰祀[10],四曰司空[11],五曰司徒[12],六曰司寇[13],七曰宾[14],八曰师[15]。

"四、五纪:一曰岁,二曰月,三曰日,四曰星辰[16],五曰历数[17]。

[1] 从革:谓依从人的意愿而改变其形状。革,更改,改变。

[2] 爰:曰,为。 稼穑:耕种收获。

[3] 润下:谓水性就下以滋润万物。 作:产生。

[4] 从:顺从。

[5] 睿:通达。

[6] 肃:恭敬。

[7] 晢(zhé 哲):通"哲"。明智。

[8] 食:指教导人民勤于农事。孔颖达疏:"教民使勤农业也。"

[9] 货:财货,指教导人民制作器具。孔颖达疏:"教民使求资用也。"

[10] 祀:祭祀,指教导人民敬畏鬼神。孔颖达疏:"教民使敬鬼神也。"

[11] 司空:掌管土地民居的官员。

[12] 司徒:掌管教育的官员。孔颖达疏:"司徒之官教众民以礼仪也。"

笔记栏

[13] 司寇:掌管司法治安的官员。
[14] 宾:孔颖达疏:“教民以礼待宾客,相往来也。”
[15] 师:管理军队的官员。孔颖达疏:“立师防寇贼,以安保民也。”
[16] 星辰:指二十八宿和十二时辰。
[17] 历数:日月运行经历周天的度数。

“五、皇极:皇建其有极。敛时五福[1],用敷锡厥庶民[2]。惟时厥庶民于汝极[3],锡汝保极[4]。凡厥庶民,无有淫朋[5],人无有比德[6],惟皇作极。凡厥庶民,有猷有为有守[7],汝则念之。不协于极[8],不罹于咎[9],皇则受之[10]。而康而色[11],曰:予攸好德[12]。汝则锡之福。时人斯其惟皇之极[13]。无虐茕独[14],而畏高明[15]。人之有能有为,使羞其行[16],而邦其昌。凡厥正人[17],既富方谷[18],汝弗能使有好于而家,时人斯其辜[19]。于其无好德,汝虽锡之福,其作汝用咎。无偏无陂[20],遵王之义;无有作好[21],遵王之道;无有作恶,遵王之路。无偏无党,王道荡荡[22];无党无偏,王道平平[23];无反无侧[24],王道正直。会其有极[25],归其有极。曰:皇极之敷言[26],是彝是训[27],于帝其训,凡厥庶民,极之敷言,是训是行,以近天子之光[28]。曰:天子作民父母,以为天下王。

[1] 敛:聚,集中。 时:这。
[2] 敷:普遍。
[3] 惟时厥庶民于汝极:只有这样众民才会遵从你的最高而中正的法则。于,依照,遵从。
[4] 保:保持,遵守。
[5] 淫朋:邪恶之朋党。
[6] 比德:指结党营私的行为。
[7] 猷(yóu 犹):计谋。 为:作为。 守:操守。
[8] 不协于极:谓行为不合于法则。
[9] 不罹(lí 离)于咎:行为不构成犯罪。罹,遭受,犯。
[10] 受:宽容。
[11] 康:和悦。 色:温润。
[12] 予攸好德:我所爱好的是道德。
[13] 时人斯其惟皇之极:这样人们就会想念最高法则。斯,就。惟,想。
[14] 茕(qióng 穷)独:指孤独无依的人。茕,无兄弟之人。独,无子之人。
[15] 畏高明:畏惧显贵之人。高明,指显贵。
[16] 羞:贡献。
[17] 正人:正直的人。
[18] 富:俸禄高。 方谷:方可责其为善。方,才。谷,善。
[19] 辜:罪,怪罪。
[20] 陂(bì 毕):偏颇,邪僻不正。
[21] 好:私好,偏好。
[22] 荡荡:广大貌,博大貌。
[23] 平平:治理有序。
[24] 侧:倾斜。
[25] 会其有极:孔颖达疏:“集会其有中之道而行之。”会,聚会。
[26] 敷言:布陈说教。
[27] 训:通“顺”。顺从,遵循。下文“于帝其训”“是训是行”义同此。
[28] 近:亲附。

“六、三德:一曰正直[1],二曰刚克[2],三曰柔克[3]。平康正直[4],彊弗友刚克[5],燮友柔克[6]。沈潜刚克[7],高明柔克[8]。惟辟作福[9],惟辟作威,惟辟玉食[10]。臣无有作福作威玉

食。臣之有作福作威玉食,其害于而家,凶于而国。人用侧颇僻[11],民用僭忒[12]。

[1] 正直:纠正邪曲而使之正直。孔颖达疏:"一曰正直,言能正人之曲使直。"

[2] 刚克:以刚强取胜。克,胜。孔颖达疏:"刚强而能立事。"

[3] 柔克:谓和柔而能成事。孔颖达疏:"和柔而能治。"

[4] 平康正直:孔颖达传:"世平安用正直治之。"平康,平安。

[5] 彊弗友刚克:强硬不顺从以刚治之。彊,"强"的异体字。友,顺。

[6] 燮(xiè 谢)友:和顺。燮,和。

[7] 沈潜刚克:孔颖达疏:"地虽柔亦有刚,能出金石。喻臣当执刚以正君。"沈潜,谓地德深沉柔弱。沈,同"沉"。

[8] 高明柔克:孔颖达疏:"天为刚德亦有柔克。喻君当执柔以纳臣。"指天,上天。孔颖达传:"高明谓天。"

[9] 辟:君主之称。

[10] 玉食:美食。

[11] 用:因此。　侧颇僻:偏私邪僻。

[12] 僭忒(jiàn tè 见特):谓越礼逾制,心怀疑贰。僭,超越本分。忒,疑惑。

"七、稽疑:择建立卜筮人,乃命卜筮。曰雨,曰霁[1],曰蒙[2],曰驿[3],曰克[4],曰贞[5],曰悔[6]。凡七,卜五,占用二,衍忒[7]。立时人作卜筮[8],三人占,则从二人之言。汝则有大疑,谋及乃心[9],谋及卿士,谋及庶人,谋及卜筮。汝则从,龟从,筮从,卿士从,庶民从,是之谓大同。身其康彊,子孙其逢吉。汝则从,龟从,筮从,卿士逆,庶民逆,吉。卿士从,龟从,筮从,汝则逆,庶民逆,吉。庶民从,龟从,筮从,汝则逆,卿士逆,吉。汝则从,龟从,筮逆,卿士逆,庶民逆,作内吉,作外凶[10]。龟筮共违于人,用静吉[11],用作凶。

[1] 霁:雨止天晴。卜兆之一种。《孔传》:"龟兆形有似雨者,有似雨止者。"

[2] 蒙:阴暗。卜兆之一种。

[3] 驿(yì 意):通"圛"。云气稀疏貌。卜兆之一种。

[4] 克:古代灼龟甲卜吉凶,其裂纹相交错者谓之克。

[5] 贞:《易》的内卦,即下三爻。

[6] 悔:《易》的外卦,即上三爻。

[7] 衍忒:推算过失。蔡沉《书集传》:"衍,推。忒,过也。所以推人事之过差也。"

[8] 时人:知晓占卜的人。时,通"是"。此,这。

[9] 谋及乃心:谓自己用心谋虑。

[10] "作内吉"两句:意为可以行祭祀、结婚之事,不可以出师征伐。作,行事。

[11] 用静吉:意为保持不动就吉利。

"八、庶征:曰雨,曰旸[1],曰燠[2],曰寒,曰风,曰时[3]。五者来备[4],各以其叙[5],庶草蕃庑[6]。一极备[7],凶;一极无[8],凶。曰休征[9]:曰肃,时寒若[10];曰乂,时旸若;曰哲,时燠若;曰谋,时寒若;曰圣,时风若。曰咎征[11]:曰狂,恒雨若;曰僭[12],恒旸若;曰豫[13],恒燠若;曰急,恒寒若;曰蒙[14],恒风若。曰王省惟岁[15],卿士惟月,师尹惟日[16]。岁月日时无易[17],百谷用成[18],乂用明,俊民用章[19],家用平康。日月岁时既易,百谷用不成,乂用昏不明,俊民用微[20],家用不宁。庶民惟星,星有好风[21],星有好雨。日月之行,则有冬有夏。月之从星,则以风雨。

[1] 旸(yáng 阳):晴天。

[2] 燠(yù 玉):暖,热。

笔记栏

［3］时：按时。《孔疏》：“言五者各以时来，所以为众事之验也。”

［4］五者来备：指五种气象齐备地来到。

［5］叙：次第，这里指时序。

［6］蕃庑：茂盛。蕃，茂盛。庑，草木茂盛。

［7］一极备：一种气候太过。

［8］一极无：一种气候不至。

［9］休征：美好征兆。休，美好。

［10］寒：疑“雨”之误。　若：顺。

［11］咎征：不祥征兆。

［12］僭：差错。

［13］豫：安逸。

［14］蒙：昏暗。

［15］曰王省惟岁：如果君王有了过失，就会影响一年。蔡沉《书集传》：“王者之失得，其征以岁。”省，通“眚”，过失。

［16］师尹：各属官之长。《孔疏》：“师，众也。尹，正也。众正官之吏，谓卿士之下有正官大夫，与其同类之官为长。”

［17］易：改变。

［18］用：因而，因此。

［19］俊民：有才能的人。　章：显扬，施展。

［20］微：隐匿，隐藏。《孔传》：“治暗贤隐，国家乱。”

［21］好：喜好。

“九、五福：一曰寿，二曰富，三曰康宁，四曰攸好德[1]，五曰考终命[2]。六极[3]：一曰凶短折[4]，二曰疾，三曰忧，四曰贫，五曰恶[5]，六曰弱[6]。”

［1］攸：句中助词。　好德：美德。

［2］考终命：指寿尽天年。考，老。终命，指善终。

［3］六极：谓六种极凶恶之事。

［4］凶：没到换牙就死去。　短：未至冠礼就死去。　折：没有结婚就死去。孔颖达疏引郑玄说：“凶短折皆是夭亡之名。未龀曰凶，未冠曰短，未婚曰折。”

［5］恶：指丑陋。

［6］弱：指意志怯弱。

简　析

本文通过箕子向周武王陈述治理人民的方法，论说了九类大法的作用及其内容，主张天子建立中正之道，实行赏罚，使臣民顺服。又提出“正直”“刚克”“柔克”三种治民方法。认为卜筮可以解决疑难，政情可以使天象发生变化，人能追求到人生的终极目标：五福。在总叙九类大法的内容后，重点介绍了第一类五行、第五类皇极、第八类庶征、第九类五福六极的具体内容。其中第一类是初始畴，第五类是中心畴，第九类是目的畴。《洪范》比较系统地记载了早期五行学说，提出“我闻在昔，鲧堙洪水，汩陈其五行”，“五行：一曰水、二曰火、三曰木、四曰金、五曰土”。并解释五行的含义，“水曰润下，火曰炎上，木曰曲直，金曰从革，土爰稼穑”。这些思想是中医学五行学说的基础和来源，故而本篇文章对于中医哲学思维的奠定有着不可忽视的作用。然而，《洪范》又认为龟筮可以预卜人事吉凶祸福，国家的治乱兴衰能影响气候的变化。这种思想，后成为汉代“天人感应”等神学迷信的理论根据，需要我们进行辩证地学习。

笔记栏

知识链接

天元纪大论

黄帝问曰：天有五行，御五位，以生寒暑燥湿风；人有五藏，化五气，以生喜怒思忧恐。论言五运相袭而皆治之，终期之日，周而复始，余已知之矣，愿闻其与三阴三阳之候，奈何合之？

鬼臾区稽首再拜对曰：昭乎哉问也。夫五运阴阳者，天地之道也，万物之纲纪，变化之父母，生杀之本始，神明之府也，可不通乎！故物生谓之化，物极谓之变，阴阳不测谓之神，神用无方谓之圣。夫变化之为用也，在天为玄，在人为道，在地为化，化生五味，道生智，玄生神。神在天为风，在地为木；在天为热，在地为火；在天为湿，在地为土；在天为燥，在地为金；在天为寒，在地为水；故在天为气，在地成形，形气相感而化生万物矣。然天地者，万物之上下也；左右者，阴阳之道路也；水火者，阴阳之征兆也；金木者，生成之终始也。气有多少，形有盛衰，上下相召，而损益彰矣。（选自《素问·天元纪大论》）

（张　星）

复习思考题

1. 谈谈《洪范》九畴的内容。
2. 结合文意解释下列词句。

（1）惟天阴骘下民，相协厥居，我不知其彝伦攸叙。

（2）鲧陻洪水，汩陈其五行，帝乃震怒，不畀洪范九畴，彝伦攸斁。

3. 请阐述第二畴“五事”与第八畴“庶征”之间在叙述上的对应关系。

三、《礼记》三则

【题解】本文选自《礼记》，据中华书局1980年影印清阮元校刻《十三经注疏》排印。《礼记》又称为《小戴礼记》，儒家“十三经”之一，是一部记述先秦至两汉时期儒家礼仪规范及各种礼学文献的汇编著作，内容非常丰富，既阐释补充了《仪礼》的各种典章制度，又记录了孔子及其弟子的问答，同时还保留了许多儒家修身治学处世之道，对后人有很多启发。其作者一般认为是西汉戴圣。

第一则节选自《礼记·大学》，旨在揭示并强调儒家“大学之道”的“三纲八目”，并指出“修身”在其中的关键作用。第二则节选自《礼记·中庸》，旨在强调作为天人之道关键的“诚”及其学习达成的方法与精神。第三则节选自《礼记·儒行》，旨在阐释儒者不与人争、特立独行的品德特性。

（一）

大学之道[1]，在明明德[2]，在亲民[3]，在止于至善[4]。知止而后有定[5]，定而后能静，静而后能安，安而后能虑，虑而后能得。物有本末，事有终始，知所先后，则近道矣。古之欲明明德于天下者，先治其国；欲治其国者，先齐其家；欲齐其家者，先修其身；欲修其身者，先正其心；欲正其心者，先诚其意；欲诚其意者，先致其知。致知在格物[6]。物格而后知至，知至

笔记栏

而后意诚，意诚而后心正，心正而后身修，身修而后家齐，家齐而后国治，国治而后天下平。自天子以至于庶人，壹是皆以修身为本[7]，其本乱而末治者否矣[8]。其所厚者薄[9]，而其所薄者厚，未之有也。（《礼记·大学》）

[1] 大学：指关于人的最大的学问。

[2] 明：使彰明，弘扬。 明德：光明正大的德行。

[3] 亲：通"新"。指革新、更新。

[4] 止于至善：达到至善至美的境界。止，达到。

[5] 止：指目标。

[6] 格物：推究事物的道理。

[7] 壹是：都是。壹，皆，一概。

[8] 本乱：没有做好修身这个根本。 末治：治理好国家。

[9] 所厚者薄：应重视的反而轻视。下句"所薄者厚"反此。所厚者，指修身。

（二）

诚者，天之道也；诚之者[1]，人之道也。诚者，不勉而中[2]，不思而得，从容中道，圣人也。诚之者，择善而固执之者也。博学之，审问之[3]，慎思之，明辨之，笃行之[4]。有弗学[5]，学之弗能弗措也[6]；有弗问，问之弗知弗措也；有弗思，思之弗得弗措也；有弗辨，辨之弗明弗措也；有弗行，行之弗笃弗措也。人一能之[7]，己百之[8]；人十能之，己千之。果能此道矣，虽愚必明，虽柔必强。（《礼记·中庸》）

[1] 诚之：求诚，做到诚实。郑玄注："诚之者，学而诚之者也。"

[2] 中（zhòng 仲）：合乎，符合。谓合乎儒家的中庸之道。

[3] 审：详审。

[4] 笃：笃实，切实。

[5] 有弗学：因故而未能学习。

[6] 措：置，放弃。

[7] 人一能之：聪明人学一遍就会的事。

[8] 百之：百倍用功，学上百遍。

（三）

儒有居处齐难[1]，其坐起恭敬。言必先信，行必中正。道涂不争险易之利[2]，冬夏不争阴阳之和。爱其死，以有待也；养其身，有为也。其备豫有如此者[3]。

儒有不宝金玉，而忠信以为宝；不祈土地[4]，立义以为土地；不祈多积[5]，多文以为富[6]。难得而易禄也[7]，易禄而难畜也[8]。非时不见[9]，不亦难得乎？非义不合，不亦难畜乎？先劳而后禄，不亦易禄乎？其近人有如此者。

儒有今人与居，古人与稽[10]。今世行之，后世以为楷。适弗逢世[11]，上弗援[12]，下弗推[13]。谗谄之民，有比党而危之者[14]，身可危也，而志不可夺也。虽危，起居竟信其志[15]，犹将不忘百姓之病也[16]。其忧思有如此者。

儒有合志同方[17]，营道同术，并立则乐，相下不厌[18]。久不相见，闻流言不信，其行本方。立义，同而进，不同而退。其交友有如此者。

温良者，仁之本也；敬慎者，仁之地也；宽裕者，仁之作也[19]；孙接者[20]，仁之能也；礼节者，仁之貌也；言谈者，仁之文也；歌乐者，仁之和也；分散者[21]，仁之施也。儒皆兼此而有之，犹且不敢言仁也。其尊让有如此者。（《礼记·儒行》）

[1] 齐（zhāi 斋）难：像斋戒一样庄重，令人敬畏。齐，通"斋"。

笔记栏

[2] 涂:通“途”。
[3] 备豫:预先所做的准备。
[4] 祈:求。
[5] 积:指积聚钱财。
[6] 文:指道德礼义。
[7] 得:得到。 禄:以俸禄养起来。
[8] 畜:长期畜养。
[9] 时:指适当的时机。 见(xiàn 现):同“现”。谓现身,指出仕。
[10] 稽:相合。
[11] 适:指生活的时代。
[12] 援:引进,选拔。
[13] 推:推举。
[14] 比党:因私利而结党。
[15] 竟:始终。 信:通“伸”。
[16] 病:指苦难。
[17] 方:原则。下文“本方”之“方”,义为方正。
[18] 相下:谦逊地争为卑微。 不厌:不怕居于底下。
[19] 作:生发和作用。
[20] 孙接:言谦逊待人,认真处事。孙,通“逊”。
[21] 分散:指分散钱财。

简 析

第一则是《大学》的“经”,所揭示的“大学之道”之“三纲”,是“明明德”“亲民”“止于至善”。这“三纲”,乃是儒家的政治理想;所揭示的“大学之道”之“八目”,是“格物”“致知”“诚意”“正心”“修身”“齐家”“治国”“平天下”,则是儒家实现政治理想的途径。因为其意尽在于人,故“修身”自然就成为关键所在。由于这一政治理想立意高远,而实现途径切实可行,所以自成文之日起,就成为国人无不认同且共遵的“纲目”。

第二则是《中庸》的重点之一。文中一方面以“诚”为关键,把天道和人道贯通起来,指出了“诚”在其中非常积极的作用,同时指出了学习和达成“诚”的境界的方法,即著名的环节完整的“博学之,审问之,慎思之,明辨之,笃行之”这“五之”之法和“弗措”的精神。因其实在精辟扼要并具有普遍意义,所以成为后世至今的人们用以对待万事万物,尤其是学习方面的通则。

第三则仅为《儒行》一文的三分之一内容,扼要阐释了儒者在“备豫”“近人”“忧思”“交友”“尊让”五个方面的品行修为。即使这样,我们也可以从中强烈感受到儒家在修养方面“得天人之正”的气息,理应成为我们修身的最高法则。

《礼记》三则,语言精炼典雅,擅用排比、比喻、对偶等修辞格式,句式灵活多变,说理缜密透彻,值得细心揣摩。

思政元素

从“大学之道”到核心价值观

“大学之道,在明明德,在亲民,在止于至善”。这句名言曾被习近平总书记在2014年5月4日北京大学师生座谈会上的讲话引用。习近平总书记说:“古人说:‘大学之道,

笔记栏

在明明德，在亲民，在止于至善。’核心价值观，其实就是一种德，既是个人的德，也是一种大德，就是国家的德、社会的德。国无德不兴，人无德不立。如果一个民族、一个国家没有共同的核心价值观，莫衷一是，行无依归，那这个民族、这个国家就无法前进。这样的情形，在我国历史上，在当今世界上，都屡见不鲜。”

儒家主张成己成人，要让自己成为一个真正意义上的人，就要注重修身。这是一个人不断成长、学习、进步的过程，即不断弘扬自身的美好品德，不断进行自我革新。“明明德”“亲民”“止于至善”是一个一以贯之的过程，是相互联系、密不可分的统一整体。古人在修身立德的过程中，不仅将“明明德”“亲民”“止于至善”作为引领性思想贯穿始终，更是将其潜移默化地融入到中华民族的血脉之中。从表面上看来，与专业技能相比，道德品质的养成似乎在实际生活中的应用并不是那么直接。但从长远来看，道德品质的传承，却是一个民族生死攸关的大问题。正如梁启超在《历史上中国民族之研究》中所说：“凡遇一他族而立刻有‘我中国人’之观念浮于其脑际者，此人即中华民族之一员也。”而这种核心认同的本质，其实就是各自民族的“活法”，也就是其伦理道德规范。中华民族上下五千年的悠久文明未曾中断，其中的关键因素，就是我们中华民族有一大批对于传统的伦理道德有深切认同的儒者。传统的伦理道德，是中华民族生生不息的核心要素之一。随着时代的变迁，儒家的某些伦理道德规范已不合时宜，但仍然有大量的积极内容，比如仁爱、孝慈等，都是人性中最光明的，将与时间、与人类同在。而儒家从完善自我道德做起，进而推行到社会、国家乃至天下，直到今天，也还闪烁着高远的道德光辉。

知识链接

《大学章句》序

宋·朱熹

《大学》之书，古之大学所以教人之法也。

盖自天降生民，则既莫不与之以仁义礼智之性矣。然其气质之禀或不能齐。是以不能皆有以知其性之所有而全之也。一有聪明睿智、能尽其性者出于其间。则天必命之以为亿兆之君师，使之治而教之，以复其性。此伏羲、神农、黄帝、尧、舜所以继天立极，而司徒之职、典乐之官所由设也。

三代之隆，其法寖备，然后王宫、国都以及闾巷，莫不有学。人生八岁，则自王公以下，至于庶人之子弟，皆入小学，而教之以洒扫、应对、进退之节，礼乐、射御、书数之文。及其十有五年，则自天子之元子、众子，以至公、卿、大夫、元士之適子，与凡民之俊秀，皆入大学，而教之以穷理、正心、修己、治人之道。此又学校之教，大小之节所以分也。

夫以学校之设，其广如此；教之之术，其次第节目之详又如此；而其所以为教，则又皆本之人君躬行心得之余。不待求之民生日用彝伦之外。是以当世之人无不学。其学焉者，无不有以知其性分之所固有，职分之所当为，而各俛焉以尽其力。此古昔盛时，所以治隆于上，俗美于下，而非后世之所能及也。（选自《四书章句集注》）

（黄　璐）

笔记栏

复习思考题

1. 结合自己修养和学习的实际，谈谈对“三纲八目”“五之”法和《儒行》的认识。
2. 结合文意解释下列词句。
(1) 知止而后有定，定而后能静，静而后能安，安而后能虑，虑而后能得。
(2) 致知在格物。
(3) 博学之，审问之，慎思之，明辨之，笃行之。
(4) 多文以为富。
(5) 今人与居，古人与稽。
3. 请结合社会现象，说明今天我们进行品德修养的重要性。

四、《论语》十章

【题解】 本文选自《论语》，据中华书局1980年影印清阮元校刻《十三经注疏》排印。《论语》，儒家“十三经”之一，共二十篇，四百九十二章，是孔子去世后弟子们搜集记述的以孔子为主、兼及曾子等部分弟子的一部言行录，集中体现了孔子以仁为境界、以礼为制度的儒家思想和教育思想。内容宏富精深，文字简洁明要，对我国各个方面至今具有重大的影响。作者不详，一般认为是孔子的高徒曾子的弟子。

本课所选语录，涉及修身、治学、为政、行仁、立志、交友、持戒、饮食、处事等诸多方面的内容。第一章节选自《论语·学而第一》，是曾子关于通过反省来修身的言论；第二章节选自《论语·学而第一》，是孔子关于“好学”的论述；第三章节选自《论语·为政第二》，是孔子关于用“德”“礼”为政的主张及其理由；第四章节选自《论语·公冶长第五》，是孔子与弟子们谈论立志的记述；第五章节选自《论语·雍也第六》，是孔子有关“仁”的行为准则和个人实践仁道之方法的论述；第六章节选自《论语·泰伯第八》，是曾子对有志之士针对性地提出的须有“弘毅”之精神的希求；第七章节选自《论语·季氏第十六》，是孔子关于交友的论述；第八章节选自《论语·季氏第十六》，是孔子提出的少年、壮年、老年三个阶段应当清楚和坚持的戒律；第九章节选自《论语·乡党第十》，记述孔子对饮食的讲究和生活习惯；第十章节选自《论语·述而第七》，体现了孔子安贫乐道的思想。

（一）

曾子曰[1]：“吾日三省吾身[2]：为人谋而不忠乎[3]？与朋友交而不信乎[4]？传不习乎[5]？”（《论语·学而第一》）

[1] 曾子：曾参（shēn 身），字子舆，孔子弟子。
[2] 省（xǐng 醒）：反省。
[3] 谋：做事，办事。 忠：尽心尽力。
[4] 信：诚实。
[5] 传：指老师传授的学业。 习：复习。

（二）

子曰：“君子食无求饱，居无求安，敏于事而慎于言[1]，就有道而正焉[2]，可谓好学也已。”（《论语·学而第一》）

笔记栏

[1] 敏:勤勉。

[2] 就:到……去。　有道:指有道德学问的高人。　正:匡正是非高下。

(三)

子曰:"道之以政[1],齐之以刑[2],民免而无耻[3];道之以德,齐之以礼,有耻且格[4]。"(《论语·为政第二》)

[1] 道(dǎo 导):引导,教导,治理。　政:政令。

[2] 齐:规范,约束。

[3] 免:指免于刑罚。

[4] 格:归服,指归服仁义。《礼记·缁衣》:"子曰:'夫民,教之以德,齐之以礼,则民有格心;教之以政,齐之以刑,则民有遁心。'"

(四)

颜渊、季路侍[1]。子曰:"盍各言尔志[2]?"子路曰:"愿车马,衣轻裘,与朋友共,敝之而无憾。"颜渊曰:"愿无伐善[3],无施劳[4]。"子路曰:"愿闻子之志。"子曰:"老者安之,朋友信之,少者怀之[5]。"(《论语·公冶长第五》)

[1] 侍:指立侍。若坐侍,则称侍坐。

[2] 盍:兼词,何不,为什么不。

[3] 伐善:夸耀自己的长处。

[4] 施劳:彰显功劳。

[5] 怀:归向(仁道)。

(五)

子贡曰:"如有博施于民,而能济众,何如?可谓仁乎?"子曰:"何事于仁,必也圣乎!尧舜其犹病诸[1]!夫仁者,己欲立而立人[2],己欲达而达人。能近取譬[3],可谓仁之方也已。"(《论语·雍也第六》)

[1] 病:担忧。此谓不足、欠缺。

[2] 立:立身于世。

[3] 近取譬:从眼前选择一件适合自己的事踏踏实实地去做。譬,指适合的事。

(六)

曾子曰:"士不可以不弘毅[1],任重而道远。仁以为己任,不亦重乎?死而后已,不亦远乎?"(《论语·泰伯第八》)

[1] 弘毅:抱负远大,意志坚定。弘,大。毅,坚定。

(七)

孔子曰:"益者三友,损者三友。友直,友谅[1],友多闻,益矣。友便辟[2],友善柔[3],友便佞[4],损矣。"(《论语·季氏第十六》)

[1] 谅:诚实。

[2] 便辟(pián pì 骈僻):谄媚逢迎。邢昺疏:"便辟,巧辟人之所忌以求容媚者也。"

[3] 善柔:善于奉迎于人。柔,安抚或平息,尤其通过让步来平息。

[4] 便佞:善于花言巧语,言不符实。

笔记栏

（八）

孔子曰："君子有三戒：少之时，血气未定[1]，戒之在色；及其壮也，血气方刚，戒之在斗；及其老也，血气既衰，戒之在得[2]。"（《论语·季氏第十六》）

[1] 未定：未成熟，未稳定。

[2] 得：指对于名誉、地位、钱财等的贪求。

（九）

食不厌精[1]，脍不厌细[2]。食饐而餲[3]，鱼馁而肉败不食[4]。色恶不食，臭恶不食[5]，失饪不食[6]，不时不食[7]，割不正不食[8]，不得其酱不食[9]。肉虽多，不使胜食气[10]。唯酒无量，不及乱[11]。沽酒市脯不食[12]。不撤姜食，不多食。（《论语·乡党第十》）

[1] 厌：满足。

[2] 脍（kuài 块）：切细的鱼、肉。

[3] 饐（yì 义）：食物久放腐臭。 餲（ài 爱）：食物久放变味。

[4] 馁：鱼腐烂。

[5] 臭（xiù 袖）：气味。

[6] 失饪：烹饪得不好。

[7] 不时：不合时令。此处是说饮食要顺应季节和时令，到了什么季节和时令就吃什么食物。

[8] 割不正：古人宰杀牛羊时解剖肢体叫割，分割有一定的分法，不合这种分法的叫割不正。

[9] 不得其酱：指所吃的肉与酱不相配。

[10] 胜食气（xì 细）：超过主食的量。气，"饩"的古字。谷物，泛指粮食。

[11] 乱：神志昏乱，指醉酒。

[12] 沽酒市脯：买来的酒和干肉。

（十）

子曰："饭疏食饮水[1]，曲肱而枕之[2]，乐亦在其中矣。不义而富且贵，于我如浮云。"（《论语·述而第七》）

[1] 疏：粗劣。 水：冷水。

[2] 肱（gōng 公）：胳膊上从肩至肘的部分，这里指胳膊。

简 析

《论语》中的文字，每一个相对完整的"言"和"行"即为一"章"，除极少数较长以外，绝大多数都十分简短，语言凝练而精辟深刻。

第一章是曾子谈个人的道德修养。文字虽少，却周全地概括了其在工作、交往、自习三大方面的修身之要。其所提出的"反省"之法，可谓极其重要而有益。

第二章是孔子谈何为"好学"。孔子通过教导学生约束日常生活中的行为，来引导他们树立正确的人生观。真正的好学，乃是既要舍弃安逸的生活，更要多做少说，最后还要请教高人，三者不可缺一，否则就不能称做好学。

第三章涉及孔子"为政以德"的思想。孔子通过比较用"政""刑"为政则"民免而无耻"、用"德""礼"为政则"（民）有耻且格"，肯定了用"德""礼"为政的道理。

第四章是孔子及其弟子们自述志向。孔子之志兼得子路之惠及他人和颜渊之重于修己，因此其志最为高远。颜渊和子路的志向当然也值得我们学习和借鉴，但孔子"老安、友信、少怀"的远大志向，至今仍是人们应有的追求。

笔记栏

第五章是孔子与子贡讨论仁与圣。孔子认为，能够博施于民，普济于众，不仅是仁人，而且算圣人了。

第六章写曾子毕生谨慎，修身为本。他认为，士若不弘大，则无以负重，士若不坚毅，则无以致远，唯既弘且毅，方能负重致远，故士不可不弘毅。

第七章阐述了孔子的交友原则。"友直"，可使人少犯错误乃至不犯错误；"友谅"，可使人在真诚的友谊中身心两益；"友多闻"，可使人增广知见，提高水平。而"友便辟，友善柔，友便佞"则使人在丧失原则中品行败坏，遭到唾弃。因此，益、损之辨，尤当清醒。

第八章是孔子提出的"君子三戒"。他认为人在不同的年龄阶段，精力状况不同，而不同的生理特点容易引发相应的过错。他提出的君子应遵守的戒律，至今都应当是所有人持守的金律。

第九章记述了孔子的饮食之道。孔子从饮食卫生、人体健康和烹饪技术要求方面提出了"八不食"的饮食主张，还从食物的气味、色泽、烹饪方式、生产时节等方面判断它是否符合食用的标准。在饮食方面要做到应时、定量、不暴饮、不偏食、不使副食（如肉等）超过主食等，反映出其谨慎严苛的饮食习惯，对我们今天的生活仍有一定的指导意义。

第十章表明了孔子对人生快乐的理解和"安贫乐道"的处世态度。孔子认为，有理想、有志向的人不追求物质生活，精神上的快乐要远远高于物质上的快乐。孔子的饭疏饮水之乐与颜回的箪食瓢饮之乐，每每被相提并论，同为古人所赞赏。

《论语》是孔门弟子集体智慧的结晶，其思想理论对后世产生了深远而持久的影响。《论语》语言简洁平实，善用比喻、反问、设问、排比等多种修辞手法，以简短的谈话问答方式传达深刻的人生哲理，在我国文学史上占有重要地位。

知识链接

兼　爱

子墨子言曰："仁人之所以为事者，必兴天下之利，除去天下之害，以此为事者也。"然则天下之利何也？天下之害何也？子墨子言曰："今若国之与国之相攻，家之与家之相篡，人之与人之相贼，君臣不惠忠，父子不慈孝，兄弟不和调，此则天下之害也。"

然则崇此害亦何用生哉？以不相爱生邪？子墨子言："以不相爱生。今诸侯独知爱其国，不爱人之国，是以不惮举其国以攻人之国。今家主独知爱其家，而不爱人之家，是以不惮举其家以篡人之家。今人独知爱其身，不爱人之身，是以不惮举其身以贼人之身。是故诸侯不相爱，则必野战；家主不相爱，则必相篡；人与人不相爱，则必相贼；君臣不相爱，则不惠忠；父子不相爱，则不慈孝；兄弟不相爱，则不和调。天下之人皆不相爱，强必执弱，富必侮贫，贵必敖贱，诈必欺愚。凡天下祸篡怨恨，其所以起者，以不相爱生也。是以仁者非之。"（选自《墨子·兼爱中》）

（部晓芹）

复习思考题

1. 怎样理解孔子"仁"学思想的主要内涵？
2. 结合文意解释下列词句并反求诸己，谈谈自己的感悟。
（1）三省

笔记栏

(2) 就有道而正焉。

(3) 老者安之,朋友信之,少者怀之。

(4) 友直,友谅,友多闻。

3. 结合本课内容,谈谈《论语》的语言特色。

五、《孝经》六章

【题解】本文选自《孝经》,据中华书局1980年影印清阮元校刻《十三经注疏》本排印。《孝经》,儒家"十三经"之一,共十八章,以简要通俗的文字,从各个层面集中阐述了古人视为一切道德根本的孝道的内容,指出"孝"是人品性的根本,君主可以用孝治理天下,臣民则可以用孝安身立命。书中首次将孝亲与忠君联系起来,认为"忠"是"孝"的发展和扩大。因此,不但被历代统治者奉为治理天下的至德要道,同时也是所有人做人的基本道德准则,在中国传统文化体系中占有极其重要的地位。作者相传为孔子。本课所选六章,阐述了孝道的内容以及以孝治理社会的意义、孝子在侍奉双亲时的行为规范、应遵守的丧葬之礼等,反映了《孝经》的思想内涵。

(一)开宗明义章

仲尼居[1],曾子侍[2]。

子曰:"先王有至德要道,以顺天下。民用和睦[3],上下无怨。汝知之乎?"

曾子避席曰:"参不敏[4],何足以知之?"

子曰:"夫孝,德之本也,教之所由生也。复坐,吾语汝。身体发肤,受之父母,不敢毁伤,孝之始也。立身行道,扬名于后世,以显父母,孝之终也。夫孝,始于事亲,中于事君,终于立身。《大雅》云[5]:'无念尔祖[6],聿修厥德[7]。'"

[1] 仲尼:即孔子,名丘,字仲尼。 居:闲居,无事闲坐在室。

[2] 侍:指侍坐。

[3] 用:因此。

[4] 不敏:不聪明,愚钝。此处为谦词。

[5] 大雅:《诗经》的三大构成部分"风""雅""颂"之一。以下所引诗句出自《诗经·大雅·文王》。

[6] 无:发语词,无实义。

[7] 聿(yù 玉):述,追述。 厥:其,指周文王。

(二)圣 治 章

曾子曰:"敢问圣人之德,无以加于孝乎?"

子曰:"天地之性,人为贵。人之行,莫大于孝。孝莫大于严父,严父莫大于配天[1],则周公其人也[2]!昔者周公郊祀后稷以配天[3],宗祀文王于明堂[4],以配上帝。是以四海之内,各以其职来祭[5]。夫圣人之德,又何以加于孝乎?

"故亲生之膝下,以养父母日严[6]。圣人因严以教敬,因亲以教爱。圣人之教,不肃而成,其政不严而治。其所因者,本也。父子之道,天性也,君臣之义也。父母生之,续莫大焉[7]!君亲临之,厚莫重焉!故不爱其亲而爱他人者,谓之悖德;不敬其亲而敬他人者,谓之悖礼。以顺则逆[8],民无则焉[9]!不在于善,而皆在于凶德,虽得之,君子不贵也[10]!君子则不然,言思可道,行思可乐,德义可尊,作事可法,容止可观,进退可度。以临其民,是以其

笔记栏

民畏而爱之，则而象之[11]。故能成其德教，而行其政令。《诗》云：'淑人君子，其仪不忒[12]。'"

[1] 配天：周代配天之礼，是每年冬至在京郊祭天，并附带祭祀父祖先王，以此来体现孝子对父亲最大的尊崇之心。

[2] 周公：姓姬，名旦，周文王之子，武王之弟，周礼的制订者。

[3] 后稷：名弃，周人始祖。

[4] 宗祀：聚宗族而祭。 文王：指周文王，姓姬名昌，商末为西伯，周朝的奠基者。

[5] 职：职责。古代朝贡或大祭时，诸侯各按职位，进贡财物特产，并趋走服务，帮助完成典礼。

[6] 日严：日益尊崇。

[7] 续：指继先传后。

[8] 以顺则逆："以之顺民则逆"之省，谓如果用"悖德"和"悖礼"的做法来教化人民，还想使民众顺从，就会造成逆乱。

[9] 则：效法。

[10] 不贵：谓鄙视，厌恶。

[11] 象：仿效。

[12] "淑人君子"二句：语出《诗经·曹风·鸤鸠》。淑，美好，善良。仪，仪表，仪容。忒，差错。

（三）纪 孝 行 章

子曰："孝子之事亲也，居则致其敬，养则致其乐，病则致其忧，丧则致其哀，祭则致其严[1]。五者备矣，然后能事亲。

"事亲者，居上不骄，为下不乱，在丑不争[2]。居上而骄则亡，为下而乱则刑，在丑而争则兵[3]。三者不除，虽日用三牲之养[4]，犹为不孝也。"

[1] 严：崇敬，庄重，肃穆。指用仪式来对死者表示悼念或敬意。

[2] 丑：众。

[3] 兵：兵器，指兵器加身。

[4] 三牲：指牛、羊、猪。古人宴会或祭祀时用三牲，是最高等级的供奉。

（四）谏 诤 章

曾子曰："若夫慈爱恭敬、安亲扬名，则闻命矣[1]。敢问子从父之令，可谓孝乎？"

子曰："是何言与[2]！是何言与！昔者，天子有争臣七人[3]，虽无道，不失其天下。诸侯有争臣五人，虽无道，不失其国。大夫有争臣三人，虽无道，不失其家。士有争友，则身不离于令名。父有争子，则身不陷于不义。故当不义，则子不可以不争于父，臣不可以不争于君。故当不义[4]，则争之。从父之令，又焉得为孝乎[5]？"

[1] 闻命：接受命令或教导。

[2] 与（yú 于）：语气词，表感叹。

[3] 争（zhèng 证）臣：指能直言诤谏之臣。争，通"诤"。诤谏，规劝。 七人：七臣。郑玄注："谓大（太）师、大（太）保、大（太）傅、左辅、右弼、前疑、后丞，维持王者，使不危殆。"泛指谏臣。

[4] 当：面对，对着。

[5] "从父之令"二句：郑玄注："委曲从父母，善亦从善，恶亦从恶，而心有隐，岂得谓孝乎！"

（五）感 应 章

子曰："昔者明王事父孝[1]，故事天明；事母孝，故事地察；长幼顺，故上下治。天地明察，神明彰矣。

"故虽天子必有尊也，言有父也；必有先也，言有兄也。宗庙致敬，不忘亲也；修身慎行，

笔记栏

恐辱先也。宗庙致敬，鬼神著矣[2]。孝悌之至，通于神明，光于四海，无所不通。《诗》云：‘自西自东，自南自北，无思不服[3]。’”

[1] 明王：圣明的君王。

[2] 鬼神：指先祖的神灵。　著：附着，归属。谓先祖的神灵归附宗庙，享受祭祀，祐护后人。一说义为“昭著”，指先祖之德显著彰明。俱通。

[3] “自西自东”三句：语出《诗经·大雅·文王有声》。服，归附，服从。

（六）丧亲章

子曰：“孝子之丧亲也，哭不偯[1]，礼无容，言不文[2]，服美不安，闻乐不乐，食旨不甘[3]。此哀戚之情也。三日而食，教民无以死伤生，毁不灭性[4]。此圣人之政也。丧不过三年，示民有终也。

“为之棺椁衣衾而举之[5]，陈其簠簋而哀戚之[6]；擗踊哭泣[7]，哀以送之；卜其宅兆[8]，而安措之；为之宗庙，以鬼享之；春秋祭祀，以时思之。

“生事爱敬，死事哀戚，生民之本尽矣，死生之义备矣，孝子之事亲终矣。”

[1] 不偯（yǐ 以）：谓哭的时候，哭声应随气息用尽而自然停止，不能有拖腔拖调，使得尾声曲折绵长。偯，哭的余声曲折委婉。

[2] 文：文饰，文采。

[3] 旨：美味。

[4] 毁：哀伤过度而损伤身体。　性：生命。

[5] 椁：棺材外套的大棺材。

[6] 簠簋（fǔ guǐ 甫鬼）：古时两种盛放物品的器皿。

[7] 擗（pǐ 匹）踊：痛哭时捶胸顿足。擗，捶胸。踊，往上跳。

[8] 宅：指阴宅，墓穴。

简　析

《开宗明义章》是《孝经》的纲领，因此，着重指出作为“至德要道”的“孝”，是“德之本”和“教之所由生”，其实践是“始于事亲，中于事君，终于立身”。这样，就把“孝”的性质、意义、作用、内容、体现和目的等都给了我们一个明晰的指示。

《圣治章》主要阐述“孝”作为圣人最高德行的道理及其非凡作用。文中举周公能令后稷配天、文王配上帝之事为例，说明了“孝”能使四方宾服的作用。又以父之于子的“严”能“教敬”，“亲”能“教爱”，故实行者就能自然由近及远，从而“成其德教而行其政令”。

《纪孝行章》主要阐述作为孝子在家和在外必备的品行。在家的“居、养、病、丧、祭”分别要做到致其“敬、乐、忧、哀、严”，在外的“居上、为下、在丑”分别要做到“不骄、不乱、不争”，如此才称得上是“孝”，否则不但不是，甚至还会给自己带来灾祸。

《谏诤章》旨在阐述谏诤与孝的关系，指出“孝”并不是只知顺从，当父母的言行违背道义时，就要谏诤，以帮助父母改正错误，否则便也是不孝。推广到臣之于君，理亦相同，说明对孝要有辩证的态度。

《感应章》旨在阐述天子之“孝”的非凡效应。天子虽贵，也有父兄，如果能起到修身慎行而孝父母、敬兄长、敬祖先的表率作用，就会大大超出凡人之孝，从而产生“通于神明，光于四海，无所不通”的积极效应。

《丧亲章》主要阐述亲人去世之后孝子应当遵行又不能过分的丧礼。一方面孝子要尽哀戚之情，以表达丧亲之痛；另一方面也要知道丧而有终，做到不以死伤生。具体则应做好以下诸事，即入殓、供祭、哭送、卜墓、落葬、入宗庙和春秋祭祀。这样，就可以说无论是作为人

笔记栏

和孝子，都尽到了责任。文中最后再次特别指出：对于亲人，活着时要爱敬，去世后要哀戚，则表达了孝亲应有的情意和态度。

《孝经》在表达方面情真意切，文风朴实，语言简约，善用排比。文末多引《诗经》作为结束之语，具有启迪思考的点睛作用。

知识链接

五 蠹

夫古今异俗，新故异备。如欲以宽缓之政，治急世之民，犹无辔策而御駻马，此不知之患也。今儒、墨皆称："先王兼爱天下，则视民如父母。"何以明其然也？曰："司寇行刑，君为之不举乐，闻死刑之报，君为流涕。"此所举先王也。夫以君臣为如父子则必治，推是言之，是无乱父子也。人之情性，莫先于父母，皆见爱而未必治也；虽厚爱矣，奚遽不乱？今先王之爱民，不过父母之爱子，子未必不乱也，则民奚遽治哉？且夫以法行刑，而君为之流涕，此以效仁，非以为治也。夫垂泣不欲刑者，仁也；然而不可不刑者，法也。先王胜其法，不听其泣，则仁之不可以为治，亦明矣。（选自《韩非子·五蠹》）

（郜晓芹）

复习思考题

1. 为什么说《孝经》对现代和谐家庭、和谐社会建设仍具有重要借鉴价值？
2. 结合文意解释下列词句并反求诸己，谈谈自己的感悟。
（1）夫孝，德之本也，教之所由生也。
（2）无念尔祖，聿修厥德。
（3）因严以教敬，因亲以教爱。
（4）在丑不争。
3. 分析本课各章文末引用《诗经》对文意表达的作用。

六、《孟子》六则

【题解】 本文选自《孟子》，据中华书局 1980 年影印清阮元校刻《十三经注疏》本排印。各则题目为编者所加。《孟子》，儒家"十三经"之一。书中所载，为孟子的政治活动、政治学说及其系统的哲学、伦理、教育等思想。作者孟子（约前 372—前 289），名轲，字子舆，战国时期邹国（今山东邹城市）人，我国古代伟大的思想家、政治家和教育家。早年受业于孔子之孙子思的门人，后历游齐、梁、宋、滕、魏等国，期望诸侯能够采用他的政治主张，一度曾任齐宣王的客卿。终因理想无法实现，晚年隐退，与弟子万章、公孙丑等著书立说，直到去世，享年 84 岁。孟子继承了孔子的学说并有一定发展。他在人性上坚持"性善"论，认为人天生即具有仁、义、礼、智等道德意识以至"良知""良能"，指出人人皆可为善，以激励人们实行仁义；在学养上强调人的主观作用，重视环境的影响，教人要"存心养性"，以养"浩然之气"，成为"富贵不能淫，贫贱不能移，威武不能屈"的大丈夫，更要做到"万物皆备于我"，以"平治天下"；在社会关系上提出"民为贵，社稷次之，君为轻"的"民本"思想；在政治上主张实行王

道，反对霸道等。孟子的学说对后世，尤其对宋儒有重大影响，被认为是孔子学说的继承者，也因而被尊为“亚圣”。课文所选章节，主要反映了孟子关于理想人格养成的“浩然之气”“四端”“义”“大任”“穷达”和“大丈夫”等方面的思想、精神和追求。

（一）论浩然之气

“敢问夫子恶乎长[1]？”

曰：“我知言，我善养吾浩然之气[2]。”

“敢问何谓浩然之气？”

曰：“难言也。其为气也，至大至刚，以直养而无害，则塞于天地之间。其为气也，配义与道。无是，馁也。是集义所生者，非义袭而取之也。行有不慊于心[3]，则馁矣。我故曰告子未尝知义[4]，以其外之也。必有事焉而勿正[5]，心勿忘，勿助长也。无若宋人然：宋人有闵其苗之不长而揠之者[6]，芒芒然归[7]，谓其人曰[8]：‘今日病矣[9]！予助苗长矣！’其子趋而往视之，苗则槁矣。天下之不助苗长者，寡矣。以为无益而舍之者，不耘苗者也[10]；助之长者，揠苗者也，非徒无益，而又害之。”（《孟子·公孙丑上》节选）

［1］本段系节自公孙丑与孟子的对话。问者为公孙丑。　恶（wū 巫）：哪里，何处。
［2］浩然：盛大而流动的样子。
［3］慊（qiè 窃）：满足，痛快。
［4］告子：战国时期思想家，生平不详。
［5］正：通“止”。焦循《孟子正义》：“正之义，通于止也。”
［6］闵：担心，忧愁。　揠：拨。
［7］芒芒然：疲倦的样子。
［8］其人：指他家里的人。
［9］病：疲倦，劳累。
［10］耘：除草。

（二）论　四　端

孟子曰：“人皆有不忍人之心[1]。先王有不忍人之心，斯有不忍人之政矣。以不忍人之心，行不忍人之政，治天下可运之掌上。所以谓人皆有不忍人之心者，今人乍见孺子将入于井[2]，皆有怵惕恻隐之心[3]，非所以内交于孺子之父母也[4]，非所以要誉于乡党朋友也[5]，非恶其声而然也。由是观之，无恻隐之心，非人也；无羞恶之心，非人也；无辞让之心，非人也；无是非之心，非人也。恻隐之心，仁之端也[6]；羞恶之心，义之端也；辞让之心，礼之端也；是非之心，智之端也。人之有是四端也，犹其有四体也。有是四端，而自谓不能者，自贼者也[7]；谓其君不能者，贼其君者也。凡有四端于我者[8]，知皆扩而充之矣，若火之始然[9]，泉之始达。苟能充之，足以保四海；苟不充之，不足以事父母。”（《孟子·公孙丑上》节选）

［1］不忍人之心：怜悯心，同情心。
［2］乍：突然，忽然。
［3］怵惕：惊惧。　恻隐：哀痛，同情。
［4］内交：结交。内，同“纳”。
［5］要誉：博取名誉。要，求。
［6］端：发端。
［7］贼：害，伤害。
［8］我：自己。
［9］然：同“燃”。

笔记栏

（三）论大丈夫

居天下之广居，立天下之正位，行天下之大道。得志，与民由之；不得志，独行其道。富贵不能淫，贫贱不能移，威武不能屈，此之谓大丈夫。（《孟子·滕文公下》节选）

（四）论 义

鱼，我所欲也；熊掌，亦我所欲也。二者不可得兼，舍鱼而取熊掌者也。生，亦我所欲也；义，亦我所欲也。二者不可得兼，舍生而取义者也。生亦我所欲，所欲有甚于生者，故不为苟得也；死亦我所恶，所恶有甚于死者，故患有所不辟也[1]。如使人之所欲莫甚于生，则凡可以得生者，何不用也？使人之所恶莫甚于死者，则凡可以辟患者，何不为也？由是则生而有不用也，由是则可以辟患而有不为也，是故所欲有甚于生者，所恶有甚于死者。非独贤者有是心也，人皆有之，贤者能勿丧耳。

一箪食[2]，一豆羹[3]，得之则生，弗得则死。嘑尔而与之[4]，行道之人弗受；蹴尔而与之[5]，乞人不屑也。万钟则不辨礼义而受之[6]，万钟于我何加焉[7]！为宫室之美、妻妾之奉、所识穷乏者得我欤？乡为身死而不受[8]，今为宫室之美为之；乡为身死而不受，今为妻妾之奉为之；乡为身死而不受，今为所识穷乏者得我而为之，是亦不可以已乎？此之谓失其本心。（《孟子·告子上》节选）

[1] 辟：通“避”。

[2] 箪（dān 单）：古代盛饭的圆竹器。

[3] 豆：古代一种盛食物的器具。

[4] 嘑（hū 乎）尔：呼喝的样子。嘑，“呼”的异体字。

[5] 蹴：践踏。

[6] 万钟：指丰厚的俸禄。钟，古代的一种量器，六石四斗为一钟。

[7] 加：益处，好处。

[8] 乡：通“向”，以往，从前。

（五）论生于忧患而死于安乐

舜发于畎亩之中[1]，傅说举于版筑之间[2]，胶鬲举于鱼盐之中[3]，管夷吾举于士[4]，孙叔敖举于海[5]，百里奚举于市[6]。故天将降大任于是人也，必先苦其心志，劳其筋骨，饿其体肤，空乏其身，行拂乱其所为，所以动心忍性[7]，曾益其所不能[8]。人恒过[9]，然后能改；困于心，衡于虑[10]，而后作；征于色[11]，发于声，而后喻[12]。入则无法家拂士[13]，出则无敌国外患者[14]，国恒亡。然后知生于忧患，而死于安乐也。（《孟子·告子下》节选）

[1] 畎（quǎn 犬）亩：田野，农田。传说舜最初在历山耕田，后被尧任用为相，又继承了尧的帝位。

[2] 傅说（yuè 月）：相传是商代一位贤人，因罪服刑，在傅地筑墙，后被商王武丁访得而擢升为相。事详《史记·殷本纪》。 版：古代筑墙用的夹板。 筑：筑墙用的捣土的杵。

[3] 胶鬲：纣王之臣。相传胶鬲在贩卖鱼盐时，被周文王推荐给商纣王，后又辅佐周武王。

[4] 管夷吾：管仲，字夷吾，原是齐国公子纠的家臣，纠与公子小白（即后来的齐桓公）争夺君位，失败后逃至鲁国而被杀，管仲也被鲁人囚禁押回齐国。后由鲍叔牙推荐，被桓公任用为相。 士：狱官。

[5] 孙叔敖：楚国隐士，后被楚庄王提拔为令尹（相国）。

[6] 百里奚：春秋时虞国人。史载百里奚在晋灭虞后以奴仆身份入秦，又出走宛地，被秦穆公用五张羊皮赎回并任用为大夫（相国）。

[7] 动心忍性：内心震动而警觉，克制性气而坚韧。

[8] 曾益:增加。曾,通“增”。

[9] 恒过:经常有过失。

[10] 衡:通“横”,梗塞,指不顺利。

[11] 征:征验。

[12] 喻:感悟,明白。

[13] 入:内,指国家内部。　法家拂士:朱熹《集注》云:“法家,法度之世臣也;拂士,辅弼之贤士也。”拂(bì 闭),通“弼”。辅佐,匡正过失。

[14] 出:指国家外部。　敌国:对立的国家。

(六)论　穷　达

孟子谓宋句践曰[1]:“子好游乎[2]? 吾语子游。人知之,亦嚣嚣[3];人不知,亦嚣嚣。”

曰:“何如斯可以嚣嚣矣?”

曰:“尊德乐义,则可以嚣嚣矣。故士穷不失义,达不离道。穷不失义,故士得己焉[4];达不离道,故民不失望焉。古之人得志,泽加于民;不得志,修身见于世[5]。穷则独善其身,达则兼善天下。”(《孟子·尽心上》节选)

[1] 宋句践:人名,生平不详。

[2] 游:游说。

[3] 嚣嚣:平和自得的样子。

[4] 得己:谓保持修为。

[5] 见(xiàn 现):同“现”。显扬。

简　　析

关于人格养成,孟子有着特别突出的贡献。与众不同的是,无论就哪个层面进行论述,他总是从天理人性出发,把仁义道德,尤其是“义”作为根本的原则和最高的旨趣,讲求正大的精神和凛然的气象。

第一则《论浩然之气》中,孟子认为浩然之气是“集义所生者,非义袭而取之也”,强调必须“配义与道”,否则就会顿失其气而虚弱无力,体现了孟子崇高的人格境界。

第二则《论四端》中,从“人皆有不忍人之心”说起,指出恻隐之心、羞恶之心、辞让之心、是非之心,都是人的天性中原有的“良知良能”。而这“四心”,乃是仁、义、礼、智四者的发端,也是孟子“性善论”的依据。有此“四端”,人就自然能够做到“事父母”乃至“保四海”。

第三则《论大丈夫》,按照前贤的解读:其所居之“广居”,是处于仁;所立之“正位”,是依于礼;所行之“大道”,是显于义。这是符合实际的。因此,其得志时能与民同进,失意时能独守其道。而无论得志与否,都能做到富贵不能乱其心,贫贱不能改其节,威势不能屈其志,从而成就为“大丈夫”。

第四则《论义》,最能体现孟子关于“义”的精神和意义。他从人的尊严、价值和“本心”的角度出发,在强调指出“所欲有甚于生者,所恶有甚于死者”之后,提出“舍生而取义”这一人格形成的最高原则。

第五则《论生于忧患而死于安乐》,孟子以“舜发于畎亩之中”等典型故事为例,精辟论述了苦难对于人的造就的特殊作用与意义,从而总结出“生于忧患而死于安乐”这一足以振聋发聩、震古烁今的至深至要的道理。

第六则《论穷达》,其中最著名的名言则是“穷则独善其身,达则兼善天下”。然而为何如此? 又怎么做到? 孟子深刻指出,那是为了在人对自己无论知与不知的情况下都能平和

笔记栏

自得(嚣嚣),其做法就是奉行万变不离的原则——"尊德乐义"。

在表达方面,文中所用的寓言形式、排散结合的错落句式、比喻的修辞手法以及刚柔相济的论辩艺术,充分体现了《孟子》散文独特的语言风格。

知识链接

齐 俗 训

为仁者必以哀乐论之,为义者必以取予明之。目所见不过十里,而欲遍照海内之民,哀乐弗能给也。无天下之委财,而欲遍赡万民,利不能足也。且喜怒哀乐,有感而自然者也,故哭之发于口,涕之出于目,此皆愤于中而形于外者也。譬若水之下流,烟之上寻也,夫有孰推之者?故强哭者虽病不哀,强亲者虽笑不和,情发于中而声应于外,故僖负羁之壶餐,愈于晋献公之垂棘;赵宣孟之束脯,贤于智伯之大钟。故礼丰不足以效爱,而诚心可以怀远。(选自《淮南子·齐俗训》)

(郜晓芹)

复习思考题

1. 为什么说先秦儒家之文中,《孟子》素以富于文学性而著称?
2. 结合文意解释下列词句并反求诸己,谈谈自己的感悟。
(1) 是集义所生者,非义袭而取之也。
(2) 四端
(3) 居天下之广居,立天下之正位,行天下之大道。
(4) 所欲有甚于生者,所恶有甚于死者。
(5) 生于忧患而死于安乐。
3. 结合课文所学,谈谈你对孟子道德理想人格的认识。

七、《老子》六章

【题解】 本文选自《老子》,据中华书局2008年《新编诸子集成·老子道德经注校释》排印。《老子》,又名《道德经》,是我国第一部完整的哲学著作,共八十一章,五千多字。作者老子(约前571—前471),姓李,名耳,字伯阳,谥曰聃。据司马迁《史记》记载,老子乃楚国苦县曲仁里(今安徽省亳州市涡阳县)人,中国古代思想家、哲学家、文学家和史学家,道家学派创始人和主要代表人物,与庄子并称"老庄"。老子曾做过周朝"守藏室之官"(管理国家图书的官员)。后来又担任柱下史,知识渊博,通晓古今。因见周室日渐衰微,乃离开周朝,出函谷关前,受关令尹喜之请,著《道德经》。校注《道德经》版本众多,以魏晋王弼《老子道德经注》为佳。《道德经》篇幅虽短,却文极约,义极丰,十分精辟而深刻地阐述了老子"道"生万物的缘起学说、相反相成的辩证思维、"怀素抱朴"的个人修养、"无为而治"的政治主张、"上善若水"的崇高境界、"返璞归真"的社会理想等。本文所选六章,分别是就老子所谓"道"的实质与特点、辩证思维与行为准则、上善、修德、天人之道、社会理想等方面的问题进行了极其简要的阐述。

笔记栏

（一）

道可道[1]，非常道；名可名[2]，非常名。无名天地之始[3]，有名万物之母[4]。故常无欲[5]，以观其妙[6]；常有欲[7]，以观其徼[8]。此两者同出而异名，同谓之玄[9]，玄之又玄，众妙之门[10]。（《老子》第一章节选）

［1］道：是老子哲学的专用名词与核心概念，它是指形而上的实际存在，即宇宙万物的原初本体。可道：犹言"说得出"。

［2］名：第一个"名"指"道"的形态，第二个"名"义为说明。

［3］无：指没有具体形象，不可名状之无，也就是"道"。

［4］有：指可识可见、有形象之具体事物。　母：母体，根源。

［5］常无欲：虚静而无思无欲之意。王弼认为"无"是天地万物之本，天地万物的生成是自然无为的，因而只有从"常无欲"去观察才能了解。

［6］妙：微妙。

［7］常有欲：万有和思虑之意。王弼认为"有"必须以"无"为本，思虑也不能离开"无"，因而通过"常有欲"方能了解到天地万物的最终归结。

［8］徼（jiào 叫）：边际，边界。引申为端倪。《玉篇》："徼，边徼也。"《字汇》："徼，境也，塞也，边也。"

［9］玄：本指深黑色，引申为玄妙深远。

［10］众妙之门：指一切奥妙变化的总门径，用来比喻宇宙万物唯一来源于"道"的门径。

（二）

天下皆知美之为美，斯恶已[1]；皆知善之为善，斯不善已。故有无相生[2]，难易相成，长短相较[3]，高下相倾[4]，音声相和[5]，前后相随。是以圣人处无为之事[6]，行不言之教[7]，万物作焉而不辞[8]，生而不有，为而不恃[9]，功成而弗居。夫唯弗居[10]，是以不去[11]。（《老子》第二章节选）

［1］斯：这。　恶：丑陋。　已：语气词。表确定语气，相当于"了"。

［2］有无：指自然界事物的存在或不存在。　相生：互相产生。

［3］较：从比较、对照中显现出来。

［4］倾：倾倚。

［5］音声：合奏的乐音叫做"音"，单一发出的音响叫做"声"。

［6］无为：顺应自然而为。

［7］不言：不发号施令，不用政令。

［8］作：兴起，发生，创造。　辞：主管，管理。

［9］恃：依仗。

［10］夫唯：正因为。夫，语气词，位于句首。

［11］去：离开，失去。

（三）

上善若水[1]。水善利万物而不争，处众人之所恶[2]，故几于道[3]。居善地，心善渊[4]，与善仁[5]，言善信，正善治[6]，事善能，动善时[7]。夫唯不争，故无尤[8]。（《老子》第八章节选）

［1］上善：最高最大的善。

［2］处众人之所恶：居处于众人所不愿去的地方。恶，厌恶。

［3］几：接近。

［4］渊：沉静，深沉。

［5］与：指与别人相交。　善仁：指有修养之人。

笔记栏

［6］善治：善于治理国家，从而取得政绩。

［7］善时：善于把握有利的时机。

［8］尤：过失，错误。

（四）

含德之厚者，比于赤子[1]。蜂虿虺蛇不螫[2]，猛兽不据[3]，攫鸟不搏[4]。骨弱筋柔而握固，未知牝牡之合而全作[5]，精之至也。终日号而不嗄[6]，和之至也。知和曰常[7]，知常曰明，益生曰祥[8]，心使气曰强[9]。物壮则老，谓之不道，不道早已[10]。（《老子》第五十五章节选）

［1］赤子：初生的婴儿。

［2］蜂虿虺（chài huǐ 瘥悔）蛇：蛇蝎蜂之类的有毒害虫。　螫（shì 是）：用毒刺咬伤人。

［3］据：兽类用爪、足等抓取物品。

［4］攫（jué 绝）鸟：用脚爪抓取食物的鸟，例如鹰隼一类的鸟。　搏：用爪袭击物体。

［5］牝牡之合：男女交合。　全作：指的是男孩的生殖器勃起。全，有的版本作"朘"（zuī），义为婴孩的生殖器。

［6］嗄（shà 厦）：嗓音嘶哑。

［7］和：指阴阳二气合和的状态。　常：事物发展运动的规律。

［8］益生：纵欲贪生。　祥：此处指妖祥、不祥。

［9］强：强壮之意。

［10］已：指死亡。

（五）

天之道[1]，其犹张弓与[2]！高者抑之，下者举之[3]；有余者损之，不足者补之。天之道，损有余而补不足。人之道则不然[4]，损不足以奉有余[5]。孰能有余以奉天下[6]？唯有道者。是以圣人为而不恃[7]，功成而不处，其不欲见贤[8]。（《老子》第七十七章节选）

［1］天之道：自然的规律。

［2］张弓：把弦安装到弓上。　与（yú 于）：语气词，表感叹。

［3］举：升高。

［4］人之道：指人类社会的一般法则、规律。　然：这样。代指"损有余而补不足"。

［5］奉：扶助。

［6］孰：谁，哪个。

［7］为而不恃：有所作为而不仗势。

［8］见：同"现"。

（六）

小国寡民[1]，使有什伯之器而不用[2]，使民重死而不远徙。虽有舟舆，无所乘之；虽有甲兵，无所陈之；使人复结绳而用之[3]。甘其食，美其服，安其居，乐其俗。邻国相望，鸡犬之声相闻[4]，民至老死不相往来。（《老子》第八十章节选）

［1］小国寡民：国小民少。

［2］什伯之器：十倍、百倍功效的器具。此处指兵器。伯，通"百"。

［3］结绳：未有文字之前，人们用以记事的方法。《周易·系辞下》："上古结绳而治。"

［4］闻：听见。

简　析

第一章选自《老子》第一章。老子不但首次提出了"道"的哲学概念，而且对其实质、特

笔记栏

点和意义做了极其简要的概括：它渺茫难知而永恒存在，属“无”化“有”而生成万物。人们据其“无”“有”，既可洞悉众妙，又能区分万物，当然就是探求和实践真理的必由之路了。

第二章选自《老子》第二章。这一章是老子辩证思维的集中反映和“无为”主张的思想渊源。通过对比诸多事物，体现了老子以相反相成、对立统一的方法来看待事物的辩证思维特点。老子由此指出，人们如果真想有所作为并使其功绩不致丧失，就要遵行“无为”和“不居”的原则。

第三章选自《老子》第八章。它以水来喻人、教人，是老子关于“上善”的总论，指出“上善”的实质和特点是“若水”。文中通过“上善”在不同方面“若水”的体现，揭示了其“善利万物而不争”因而“无尤”的至理。

第四章选自《老子》第五十五章。主要讲处世哲学，即“德”在人身上的具体显现。老子用赤子来比喻具有深厚修养境界的人，能返回到婴儿般的纯真柔和。用这样的方法处世，就能够防止外界的各种伤害，免遭不幸。如果纵欲贪生，使气逞强，就会遭殃，既危害自己，也危害别人。

第五章选自《老子》第七十七章。通过对公平、公正而协调的“天之道”的赞同，既批判违背“天之道”的“人之道”，更期望“人之道”能够像“天之道”那样，做到公正、公平与和谐。

第六章选自《老子》第八十章。它是老子所描述的社会理想。当然“小国寡民”的理想不可能实现，但却强烈反映了老子返璞归真的思想和追求，也批判了人世间与之相反而衍生的种种弊端，还是有其积极意义的。

知识链接

山　木

阳子之宋，宿于逆旅。逆旅人有妾二人，其一人美，其一人恶，恶者贵而美者贱。阳子问其故，逆旅小子对曰：“其美者自美，吾不知其美也；其恶者自恶，吾不知其恶也。”

阳子曰：“弟子记之！行贤而去自贤之行，安往而不爱哉！”（选自《庄子·山木》）

（许　盈）

复习思考题

1. 怎样理解《老子》五十五章“含德之厚者，比于赤子”的具体涵义。
2. 结合文意解释下列词句。
（1）常有欲，以观其徼。
（2）有无相生。
（3）万物作焉而不辞。
（4）知和曰常。
（5）损不足以奉有余。
3. 掌握并搜集文中的成语典故，有无相生、为而不恃、小国寡民、上善若水、鸡犬相闻等。

八、《庄子》二则

【题解】 本文选自《庄子》，据上海书店出版社1986年影印《诸子集成》排印。《庄子》，

笔记栏

又称《南华经》《南华真经》，以其深刻的思想内涵，汪洋恣肆的文字，丰富绮丽的想象，被后世所推崇，代表先秦散文创作逐渐走向成熟。作者庄子（约前369—约前286），名周，宋国蒙（今河南商丘东北）人，战国时期伟大的思想家、文学家。曾任蒙漆园吏，不久辞职为民。他生活贫困，却拒绝楚王的厚聘，甘于闲居独处，直至去世。老子与庄子后人合称为“老庄”，同为道家学派的创始人。

第一则节选自《庄子·养生主》，主要论述养生之道，庄子强调“缘督以为经”的养生原则，只有循此才能做到“保身”“全生”。“公文轩见右师”“泽雉”与“秦失吊老聃”三则寓言故事，则集中表达了庄子依乎天理、顺应自然以及通达的生死观思想。第二则节选自《庄子·达生》，通过“仲尼适楚”，描写“痀偻者”经过一定时间的锻炼，熟能生巧，最后达到“犹掇之”的境界，与《养生主》“庖丁解牛”的寓意殊途同归。两则文字本旨都是在论述“养生”的要义，强调我们要精神内守，安神定志，顺应天道自然的规律，忘却物欲的享受，不反不侧，“以神遇不以目视”，最终合于养生大道。

（一）

吾生也有涯，而知也无涯，以有涯随无涯，殆已！已而为知者，殆而已矣！为善无近名，为恶无近刑。缘督以为经[1]，可以保身，可以全生，可以养亲，可以尽年。

公文轩见右师而惊曰：“是何人也？恶乎介也[2]？天与？其人与？”曰：“天也，非人也。天之生是使独也，人之貌有与也[3]。以是知其天也，非人也。”

泽雉十步一啄，百步一饮，不蕲畜乎樊中[4]。神虽王，不善也。

老聃死，秦失吊之[5]，三号而出。弟子曰：“非夫子之友邪？”曰：“然。”“然则吊焉若此，可乎？”曰：“然。始也吾以为其人也[6]，而今非也。向吾入而吊焉，有老者哭之，如哭其子；少者哭之，如哭其母。彼其所以会之，必有不蕲言而言，不蕲哭而哭者。是遁天倍情[7]，忘其所受，古者谓之遁天之刑[8]。适来，夫子时也；适去，夫子顺也。安时而处顺，哀乐不能入也，古者谓是帝之县解[9]。”

指穷于为薪，火传也[10]，不知其尽也。（《庄子·养生主》）

[1] 缘督以为经：顺从自然的中道，把它作为常法。晋代郭象注：“顺中以为常也。”督，督脉，人体身背之中脉，文中谓正道。经，常。

[2] 恶（wū 乌）乎：何以，怎么。　介：刖，古代一种砍掉脚的酷刑，这里指只有一只脚。

[3] 有与：两脚走路。晋郭象注：“两足共行曰有与。”

[4] 蕲（qí 齐）：同“祈”。祈求。　畜：畜养。　樊：牢笼。

[5] 秦失：又作秦佚，虚拟人物。

[6] 其人：指得道的人。北宋陈景元《庄子阙误》引文如海本作“至人”。

[7] 遁天倍情：逃避天理，违背天性与真情。一说，指违背天然之性而加添流俗之情。唐成玄英疏：“言逃遁天理，倍加俗情。”遁，逃避。倍，通“背”。违背。

[8] 遁天之刑：谓违背自然规律所受的刑罚。

[9] 帝：天。　县解：犹“解悬”，文中谓摆脱生死的牵挂，超然的解脱。县，挂。

[10] “指穷于为薪”二句：在前薪油脂燃尽之时，点燃后续的柴草，火种就传续下来了。唐·成玄英疏：“言人燃火，用手前之，能尽燃火之理者，前薪虽尽，后薪以续。”指，通“脂”，脂膏。穷，尽。为薪，前薪。

（二）

仲尼适楚，出于林中[1]，见痀偻者承蜩[2]，犹掇之也[3]。仲尼曰：“子巧乎！有道邪[4]？”曰：“我有道也。五六月累丸二而不坠[5]，则失者锱铢[6]；累三而不坠，则失者十一；累五而

笔记栏

不坠，犹掇之也。吾处身也，若橛株拘[7]；吾执臂也，若槁木之枝。虽天地之大，万物之多，而唯蜩翼之知。吾不反不侧[8]，不以万物易蜩之翼，何为而不得！”孔子顾谓弟子曰[9]：“用志不分，乃凝于神，其痀偻丈人之谓乎！”（《庄子·达生》）

［1］出：行走，通过。

［2］痀偻（gōu lóu 勾楼）：驼背。　承蜩（tiáo 条）：捕蝉。

［3］掇（duō 多）：拾取。

［4］道：法术，窍门。

［5］累丸二：即把两个小丸累在杆头，用手举着，锻炼腕力。

［6］锱铢：旧制锱为一两的四分之一，铢为一两的二十四分之一。比喻极其微小的数量。

［7］若橛（jué 觉）株拘（jū 居）：谓人就像树根树桩一样，一动不动。橛，木桩。株拘，枯树根。

［8］不反不侧：精神集中，不因外物影响而扰动。

［9］顾：回头看。

简　析

庄子的思想，约而言之，是在继承老子“道”的思想基础上，以“齐物”为立论之本，以“心斋”“坐忘”为修养之道，以“逍遥游”为最高境界。《养生主》一文是“内篇”中专论养生的文章，所谓“养生主”即“养生的宗旨”。庄子认为，“生”与“知”构成一对矛盾，人在此世的物质生命是有限的，而对知识（智慧）的追求是无穷尽的，两相比较，以有限追求无限，结果造成非常危险的局面。因此，在《秋水》篇中庄子告诫“无以得殉名”，保守自我的本真是最重要的，而诸如“知”是外在的，即使再丰富多彩，也应该给它划一个界限。所以，在课文中提出“缘督以为经”的养生要旨，“庖丁解牛”“痀偻者承蜩”等寓言故事，都是围绕这个主旨阐发，通过生动的描写，譬喻养生的三种境界，最终达到“以神遇不以目视”“不以万物易蜩之翼”的完全自如的境地。这最后的从心所欲的境界，并非绝对自我，而是“从心所欲不逾矩”，亦即“心斋”“坐忘”的层面了。

在表达方面，文中所涉寓言故事，非常形象生动，而且擅用对比的词句，层层推进，使文章既具形象特点，又颇具说服效用。

知识链接

上古天真论

上古之人，其知道者，法于阴阳，和于术数，食饮有节，起居有常，不妄作劳，故能形与神俱，而尽终其天年，度百岁乃去。

今时之人不然也，以酒为浆，以妄为常，醉以入房，以欲竭其精，以耗散其真，不知持满，不时御神，务快其心，逆于生乐，起居无节，故半百而衰也。

夫上古圣人之教下也，皆谓之虚邪贼风，避之有时，恬惔虚无，真气从之，精神内守，病安从来。是以志闲而少欲，心安而不惧，形劳而不倦，气从以顺，各从其欲，皆得所愿。故美其食，任其服，乐其俗，高下不相慕，其民故曰朴。

是以嗜欲不能劳其目，淫邪不能惑其心，愚智贤不肖，不惧于物，故合于道。所以能年皆度百岁而动作不衰者，以其德全不危也。（选自《素问·上古天真论》）

（任宏丽）

笔记栏

复习思考题

1. 请结合课文，谈谈庄子的养生思想。

2. 结合文意解释下列词句。

（1）缘督以为经。

（2）不蕲畜乎樊中。

（3）遁天倍情

（4）指穷于为薪，火传也。

（5）不反不侧

3. 掌握文中的成语典故，如解倒悬、薪尽火传、痀偻承蜩等，同时联系实际，搜集并整理出自《庄子》中的成语。

九、《管子》二则

【题解】 本文选自《管子》，据上海古籍出版社2015年本排印。管子（约前723—前645），名夷吾，字仲，齐国颍上（今安徽省颍上县管谷村）人，春秋初期齐国著名政治家、改革家。管仲出身贫贱，后经好友鲍叔牙推荐，被齐桓公任命为齐相，辅佐齐桓公成为春秋第一个霸主，也因而被称为“春秋第一相”。《管子》约成书于战国时代至秦汉时期。西汉末年，经刘向主持校勘，定为86篇，佚亡10篇，现仅存76篇。按当代学术界的普遍看法，《管子》并非管仲本人所著，而是一部集结稷下学者著述的论文集，总结阐述了管仲辅佐齐桓公称霸的历史经验，是一部阐述“霸道”的鸿篇巨著。《管子》篇幅宏伟、内容丰富，涉及政治、经济、军事、哲学、宗教及自然科学等诸多方面，汇集了道、法、儒、名、兵、农、阴阳、轻重等百家之学，反映了齐国改革时期的政治实践，在文化史和思想史上具有重要地位。

第一则节选自《管子·水地》，提出水为万物本原的观点，阐述植物、动物、玉石、人类与水的关联，认为水为“万物之本原，诸生之宗室也”，对水与各类事物的关系进行了独到的分析。第二则节选自《管子·内业》，认为精气是人的生命与意识的本质，精气的存在与否决定了人的生死存亡及事业成败，提出了精气说、化不易气、天地人一体观等重要观念和命题，对后代哲学史有着长远的影响。

（一）水 地

地者，万物之本原，诸生之根菀也[1]，美恶、贤不肖、愚俊之所生也[2]。水者，地之血气，如筋脉之通流者也。故曰：水具材也[3]。何以知其然也？曰：夫水淖弱以清[4]，而好洒人之恶[5]，仁也；视之黑而白，精也[6]；量之不可使概[7]，至满而止，正也；唯无不流，至平而止，义也。人皆赴高，己独赴下，卑也。卑也者，道之室，王者之器也。而水以为都居[8]。

[1] 根菀：根本。菀，指众生畜养之地，即养牛马林木的地方。

[2] 愚俊：愚智。

[3] 具材：具备各种材美。

[4] 淖（chuò 绰）弱：绰约，姿态柔美貌。

[5] 洒：洗涤。

[6] 精：诚实。

[7] 概：古代的一种衡准器。古人用斗斛出纳量米时，用一个长形的器物贴着斗斛的口平抹一下，使

粮米不留尖，不缺欠，达到均平。

[8] 都：聚集。 居：停留。

准也者[1]，五量之宗也[2]；素也者，五色之质也；淡也者[3]，五味之中也。是以水者，万物之准也，诸生之淡也，违非得失之质也[4]。是以无不满，无不居也，集于天地而藏于万物。产于金石，集于诸生，故曰水神。集于草木，根得其度，华得其数，实得其量。鸟兽得之，形体肥大，羽毛丰茂，文理明著。万物莫不尽其几[5]，反其常者，水之内度适也[6]。

[1] 准：古代测平的仪器，一种持平的标准。

[2] 五量："权、衡、规、矩、准"五种计量标准的合称，此处代表各种度量器。

[3] 淡：读为"澹"。足也（据俞樾）。此言万物取度于水，众生取足于水。

[4] 违非：是非。违，通"韪"。是。

[5] 几：生机。

[6] 内：同"纳"。包含。

人，水也。男女精气合而水流形[1]，三月如咀，咀者何[2]？曰五味。五味者何？曰五藏。酸主脾，咸主肺，辛主肾，苦主肝，甘主心。五藏已具，而后生肉。脾生膈，肺生骨，肾生脑，肝生革[3]，心生肉。五肉已具，而后发为九窍。脾发为鼻，肝发为目，肾发为耳，肺发为口，心发为舌。五月而成，十月而生。生而目视、耳听、心虑。目之所以视，非特山陵之见也，察于荒忽[4]；耳之所听，非特雷鼓之闻也，察于淑湫[5]；心之所虑，非特知于麤粗也[6]，察于微眇[7]。故修要之精[8]。是以水集于玉，而九德出焉[9]。凝蹇而为人[10]，而九窍五虑出焉[11]。此乃其精麤浊蹇，能存而不能亡者也。

[1] 水流形：指在羊水的流动中逐渐成形。

[2] 三月如咀（jǔ 举）：指胎儿三个月可以品味。如，而。咀，品味。《说文》："含味也。"

[3] 革：皮肤。

[4] 荒忽：幽昧微晦，模糊不清。

[5] 淑湫（jiū 纠）：寂寥。一说细小的声音。淑，通"寂"。湫，清静。

[6] 麤（cū 粗）粗：亦作"麤觕""麄觕"。指行为粗略，粗糙，与"微眇"相对。

[7] 微眇：细微精妙。眇，细小。

[8] 故修要之精：郭沫若《管子集校》认为此五字是衍文，不译。

[9] 九德：古谓贤人所具备的九种优良品格。《逸周书·常训》："九德：忠、信、敬、刚、柔、和、固、贞、顺。"

[10] 凝蹇（jiǎn 检）：凝结。蹇，停留，滞涩。

[11] 五虑：指耳、目、口、鼻、心五种器官的感觉，即听、视、闻、味、思。

（二）内 业

凡物之精，此则为生。下生五谷，上为列星。流于天地之间，谓之鬼神；藏于胸中，谓之圣人。是故民气[1]，杲乎如登于天[2]，杳乎如入于渊[3]，淖乎如在于海[4]，卒乎如在于己[5]。是故此气也，不可止以力，而可安以德。不可呼以声，而可迎以音[6]。敬守勿失，是谓成德。德成而智出，万物果得[7]。凡心之刑，自充自盈，自生自成。其所以失之，必以忧乐喜怒欲利。能去忧乐喜怒欲利，心乃反济。彼心之情，利安处宁，勿烦勿乱，和乃自成。折折乎如在于侧[8]，忽忽乎如将不得[9]，渺渺乎如穷无极。此稽不远，日用其德。

[1] 民：乃"此"字之误，这句本当作"是故此气也"，下文"是故此气也"与此正为排比句。

[2] 杲（gǎo 搞）乎：明亮貌。

[3] 杳（yǎo 咬）乎：幽暗貌。

[4] 淖（chuò 绰）乎：宽广貌。淖，通"绰"。

笔记栏

[5] 卒(zú 足):高峻貌。卒,通“崒”。

[6] 迎以音:用意念去迎合。音为“意”之讹字(王念孙说)。

[7] 果:为“毕”之误。全部。

[8] 折折:明晰貌。 侧:侧旁,喻近在咫尺。

[9] 忽忽:幽暗貌。

天主政[1],地主平[2],人主安静。春秋冬夏,天之时也;山陵川谷,地之枝也[3];喜怒取予,人之谋也。是故圣人与时变而不化,从物而不移[4],能正能静,然后能定。定心在中,耳目聪明,四肢坚固,可以为精舍[5]。精也者,气之精者也。气道乃生[6],生乃思,思乃知,知乃止矣[7]。凡心之形,过知失生。一物能化谓之神[8],一事能变谓之智。化不易气,变不易智,惟执一之君子能为此乎。执一不失,能君万物。君子使物,不为物使,得一之理。治心在于中,治言出于口[9],治事加于人,然则天下治矣。一言得而天下服,一言定而天下听[10],公之谓也。

[1] 天主政:天主持公正。因天能平分四时,故称。政,正。

[2] 地主平:地主持公平。因地能均生万物,故称。

[3] 枝:通“肢”。

[4] 物:外界事物。“物”字后疑脱“迁”字。 移:摇动,扰动。

[5] 精舍:藏精的地方。

[6] 道(dǎo 导):通达,疏导。

[7] 止:达到最高境界。

[8] 一:抓住万物最基本、最简便的法则,即下文“执一”。一,在此作动词。

[9] 言:声教政令。

[10] 定:确立。

凡人之生也,天出其精,地出其形,合此以为人。和乃生,不和不生。察和之道,其情不见,其征不丑[1]。平正擅匈[2],论治在心[3],此以长寿。忿怒之失度,乃为之图[4]。节其五欲[5],去其二凶[6],不喜不怒,平正擅匈。

[1] 征:迹象。 丑:比况,类同。

[2] 擅匈:占据胸中。匈,同“胸”。下同。

[3] 论治:次序条理。

[4] 图:谋虑,调控。

[5] 五欲:五官的欲望。

[6] 二凶:喜、怒两种情绪失当导致的不幸。

凡人之生也[1],必以平正,所以失之,必以喜怒忧患。是故止怒莫若诗,去忧莫若乐,节乐莫若礼[2],守礼莫若敬,守敬莫若静。内静外敬,能反其性[3],性将大定。

凡人之生也,必以其欢。忧则失纪[4],怒则失端[5]。忧悲喜怒,道乃无处。爱欲静之,遇乱正之[6]。勿引勿推[7],福将自归。彼道自来,可藉与谋。静则得之,躁则失之。灵气在心,一来一逝。其细无内,其大无外。所以失之,以躁为害。心能执静[8],道将自定。得道之人,理丞而屯泄[9],中匈无败。节欲之道,万物不害。

[1] 生:本性。

[2] 节乐:使音乐合乎节奏。节,使动用法。

[3] 反:同“返”。 性:人的本性。

[4] 纪:纲纪,引申为秩序。

[5] 端:端绪,条理。

[6] “爱欲静之”两句:爱的杂念出现则使它平静,愚蠢邪乱的念头产生则使它归正。

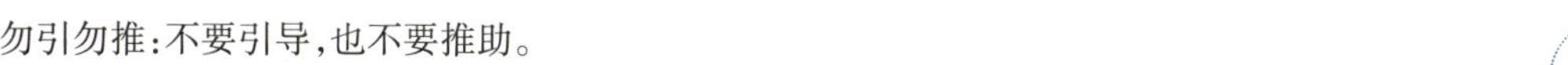

［7］勿引勿推：不要引导，也不要推助。

［8］执：掌握，控制。

［9］理烝而屯泄：指邪气从腠理毛孔中蒸发排泄出去。理，腠理，中医指肌肉之间的空隙和皮肤、肌理的纹理，是气血流通的空间。烝，通"蒸"。升发。屯，为"毛"之误。泄，发。

简　析

《水地》《内业》两篇分别提出了水论和气论。《水地》认为"水"为"万物之本原"，《内业》认为"气"为万物的本原；《水地》认为"水一则人心正"，《内业》认为气充则心正；《水地》认为"圣人之治于世也，其枢在水"，《内业》认为气决定事物的生灭成败。而"精气"这一概念在《水地》其实亦有提及，《水地》云"人，水也。男女精气合而水流形"，这与《内业》"凡人之生也，天出其精，地出其形，合此以为人，和乃生，不和不生"相互发挥。

由此可见，道家的万物生成论至战国中期形成了两大系统：一是尚气，一是尚水。尚水思想因其本身的理论限制，在解释宇宙万物何以生成这个问题上显得较为朴素和原始，未能得到发展。尚气说，则因"气"具有可感知的性质，却又视之不见、听之不闻，可解释性远超过尚水论，能够以更成熟精密的方式解决本原与万物的关系问题，从而得到发展。

由于《管子》出于众人之手，成书于较长时段之中，是集体智慧的结晶，因此不同时期、不同作者对万物本原的见解有所差异可以理解；而无论水地也好，精气也罢，这一本原都不是精神的或神造的，而是具体的物质，因此两种本原论在一定程度上都体现了古人试图去主动把握万物背后的根本性指导力量，从而获得对周围环境的准确理解的智慧。

知识链接

天　文　训

天地未形，冯冯翼翼，洞洞灟灟（zhú），故曰太昭。道始于虚廓，虚廓生宇宙，宇宙生气，气有涯垠，清阳者薄靡而为天，重浊者凝滞而为地。清妙之合专易，重浊之凝竭难，故天先成而地后定。天地之袭精为阴阳，阴阳之专精为四时，四时之散精为万物。积阳之热气生火，火气之精者为日；积阴之寒气为水，水气之精者为月。日月之淫为精者为星辰。天受日月星辰，地受水潦尘埃。昔者共工与颛顼争为帝，怒而触不周之山，天柱折，地维绝。天倾西北，故日月星辰移焉；地不满东南，故水潦尘埃归焉。（选自《淮南子·天文训》）

扫一扫，测一测

（黄　璐）

复习思考题

1. 请谈谈你对"气，道乃生，生乃思，思乃知，知乃止矣"这句话的理解。
2. 请结合文意解释下列词句。
（1）根得其度，华得其数，实得其量。
（2）此乃其精蠃浊蹇，能存而不能亡者也。
（3）凡心之刑，自充自盈，自生自成。
（4）治心在于中，治言出于口，治事加于人，然则天下治矣。
3. 《内业》篇提出了哲学史上许多重要的概念和命题，如：精气、时变、正静定以及"气之精""生乃思""思乃知""化不易气"等，请择一谈谈你的理解。

PPT 课件

第二单元

诗 文 人 生

学习目标

本单元收录诗词赋七篇，既有浪漫主义诗歌先驱的“诗骚”，又有诗词顶峰的唐宋诗词，更有现当代著名诗人的诗歌，学习本单元要求达到以下目标：

1. 掌握《七月》《芣苢》《伯兮》的写作特色及涉及的药物名称和植物名称，了解西周时期的社会背景和文化背景。
2. 掌握《离骚》的结构特点、语言特色及诗人所表达的浓烈的爱国情怀，了解屈原所处时代的背景及造成屈原投江的原因。
3. 掌握乐府诗和赋的写作特色。
4. 掌握陶渊明诗歌的自然美、意境美及其中的深意。
5. 了解唐宋诗词所蕴含的不同时期的写作风格，体会作者的思想发展及脉络。
6. 掌握朦胧诗的写作特色和方法，了解朦胧诗产生的社会背景和深层含义。

一〇、《诗经》三首

【题解】 本文选自《毛诗正义》，据中华书局1980年影印清代阮元校刻《十三经注疏》本排印。《诗经》是我国第一部诗歌总集，收录了从西周初年到春秋中叶的诗歌三百零五首，又称《诗三百》。按照用途和音乐的不同，可分为“风”“雅”“颂”三部分。“风”指各地方的民间歌谣，包括十五《国风》，即十五个地方的土风歌谣，有诗一百六十首；“雅”主要是贵族的宫廷正乐，小部分为民歌，有诗一百零五首，其中《大雅》三十一首、《小雅》七十四首；“颂”是周天子及诸侯祭祀宗庙的乐曲，分为周颂、鲁颂、商颂三部分，有诗四十首，其中《周颂》三十一首、《商颂》五首、《鲁颂》四首。《诗经》中所运用的主要表现手法是赋、比、兴，与内容上的风、雅、颂合称为“六义”。《诗经》多以四言为主，兼有杂言。作者不详。《毛诗正义》是《诗经》的研究著作，又称《孔疏》，是唐贞观十六年(642)孔颖达等奉唐太宗诏命所作《五经正义》之一，为当时政府颁布的官书。

《七月》是《豳风》的第一首，为《国风》中最长的一首诗，也是我国最早的长篇叙事诗，以史诗的笔法描述了当时农奴一年四季繁重的农事生活。《芣苢》选自《国风·周南》，是当时人们采芣苢时所唱的歌谣。《伯兮》选自《国风·卫风》，描写妻子想念出外远征的丈夫。

七　月

七月流火[1]，九月授衣。
一之日觱发[2]，二之日栗烈[3]。

笔记栏

无衣无褐，何以卒岁？
三之日于耜[4]，四之日举趾。
同我妇子，馌彼南亩[5]，
田畯至喜[6]。

［1］七月流火：夏历七月，火星西沉，天气转凉。七月，指夏历七月。下文“某月”都是指夏历而言。火，或称大火，星名，即心宿。周代夏历六月黄昏时分，心宿出现在正南方最高点。

［2］一之日：指周历一月，就是夏历十一月。以下“二之日”“三之日”“四之日”等仿此，分别指夏历十二月、夏历一月（正月）、夏历二月。　觱发（bì bō 毕播）：大风触物声。

［3］栗烈：也作“凛冽”，形容寒冷的样子。

［4］于耜（sì 似）：修理农具。于，犹“为”，修理。耜，古代农具，形似锹。

［5］馌（yè 叶）：送饭。　南亩：泛指田垄。田地耕成若干垄，高处为亩，低处为甽（quǎn 犬）。田垄东西向的叫做“东亩”，南北向的叫做“南亩”。

［6］田畯（jùn 俊）：农官名，又称农正或田大夫。

七月流火，九月授衣。
春日载阳[1]，有鸣仓庚[2]。
女执懿筐[3]，遵彼微行[4]，爰求柔桑[5]。
春日迟迟，采蘩祁祁[6]。
女心伤悲，殆及公子同归。

［1］春日：指夏历三月。　载阳：天气开始暖和。载，开始。

［2］有：动词词头，无义。　仓庚：鸟名，今名黄莺。

［3］懿：深。

［4］微行：小路。《毛诗》：“微行，墙下径也。”

［5］爰：犹“曰”。　柔桑：初生的桑叶。

［6］蘩（fán 繁）：菊科植物，即白蒿。　祁祁：众多。

七月流火，八月萑苇[1]。
蚕月条桑[2]，取彼斧斨[3]。
以伐远扬[4]，猗彼女桑[5]。
七月鸣鵙[6]，八月载绩[7]。
载玄载黄[8]，我朱孔阳[9]，
为公子裳。

［1］萑（huán 环）苇：芦苇。萑，芦类植物。

［2］蚕月：养蚕的月份，指夏历三月。　条桑：修剪桑树的枝条。条，修剪。

［3］斧斨（qiāng 枪）：斧头。斧头装柄处圆孔的叫斧，方孔的叫斨。

［4］远扬：指长得长而又高扬的枝条。

［5］猗（yǐ 已）：通“掎”。牵引。　女桑：嫩桑条。

［6］鵙（jú 局）：伯劳鸟。亦作“鶪”。

［7］载绩：开始纺麻线。绩，把麻纤维披开接续起来搓成线。

［8］玄：黑而赤的颜色。

［9］朱：红色。　孔阳：极鲜明，很明亮。孔，很。

四月秀葽[1]，五月鸣蜩[2]。
八月其获，十月陨萚[3]。
一之日于貉[4]，取彼狐狸，为公子裘。

笔记栏

二之日其同[5]，载缵武功[6]。
言私其豵[7]，献豜于公[8]。

[1] 秀葽(yāo 腰)：远志开花。秀，植物抽穗。葽，植物名，今名远志。

[2] 蜩(tiáo 条)：蝉。

[3] 陨萚(tuò 拓)：谓草木凋落。萚，落地之草木皮叶。

[4] 于貉(hé 合)：猎取貉子。于，猎取。貉，兽名，外形似狐，毛棕灰色，穴居于河谷、山边和田野间，昼伏夜出，食鱼、鼠、蛙、虾、蟹和野果等，是一种重要的毛皮兽。现北方通称貉子。

[5] 同：聚合，言狩猎之前聚合众人。

[6] 缵(zuǎn 纂)：继续。　武功：指田猎之事。

[7] 言私其豵(zōng 宗)：谓小兽可归猎者私有。言，动词词头。豵，一岁小猪，这里泛指小兽。

[8] 豜(jiān 肩)：三岁的猪，这里泛指大兽。

五月斯螽动股[1]，六月莎鸡振羽[2]。
七月在野，八月在宇[3]。
九月在户，十月蟋蟀入我床下。
穹窒熏鼠[4]，塞向墐户[5]。
嗟我妇子，曰为改岁，入此室处。

[1] 斯螽(zhōng 终)：虫名，蝗类，犹蚱蜢。　动股：谓发出鸣叫声。旧说斯螽以两股相切发声。

[2] 莎鸡：虫名，今名纺织娘。　振羽：谓发声。莎鸡以振翅发声。

[3] 宇：屋檐。

[4] 穹窒(zhì 至)：谓堵住所有的鼠洞。穹，穷尽。窒，堵塞。

[5] 向：朝北的窗户。　墐(jìn 进)：用泥涂塞。

六月食郁及薁[1]，七月亨葵及菽[2]。
八月剥枣[3]，十月获稻。
为此春酒，以介眉寿[4]。
七月食瓜，八月断壶[5]，九月叔苴[6]。
采荼薪樗[7]，食我农夫。

[1] 郁：果木名，即郁李。郁李属蔷薇科落叶小灌木。春季开花，花淡红色。果实小球形，暗红色。供观赏。其材可为器具，仁入药。古代又称唐棣。　薁(yù 郁)：即蘡薁，野葡萄。

[2] 亨葵及菽(shū 叔)：烹食冬葵及豆类。亨，同“烹”，煮。葵，即冬葵。菽，豆。

[3] 剥：同“扑”。敲击，打。

[4] 介：助，佐助。　眉寿：长寿。人老眉间有长毛，叫秀眉，所以长寿称眉寿。

[5] 壶：通“瓠”。葫芦。

[6] 叔苴(jū 居)：拾取麻子。苴，麻子。

[7] 荼(tú 涂)：苦菜。　薪樗(chū 出)：砍臭椿树作柴火。薪，砍柴。樗，臭椿树。

九月筑场圃，十月纳禾稼[1]。
黍稷重穋[2]，禾麻菽麦。
嗟我农夫，我稼既同[3]，上入执宫功[4]。
昼尔于茅[5]，宵尔索綯[6]。
亟其乘屋[7]，其始播百谷。

[1] 禾稼：农作物。

[2] 重：通“穜”(tóng 同)。先种后熟的谷物。　穋(lù 路)：后种先熟的谷物。《毛传》：“后熟曰重，先熟曰穋。”

笔记栏

[3] 同:集中,指把谷物集中送到公家谷仓。
[4] 宫功:房屋的修建。
[5] 于茅:割取茅草。
[6] 索绹(táo 桃):搓绳子。索,搓。绹,绳。
[7] 乘屋:爬上屋顶。乘,登上。

二之日凿冰冲冲[1],三之日纳于凌阴[2]。
四之日其蚤[3],献羔祭韭[4]。
九月肃霜[5],十月涤场。
朋酒斯飨[6],曰杀羔羊。
跻彼公堂[7],称彼兕觥[8],万寿无疆!

[1] 冲冲:象声词。用力凿冰的声音。
[2] 凌阴:冰室。凌,冰。阴,地窖。
[3] 蚤:通“早”。
[4] 献羔祭韭:启冰前祭祀司寒神的仪式,即“献羔祭酒而后启之”(朱熹语)。以上四句讲述的是古人采冰、藏冰、启冰的情景。
[5] 肃霜:即“肃爽”,天高气爽。一说,指凝露成霜。
[6] 朋酒:两樽酒。　飨(xiǎng 享):用酒食招待客人。
[7] 跻(jī 基):登上。　公堂:古代君主的厅堂。朱熹《诗集传》:“公堂,君之堂也。”
[8] 称:举。　兕觥(sì gōng 似工):古代酒器。用兕角做成的酒器,腹椭圆或方形,圈足或四足,有带角的兽头形酒盖,主要盛行于商代与西周前期。兕,古书上所说的雌犀牛。觥,酒器。

芣苢[1]

采采芣苢[2],薄言采之[3]。
采采芣苢,薄言有之[4]。
采采芣苢,薄言掇之[5]。
采采芣苢,薄言捋之[6]。
采采芣苢,薄言袺之[7]。
采采芣苢,薄言襭之[8]。

[1] 芣苢(fú yǐ 服以):车前草最早的名称,又名马舄(xì 细)、当道等。苏颂《本草图经》:“马舄,一名车前,一名当道,喜在牛迹中生,故曰车前、当道也。”本品具有利水通淋、渗湿止泻、清肝明目、清热化痰等功效。其穗状花结籽特别多,可能与当时的多子信仰有关,古人歌之以示庆贺生子之意。
[2] 采采:采而又采。
[3] 薄言:发语词,无义,起补充音节的作用。
[4] 有:谓采得。
[5] 掇(duō 多):拾取,伸长了手去采。
[6] 捋(luō 啰):以手掌握茎顺着茎滑动成把地采。
[7] 袺(jié 节):用衣襟兜东西。
[8] 襭(xié 邪):把衣襟插在腰带上兜东西。

伯　兮

伯兮朅兮[1],邦之桀兮[2]。
伯也执殳[3],为王前驱。
自伯之东,首如飞蓬[4]。
岂无膏沐[5]? 谁适为容[6]!

笔记栏

其雨其雨，杲杲出日[7]。
愿言思伯[8]，甘心首疾[9]。
焉得谖草[10]？言树之背[11]。
愿言思伯，使我心痗[12]。

[1] 伯：兄弟姐妹中年长者称伯，此处指其丈夫。 朅(qiè 窃)：武壮貌。

[2] 桀：同“杰”。杰出的人才。

[3] 殳(shū 书)：古代兵器名。以竹或木制成，八棱，顶端装有圆筒形金属，无刃。亦有装金属刺球，顶端带矛的。多用作仪仗。

[4] 蓬：草名。叶形似柳叶，边缘有锯齿，花外围白色，中心黄色。秋枯根拔，遇风飞旋，故又名“飞蓬”。此处比喻头发散乱。

[5] 膏沐：妇女洗涤、润泽头发所用的油膏。

[6] 谁适为容：言修饰容貌为了取悦谁呢？适，悦。

[7] 杲杲：明亮的样子。

[8] 愿言：思念殷切貌。《郑笺》：“愿，念也。我念思伯，心不能已。”

[9] 首疾：头痛。

[10] 谖(xuān 宣)草：即萱草。古人认为此草可以使人忘忧，故又称为忘忧草。

[11] 树：种植。 背：北。这里指屋子的北面。

[12] 心痗(mèi 妹)：心病或因忧伤而致的心病。痗，病，忧伤成病。

简 析

《七月》共八章，基本上按季节的先后及农事活动的顺序，平实地反映了西周时期农民一年四季真实的劳动、生活和情感。从诗中我们可以看到，当时的农民不仅要在田地中耕作、修理农具，还要采桑养蚕、纺麻织丝，乃至练习武功、打猎捕兽。闲暇时要去修理房屋，寒冬要凿取冰块，藏入地窖，供“公”及“公子”们夏日里享用。诗歌描写了西周时期的民俗民风，叙述了奴隶主和农奴之间在饮食、衣着、劳作、日常生活等方面的巨大差别，展现了春秋时期农奴们食不果腹、衣不保暖、受压迫剥削的生活。诗中出现的萋、郁、薁等药物名称及葵、菽、壶、苴、荼、韭等植物名称，可以考查药物及植物名称的源头。写作采用了赋的手法，以直叙为主，“敷陈其事”，“随物赋形”，而文笔细腻，寓情于写景叙事，形象鲜明地再现了当时的劳动和生活的场景及各种人物的情貌，构成了一组西周时期一年主要时间内真实的富有浓郁人间意韵的农事风俗画。

《芣苢》是当时人们采车前草时所唱的歌谣。《诗经》中的民间歌谣，有很多用重章叠句的形式，但《芣苢》运用重叠达到了极致，每句的开头都是“采采芣苢”。全诗三章六句，只用六个动词“采”“有”“掇”“捋”“袺”“襭”，显示出不同与变化，其余全是重叠。这种看起来很单调的重叠，却又有它特殊的效果。在不断重叠中，产生了简单明快、往复回环的音乐感。同时，六个动词的变化又表现了越采越多，直到满载而归的过程。诗中完全没有写采芣苢的人，令人读起来却能够明白地感受到她们欢快的心情——情绪就在诗歌的音乐节奏中传达出来。清人方玉润在《诗经原始》中说：“读者试平心静气涵咏此诗，恍听田家妇女，三三五五，于平原旷野、风和日丽中，群歌互答，余音袅袅，若远若近，忽断忽续，不知其情之何以移，而神之何以旷。”这话虽说想象的成分多了些，体会还是很准确的。芣苢是车前草最早的名称，西周时期广泛应用此草。《毛传》说此草“宜怀任（妊）”，即可以疗治不孕。又一种说法，是认为此草可以疗治麻风一类的恶疾。这两种说法在中医学上都没有根据。中医以车前草入药，认为它有利尿、清热明目和止咳的功能，而车前子具有清热利尿、渗湿通淋、明目、祛痰的作用。

笔记栏

《伯兮》描写思妇想念出外远征的丈夫。诗分四章，以思妇的口吻来叙事抒情。第一章开篇四句，思妇并无怨思之言，而是兴高采烈地夸赞其夫才之美；第二章，诗的笔锋和情调突然一转，变成了思妇对征夫思念之情的描述；第三章，进一步描述思妇对征夫的思念之情；第四章，承上两章而来，思妇一而再、再而三地倾诉出她对丈夫的深切思念。全诗紧扣一个“思”字，思妇先由夸夫转而引起思夫，又由思夫而无心梳妆到头痛，进而由头痛到患心病，从而呈现出一种抑扬顿挫的跌宕之势。此诗描述步步细致，感情层层加深，情节层层推展，富有强烈的艺术感染力。据统计，《诗经》中记载有五十多个中医药名词，本诗中首次出现“首疾”“心痗”两个医学名词及“谖草”中药名词，并出现了忧思成病的致病因素。

知识链接

《毛诗正义》序

唐·孔颖达

夫诗者，论功颂德之歌，止僻防邪之训。虽无为而自发，乃有益于生灵。六情静于中，百物荡于外。情缘物动，物感情迁。若政遇醇和，则欢娱被于朝野；时当惨黩，亦怨刺形于咏歌。作之者所以畅怀舒愤，闻之者足以塞违从正。发诸情性，谐于律吕。故曰感天地，动鬼神，莫近于诗。此乃诗之为用，其利大矣。若夫哀乐之起，冥于自然；喜怒之端，非由人事。故燕雀表啁噍之感，鸾凤有歌舞之容。然则诗理之先，同夫开辟，诗迹所用，随运而移。（选自《十三经注疏·毛诗正义》）

（赵鸿君）

复习思考题

1. 你认为《七月》一诗中哪些描绘表现出诗人对生活的细腻观察。
2. 结合诗义解释下列词句的意义。
（1）七月流火，九月授衣。
（2）二之日其同，载缵武功。
（3）塞向墐户。
（4）采采芣苢，薄言袺之。
（5）焉得谖草？言树之背。
3. 如何理解“女心伤悲，殆及公子同归”一句。

一一、离　骚

【题解】本文选自宋代洪兴祖撰《楚辞补注》，据中华书局1981年本排印。作者屈原（约前340—约前278），名平，字原，战国后期楚国人。是楚辞最重要的作家。屈原出身于楚国贵族，早年因学识渊博深得楚怀王信任，但屡遭保守势力诽谤打击，被楚怀王疏远和顷襄王放逐，最终自沉于汨罗江而死。屈原是中国最伟大的浪漫主义诗人之一，创立了“楚辞”这种新诗歌样式。《汉书·艺文志》载其作品有二十五篇，据王逸《楚辞章句》为《离骚》《九章》（九篇）《九歌》（十一篇）《天问》《远游》《卜居》《渔父》等。《离骚》，楚辞文学重要作品，

屈原代表作，是带有自传性质的中国古典文学中最长的抒情诗。全诗共计 373 句，2 400 余字。关于《离骚》题意，东汉王逸解释为离别的忧愁，其在《楚辞章句·离骚经序》中云："离，别也；骚，愁也；经，径也；言已放逐离别，中心愁思，犹依道径，以风谏君也。"《离骚》创作年代不能确考，一般认为是在屈原离开郢都往汉北之时。《离骚》反映了屈原对楚国恶劣政治环境的憎恶、愤慨，同时反复表白对祖国的忧虑、眷恋，和他热爱宗国，愿为之效力而不可得的悲痛心情，也抒发了自己遭到不公平待遇的哀怨。全诗缠绵悱恻，感情强烈，是屈原以其理想、遭遇、痛苦、热情以至生命熔铸而成的宏伟诗篇。整首《离骚》可分两部分，第一部分从篇首至"岂余心之可惩"，是诗人对已往历史的回溯；第二部分从"女媭之婵媛兮"至篇末，描写诗人对未来道路的探索。本文节选为第一部分。

帝高阳之苗裔兮[1]，朕皇考曰伯庸[2]。摄提贞于孟陬兮[3]，惟庚寅吾以降[4]。皇览揆余初度兮[5]，肇锡余以嘉名[6]：名余曰正则兮，字余曰灵均[7]。

[1] 高阳：古帝颛顼（zhuān xū 专须）即位后用的称号。 苗裔（yì 义）：后代子孙。苗，初生的草木。裔，后代子孙。 兮（xī 希）：语气词，相当于现代的"啊"。

[2] 朕：我。古代贵族通用的第一人称代词，秦以后成为帝王自称的专用词。 皇考：古代称"曾祖父"，皇考庙者，曾祖也。后用称亡父。皇，对先代的敬称。考，去世的父亲。

[3] 摄提：摄提格的简称。古代将天宫划为子、丑、寅、卯、辰、巳、午、未、申、酉、戌、亥十二等分，谓之十二宫，以岁星（木星）在天空运转所指向的方位来纪年，岁星指向寅宫（斗、牛之间）的那一年，叫做摄提格。摄提格即寅年的别称。这里省去"格"字。 贞：通"正"。正当。 孟陬（zōu 邹）：一年之始的孟春正月。孟，始。陬，即陬月，是夏历正月的别名。夏历正月建寅，陬月也即寅月。

[4] 惟：语助词。 庚寅：庚寅日（纪日的干支）。 降：降临。

[5] 揆（kuí 葵）：揆度，大致估量现实状况。 初度：出生年时，后称人的生日。

[6] 肇（zhào 照）：开始，最初。 锡：通"赐"，给予，赐给。

[7] "名余"二句：意思是我的名字叫正则，我的字是灵均。正则，公正的法则。灵均，美善而均平。王逸曰："言正平可法则者，莫过于天；养物均调者，莫神于地。高平曰原。"认为其中隐含屈原的名字。

纷吾既有此内美兮[1]，又重之以修能[2]；扈江离与辟芷兮[3]，纫秋兰以为佩[4]。汩余若将不及兮[5]，恐年岁之不吾与[6]。朝搴阰之木兰兮[7]，夕揽洲之宿莽[8]。日月忽其不淹兮[9]，春与秋其代序[10]。惟草木之零落兮[11]，恐美人之迟暮[12]。不抚壮而弃秽兮[13]，何不改此度[14]？乘骐骥以驰骋兮[15]，来吾道夫先路[16]！

[1] 纷：美盛貌，形容后面的"内美"。楚辞句例，往往形容词前置。 内美：内在的美好德行，指前八句所言的世系、生辰、名字。

[2] 重（chóng 虫）：加上。 修能：美好的姿态。修，善，美好。能，通"态"。

[3] 扈（hù 户）：披在身上。 江离：香草，生于江中，故称"江离"。离，一作"蓠"，又名"蘼芜"。 辟（pì 僻）芷：香草，生于幽僻之处，故称"辟芷"。芷，即白芷。辟，通"僻"，幽也。

[4] 纫：搓绳。 秋兰：香草名，秋天开花的兰草。 佩：披在身上的饰物。

[5] 汩（yù 遇）：水流疾貌。

[6] 不吾与：即"不与我"。与，等待。

[7] 搴（qiān 千）：拔取。 阰（pí 皮）：土坡。 木兰：香树名，又名辛夷。

[8] 揽：采。 宿莽：经冬不死的草。

[9] 忽：急速，形容时光迅速。 淹：时间长。

[10] 代序：递相更代。代，更代。序，次序。

[11] 惟：思。

[12] 美人：有喻怀王、作者自喻、泛指贤士等诸说，清朝戴震以为喻壮盛之年，稍近似。迟暮：黄昏。比喻晚年，暮年。

笔记栏

［13］抚壮：趁年盛之时。一种理解为凭借楚国的民心士气及其优越条件。抚，持，把握。壮，壮盛之年。 秽：指不好的行为，秽政。

［14］度：态度，或指现行法度。

［15］骐骥：良马。乘良马喻用贤人。

［16］道(dǎo 导)：引导。 夫：语助词。 先路：犹言"前路"，指圣王之道。

昔三后之纯粹兮[1]，固众芳之所在[2]。杂申椒与菌桂兮[3]，岂维纫夫蕙茝[4]？彼尧舜之耿介兮[5]，既遵道而得路；何桀纣之猖披兮[6]，夫唯捷径以窘步[7]！惟夫党人之偷乐兮[8]，路幽昧以险隘。岂余身之惮殃兮[9]，恐皇舆之败绩[10]。忽奔走以先后兮[11]，及前王之踵武[12]。荃不察余之中情兮[13]，反信谗而齌怒[14]。余固知謇謇之为患兮[15]，忍而不能舍也[16]。指九天以为正兮[17]，夫唯灵修之故也[18]。曰黄昏以为期兮，羌中道而改路[19]。初既与余成言兮[20]，后悔遁而有他[21]。余既不难夫离别兮[22]，伤灵修之数化[23]。

［1］三后：指夏禹、商汤、周文王。后，君。 纯粹：纯正不杂，指德行完美，公正无私。

［2］众芳：即指下文椒、桂、蕙、茝等香草。比喻众多贤臣。 在：聚集。

［3］杂：指聚集。 申椒：申地出产的花椒。 菌桂：应作"箘桂"，香木名，即肉桂。

［4］岂维：难道只是。维，通"唯"。 蕙：香草，又名薰草。 茝(chǎi)：古书上说的一种香草，即白芷。一说，音"芷"。

［5］耿介：光明正大。耿，光明。介，大。

［6］猖披：衣不束带之貌，引申为狂悖偏邪。

［7］捷径：喻不循正轨，贪便图快的做法。 窘步：步履艰难。

［8］党人：结党营私之人。先秦的"党"字多指勾结为奸的不正当的结合。 偷乐：贪图享乐。

［9］惮(dàn 旦)：害怕。

［10］皇舆：国君所乘的高大车子。多喻指国家。 败绩：指战车翻覆，引申为国家崩溃。

［11］"忽奔走"句：指为国家事匆匆奔忙。以，犹"于"。

［12］前王：指"三后"。 踵武：踩着别人的足迹走。比喻效法或继承前人的事业。踵，追随，继承。武，足迹。

［13］荃：香草名，比喻楚王。

［14］齌(jì 记)怒：暴怒。齌，本指用猛火烧饭，引申为猛烈。

［15］謇謇(jiǎn jiǎn 俭俭)：忠言直谏貌。

［16］"忍而"句：意谓想忍着不说却又无法放弃。

［17］九天：天的最高处，形容极高。传说古代天有九重，也作"九重天""九霄"。 正：通"证"，凭证，证据。

［18］灵修：此谓神明而有远见的人，喻指国君。人谓神为"灵"。修，长，远。

［19］"曰黄昏"二句：洪兴祖曰："一本有此二句，王逸无注，至下文'羌内恕己以量人'句始释'羌'义，疑此二句后人所增耳。"羌，楚人发语词。

［20］成言：指彼此有约定。

［21］遁：回避，此谓改变心意。 他：指他心。

［22］难：犹"惮"。怕，畏惧。

［23］数(shuò 朔)化：屡次变化。

余既滋兰之九畹兮[1]，又树蕙之百亩[2]。畦留夷与揭车兮[3]，杂杜衡与芳芷[4]。冀枝叶之峻茂兮，愿竢时乎吾将刈[5]。虽萎绝其亦何伤兮[6]，哀众芳之芜秽[7]。

［1］滋：栽种。 九：虚数，表示很多(下文"九死"同此)。 畹(wǎn 晚)：三十亩地为一畹。一说为十二亩。

［2］树：作动词用，种植。 百亩：泛指广阔之地，这里指种得很多的意思。

［3］畦(qí 其)：田垄，这里作动词用，分畦种植。 留夷、揭车：均为香草名。

笔记栏

[4] 杂:掺杂,套种。 杜衡:香草名,俗名马蹄香。以上四句借种植各种香草,比喻广泛培植人才。

[5] 竢(sì 四):同"俟"。等待。 刈(yì 义):割草,指收割。

[6] 萎绝:枯谢。

[7] 芜秽:田亩久不加耕耘,致使杂草蔓生,即"荒废"。这里比喻人才的堕落变质。

众皆竞进以贪婪兮[1],凭不猒乎求索[2]。羌内恕己以量人兮[3],各兴心而嫉妒[4]。忽驰骛以追逐兮[5],非余心之所急。老冉冉其将至兮[6],恐修名之不立[7]。朝饮木兰之坠露兮,夕餐秋菊之落英[8]。苟余情其信姱以练要兮[9],长顑颔亦何伤[10]?掔木根以结茝兮[11],贯薜荔之落蕊[12];矫菌桂以纫蕙兮[13],索胡绳之纚纚[14]。謇吾法夫前修兮[15],非世俗之所服[16];虽不周于今之人兮[17],愿依彭咸之遗则[18]。长太息以掩涕兮[19],哀民生之多艰[20]。余虽好修姱以鞿羁兮[21],謇朝谇而夕替[22]。既替余以蕙纕兮[23],又申之目揽茝[24]。亦余心之所善兮,虽九死其犹未悔。怨灵修之浩荡兮[25],终不察夫民心[26]。众女嫉余之蛾眉兮[27],谣诼谓余以善淫[28]。固时俗之工巧兮[29],偭规矩而改错[30];背绳墨以追曲兮[31],竞周容以为度[32]。忳郁邑余侘傺兮[33],吾独穷困乎此时也!宁溘死以流亡兮[34],余不忍为此态也[35]!鸷鸟之不羣兮[36],自前世而固然。何方圜之能周兮[37],夫孰异道而相安?屈心而抑志兮[38],忍尤而攘诟[39];伏清白以死直兮[40],固前圣之所厚[41]。

[1] 竞进:竞相奔走以追逐名利。 贪婪:对财物、钱等充满非同寻常的强烈欲望。王逸《楚辞章句》:"爱财曰贪,爱食曰婪。"

[2] 凭:满足,楚方言。王逸《楚辞章句》:"楚人名满曰凭。"形容求索之甚。 猒:同"厌"。 求索:索取,要求。此处指对权势财富的追求索取。

[3] 羌:句首发语词,无义。 恕:饶恕,原谅。 以量人:以己心揣度别人。量,衡量,猜测。

[4] 兴心而嫉妒:指生不良之心而嫉妒贤良。

[5] 驰骛(wù 务):奔走趋赴。 追逐:此指相互追名逐利。

[6] 冉冉:渐进貌。

[7] 修名:美好的名声。

[8] 落英:初开的花。落,开始。《尔雅・释诂》:"落,始也。"英,花。一般菊花不自落,因而不能作"凋落的花瓣"解。

[9] 苟:如果。 信:真诚。 姱(kuā 夸):漂亮,美好。 练要:精诚专一,操守坚贞。

[10] 顑颔(kǎn hàn 坎汉):因饥饿而面黄肌瘦的样子。

[11] 掔(lǎn 揽):同"揽"。持。 根:指香木根。

[12] 贯:串联。 薜荔(bì lì 辟力):香草名,又称木莲。 落蕊:同"落英"。

[13] 矫:举,拿。

[14] 索:绳索,此作动词用,搓绳。 胡绳:一种蔓生的香草。 纚纚(xǐ xǐ 洗洗):长而下垂的样子。一说连绵不断。

[15] 謇:楚方言,发语词(与前"謇謇"之意不同)。 前修:此谓前代贤人。

[16] 服:佩戴。

[17] 周:相容,合。

[18] 彭咸:据王逸注,彭咸乃殷代贤臣,谏君不听,投水而死。 遗则:遗留下来的法则。

[19] 太息:即叹息。 掩涕:掩面拭泪。

[20] 民:人也。民生,泛指人生。

[21] 鞿羁(jī jī 机基):缰绳和马笼头,在此作动词用,受拘束,被牵制。

[22] 谇(suì 岁):劝告,谏诤。 替:衰落,亏损,此谓小人对己的污损。一说依王逸注,"谇"为进谏,"替"为被废弃。

[23] 蕙纕(xiāng 香):"纕蕙"的倒文。纕,缠臂袖的带子,这里作动词用,佩戴。

[24] 申:加上。 目:同"以"。

笔记栏

[25] 浩荡:原义为水大貌,泛滥横流。此处引申为楚王放纵自恣、变化无常、无思无虑,有糊涂的意思。

[26] 民心:人心。一谓主人公自指。

[27] 众女:喻包围在君王左右的一群小人。 峨眉:蚕蛾须般的眉毛,用以代指美貌。此以众女妒美喻群小嫉贤。

[28] 谣诼(zhuó 浊):造谣诽谤。 善淫:善于淫荡,长于诱惑。

[29] 工巧:善于投机取巧。

[30] 偭(miǎn 免):违背。 规矩:匠人工具。规以量圆,矩以量方,引申为标准、正常的法则。 错:通"措"。措施。

[31] 绳墨:匠人打线用的墨斗,这里比喻法度。 追曲:追随邪佞。

[32] 周容:迎合讨好。王逸注:"周,合也。苟合于世,以求容媚也。" 度:行为准则。

[33] 忳(tún 屯):忧郁烦闷。 郁邑:愁苦,不安。 侘傺(chà chì 岔赤):失意而神情恍惚的样子。

[34] "宁溘(kè 客)死"句:宁愿立即死去,或者流放他乡。溘,忽然。以,作并列连词用,在此有选择之意。

[35] 此态:指苟合取容之态。

[36] 鸷(zhì 志)鸟:指鹰隼一类猛禽。 不羣:此谓不与凡鸟为伍。羣,"群"的异体字。

[37] 圜:同"圆"。 能周:能够组合。

[38] 屈心:使心受委屈。 抑志:压抑意志。

[39] 忍尤:忍受不白之冤。尤,责怪。 攘:取,引申为忍受。 诟:辱骂。

[40] 伏:通"服"。保持,怀抱。 死直:为正道而死。

[41] 厚:推崇,称赞。

悔相道之不察兮[1],延伫乎吾将反[2]。回朕车以复路兮,及行迷之未远。步余马于兰皋兮[3],驰椒丘且焉止息[4]。进不入以离尤兮[5],退将复修吾初服[6]。制芰荷以为衣兮[7],集芙蓉以为裳[8]。不吾知其亦已兮[9],苟余情其信芳。高余冠之岌岌兮[10],长余佩之陆离[11]。芳与泽其杂糅兮[12],唯昭质其犹未亏[13]。忽反顾以游目兮[14],将往观乎四荒[15]。佩缤纷其繁饰兮[16],芳菲菲其弥章[17]。民生各有所乐兮,余独好修以为常。虽体解吾犹未变兮[18],岂余心之可惩[19]!

[1] 相道:审视、选择道路。 不察:看得不清楚。

[2] 延伫(zhù 注):长久站立。一说伸颈垫脚而望,即张望的样子。 反:同"返"。

[3] 步:漫步,此指使马徐行。 兰皋(gāo 高):生有兰草的水边高地。皋,泽畔高地。

[4] 椒丘:生有椒树的山丘。 且:暂且。 焉:兼词,于此。

[5] 进:进身。 不入:不被接纳。此谓不被重用。 离尤:遭遇罪责。离,通"罹",遭受。

[6] 初服:从前的服饰,比喻继续进修原来的品德。

[7] 制:裁制。 芰(jì 寄):菱花。 荷:指荷叶。

[8] 集:积聚。 芙蓉:即荷花。 裳:下衣。

[9] 不吾知:即"不知吾",不了解我。否定句中代词做宾语,宾语前置。 已:罢了。

[10] 岌岌(jí jí 及及):高貌。

[11] 陆离:曼长的样子。

[12] "芳与泽"句:指花饰的芳香与玉佩的润泽交相辉映,美上加美。泽,润泽。糅,掺和。一说指芬芳和污浊混合在一起,比喻与奸邪小人共处,以应下句"昭质未亏"之意。泽,川泽之泽,指卑下处,引申作污浊解(郭沫若说)。

[13] 昭质:明洁的品质。昭,明,光明。 亏:减损。

[14] 反顾:回头看。 游目:放眼远眺。

[15] 四荒:四方荒远之地。

[16] 缤纷:繁多而杂乱。

笔记栏

[17] 菲菲:香气浓郁。 弥章:更加显著。章,彰明。

[18] 体解:古代的一种酷刑,分裂人的四肢。

[19] 惩:戒惧。

简 析

本文结构清晰。首先,诗人以内心独白的形式在骚体特定的象征体系中娓娓叙其现实境遇:显赫的世系,高洁的品行,追迹前王的远大抱负,忧国思君之忠诚。其次,由此铸造的理想人格却在现实中陷入种种困顿:灵修"数化""浩荡",党人纷争诟难,众芳污秽从俗,时光易逝。再次,在混浊现实与理想人格之间不可调和的冲突中,抒情主人公毅然选择以退隐来保持人格独立,足见其保守节操意志之坚定。

抒情主人公善以比喻象征塑造完美形象。以原创"香草美人"自比,以采摘香草喻加强自身修养,以佩戴香草喻保持修洁;又以香花、香草名称象征性地表现政治、思想意识等抽象概念,凸显作品色彩之美。语言形式上是一种新鲜、生动、自由的新诗体,用"兮"字连接上下句,固定的偶句韵产生回环往复的旋律。

思政元素

正道直行 竭忠尽智

——爱国诗人屈原

屈原是我国文学史上伟大的爱国诗人,他把自己的政治思想、哲学思想,对祖国和人民深厚感情熔铸在诗篇中,取得了无与伦比的辉煌成就,20世纪被推举为世界文化名人。

纵观屈原一生,都是在激烈复杂的政治斗争中度过。身处楚怀王和楚顷襄王时代,政治腐败,外侮内患。但是他"生在楚国,因而热爱楚国"(郭沫若《伟大的爱国诗人屈原》),强烈关心楚国的命运,同情楚国人民的不幸遭遇,对自己生长的乡土,对楚国的山川草木,都怀着朴素的、深沉依恋的感情,至死不离故土。这种爱国情感在《离骚》篇中得到了淋漓尽致的体现。

在《离骚》篇首中,"回溯"自己的"已往历史","帝高阳之苗裔兮,朕皇考曰伯庸",表明自己和楚国是一个利益共同体。他对楚国的兴亡负有责任,这也是屈原具有忠君爱国情怀的社会基础,所以他希望自己能为楚国的复兴和发展做出自己的贡献。然而,楚国谗佞当道,楚王尚不觉悟,屈原的理想并没有很好的实现途径。在面对党人的谗言以及楚王对自己"信而见疑,忠而被谤"时,屈原仍然希望获得机会为楚国贡献才能,然楚王之变化无常,"初既与余成言兮,后悔遁而有他"。但是,为楚国复兴做足准备的屈原,"余既滋兰之九畹兮,又树蕙之百亩"。屈原绝不妥协,"宁溘死以流亡兮,余不忍为此态也"。因为,屈原追逐的不是名利,"忽驰骛以追逐兮,非余心之所急",人品高洁的他所担心的是楚王已不能成为一代明君,他心之所向是渴望尧舜禹汤文武贤君的出现!然而,恶劣的政治环境中,屈原生性忠直,却找不到施展才华的机会,内心充塞着不平的苦闷,不愿趋炎附势和邪恶势力同流合污,感慨万千,"长太息以掩涕兮,哀民生之多艰"。屈原内心守贞,外不同流,不谄事君主而改节,不随俗显荣而媚人,他要坚持自己的理想,他知道人生艰难,已经做好了九死一生的准备,"虽九死其尤未悔"。诚如郭沫若评屈原:"热爱人民,热爱祖国,热爱真理和正义。"

笔记栏

知识链接

哀 郢

屈 原

皇天之不纯命兮，何百姓之震愆？民离散而相失兮，方仲春而东迁。去故乡而就远兮，遵江夏以流亡。出国门而轸怀兮，甲之鼂吾以行。发郢都而去闾兮，怊荒忽其焉极？楫齐扬以容与兮，哀见君而不再得。

望长楸而太息兮，涕淫淫其若霰。过夏首而西浮兮，顾龙门而不见。心婵媛而伤怀兮，眇不知其所蹠。顺风波以从流兮，焉洋洋而为客。凌阳侯之泛滥兮，忽翱翔之焉薄。心絓结而不解兮，思蹇产而不释。

将运舟而下浮兮，上洞庭而下江。去终古之所居兮，今逍遥而来东。羌灵魂之欲归兮，何须臾而忘反。背夏浦而西思兮，哀故都之日远。登大坟以远望兮，聊以舒吾忧心。哀州土之平乐兮，悲江介之遗风。

当陵阳之焉至兮，淼南渡之焉如？曾不知夏之为丘兮，孰两东门之可芜？心不怡之长久兮，忧与愁其相接。惟郢路之辽远兮，江与夏之不可涉。忽若去不信兮，至今九年而不复。惨郁郁而不通兮，蹇侘傺而含戚。

外承欢之汋约兮，谌荏弱而难持。忠湛湛而愿进兮，妒被离而鄣之。尧舜之抗行兮，瞭杳杳而薄天。众谗人之嫉妒兮，被以不慈之伪名。憎愠惀之修美兮，好夫人之慷慨。众踥蹀而日进兮，美超远而逾迈。

乱曰：曼余目以流观兮，冀壹反之何时。鸟飞反故乡兮，狐死必首丘。信非吾罪而弃逐兮，何日夜而忘之！（选自《楚辞·九章》）

（邬晓东）

复习思考题

1. 立足《离骚》文本，理解这首长篇政治抒情诗所表达的主题。
2. 结合文意解释下列句子。

（1）纷吾既有此内美兮，又重之以修能。
（2）惟草木之零落兮，恐美人之迟暮。
（3）余固知謇謇之为患兮，忍而不能舍也。
（4）伏清白以死直兮，固前圣之所厚。
（5）民生各有所乐兮，余独好修以为常。

3. 分析《离骚》节选在叙事中对“赋”手法的独创性运用。

一二、东 门 行

【题解】 本文选自《乐府诗集》，据中华书局 1979 年点校本排印。《乐府诗集》是北宋郭茂倩编成的一部诗集，所辑为汉魏至唐五代时期的乐府歌辞，兼及先秦至唐末的少量歌谣。《东门行》选自《乐府诗集·相和歌辞·瑟调曲》，有两篇：一为汉乐府原作，即所谓“本辞”；一为晋乐所奏，即所谓“古辞”（文字颇有增改）。本课所选，乃未经晋乐修改之“本辞”，作者为东

笔记栏

汉无名氏。这首诗截取东汉黑暗时期一对夫妻人生中的一个非常片断，形象深刻地反映了当时身处社会底层的百姓令人震撼、悲愤的苦难生活和万般无奈之下要去反抗的心理与行为。

出东门[1]，不顾归。
来入门，怅欲悲。
盎中无斗米储[2]，还视架上无悬衣。
拔剑东门去，舍中儿母牵衣啼：
“他家但愿富贵，贱妾与君共铺糜[3]。
上用仓浪天故[4]，下当用此黄口儿[5]，今非！”
“咄[6]！行[7]！吾去为迟！白发时下难久居[8]！”

[1] 东门：指诗中主人公所住之城的东门。
[2] 盎：腹大口小的盛物洗物的瓦盆。
[3] 铺糜（bū mí 晡迷）：喝稀粥。铺，吃。糜，粥。
[4] 用：因为。仓浪天：苍天。仓浪，青色。仓，通“苍”。
[5] 黄口儿：幼儿。黄口，本义为雏鸟，引申亦指儿童。
[6] 咄（duō 多）：呵斥声。
[7] 行：走开。
[8] 白发时下难久居：意为因穷困而日子无法过下去了。

简 析

汉乐府民歌大多采自民间，虽然数量不多，但它真实、深刻地反映了汉代的社会生活与尖锐的阶级矛盾，揭露了封建统治者的残暴罪行，表达了人民的痛苦和反抗。《东门行》是汉乐府民歌中的名篇，是汉代乐府民歌中思想激烈、斗争性强的一篇作品。全诗虽短，却情节跌宕，环环紧扣，用一个典型片断，展现了当时身处社会底层百姓令人震撼和悲愤的苦难生活，塑造了一个下层贫民在无衣无食的绝境中，为极端穷苦所迫，不得不拔剑而起，走上反抗道路的故事。诗起笔不凡，通过一“出”一“入”去而复返的行动描写，突出了男主人公内心世界矛盾和激烈的思想斗争。他愤愤而出走，但又不放心家中善良的妻儿，可回家后却是“怅”而“悲”，这道出了穷苦人民在残酷的阶级压迫剥削下的无限愁恨。目睹家中“无斗米”“无悬衣”的凄惨景象，与其坐以待毙，不如死里求生，满腔怒火化为了坚决抗争的勇气和行动，再度拔剑出门。诗中不说携剑、带剑，而曰“拔剑”，其人其事，皆可想见。饥寒切身，举家待毙，忍无可忍，故铤而走险。

本诗通过人物的语言和行动来表现人物的性格，妻子牵衣而哭的语言表达了她善良、软弱胆小的性格。“咄！行！吾去为迟”，表明了丈夫对犹豫不决的彻底否定，表明他下定了反抗的决心。由此可见，乐府诗不但善于叙事，也善于表现人物的心理活动。

知识链接

十五从军征

汉·佚名

十五从军征，八十始得归。道逢乡里人，家中有阿谁？遥望是君家，松柏冢累累。兔从狗窦入，雉从梁上飞。中庭生旅谷，井上生旅葵。舂谷持作饭，采葵持作羹。羹饭一时熟，不知饴阿谁。出门东向看，泪落沾我衣。（选自《乐府诗集·横吹曲辞》）

（赵鸿君）

笔记栏

复习思考题

1. 背诵全诗。
2. 结合诗义解释下列词句的意义。
(1) 盎中无斗米储。
(2) 贱妾与君共餔糜。
(3) 上用仓浪天故,下当用此黄口儿。
3. 分析造成男女主人公复杂心态的原因。

一三、洛　神　赋

【题解】本文选自《曹植集校注》,据人民文学出版社1984年赵幼文校注本排印。作者曹植(192—232),字子建,曹操第三子,曹丕之弟,封陈王,谥思,世称陈思王,沛国谯(今安徽亳州)人。三国时期曹魏文学家,建安文学的代表人物,与曹操、曹丕合称为“三曹”。曹植才思敏捷,颇得曹操宠爱,几次欲被立为太子。曹操死后,曹丕继王位,猜忌植,屡次贬爵徙封。丕死,丕子睿继位,植处境并未好转,最终郁郁而亡。他的著作被后人收入《曹子建集》。《洛神赋》是曹植的代表作。洛神,又名宓(fú 伏)妃,传说是宓羲的女儿,溺死洛水而为神。曹植从京城回封地,途经洛水,有感于宋玉《神女赋》和洛神传说,想象出一个与洛神相遇,相互爱慕,却因人神道殊而含恨分离的人神恋爱故事。

黄初三年[1],余朝京师,还济洛川[2]。古人有言,斯水之神名曰宓妃。感宋玉对楚王说神女之事[3],遂作斯赋。其词曰:

余从京域[4],言归东藩[5],背伊阙[6],越轘辕[7],经通谷[8],陵景山[9]。日既西倾,车殆马烦[10]。尔乃税驾乎蘅皋[11],秣驷乎芝田[12],容与乎阳林[13],流眄乎洛川[14]。于是精移神骇,忽焉思散[15]。俯则未察,仰以殊观。睹一丽人,于岩之畔。迺援御者而告之曰[16]:“尔有觌于彼者乎[17]?彼何人斯,若此之艳也!”御者对曰:“臣闻河洛之神,名曰宓妃,然则君王之所见也,无迺是乎!其状若何?臣愿闻之。”

[1] 黄初三年:公元222年。黄初,魏文帝曹丕的年号。据《魏志》,曹植于黄初四年徙封雍丘,其年朝京师。

[2] 济:渡。　洛川:洛水。源出陕西,经洛阳,入黄河。

[3] “感宋玉”句:楚襄王与宋玉游于云梦之浦,玉梦遇神女,翌日告知于王。事详宋玉《神女赋》序。宋玉,战国时楚国人,辞赋家,或称是屈原弟子,曾为楚顷襄王大夫。

[4] 京域:洛阳。

[5] 言:发语词。　东藩:东方藩国。曹植的封地雍丘在洛阳之东,故称。

[6] 背:离开。　伊阙:山名,在洛阳南,又名龙门山、阙塞山。

[7] 轘(huán 环)辕:山名,在今河南偃师区东南。

[8] 通谷:谷名,在洛阳城南五十里。

[9] 陵:登上。　景山:山名,在今河南偃师区。

[10] 殆:疲怠。此指车行缓慢。　烦:劳乏。

[11] 尔乃:于是。　税驾:卸驾停车。税,释放,解脱。　蘅皋:长有杜蘅的河岸。皋,泽边地,泛指岸边。

[12] 秣驷:喂马。秣,喂食料。驷,拉同一车的四匹马,此指马。　芝田:仙人种植芝草的地方。此谓野草茂盛之地。

笔记栏

［13］容与：从容闲适貌。　阳林：地名。一作"杨林"。《文选》李善注："地名，生多杨，因名之。"

［14］流盼：转动目光观看。盼，一作"眄（miǎn 免）"。

［15］"于是精移神骇"二句：神思恍惚，忽然思绪散乱。骇，散。

［16］迺："乃"的异体字。　援：拉着。

［17］覿（dí 迪）：见。

余告之曰：其形也，翩若惊鸿，婉若游龙[1]，荣曜秋菊，华茂春松[2]。髣髴兮若轻云之蔽月，飘飖兮若流风之回雪[3]。远而望之，皎若太阳升朝霞；迫而察之，灼若芙蓉出渌波[4]。秾纤得中，修短合度[5]。肩若削成，腰如约素[6]。延颈秀项，皓质呈露[7]。芳泽无加，铅华弗御[8]。云髻峩峩[9]，修眉连娟[10]。丹唇外朗，皓齿内鲜。明眸善睐[11]，辅靥承权[12]。瓌姿艳逸[13]，仪静体闲[14]。柔情绰态[15]，媚于语言[16]。奇服旷世[17]，骨像应图[18]。披罗衣之璀粲兮，珥瑶碧之华琚[19]。戴金翠之首饰，缀明珠以耀躯[20]。践远游之文履[21]，曳雾绡之轻裾[22]。微幽兰之芳蔼兮[23]，步踟蹰于山隅。于是忽焉纵体[24]，以遨以嬉[25]。左倚采旄[26]，右荫桂旗[27]。攘皓腕于神浒兮[28]，采湍濑之玄芝[29]。

［1］"翩若惊鸿"二句：形容洛神身形灵活柔软。《文选》李善注："《神女赋》曰：'婉若游龙乘云翔'，翩翩然若鸿雁之惊，婉婉然如游龙之升。"翩，鸟疾飞的样子。

［2］"荣曜秋菊"二句：形容洛神的容光焕发过于秋菊的茂盛鲜艳，肌体丰盈如同春松的华美繁盛。荣，繁茂，茂盛。曜，闪光。

［3］"髣髴兮若轻云之蔽月"二句：写洛神若隐若现，体态轻盈。髣髴，"仿佛"的异体字。飘飖（yáo 摇），同"飘摇"。回，旋转。

［4］灼：鲜明。

［5］"秾（nóng 农）纤得中"二句：形容神女胖瘦适中，高矮恰合标准。秾，丰满，肥胖。纤，细瘦。

［6］约素：卷束的白绢。形容腰肢圆细。约，缠束，环束。

［7］皓质：洁白的肤质。

［8］"芳泽无加"二句：形容洛神天生丽质，不加修饰。芳泽，古代妇女润发用的香油。铅华，化妆用的铅粉。

［9］峩峩："峨峨"的异体字。高耸的样子。

［10］连娟：亦作"联娟"。弯曲而纤细。

［11］善睐（lài 赖）：形容美目顾盼。睐，斜视。

［12］辅靥（yè 页）：应作"靥辅"，颊边酒窝。靥，酒窝。辅，面颊。　承权：意谓在颧骨之下。承，上接。权，通"颧"。

［13］瓌姿：美好的姿容。

［14］仪静体闲：仪态文静，体态娴雅。闲，通"娴"。

［15］绰态：从容舒缓的姿态。

［16］媚：美好。

［17］旷世：举世所无。旷，空，绝。

［18］骨像：即骨相。　应图：与相书中骨相好的图像相合。

［19］珥（ěr 耳）：珠玉做的耳饰。此作动词，佩戴。　瑶碧：美玉。　华琚（jū 居）：有花纹的佩玉。

［20］"缀明珠"句：首饰上缀以明珠，珠光闪灼，故曰耀躯。

［21］践：穿着。　远游：鞋名。　文履：有纹饰的鞋。文，同"纹"。

［22］雾绡（xiāo 萧）：薄雾似的轻纱。绡，生丝织的帛。　裾（jū 居）：衣裙的后襟。

［23］微：隐。此处用作动词，隐约透出。

［24］纵体：轻举肢体。

［25］以遨以嬉：遨游嬉戏。以，节奏助词，无义。

［26］采旄（máo 毛）：彩旗。采，同"彩"。旄，本指旗杆头上用牦牛尾做的装饰物。这里指代旌旗。

［27］桂旗：用桂枝做的旗帜。《楚辞·九歌·山鬼》王逸注："结桂与辛夷以为车旗，言其香絜也。"

[28] 攘(rǎng 嚷):捋起衣袖。 浒:水边。因是洛神游戏之地,故称“神浒”。

[29] 湍濑(tuān lài 煓赖):急流。濑,水流沙上。 玄芝:黑芝。

余情悦其淑美兮,心振荡而不怡。无良媒以接欢兮[1],托微波而通辞[2]。愿诚素之先达兮[3],解玉佩以要之[4]。嗟佳人之信修兮[5],羌习礼而明诗[6]。抗琼珶以和予兮[7],指潜渊而为期[8]。执眷眷之欵实兮[9],惧斯灵之我欺!感交甫之弃言兮[10],怅犹豫而狐疑。收和颜而静志兮[11],申礼防以自持[12]。于是洛灵感焉,徙倚彷徨[13]。神光离合,乍阴乍阳[14]。竦轻躯以鹤立[15],若将飞而未翔。践椒途之郁烈[16],步蘅薄而流芳[17]。超长吟以永慕兮[18],声哀厉而弥长。

[1] 接欢:谓将爱慕之情传达给洛神。

[2] 微波:目光。一说水波。

[3] 素:通“愫”。真情。

[4] 要:通“邀”。邀约。

[5] 修:美好。

[6] 羌:发语词,无义。 习礼而明诗:《文选》李善注:“习礼,谓立德;明诗,谓善言辞。”

[7] 抗:举。 琼珶(dì 弟):美玉名。 和(hè 赫):应答。

[8] 潜渊:深渊。 期:约会。

[9] 欵实:真诚,诚恳。欵,“款”的异体字。

[10] 感交甫之弃言:有感于郑交甫遇仙女失信之事。语见《文选》李善注引《神仙传》。郑交甫于江边遇仙女,“目而挑之,女遂解佩与之。交甫行数步,空怀无佩,女亦不见”。弃言,失信。

[11] 收和颜而静志:收敛笑容,安定心志。

[12] 申:展。 礼防:礼法。此指男女之间的礼法。 自持:自我克制。

[13] 徙倚:流连徘徊。

[14] 神光离合:神女的灵光时聚时散。 乍阴乍阳:时暗时明。

[15] 竦(sǒng 耸):企立,伸长脖子、提起脚跟站着。

[16] 椒途:用椒泥涂饰的道路。

[17] 薄:丛薄,草木丛生处。

[18] 超:怅惘。

尔乃众灵杂遝[1],命俦啸侣[2],或戏清流,或翔神渚[3],或采明珠,或拾翠羽。从南湘之二妃[4],携汉滨之游女[5]。叹匏瓜之无匹兮[6],咏牵牛之独处[7]。扬轻袿之猗靡兮[8],翳修袖以延伫[9]。体迅飞凫[10],飘忽若神。陵波微步[11],罗袜生尘[12]。动无常则,若危若安。进止难期,若往若还。转眄流精[13],光润玉颜。含辞未吐,气若幽兰。华容婀娜[14],令我忘餐。

[1] 杂遝(tà 踏):众多貌。

[2] 命俦啸侣:呼朋唤侣。俦,伴侣。

[3] 渚:水中高地。

[4] 南湘之二妃:舜的二妃娥皇、女英。传说舜帝南巡而死,二妃往寻,死于江湘之间,后成为湘水女神。事见刘向《列女传》。

[5] 汉滨之游女:汉水女神。《诗经·周南·汉广》:“汉有游女,不可求思。”

[6] 匏(hù 互)瓜:亦作“匏(páo 刨)瓜”,星名。一名天鸡,独在河鼓东。后常用喻男子独处无偶。

[7] 牵牛:星名,即河鼓,俗称牛郎星。传说与织女星隔河相对。

[8] 袿(guī 归):女子上衣。刘熙《释名》:“妇人上服曰袿,其下垂者上广下狭,如刀圭也。” 猗(yǐ 以)靡:随风飘拂的样子。猗,一作“绮”。

[9] 翳(yì 亦):掩。 延伫(zhù 住):亦作“延竚”,久立。伫,“伫”的异体字。

笔记栏

[10] 体迅飞凫(fú 扶):形容动作敏捷。迅,疾。凫,野鸭。

[11] 陵波微步:在水波上碎步而行。

[12] 罗袜生尘:神行无迹而人行有迹,疑此以神拟人,故云。

[13] 转盼流精:顾盼有神。盼,一作"眄"。精,《荀子·解蔽篇》杨倞注:"精,目之明也。"

[14] 华容:美丽的容貌。华,同"花"。

于是屏翳收风[1],川后静波[2]。冯夷鸣鼓[3],女娲清歌。腾文鱼以警乘[4],鸣玉銮以偕逝[5]。六龙俨其齐首[6],载云车之容裔[7]。鲸鲵踊而夹毂[8],水禽翔而为卫。于是越北沚[9],过南冈;纡素领[10],回清扬[11]。动朱唇以徐言,陈交接之大纲。恨人神之道殊兮,怨盛年之莫当。抗罗袂以掩涕兮[12],泪流襟之浪浪[13]。悼良会之永绝兮,哀一逝而异乡。无微情以效爱兮,献江南之明珰[14]。虽潜处于太阴[15],长寄心于君王[16]。忽不悟其所舍,怅神霄而蔽光[17]。于是背下陵高[18],足往神留。遗情想像,顾望怀愁。冀灵体之复形,御轻舟而上溯[19]。浮长川而忘反[20],思绵绵而增慕。夜耿耿而不寐[21],沾繁霜而至曙。命仆夫而就驾,吾将归乎东路。揽騑辔以抗策[22],怅盘桓而不能去[23]。

[1] 屏翳:传说中的风师,或以为云神、雨师或雷师名。

[2] 川后:传说中的河伯。

[3] 冯(píng 平)夷:传说中的水神。

[4] 文鱼:传说中一种有翅会飞的鱼。 警乘:警卫车驾。

[5] 玉銮(luán 峦):车铃的美称。

[6] 六龙:古代神话中太阳神出游时用六龙驾车。此指众神御六龙而去。 俨:庄重。齐首:齐头并进。

[7] 云车:神以云为车。 容裔(yì 亦):徐行貌。

[8] 鲸鲵(ní 泥):鲸鱼,雄性为鲸,雌性为鲵。 踊:跳跃。 毂(gǔ 古):车轮中心有圆孔可以插轴的部分。此代指车。

[9] 沚:水中小洲。

[10] 纡:回。 素领:白皙的颈项。

[11] 清扬:指清秀的眉目。清,指目,以清见称。扬,指眉,以扬(上下灵动)见称。

[12] 罗袂(mèi 妹):罗袖。

[13] 浪浪:泪流貌。

[14] 明珰(dāng 当):用明珠做成的耳坠。

[15] 太阴:众神所居之处。此指洛神住处。

[16] 君王:指曹植。时曹植为雍丘王。

[17] "忽不悟其所舍"二句:忽然不明白洛神到哪里去了,神影消逝,神光隐没,使我惆怅。舍,止。霄,《文选》作"宵",李注:"宵,化也。"蔽光,隐没光彩。

[18] 背下陵高:离开低地,登上高处。

[19] 泝(sù 诉):"溯"的异体字。逆流而上。

[20] 长川:指洛水。 反:同"返"。

[21] 耿耿:心绪不定的样子。

[22] 騑(fēi 飞):古代指驾在辕马两旁的马。这里泛指马。 辔(pèi 配):马缰绳。 抗策:扬鞭。策,马鞭。

[23] 盘桓:徘徊,逗留。

简 析

赋是介乎诗歌与散文之间的一种文体,其得名始于战国时荀子的《赋篇》。在形式上有主客问答、铺采摛文、对仗、用韵等特点。

本文是曹植用赋的形式虚构出来的一个浪漫而凄婉的人神相恋的故事。对于本文的题旨,大致有两种说法:一是“感甄”说。《文选》李善注引《记》称:曹植求甄逸女未遂,为曹丕所得。后甄逸女被曹丕皇后郭氏谗死,曹植有感而作《感甄赋》,魏明帝改题为《洛神赋》。一是“寄心君王”说,以为假托洛神,寄心文帝,抒发受到猜忌、衷情不能相通的政治苦闷。文中作者不惜笔墨由远而近、自上而下地对自己心目中的女神的容貌、身材、衣着、体态、举止等方面作了极其细致生动的描画,曼妙的比喻留给人们想象的空间,细腻的心理描写触动人们的心怀。全文格调凄艳哀伤,辞采华茂,句式既整齐又错落有致,极富感染力。

知识链接

神 女 赋

战国·宋玉

于是摇珮饰,鸣玉鸾,整衣服,敛容颜,顾女师,命太傅。欢情未接,将辞而去。迁延引身,不可亲附。似逝未行,中若相首。目略微眄,精彩相授。志态横出,不可胜记。意离未绝,神心怖覆。礼不遑讫,辞不及究。愿假须臾,神女称遽。

徊肠伤气,颠倒失据。暗然而暝,忽不知处。情独私怀,谁者可语。惆怅垂涕,求之至曙。(选自《宋玉辞赋今读·神女赋》)

(李计筹)

复习思考题

1. 作者从哪几个方面刻画了洛神的形象?
2. 结合文意解释下列词句。

(1) 愿诚素之先达兮,解玉佩以要之。

(2) 抗琼珶以和予兮,指潜渊而为期。

(3) 执眷眷之款实兮,惧斯灵之我欺。

(4) 收和颜而静志兮,申礼防以自持。

(5) 恨人神之道殊兮,怨盛年之莫当。

3. 举例分析文中的心理描写。

一四、陶 诗 二 首

【题解】 本文选自《陶渊明集》,据中华书局1979年逯钦立校注本排印。作者陶渊明(352或365—427),又名陶潜,字元亮,别号五柳先生,去世后友人私谥为“靖节”,世遂称之陶靖节或靖节先生,浔阳柴桑(今江西九江)人。东晋末南朝宋初杰出的文学家、诗人。他出身没落的官宦家庭,曾祖陶侃是东晋的开国元勋,官至大司马,封长沙郡公,祖父、父亲均做过太守,外祖父孟嘉曾任征西大将军桓温的长史。到他出生时,家道已衰落。他一生曾几次出仕又几次归隐,晋安帝义熙元年(405)八月最后一次出任彭泽县令,八十多天后的十一月即彻底弃官而归隐田园。此后到去世的二十多年里,是他创作最为丰富的时期。他是中国第一位田园诗人,被称为“古今隐逸诗人之宗”。今存诗共一百二十五首。主要作品有《归

笔记栏

园田居》《饮酒》《归去来兮辞》《桃花源记》《五柳先生传》等。其一选自《归园田居》，从多方面描绘了农村景色和归隐后的生活，反映了诗人鄙弃官场、怡然自乐的思想感情，表达了田园景物的恬美与悠然自得的心境。其二选自《饮酒》，表述了诗人醉中的乐趣和对人生真意的感悟。

其 一

少无适俗韵[1]，性本爱丘山。
误落尘网中[2]，一去三十年[3]。
羁鸟恋旧林[4]，池鱼思故渊。
开荒南野际[5]，守拙归园田[6]。
方宅十余亩[7]，草屋八九间。
榆柳荫后檐，桃李罗堂前。
暧暧远人村[8]，依依墟里烟[9]。
狗吠深巷中，鸡鸣桑树颠[10]。
户庭无尘杂，虚室有余闲[11]。
久在樊笼里，复得返自然。

[1] 韵：情趣。

[2] 尘网：尘世。人在世间受到种种束缚，如鱼在网。此指仕途。

[3] 三十年：吴仁杰认为当作"十三年"。陶渊明自太元十八年(393)初仕为江州祭酒，到义熙元年(405)辞彭泽令归田，恰好是十三个年头。

[4] 羁鸟：笼中之鸟。羁，束缚。

[5] 南野：一本作"南亩"。

[6] 守拙：不做官，清贫自守。潘岳《闲居赋序》有"巧宦""拙宦"二词，巧宦即善于钻营，拙宦即一些清贫自守的人。

[7] 方宅十余亩：意思是住宅周围有土地十余亩。方，指四面、周围、四旁。

[8] 暧暧(ài ài 爱爱)：迷蒙隐约貌。

[9] 依依：依稀，隐约。 墟里：村落。

[10] "狗吠深巷中"二句：语本汉乐府《鸡鸣》："鸡鸣高树颠，狗吠深宫中。"

[11] 虚室：闲静的屋子。

其 二

结庐在人境[1]，而无车马喧。
问君何能尔[2]，心远地自偏。
采菊东篱下，悠然见南山。
山气日夕佳，飞鸟相与还[3]。
此中有真意[4]，欲辨已忘言[5]。

[1] 结庐：建造房舍。

[2] 君：作者自称。

[3] 相与：共同。此指合群结伙。

[4] 真意：自然意趣。《庄子·渔父》："真者，所以受于天地，自然不可易也。故圣人法天贵真，不拘于俗。"

[5] 欲辨已忘言：指归鸟群使人感受到真朴自然意趣，忘了再去辨析。李善注："言者，所以在意也，得意而忘言。"

笔记栏

简　析

陶渊明的诗以平淡自然著称，创造了平淡与淳美和谐统一的艺术风格。

其一运用白描手法，寓情于景，借助于农村自然之美，反衬官场的黑暗与污浊，如“方宅十余亩，草屋八九间。榆柳荫后檐，桃李罗堂前。暧暧远人村，依依墟里烟”，质朴无华而又诗意盎然。同时，在表现归隐田园的喜悦之中，也蕴含着沉重之感，如“误落尘网中，一去三十年”。阅读这首诗歌，会感受到诗人喜爱宁静淡泊的生活，感悟出诗人对自然的真诚与执着。

《饮酒》题目下一共有二十首诗，传唱得脍炙人口的是第五首，即本文其二。这首诗通篇没有工巧的词句，而是寓理于情，融情入景，意到笔随，充满了情味、理趣。留给读者的，不仅是艺术上的满足，而且有思想上的启迪。全诗最为人称道之处，用了两个地点、两个动作，把一种神仙般脱俗而又不失生趣的意境点画得令人不尽向往——“采菊东篱下，悠然见南山”。

“山气日夕佳，飞鸟相与还。此中有真意，欲辨已忘言”，山中气象，无论是早上还是黄昏，都是让人舒爽的。夕阳之下，在如此让人舒爽的气象之中，飞鸟结伴归林，再承接上文中描述的悠然地采菊、眺望南山的生活，作者觉得这里就包含着自然意趣和人生的至理，但再去细细追寻，却又无迹可辨了。

陶诗平淡自然的特色正如苏轼言：“外枯而中膏，似淡而实美。”以朴素的衣着妆裹着丰美的姿容，貌似枯槁而内在丰腴，这就使他的诗能寓丰采情味于平淡之中。所以苏轼说：“渊明诗初看若散缓，熟看有奇句。”这种平淡自然是耐人咀嚼回味的。

知识链接

归去来兮辞

东晋·陶渊明

归去来兮，田园将芜胡不归？既自以心为形役，奚惆怅而独悲？悟已往之不谏，知来者之可追。实迷途其未远，觉今是而昨非。舟遥遥以轻飏，风飘飘而吹衣。问征夫以前路，恨晨光之熹微。

乃瞻衡宇，载欣载奔。僮仆欢迎，稚子候门。三径就荒，松菊犹存。携幼入室，有酒盈樽。引壶觞以自酌，眄庭柯以怡颜。倚南窗以寄傲，审容膝之易安。园日涉以成趣，门虽设而常关。策扶老以流憩，时矫首而遐观。云无心以出岫，鸟倦飞而知还。景翳翳以将入，抚孤松而盘桓。（选自《陶渊明集·归去来兮辞》）

（赵鸿君）

复习思考题

1. “其一”诗中表达了诗人怎样的思想感情。
2. 举例分析“其一”诗中运用的白描手法。
3. 结合陶渊明归隐之事，解释下列诗句的文意。

（1）羁鸟恋旧林，池鱼思故渊。
（2）暧暧远人村，依依墟里烟。
（3）采菊东篱下，悠然见南山。
（4）此中有真意，欲辨已忘言。

笔记栏

一五、唐宋诗词六首

【题解】 本文选自清代曹寅、彭定求等所编《全唐诗》，据中华书局1960年版排印；宋词四阕（首）选自唐圭璋所编《全宋词》，据中华书局1965年本排印。唐诗和宋词是中国文学史上的两座丰碑，是中国古典文学的两大美学范式，在世界文学史上享有重要地位。唐代是中国诗歌发展的黄金时代，大家辈出，星驰云涌，精品无数，气象万千。初唐、盛唐之诗充满进取精神自不待说，即使中晚唐之诗，亦志意不减，只是时势式微，渐多浩叹。其体则古体、近体争奇斗艳，其风其派更异彩纷呈。宋词历来与唐诗并称双绝，它兼有文学与音乐两方面的特点，主要可分为婉约和豪放两派。婉约派的词，多写儿女之情，离别之绪，风格柔美绮丽，曲尽情态，充分发挥了词"专主情致"的特点，但内容较为局限。豪放派的词作从苏轼开始发展成独立的抒情艺术，从花间月下转向了广阔的世界，多写古今天下、社会人生，视野广阔，风格或为雄奇，或为苍壮。南宋俞文豹《吹剑续录》所载一段故事，可谓典型地道出了婉约和豪放两派的不同："东坡在玉堂，有幕士善歌，因问：'我词何如柳七？'对曰：'柳郎中词，只合十七八女郎，执红牙板，歌杨柳岸晓风残月；学士词，须关西大汉，执铜琵琶，铁绰板，唱大江东去。'公为之绝倒。"本课所选高适和杜牧的两首诗，分别典型地体现了盛唐时期的壮烈之风和晚唐时期的悲叹意绪，从中可直接体悟各时的国情人心。所选四阕（首）宋词，除柳永之作体现了壮志难酬之下的另类放达之外，苏轼之作尽显豪迈深情，李清照、姜夔之作则尽显婉约柔情。

（一）燕歌行并序[1]

开元二十六年，客有从御史大夫张公出塞而还者[2]，作《燕歌行》以示适，感征戍之事，因而和焉。

汉家烟尘在东北[3]，汉将辞家破残贼。
男儿本自重横行[4]，天子非常赐颜色[5]。
摐金伐鼓下榆关[6]，旌旆逶迤碣石间[7]。
校尉羽书飞瀚海[8]，单于猎火照狼山[9]。
山川萧条极边土[10]，胡骑凭陵杂风雨[11]。
战士军前半死生，美人帐下犹歌舞！
大漠穷秋塞草腓[12]，孤城落日斗兵稀。
身当恩遇恒轻敌，力尽关山未解围。
铁衣远戍辛勤久，玉箸应啼别离后[13]。
少妇城南欲断肠，征人蓟北空回首[14]。
边庭飘飖那可度[15]，绝域苍茫更何有！
杀气三时作阵云[16]，寒声一夜传刁斗[17]。
相看白刃血纷纷，死节从来岂顾勋[18]？
君不见沙场征战苦，至今犹忆李将军[19]！

[1] 本诗作者高适（约702—765），字达夫，一字仲武，沧州渤海（今河北衡水市景县）人，唐代著名的边塞诗人，与岑参并称"高岑"。其诗笔力雄健，气势奔放，洋溢着盛唐时期特有的奋发进取、蓬勃向上的时代精神。官至散骑常侍，封渤海侯。著有《高常侍集》。唐玄宗开元二十四年（736），幽州节度使张守珪让平卢讨击使安禄山讨奚、契丹，为虏所败。二十六年（738），幽州将赵堪、白真陀罗矫张守珪之命，逼迫平卢军使乌知义出兵攻奚、契丹，先胜后败。高适见到两次战败，感慨很深，因写此篇。

[2] 张公:指张守珪。

[3] 汉家:汉朝,实指唐朝,唐人诗中经常借汉说唐。 烟尘:烽烟和战场上扬起的尘土,指战火。

[4] 横行:纵横驰骋,所向无阻。

[5] 颜色:厚赐礼遇。

[6] 摐(chuāng 疮)金:撞击金属乐器。摐,撞击。金,指金属制的乐器。 伐:敲击。 榆关:古海关,通往东北的要隘。

[7] 旌旆(pèi 沛):旗帜。旆,古代用羽毛装饰的旗子。 碣石:山名。在河北省昌黎县北。

[8] 羽书:古代插有鸟羽的紧急军事文书。 瀚海:蒙古大沙漠的古称。与下文"狼山"均泛指边塞战场。

[9] 单(chán 蝉)于:匈奴君主的称谓。 猎火:古代游牧民族出兵打仗的战火。 狼山:指狼居胥山,为今蒙古国肯特山。一说在今内蒙古克什克腾旗西北至阿巴嘎旗一带,一说即今河套西北狼山,均与《史记》《汉书》所载当时用兵路径不合。

[10] 极:到……尽头。

[11] 凭陵:侵扰。 杂风雨:喻敌骑进攻如狂风挟雨而至。

[12] 腓(féi 肥):草木枯萎。

[13] 玉箸(zhù 注):本义为玉制的筷子,古人因泪水成线时状如玉箸,常以借作眼泪的雅称,此喻思妇的眼泪。

[14] 蓟:县名,即唐之渔阳,在今天津北部。

[15] 飘飖:形容动荡、起伏。

[16] 三时:指早、午、晚,即从早到夜。

[17] 刁斗:又名"金柝""焦斗",古代军用铜器,三足一柄。白天用以烧饭,夜晚用以打更。

[18] 死节:为保全节操而死。节,操守。

[19] 李将军:指汉代将军李广,能捍御强敌,爱抚士卒,匈奴称他为"汉之飞将军"。

(二)题宣州开元寺水阁 阁下宛溪夹溪居人[1]

六朝文物草连空[2],天淡云闲今古同。
鸟去鸟来山色里,人歌人哭水声中[3]。
深秋帘幕千家雨,落日楼台一笛风。
惆怅无因见范蠡[4],参差烟树五湖东[5]。

[1] 本诗作者杜牧(约 803—852),字牧之,因晚年居长安南樊川别墅,故后世称"杜樊川"。京兆万年(今陕西西安)人,唐代诗人,与李商隐并称"小李杜"。著有《樊川文集》。这首七律写于唐文宗开成年间(836—840),当时杜牧任宣州(今安徽宣城)团练判官,经常到开元寺游赏赋诗。

[2] 六朝:指吴、东晋、宋、齐、梁、陈这六个建都南京的朝代。 空:指"天",也隐含"无"的意味。

[3] 人歌人哭:语出《礼记·檀弓下》:"晋献文子成室,晋大夫发焉。张老曰:'美哉轮焉!美哉奂焉!歌于斯,哭于斯,聚国族于斯。'"歌、哭,言喜庆丧吊,代表了人由生到死的过程,谓群居的人们生息老死于此。

[4] 范蠡:春秋时越国大夫,曾助越王勾践灭吴复国,功成身退,泛游五湖。

[5] 烟树:云烟缭绕的树木、丛林。 五湖:太湖及其相属的四个小湖。

(三)[鹤冲天]黄金榜上[1]

黄金榜上[2],偶失龙头望[3]。
明代暂遗贤[4],如何向?
未遂风云便[5],争不恣狂荡[6]。
何须论得丧?才子词人,自是白衣卿相[7]。

笔记栏

烟花巷陌[8],依约丹青屏障[9]。
幸有意中人,堪寻访。
且恁偎红翠[10],风流事,平生畅。
青春都一饷[11],忍把浮名,换了浅斟低唱。

[1] 本词作者柳永(? —约1053),原名三变,字景庄,后改名永,字耆卿,崇安(今福建武夷山)人,北宋词人。其词多描绘城市风光与歌妓生活,尤长于抒写羁旅行役之情。风格婉约,作品甚丰,是北宋第一个专力写词的词人。其词流传极广,有"凡有井水处,皆能歌柳词"(叶梦得《避暑录话》)之说。著有《乐章集》。这首词是柳永进士科考落第之后的一纸"牢骚言"。

[2] 黄金榜:即黄榜,皇帝的文告用黄纸书写,故称。此指殿试后朝廷发布的中式者名单。

[3] 龙头:状元的别称。

[4] 明代:政治清明的时代。

[5] 风云便:比喻人生际遇,事业得意。这里指中进士。《易・乾・文言》:"云从龙,风从虎,圣人作而万物睹。"

[6] 争:怎么,如何(多见于诗、词、曲)。 恣:放纵,无拘束。

[7] 白衣:指无功名的读书人。

[8] 烟花:娼妓的代称。

[9] 丹青屏障:绘有彩画的屏风。

[10] 恁(nèn嫩):这样。 偎红翠:谓亲狎女色,狎妓。红,指脂粉唇膏一类的化妆品。翠,指翡翠一类的饰物。这里均以借指女色。

[11] 一饷:片刻。

(四)[八声甘州]寄参寥子[1]

有情风万里卷潮来,无情送潮归。
问钱塘江上,西兴浦口,几度斜晖[2]?
不用思量今古,俯仰昔人非。
谁似东坡老,白首忘机[3]。

记取西湖西畔,正暮山好处,空翠烟霏。
算诗人相得[4],如我与君稀。
约他年,东还海道,愿谢公雅志莫相违[5]。
西州路[6],不应回首,为我沾衣。

[1] 本词作者苏轼(1037—1101),字子瞻,号东坡居士,眉州眉山(今四川眉山)人,北宋著名文学家、书法家。以与父苏洵、弟苏辙俱名,并称"三苏"。其文为"唐宋八大家"之一,又与欧阳修并称"欧苏";书法名列苏、黄、米、蔡"宋四家"之一;诗与黄庭坚并称"苏黄",又与陆游并称"苏陆";词与辛弃疾并称"苏辛";画则开创了"湖州画派"。嘉祐二年(1057)中进士,官至礼部尚书。在王安石与司马光及其后任的党争中,一生仕途坎坷,最后被远放昌化军(今海南儋州)。徽宗即位后,遇赦北归,卒于常州,葬汝州郏城(今河南郏县)。著有《苏东坡集》等。这首词是元祐六年(1091)苏轼由杭州太守被召为翰林学士而承旨离杭时,寄赠好友参寥之作。 参(cān餐)寥子:僧人道潜,字参寥,於潜(今属浙江)人,苏轼的莫逆之交,精通佛典,工诗,以精深的道义和清新的文笔为苏轼所推崇。

[2] 西兴:渡口名,在浙江省杭州市萧山区西北。

[3] 忘机:指没有巧诈的心思,与世无争。

[4] 得:互相投合,相处得很好。

[5] 谢公雅志:指归隐之志。《晋书・谢安传》:"安虽受朝寄,然东山之志,始末不渝。"

[6] 西州路:《晋书・谢安传》载:太山人羊昙素为谢安所重,谢安死后,羊昙"辍乐弥年,行不由西州路",有一次醉中无意走过西州门,觉而恸哭而去。"西州路"后即因此成典,表示感旧兴悲、悼亡故人之情。

（五）[永遇乐]落日熔金[1]

落日熔金[2]，暮云合璧[3]，人在何处？
染柳烟浓，吹梅笛怨[4]，春意知几许！
元宵佳节，融和天气，次第岂无风雨[5]。
来相召，香车宝马，谢他酒朋诗侣。

中州盛日[6]，闺门多暇，记得偏重三五[7]。
铺翠冠儿[8]，撚金雪柳[9]，簇带争济楚[10]。
如今憔悴，风鬟雾鬓，怕见夜间出去。
不如向，帘儿底下，听人笑语。

[1] 本词作者李清照（1084—约1155），号易安居士，齐州章丘（今属山东）人，宋代著名女词人，婉约词派代表人物。所作词，前期多写其悠闲生活，后期多悲叹身世，情调感伤，流露出对中原的怀念之情。这首词是作者流寓临安时所作。词中以今昔元宵的不同情景作对比，抒发了深沉的今昔盛衰之感和个人身世之悲。

[2] 熔金：形容落日灿烂的颜色。

[3] 合璧：像璧玉一样合成一块。

[4] 吹梅笛怨：指笛子吹出《梅花落》乐曲幽怨的声音。

[5] 次第：顷刻，转眼。

[6] 中州：中原。此指北宋汴京。

[7] 三五：指农历正月十五上元节。

[8] 铺翠冠儿：镶有翡翠珠子的帽子。

[9] 撚金雪柳：宋代妇女在立春日和元宵节时插戴在头上的装饰。撚，同"捻"，撚金，以金线捻丝用作装饰。雪柳，用绢或纸制成的头花。

[10] 簇带：插戴满头。　济楚：整齐，漂亮。

（六）暗香[1]

辛亥之冬[2]，予载雪诣石湖[3]。止既月[4]，授简索句[5]，且征新声。作此两曲，石湖把玩不已，使工妓隶习之[6]，音节谐婉，乃命之曰《暗香》《疏影》[7]。

旧时月色，算几番照我，梅边吹笛？
唤起玉人，不管清寒与攀摘。
何逊而今渐老[8]，都忘却，春风词笔。
但怪得，竹外疏花，香冷入瑶席[9]。江国正寂寂[10]，叹寄与路遥，夜雪初积。
翠尊易泣[11]，红萼无言耿相忆[12]。
长记曾携手处，千树压西湖寒碧[13]。
又片片吹尽也，几时见得？

[1] 本词作者姜夔（1154—1221），字尧章，别号白石道人，饶州鄱阳（今属江西）人，南宋词人，著作《白石词》。这首词以梅花为线索，上片写从月下梅边吹笛引起对往事的回忆，下片承上片中写身世之感。通过回忆对比，抒写今昔之变和盛衰之感，表达世间美好事物的普遍命运。

[2] 辛亥：指南宋光宗绍熙二年（1191）。

[3] 载雪：冒雪。　石湖：范成大的号。范成大晚年居此，孝宗书"石湖"二字以赐，因自号石湖居士。

[4] 止：居住。

[5] 授简：给纸。简，竹简，此指纸笺。

[6] 工妓：乐工，歌妓。

笔记栏

[7]《暗香》、《疏影》：姜夔自度曲。两调名取自林逋的《山园小梅》："疏影横斜水清浅，暗香浮动月黄昏。"

[8] 何逊：南北朝梁代诗人，字仲言，极喜梅花，曾专程从长安跑回江南老宅观赏自己所种梅花一事，传为文坛美谈。作者这里以何逊自拟，说自己年事渐增，已缺少昔日的才情与兴致。

[9] 瑶席：华美的坐席。瑶，美玉。喻美好，珍贵。

[10] 江国：河流多的地区，多指江南。这里指全大宋之国境。

[11] 翠尊：饰以绿玉的酒器。

[12] 红萼：红花。萼，花蒂。 耿：形容忠诚。这里当指难忘之意。

[13] 寒碧：给人以清冷感觉的碧色。指代西湖清冷的湖水。

简 析

《燕歌行》是高适的代表作，虽用乐府旧题，却是因时事而作。诗人写的是边塞战争，但重点不在揭示民族矛盾，而是同情广大战士，讽刺和愤恨不恤战士的将领，既描写了战争的艰苦，歌颂了战士的勇敢，也表现了他们思乡的痛苦，故对当时的边塞战争具有普遍的意义。全诗以非常浓缩的笔墨，写了一个战役的全过程：第一层八句写出师，第二层八句写战败，第三层八句写被围，第四层四句写死斗的结局。各层之间，脉理绵密。全诗气势畅达，笔力矫健。气氛悲壮淋漓，主题深刻含蓄。

《题宣州开元寺水阁 阁下宛溪夹溪居人》写于唐文宗开成年间，抒写了诗人在寺院水阁上，俯瞰宛溪，眺望敬亭时的古今之慨。作者面对不可抗拒的盛衰兴亡之事，面对人歌人哭的岁月之河，面对残照里依旧的草色烟光，娓娓道来的却是明朗中的哀思。诗人的情绪并不高，但把客观风物写得很美，并在其中织入"鸟去鸟来山色里""落日楼台一笛风"这样一些明丽的景象，且诗的节奏和语调轻快流走，给人以爽利的感觉。明朗、健爽的因素与低回惆怅交互作用，在这首诗里体现出了杜牧诗歌所谓拗峭的特色。

《鹤冲天·黄金榜上》为柳永科场失意后一首直抒胸臆的名篇，表现了对当朝统治者的不满和蔑视功名的情绪，也明显透出一种无可奈何的超脱和辛酸。如上片作者先是"偶失"，并不当一回事；旋又"如何向"，不知怎么才好；再又荡开一笔，"何须论"，接着以"白衣卿相"自遣。全词语言平白如话，自然流畅。词中巧妙地运用一些口语方言，如"如何向""争不""何须""且恁""一饷"等，读起来郎朗上口。这种"明白而家常""到口即消"的语言，正是词中之本色，是经过提炼而后达到的艺术效果。

《八声甘州·寄参寥子》是苏轼赠给参寥的词，表现了二人深厚的友情，同时也抒写出世的玄想，表现出巨大的人生空漠之感。整首词达观中充满豪气，向往出世却又执着于友情，读来毫无颓唐、消极之感，但觉气势恢宏，荡气回肠。词从上片写钱塘江景，到下片写西湖湖景，南江北湖，都是记述他与参寥的游赏活动。此词以平实的语言，抒写深厚的情意，气势雄放，意境浑然。词人那超旷的心态，那交织着人生矛盾的悲慨和发扬蹈厉的豪情，给读者以强烈的震撼和深刻的启迪。

《永遇乐·落日熔金》是李清照流寓临安时所作。这首词虽写元夕，却一反常调，以今昔元宵的不同情景作对比，抒发了深沉的盛衰之感和身世之悲。上片从眼前景物抒写心境。下片从今昔对比中抒发国破家亡的感慨，表达沉痛悲苦的心情。全词情景交融，跌宕有致。由今而昔，又由昔而今，形成今昔盛衰的鲜明对比。语言于朴素中见清新，平淡中见工致。这首词还有意识地将浅显平易而富表现力的口语与锤炼工致的书面语交错融合，以极富表现力的语言写出了浓厚的今昔盛衰之感和个人身世之悲，以至于南宋著名词人刘辰翁会每诵此词必"为之涕下"。

《暗香》对比衬托，咏梅，怀念情人，身世之感，都寄托在梅花上。上片起首回忆旧时情怀，以月色、梅花、笛声、玉人构成一个清幽的境界。下片承上片而来，写江南水乡月夜寂静，

笔记栏

思念之情油然而生。姜词多是以低沉哀怨的声调抒写个人幽独冷僻的情感思绪，既少有沉痛深挚的国破家亡之痛，也没有凄楚愤懑的个人身世之感，而仅仅是一种淡淡的忧伤，婉转又朦胧，有词中李商隐的感觉，《暗香》正体现了这种特点。本词咏梅笔法十分精巧，句句见梅，处处寓情，不沾不滞，不即不离，境界深远，不见寄托的痕迹，实得咏物之三昧。

知识链接

[八声甘州]对潇潇暮雨洒江天

北宋·柳永

对潇潇暮雨洒江天，一番洗清秋。渐霜风凄惨，关河冷落，残照当楼。是处红衰翠减，苒苒物华休。唯有长江水，无语东流。

不忍登高临远，望故乡渺邈，归思难收。叹年来踪迹，何事苦淹留？想佳人妆楼颙望，误几回、天际识归舟。争知我，倚阑干处，正恁凝愁！（选自《全宋词》）

（冯莉莉）

复习思考题

1. 结合作品解释下列词句的含义。

（1）君不见沙场征战苦，至今犹忆李将军。

（2）鸟去鸟来山色里，人歌人哭水声中。

（3）愿谢公雅志莫相违。

（4）西州路，不应回首，为我沾衣。

（5）忍把浮名，换了浅斟低唱。

（6）何逊而今渐老。

2. 结合作品分析苏轼和姜夔咏物词的特色及其异同。

3. 结合作品分析柳永人生悲剧的个性特征。

4. 以《题宣州开元寺水阁　阁下宛溪夹溪居人》为例，谈谈杜牧诗歌如何体现深沉的历史感悟与个人的绮思柔情相糅合的特色。

一六、太　阳

【题解】本文选自《艾青诗全编》，据人民文学出版社2003年本排编印。作者艾青（1910—1996），原名蒋海澄，浙江金华人，现代杰出诗人，代表作有《大堰河——我的保姆》《雪落在中国的土地上》《我爱这土地》等，曾任中国作家协会副主席、国际笔会中心副会长等职。1985年获法国文学艺术最高勋章。

《太阳》写于1937年春天，当时正值抗日战争爆发前夕，诗人也刚刚出狱，在上海街头流浪，危机四伏的社会现实和个人的坎坷遭遇，使得诗人更加渴望光明。《太阳》所表现的精神实际是一种处于历史转折交替时期所带给人们的希望之光，全诗共四小节，第一节描写太阳东升的艰难与壮美，第二、三节主要描写万物在阳光下的自由欢腾，最后一节描写了诗人在光明中心灵的复苏。全诗含蓄深刻、立意深远，给人一种奋发向上的精神力量。

笔记栏

从远古的墓茔[1]
从黑暗的年代
从人类死亡之流的那边
震惊沉睡的山脉
若火轮飞旋于沙丘之上
太阳向我滚来……

它以难掩的光芒
使生命呼吸
使高树繁枝向它舞蹈
使河流带着狂歌奔向它去

当它来时，我听见
冬蛰的虫蛹转动于地下[2]
群众在旷场上高声说话
城市从远方
用电力与钢铁召唤它

于是我的心胸
被火焰之手撕开
陈腐的灵魂
搁弃在河畔
我乃有对于人类再生之确信

[1] 墓茔（yíng 迎）：墓地。
[2] 冬蛰（zhé 哲）：冬眠。

简　析

这首诗是艾青最早描写太阳的诗。诗中所有的意象都围绕太阳展开，作者用拟人的手法，赋予了太阳以人的语言与思想。这里的太阳，仿佛不是从地平线上升起来，而是从遥远的、不可见的深处冲出来。“远古的墓茔”“黑暗的年代”“人类死亡之流的那边”三个冷色调的意象，将“光明”到来之前的那种沉闷、窒息、遥远表现得淋漓尽致。从太阳到来时，如火轮一样“向我滚来”，太阳到来之后，“高树”“河流”“虫蛹”“群众”“城市”等万物都开始复苏，直到最后“我的心胸/被火焰之手撕开”，都让我们感受到光明的势不可挡。整首诗气势磅礴，充满张力，表现出作者对新生活的渴求与追寻。

思政元素

光的方向

艾青是一生都在追求光明的诗人。他的许多优秀诗篇都是以太阳或黎明作为主题的，如《向太阳》《太阳》《阳光在远处》《太阳的话》《光的赞歌》等。在他的诗中，太阳是炽热的，也是充满希望的，无论面临怎样的困境，前面都会有阳光，只有死亡才能使其泯灭，只要活着，希望就在，热情就在，发光发热至生命的最后一秒，壮烈而绚烂。所以无论我们面临怎样艰难的抉择，只要向着那光芒而去，黑暗就会远离我们，只要心中有光，那么光便无处不在。

笔记栏

知识链接

和诗歌爱好者谈诗

艾　青

从我整个创作历程来说，更多的采取自由诗的形式——这是我比较习惯、是比较喜欢的诗歌形式。比如我写的《太阳》……是自由体的诗。段无定行，句无定字，既无标点，也不押韵。这样的诗的形式，那些喜欢“戴着脚镣跳舞”的诗人看了是要皱起眉头的。我的许多长诗都是以自由体完成的：《大堰河——我的保姆》《向太阳》《火把》以及最近期间的《古罗马的大斗技场》等等。对这些诗的反响，远远超过我的其他作品。(选自《和诗歌爱好者谈诗》)

（杨　莉）

复习思考题

1. 请概括太阳这一意象的主要特征及其象征意义。
2. 说说你对“于是我的心胸/被火焰之手撕开”中“撕”字的理解。
3. 简要分析诗的前二节中运用的修辞手法及其作用。

一七、当你从我的窗下走过

【题解】 本文选自《舒婷诗文自选集》，据长江文艺出版社 2012 年本排印。作者舒婷(1952—)，原名龚佩瑜，福建晋江人，当代女诗人，朦胧诗派的代表诗人之一。诗歌代表作有《致橡树》《啊，我亲爱的祖国》等，已出版诗集《双桅船》《会唱歌的鸢尾花》、散文集《心烟》等。20 世纪 70 年代末 80 年代初，以舒婷、北岛及顾城等人的诗作为代表，中国诗坛崛起“朦胧诗”的美学风格。“朦胧诗”打破了当时现实主义诗歌创作的单调性，关注抒情主体的自我意识和内心情感，艺术表现方式上一改过去直白地抒情，常常大量运用隐喻、象征和暗示等手法，结合生动具体的细节描写寄寓诗人深挚而多层次的情感，丰富了诗歌的内涵，呈现为意境朦胧、主题多义的诗歌美学风貌。舒婷的诗(尤其早期的作品)，常常是附在信笺后或写在随便一张纸片上，给她的朋友看的，所以诗作《当你从我的窗下走过》中的“你”都是具体有所指的。

当你从我的窗下走过，
祝福我吧，
因为灯还亮着。

灯亮着——
在晦重的夜色里，
它像一点漂流的渔火，
你可以设想我的小屋，
像被狂风推送的一叶小舟，
但我并没有沉沦，

笔记栏

因为灯还亮着。

灯亮着——
当窗帘上映出了影子，
说明我已是龙钟的老头，
没有奔放的手势，
背比从前还要驼，
但衰老的不是我的心，
因为灯还亮着。

灯亮着——
它用这样火热的恋情，
回答四面八方的问候；

灯亮着——
它以这样轩昂的傲气，
睥睨明里暗里的压迫，
呵，灯何时有了鲜明的性格？
自从你开始理解我的时候。

因为灯还亮着——
祝福我吧，
当你从我的窗下走过……

简　析

诗人并未直抒胸臆，而是采取朦胧诗的写法，借用“灯”这一关键意象，同时将“夜色”“渔火”“小屋”“小舟”等不同的意象连接组合，精细地描绘出诗人内心某种信念由萌动到升华的全过程。本诗的另一个突出艺术特色是对比、反复的手法运用。“晦重的夜色”与“灯亮着”进行对比，“我已是龙钟的老头，没有奔放的手势，背比从前还要驼”与“衰老的不是我的心，因为灯亮着”进行对比，结果强化了“灯亮着——它以这样轩昂的傲气，睥睨明里暗里的压迫”不畏险恶环境压迫的坚定信念。同时，“因为灯还亮着”“灯亮着——”的形式在诗中反复出现八次，回环复沓，首尾呼应，诗人生命之火点燃的灯照亮了全诗，人物的情感世界与亮着的灯融为一体，增强了抒情的效果。

知识链接

朦胧的七种类型

英·威廉·燕卜荪

一个词语可能有几个不同的意义，它们互相联系，互相补充，不可截然分割开来；这几种意义也可能结合起来，使这个词意指一种关系或一种过程。这是我们可以不断使用的一个尺度。“朦胧”一词本身可以指你自己的未曾确定的意思，可以是一个词表示几种事物的意图，可以是一种这种东西或那种东西或两者同时被意指的可能性，或是一个陈述有几重含义。如果你愿意，把它们分割开来逐一解释是有用的。但当你在任何一点上将它们加以分割时，会不会引起更多的问题，这就难说了。因此，当我想避免引起

笔记栏

扫一扫，测一测

与交流无关的问题时，我将常常利用“朦胧”一词的朦胧，运用像“某某”这样的代词，使我的陈述既包括一首诗的作者，又包括它的读者。若要降低朦胧程度，无异于从解剖学的角度来分析那个关于猫的句子。同样，一位诗人的词语，比起我在描摹它们以说明其意义是如何传递出来时所用的词语，更为准确贴切，它们所表达的内容在人们头脑中形成的意义单位也更加富于表现力。（选自《朦胧的七种类型》）

（许　盈）

复习思考题

1. 《当你从我的窗下走过》表达了作者什么样的情感？
2. 分析《当你从我的窗下走过》的艺术表现手法。
3. 简要概括朦胧诗的美学风格。

PPT 课件

第三单元 以文化人

学习目标

本单元以历代经典之文，承载了文人雅士清高脱俗的品格，政治家的果敢之气、刚正之节，才子佳人冲破束缚、终成眷属的纯真爱情、魏晋人物的言谈轶事等。学习本单元要求达到以下目标：

1. 掌握这些经典名篇的写作技巧、语言风格，提高审美情趣、阅读鉴赏能力和语文素养。

2. 深刻领会各篇文章表达的思想感情以及蕴含的主旨，培养人文情怀，体现“以文化人，育善培德”的宗旨。

3. 了解古代文人雅士的政治胸怀、气节品格、修养作为、艺术造诣等，树立正确的人生观、世界观、价值观，修养自身，完善人格。

一八、季札观乐

【题解】本文选自《春秋左传正义》，据中华书局1980年影印清阮元校刻《十三经注疏》本排印。季札（前576—前484），春秋时吴王寿梦第四子，杰出的政治家、外交家。封于延陵（今江苏常州），称延陵季子；后又封州来（今安徽凤台），称延州来季子。以德行和才干著称，曾与孔子并称“南季北孔”。他的让国、观乐、挂剑等故事都传颂至今。有学者认为《季札观乐》是对《诗经》最早的一篇评论。它主要讲述了鲁襄公二十九年（前544），吴国公子季札出使鲁国，观赏并系统地鉴赏和评论鲁国乐工为他表演的周王室的诗乐舞蹈之事，其中季札的鉴赏评论是价值极高的音乐史料文献，也被认为是萌芽时期较为具体详细的古代文学批评，因而季札也被称为我国春秋时期的重要文艺评论家。

吴公子札来聘[1]，叔孙穆子说之[2]……请观于周乐。使工为之歌《周南》《召南》[3]，曰：“美哉！始基之矣，犹未也，然勤而不怨矣。”为之歌《邶》《鄘》《卫》[4]，曰：“美哉，渊乎！忧而不困者也。吾闻卫康叔、武公之德如是[5]，是其《卫风》乎？”为之歌《王》[6]，曰：“美哉！思而不惧，其周之东乎！”为之歌《郑》，曰：“美哉！其细已甚[7]，民弗堪也。是其先亡乎？”为之歌《齐》，曰：“美哉，泱泱乎[8]！大风也哉！表东海者[9]，其大公乎[10]？国未可量也。”为之歌《豳》[11]，曰：“美哉，荡乎[12]！乐而不淫[13]，其周公之东乎？”为之歌《秦》，曰：“此之谓夏声[14]。夫能夏则大，大之至也，其周之旧乎！”为之歌《魏》[15]，曰：“美哉，沨沨乎[16]！大而婉，险而易[17]，行以德辅，此则明主也！”为之歌《唐》，曰：“思深哉！其有陶唐氏之遗民乎[18]？不然，何忧之远也？非令德之后，谁能若是？”为之歌《陈》[19]，曰：“国无主，其能久

乎!”自《郐》以下无讥焉[20]。

[1] 聘:访问。

[2] 叔孙穆子:叔孙豹(? —前537),姬姓,叔孙氏,名豹,春秋时鲁国大夫,著名的“三不朽”(立德、立功、立言)学说的提出者。 说:同“悦”。

[3] 工:乐工。 《周南》《召(shào 少)南》:为《诗经》十五国风中居前的两类乐歌。据郑玄《周南召南谱》及孔颖达《五经正义》,周南、召南之地,当是周文王迁都丰京(今西安西南)之后,将西周旧都岐(在今陕西岐山、凤翔之间的周原一带)分而赐于周、召二公。后文的国名均指采自该国的诗歌经乐师谱曲后的乐歌。

[4] 《邶(bèi 备)》《鄘》《卫》:采自邶、鄘、卫这三个诸侯国的乐歌。邶在今河南汤阴南。鄘在今河南新乡市南。卫在今河南淇县。

[5] 康叔:周公的弟弟,卫国开国君主。 武公:康叔的九世孙。

[6] 《王》:采自王城一带的乐歌。王城,在今河南洛阳。

[7] 细:琐碎,这里用音乐象征政令。

[8] 泱泱:宏大的样子。

[9] 表东海:为东海诸侯国作表率。

[10] 大(tài 泰)公:即太公,指姜太公,齐国开国之君吕尚。

[11] 《豳(bīn 彬)》:指采自豳地的乐歌。豳,商初周民族部落首领公刘时期的旧都,在今陕西旬邑西南。

[12] 荡:博大的样子。

[13] 乐而不淫:欢乐而不放纵。

[14] 夏声:正声,雅声。

[15] 《魏》:指采自魏国的乐歌。魏国故地在今山西芮城县北。

[16] 沨(fēng 风)沨:轻飘浮动的样子。

[17] 险:当作“俭”,俭约。《春秋左传正义》:“当为‘俭’字之误也。”

[18] 陶唐氏:尧,上古圣君,五帝之一。唐国人,始封于陶(今山西襄汾陶寺乡),改封于平阳(今山西临汾),故号陶唐氏。后来代挚为天子,都平阳,晚年禅位于舜。

[19] 《陈》:指采自陈国的乐歌。陈地在今河南淮阳。

[20] 《郐(kuài 快)》:指采自郐地的乐歌。 郐,在今河南郑州南,后被郑国所灭。 讥:批评。

为之歌《小雅》,曰:“美哉!思而不贰,怨而不言,其周德之衰乎?犹有先王之遗民焉[1]!”为之歌《大雅》,曰:“广哉!熙熙乎[2]!曲而有直体,其文王之德乎?”为之歌《颂》,曰:“至矣哉!直而不倨[3],曲而不屈;迩而不偪[4],远而不携[5];迁而不淫[6],复而不厌;哀而不愁,乐而不荒;用而不匮,广而不宣[7];施而不费[8],取而不贪;处而不底[9],行而不流[10]。五声和,八风平[11];节有度,守有序[12]。盛德之所同也!”

[1] 先王:指西周文、武、成、康等王。

[2] 熙熙:和美融洽的样子。

[3] 倨:傲慢。

[4] 偪(bī 逼):“逼”的异体字。侵迫。

[5] 携:游离。

[6] 迁:变化。

[7] 宣:显露,张扬。

[8] 费:损耗。

[9] 底:停顿,停滞。

[10] 行而不流:流动而不泛滥。

[11] 八风:指金、石、丝、竹、匏、土、革、木做成的八类乐器。

[12] 守有序:乐器演奏有一定次序。

笔记栏

见舞《象箾》《南籥》者[1]，曰："美哉，犹有憾！"见舞《大武》者[2]，曰："美哉，周之盛也，其若此乎？"见舞《韶濩》者[3]，曰："圣人之弘也，而犹有惭德[4]，圣人之难也！"见舞《大夏》者[5]，曰："美哉！勤而不德[6]。非禹，其谁能修之[7]！"见舞《韶箾》者[8]，曰："德至矣哉！大矣，如天之无不帱也[9]，如地之无不载也！虽甚盛德，其蔑以加于此矣[10]。观止矣！若有他乐，吾不敢请已！"

[1]《象箾(shuò 硕)》《南籥(yuè 月)》：相传均为周文王时的乐舞。箾，古代跳舞人手中拿的竿状舞具。

[2]《大武》：周武王的乐舞。

[3]《韶濩(hù 户)》：商汤的乐舞。

[4] 惭德：遗憾，缺憾。

[5]《大夏》：夏禹的乐舞。

[6] 不德：不自以为有功德。

[7] 修：作。

[8]《韶箾》：虞舜的乐舞。

[9] 帱(dào 道)：覆盖。

[10] 蔑：无，没有。

简　析

《季札观乐》是《左传》中一篇内容独特的文章，包含了许多文学批评因素。季札对周乐发表评论，其实也就是评论《诗经》，因为当时《诗经》是入乐的。季札对周乐的评论把音乐(文学)和政教结合起来，认为政治的治乱会对音乐(文学)发生影响，因此通过音乐(文学)可"考见得失"，"观风俗之盛衰"。从季札对于诗乐的评价标准看，他所崇尚的美的标准是"中和"。他用"至矣哉"三字盛赞了《颂》，认为是"盛德之所同也"，表明了季札鲜明的审美倾向。季札的评论既是印象的批评，也是形象的批评，与传统的模糊的空疏的诗词评论不同。季札对于乐曲的点评，既在鲁国人面前显示了自己对礼乐的精到理解，又表明吴国作为周的后裔也继承了周礼，达到了其聘问的政治目的。全篇层次清晰，节奏鲜明，首尾衔接呼应。

知识链接

季札挂剑

汉·刘向

延陵季子将西聘晋，带宝剑以过徐君。徐君观剑，不言而色欲之。延陵季子为有上国之使，未献也，然其心许之矣。致使于晋，顾反，则徐君死于楚，于是脱剑致之嗣君。从者止之曰："此吴国之宝，非所以赠也。"延陵季子曰："吾非赠之也，先日吾来，徐君观吾剑，不言而其色欲之，吾为有上国之使，未献也。虽然，吾心许之矣。今死而不进，是欺心也。爱剑伪心，廉者不为也。"遂脱剑致之嗣君。嗣君曰："先君无命，孤不敢受剑。"于是季子以剑带徐君墓树而去。徐人嘉而歌之曰："延陵季子兮不忘故，脱千金之剑兮带丘墓。"(选自《新序·节士》)

(薄　彤)

笔记栏

复习思考题

1. 季札对音乐的审美观点是什么？请举例说明。
2. 结合文意解释下列词句。
(1) 其细已甚，民弗堪也。
(2) 乐而不淫。
(3) 险而易。
(4) 施而不费。
(5) 行而不流。
3. 举例分析文中所用印象评论的方法。

一九、《世说新语》三则

【题解】 本文选自刘义庆《世说新语》，据中华书局1983年余嘉锡《世说新语笺疏》本排印，各则标题为编者所加。《世说新语》是一部记述魏晋人物言谈轶事的笔记小说。全书原八卷，今传本皆作三卷，分为德行、言语、政事、文学、方正、雅量等三十六门。全书共一千多则，记述自汉末到刘宋时名士贵族的遗闻轶事，主要为有关人物评论、清谈玄言和机智应对的故事，反映了门阀世族的思想风貌，保存了社会、政治、思想、文学、语言等方面的史料，价值很高。作者刘义庆(403—444)，字季伯，彭城(今江苏徐州)人，南朝宋文学家。刘义庆为刘宋宗室，袭封临川王，曾任豫州、荆州、南兖州刺史。为人朴素，少嗜欲，喜好文学，门下延揽了众多才学之士。著有《世说新语》《幽明录》等，均为我国小说发轫期的重要作品。

第一则选自《文学第四》，主要讲述谢安借讨论《诗经》佳句来培养其侄谢玄的政治胸怀。第二则也选自《文学第四》，主要记述了左思的《三都赋》从完成到名扬天下的故事，告诫人们在好的事物不被认可时，不但要自信，还要积极寻求高人的首肯，如此才能不致埋没。第三则选自《自新第十五》，记叙了周处从年轻时横行乡里、为人凶强、被人视为祸害到他洗心革面最终成为忠臣孝子的故事，说明一个人只要有改恶从善的决心和行动，就一定能有所成就。

(一) 雅人深致

谢公因子弟集聚[1]，问："《毛诗》何句最佳[2]？"遏称曰[3]："昔我往矣，杨柳依依；今我来思，雨雪霏霏[4]。"公曰："訏谟定命，远猷辰告[5]。"谓此句偏有雅人深致[6]。

[1] 谢公：指谢安(320—385)，字安石，陈郡阳夏(河南太康)人，东晋名臣，官至丞相，死后追封太傅兼庐陵郡公。

[2] 《毛诗》：即《诗经》。西汉传承《诗经》者共有四家，独毛亨所注《毛诗故训传》流传后世，所以又称《毛诗》。

[3] 遏：指谢玄，字幼度，小名羯儿，又写作"遏"。谢安之侄，东晋名臣，文学家、军事家。

[4] "昔我往矣"四句：语出《诗经·小雅·采薇》。回想当初出征的时候，杨柳依依随风摆荡；如今回到家乡，大雪纷纷漫天飘扬。思，语气助词，无实义。雨(yù 预)雪，下雪。霏霏，形容雪下得很大的样子。

[5] "訏(xū 需)谟定命"二句：语出《诗经·大雅·抑》。国家大计一定要号召，长远规划的政令要及时宣告。郑玄注："谓正月始和，布政于邦国都鄙。" 訏，大。谟，谋。远猷(yóu 由)，长远的计划。辰，按时。

[6] 偏：最，特别。 致：情趣，意趣。

笔记栏

（二）左思《三都赋》

左太冲作《三都赋》初成[1]，时人互有讥訾[2]，思意不惬。后示张公[3]，张曰："此'二京'可三[4]。然君文未重于世，宜以经高名之士。"思乃询求于皇甫谧[5]。谧见之嗟叹，遂为作叙[6]。于是先相非贰者[7]，莫不敛衽赞述焉[8]。

[1] 左太冲：左思，字太冲，临淄（今山东淄博）人，西晋著名文学家，有《左太冲集》。三都：指魏、蜀、吴三国国都。

[2] 讥訾（zǐ 子）：嘲讽，讥笑非难。

[3] 张公：指张华，字茂先，范阳方城（今河北固安）人，西晋文学家、政治家，官至司空，著有《博物志》《张茂先集》。

[4] 此"二京"可三：谓《三都赋》可与前人的《两都赋》《二京赋》齐名而列为三篇名赋之一。二京，指东汉班固的《两都赋》和张衡的《二京赋》。其中张衡的《二京赋》系拟《两都赋》之作。三，用作动词，并列为三者之一。

[5] 皇甫谧：幼名静，字士安，号玄晏先生，安定朝那（今宁夏固原东南）人，西晋史学家、医学家。著有《历代帝王世纪》《高士传》《逸士传》《列女传》《针灸甲乙经》等，其中《针灸甲乙经》是我国现存第一部针灸学的专著。

[6] 叙：通"序"。序文。

[7] 非贰：非难，非议。

[8] 敛衽（rèn 认）：整理衣襟，表示恭敬、敬服。 赞述：称赞传颂。

（三）周处改励

周处年少时[1]，凶强侠气[2]，为乡里所患。又义兴水中有蛟，山中有邅迹虎[3]，并皆暴犯百姓[4]，义兴人谓为三横[5]，而处尤剧。或说处杀虎斩蛟，实冀三横唯余其一。处即刺杀虎，又入水击蛟，蛟或浮或没，行数十里，处与之俱[6]。经三日三夜，乡里皆谓已死，更相庆，竟杀蛟而出。闻里人相庆，始知为人情所患，有自改意。乃入吴寻二陆[7]，平原不在，正见清河，具以情告，并云："欲自修改而年已蹉跎[8]，终无所成。"清河曰："古人贵朝闻夕死[9]，况君前途尚可。且人患志之不立，亦何忧令名不彰邪？"处遂改励，终为忠臣孝子。

[1] 周处：字子隐，三国吴、西晋义兴阳羡（今江苏宜兴）人，鄱阳太守周鲂之子。

[2] 凶强侠气：凶狠强横，任性使气。

[3] 邅（zhān 沾）迹虎：此谓能追逐人迹而食人的老虎。邅迹，行踪不定。邅，追逐。一说，指经常转换方向、行踪不定、出没无常、四处为害的老虎。

[4] 暴犯：侵害。

[5] 三横（hèng 扌）：三害。横，祸害。

[6] 俱：跟随。

[7] 吴：指吴郡，今江苏苏州。 二陆：指陆机、陆云兄弟。二人均为西晋文学家，被誉为"太康之英"。陆机，字士衡，曾任平原内史，世称陆平原，即下文中的"平原"。陆云，字士龙，曾任清河内史，世称陆清河，即下文中的"清河"。

[8] 修改：提高修养，改正错误。 蹉跎：失去时机，虚度光阴。

[9] 朝闻夕死：如果早上明白了圣贤之道，哪怕傍晚死去，也是值得的。语本《论语·里仁》："子曰：'朝闻道，夕死可矣。'"

简 析

《世说新语》被鲁迅称为"一部名士底教科书"，记述了魏晋间人物的言谈轶事，虽篇幅简短，但意味深长。如在第一则中，主要讲述谢安借讨论《诗经》佳句来培养其侄谢玄的政治

笔记栏

胸怀。谢安的这种教育理念在谢玄后来成长为栋梁之材的过程中是起了导向作用的。“讦谟定命，远猷辰告”二句“偏有雅人深致”，自属远大情怀。《世说新语》在艺术上的突出成就还体现在采用个性化的语言、抓住典型细节等多种手法来刻画人物的神韵，塑造了一个个栩栩如生的魏晋名士形象。如第二则主要讲述了“洛阳纸贵”的故事，文章通过对人物内心活动细致入微的描写，一个积极乐观、不懈努力的形象跃然纸上。再如第三则文章写得十分精练，无论周处早先的“凶强侠气”，为害乡里，还是后来的勇于改过，痛改前非，都给人留下深刻的印象。文章精心选材，通过“杀虎斩蛟”和“寻访二陆”两个事例，鲜明地展示了周处的个性特点。

知识链接

魏晋风度及文章与药及酒之关系

鲁　迅

那时五石散的流毒就同清末的鸦片的流毒差不多，看吃药与否以分阔气与否的。现在由隋巢元方做的《诸病源候论》的里面可以看到一些。据此书，可知吃这药是非常麻烦的，穷人不能吃，假使吃了之后，一不小心，就会毒死。先吃下去的时候，倒不怎样的，后来药的效验既显，名曰“散发”。倘若没有“散发”，就有弊而无利。因此吃了之后不能休息，非走路不可，因走路才能“散发”，所以走路名曰“行散”。比方我们看六朝人的诗，有云“至城东行散”，就是此意。后来做诗的人不知其故，以为“行散”即步行之意，所以不服药也以“行散”二字入诗，这是很笑话的。

走了之后，全身发烧，发烧之后又发冷。普通发冷宜多穿衣，吃热的东西。但吃药后的发冷刚刚要相反：衣少，冷食，以冷水浇身。倘穿衣多而食热物，那就非死不可。因此五石散一名寒食散。只有一样不必冷吃的，就是酒。（选自《鲁迅全集·而已集》）

（薄　彤）

复习思考题

1. 关于“《毛诗》何句最佳”的问题，谢安与谢玄认识不同的根由是什么？
2. 结合文意，解释下列词句。
（1）昔我往矣，杨柳依依；今我来思，雨雪霏霏。
（2）讦谟定命，远猷辰告。
（3）雅人深致。
（4）此“二京”可三。
（5）朝闻夕死。
3. 以三则笔记为例，分析《世说新语》语言艺术的特色。

二〇、始得西山宴游记

【题解】本文选自《柳宗元集》，据中华书局 1979 年吴文治校点本排印。作者柳宗元（773—819），字子厚，河东（今山西永济）人，生于京城长安（今陕西西安），世称“柳河东”

笔记栏

“河东先生”，因官终柳州刺史，又称“柳柳州”。唐代文学家、思想家，为“唐宋八大家”“千古文章四大家”之一。21岁中进士，后在朝为官，积极参与王叔文集团政治革新。革新失败，被贬邵州（今湖南邵阳）刺史。行未半路，又被贬为永州（今属湖南）司马。在此期间，写下了著名的《永州八记》：《始得西山宴游记》《钴潭记》《钴潭西小丘记》《小石潭记》《袁家渴记》《石渠记》《石涧记》《小石城山记》。后再被贬为柳州刺史，卒于柳州任所。一生创作诗文作品六百多篇，分为论说、传记、山水游记等几大类，经后人辑为三十卷，名为《柳河东集》。

这篇文章是《永州八记》的首篇，记叙了作者发现和游览西山的经过及其独特感悟。

自余为僇人[1]，居是州，恒惴慄[2]。其隙也，则施施而行[3]，漫漫而游。日与其徒上高山，入深林，穷回溪[4]，幽泉怪石，无远不到。到则披草而坐，倾壶而醉，醉则更相枕以卧，卧而梦。意有所极[5]，梦亦同趣[6]。觉而起，起而归。以为凡是州之山水有异态者，皆我有也，而未始知西山之怪特。

[1] 僇（lù 路）人：受刑戮的人，后泛指罪人。僇，通“戮”。刑辱。

[2] 惴（zhuì 缀）慄：亦作“惴栗”。恐惧而战栗。

[3] 施施（shīshī 师师）：缓慢行走的样子。

[4] 回溪：曲折的溪流。

[5] 极：至，达到。

[6] 趣：通“趋”。趋向，奔向。

今年九月二十八日，因坐法华西亭[1]，望西山，始指异之。遂命仆人过湘江，缘染溪[2]，斫榛莽[3]，焚茅茷[4]，穷山之高而止。攀援而登，箕踞而遨[5]，则凡数州之土壤，皆在衽席之下[6]。其高下之势，岈然洼然[7]，若垤若穴[8]。尺寸千里，攒蹙累积[9]，莫得遁隐。萦青缭白，外与天际[10]，四望如一。然后知是山之特立，不与培塿为类[11]。悠悠乎与颢气俱[12]，而莫得其涯；洋洋乎与造物者游，而不知其所穷。引觞满酌，颓然就醉，不知日之入。苍然暮色，自远而至，至无所见，而犹不欲归。心凝形释[13]，与万化冥合[14]。然后知吾向之未始游，游于是乎始。

故为之文以志。是岁，元和四年也[15]。

[1] 法华西亭：法华寺（在今湖南零陵东山）西边的亭子，为作者所建。

[2] 染溪：即“冉溪”，在今零陵西南。

[3] 斫（zhuó 啄）：砍伐。　榛（zhēn 真）莽：丛生的草木。

[4] 茅茷（fá 伐）：长得茂盛的茅草。茷，草叶茂盛。

[5] 箕（jī 机）踞：两腿伸开坐着，状如簸箕。箕，簸箕。

[6] 衽（rèn 任）席：指卧席。

[7] 岈（xiā 虾）然：山谷空阔的样子。　洼然：溪谷低下的样子。

[8] 垤（dié 蝶）：蚁穴边的积土。

[9] 攒蹙（cù 促）：聚集收缩。

[10] 际：连接。名词活用作动词。

[11] 培塿（pǒu lǒu 掊篓）：小土丘。

[12] 颢（hào 浩）气：天地自然之气。

[13] 心凝形释：心神集聚，形体消散。

[14] 冥合：暗合，浑然一体。

[15] 元和四年：公元809年。元和，唐宪宗李纯的年号。

简　析

古人作文，从来都不是就事论事、即物言物，总要寄情意于其中，本文亦不例外，故虽是

笔记栏

游历之作，实则通过发现并宴游西山的经过来抒情言志。全文分为两个部分：第一部分为第一段，写的是发现西山前的游览情景和心境：通过不断地游山玩水来排遣被贬后内心的苦闷。第二部分为第二段，写的是发现并游览西山的情景和心境：通过对西山形胜的描述，曲折而鲜明地表现出作者的人格和抱负，以及在逆境中努力寻求痛苦的解脱和精神自由的追求。

作者善于绘景状物，笔墨简洁而描述形象，通过西山与众山的高下对比，从侧面烘托西山的高俊及非凡气势。行文中或明或暗、或虚或实，时时照应题目中的“始得”二字，脉络清晰，结构缜密。

知识链接

永某氏之鼠

唐·柳宗元

永有某氏者，畏日，拘忌异甚。以为己生岁直子，鼠，子神也。因爱鼠，不畜猫犬，禁僮勿击鼠。仓廪庖厨，悉以恣鼠不问。由是鼠相告，皆来某氏，饱食而无祸。某氏室无完器，椸无完衣，饮食大率鼠之余也。昼累累与人兼行，夜则窃啮斗暴，其声万状，不可以寝，终不厌。

数岁，某氏徙居他州。后人来居，鼠为态如故。其人曰：“是阴类恶物也，盗暴尤甚，且何以至是乎哉！”假五六猫，阖门撤瓦，灌穴，购僮罗捕之。杀鼠如丘，弃之隐处，臭数月乃已。

呜呼！彼以其饱食无祸为可恒也哉！（选自《柳宗元集·卷十九吊赞箴戒》）

（薄 彤）

复习思考题

1. 请结合课文，谈一谈为什么说西山能排遣作者内心的苦闷之情？
2. 结合文意解释下列词句。
(1) 箕踞
(2) 悠悠乎与颢气俱，而莫得其涯；洋洋乎与造物者游，而不知其所穷。
(3) 心凝形释
3. 分析柳宗元山水游记极富个性特征的写作手法。
4. 为什么说本文以自然山水之美与作者人格之美相互映照？

二一、祭欧阳文忠公文

【题解】 本文选自《临川先生文集》，据中华书局1959年版排印。作者王安石（1021—1086），字介甫，晚号半山，谥文，封荆国公，世人又称王荆公。抚州临川（今江西东乡）人，北宋著名的政治家和文学家。庆历二年（1042）中进士，官至同中书门下平章事（宰相）。为相期间，曾大力进行改革，推行新法，影响深远。文学上诗、词、散文等均有突出成就，为著名的“唐宋八大家”之一。著有《临川先生文集》。

笔记栏

北宋神宗熙宁五年(1072),退休家居的欧阳修病逝。王安石当时在京为相,闻讯后写下这篇祭文,通过对欧阳修的气节品格、文章学术和卓著功勋的高度评价,表达了深情的怀念。

夫事有人力之可致,犹不可期,况乎天理之溟漠[1],又安可得而推[2]?惟公生有闻于当时,死有传于后世。苟能如此,足矣,而亦又何悲!

如公器质之深厚[3],智识之高远,而辅学术之精微[4],故充于文章,见于议论,豪健俊伟,怪巧瑰琦。其积于中者[5],浩如江河之停蓄;其发于外者,烂如日月之光辉。其清音幽韵,凄如飘风急雨之骤至;其雄辞闳辩[6],快如轻车骏马之奔驰。世之学者,无问乎识与不识,而读其文,则其人可知。

呜呼!自公仕宦四十年,上下往复,感世路之崎岖。虽屯邅困踬[7],窜斥流离[8],而终不可掩者,以其公议之是非。既压复起,遂显于世。果敢之气,刚正之节,至晚而不衰。方仁宗皇帝临朝之末年,顾念后事,谓如公者,可寄以社稷之安危。及夫发谋决策,从容指顾[9],立定大计,谓千载而一时。

[1] 溟漠:广漠无际。

[2] 推:寻求,探索。

[3] 器质:资质,才识。

[4] 辅:帮助,辅助。

[5] 中:内心。

[6] 闳辩:大议论。

[7] 屯邅(zhān 沾):处境困难。　困踬:遭受摧折。

[8] 窜斥:贬逐。

[9] 指顾:手指、目视,比喻迅速。

功名成就,不居而去,其出处进退[1],又庶乎英魄灵气[2],不随异物腐散[3],而长在乎箕山之侧与颍水之湄[4]。

然天下之无贤不肖,且犹为涕泣而歔欷,而况朝士大夫,平昔游从,又予心之所向慕而瞻依[5]。

呜呼!盛衰兴废之理,自古如此。而临风想望,不能忘情者,念公之不可复见,而其谁与归[6]!

[1] 出处:出仕与退隐。

[2] 庶:众多。

[3] 异物:指人的遗体。

[4] 箕山之侧与颍水之湄:均指隐居的地方,此指高人雅士所处的地方。《嵩山志》载,远古圣君尧想把天下禅让给高士许由,许由不受而隐居箕山。后尧又欲使之任九州长,许由生厌,于是去颍水边洗耳。湄,水边。

[5] 瞻依:瞻仰依恃,表示对尊长的敬意。

[6] 其谁与归:将归向谁呢?其,将。

简　析

明代文学家茅坤认为"欧阳公祭文,当以此为第一"。王安石以哀祭之文赞颂欧阳修生有大名,死而不朽的一生。首先,高度评价欧阳修文章造诣,称其"豪健俊伟,怪巧瑰琦"的风格,致其文"清音幽韵""雄辞闳辩"。其次,称颂欧阳修的人格道德和政治才能,赞其虽历经坎坷,但"果敢之气,刚正之节,至晚而不衰",并借宋仁宗之语,谓其"可寄以社稷之安危"。再次,又对欧阳修非凡的人生境界表达了由衷的称赞,认为欧阳修"功名成就、不居而去"的

笔记栏

境界，足以使其“英魄灵气，不随异物腐散”。文末通过对欧阳修的向慕和想望，表达了深切的缅怀之情。

文章将叙事、抒情和议论完美结合，交相辉映。又善用典故，熟驭比喻，讲究排偶，使得文章富有气势，文从情意，精而自采。

知识链接

欧 阳 修

欧阳修，字永叔，庐陵人。四岁而孤，母郑，守节自誓，亲诲之学，家贫，至以荻画地学书。幼敏悟过人，读书辄成诵。及冠，嶷然有声。宋兴且百年，而文章体裁，犹仍五季余习。锼刻骈偶，淟涊弗振，士因陋守旧，论卑气弱。苏舜元、舜钦、柳开、穆修辈，咸有意作而张之，而力不足。修游随，得唐韩愈遗稿于废书簏中，读而心慕焉。苦志探赜，至忘寝食，必欲并辔绝驰而追与之并。

举进士，试南宫第一，擢甲科，调西京推官。始从尹洙游，为古文，议论当世事，迭相师友；与梅尧臣游，为歌诗相倡和，遂以文章名冠天下。入朝，为馆阁校勘。

修论事切直，人视之如仇，帝独奖其敢言，面赐五品服，顾侍臣曰：“如欧阳修者，何处得来？”同修起居注，遂知制诰。故事，必试而后命，帝知修，诏特除之。

修以风节自持，既数被污蔑，年六十，即连乞谢事，帝辄优诏弗许。及守青州，又以请止散青苗钱，为安石所诋，故求归愈切。熙宁四年，以太子少师致仕。五年，卒，赠太子太师，谥曰“文忠”。（选自《宋史·欧阳修》）

（邬晓东）

复习思考题

1. 搜集材料，谈谈欧阳修“器质之深厚，智识之高远，而辅学术之精微”体现在什么地方。

2. “箕山之侧与颍水之湄”本是隐士居止的地方，为什么说欧阳修的“英魄灵气”亦宜“长在”其间？

3. 文章前边的“亦又何悲”与最后的“而其谁与归”所表达的情感是否矛盾？为什么？

二二、医俗亭记

【题解】 本文选自《家藏集》，据上海古籍出版社1987年重印台湾商务印书馆影印文渊阁《钦定四库全书》本排印。作者吴宽（1435—1504），字原博，号匏庵，长洲（今江苏苏州）人，明代文学家、书法家。累官至礼部尚书兼翰林院学士，卒谥文定。其诗深厚浓郁，为文颇有典则，兼工书法。《家藏集》又称《匏翁家藏集》，凡七十八卷，其中诗三十卷，文四十七卷，补遗一卷。“医俗亭”即医治俗病之亭。本文赞美竹之形体、质性及医治俗病之功，表达了医治天下俗病的愿望。

余少婴俗病[1]，汤熨针石，咸罔奏功，而年日益久，病日益深，殆由腠理肌肤以达于骨髓，

笔记栏

而为废人矣。客有过余，诵苏长公《竹》诗[2]，至“士俗不可医”之句，瞿然惊曰[3]：“余病其痼也耶？何长公之诗云尔也[4]？”既[5]，自解曰：“士俗坐无竹耳[6]。使有竹，安知其俗之不可医哉？”则求竹以居之。

[1] 婴：染上。 俗病：这里指庸俗之病，人格方面的毛病。
[2] 苏长公：指北宋文学家苏轼。长公，长兄之称。
[3] 瞿(jù 聚)然：吃惊的样子。
[4] 云尔：如此说。
[5] 既：不久。
[6] 坐：因为。

而家之东偏[1]，隙地仅半亩[2]，墙角萧然有竹数十个[3]。于是日使僮奴壅且沃之[4]，以须其盛[5]。越明年，挺然百余，其密如箦[6]，而竹盛矣。复自喜曰：“余病其起也耶？”因构小亭其中，食饮于是，坐卧于是，啸歌于是，起而行于是，倚而息于是，倾耳注目，举手投足，无不在于是。其借此以医吾之俗何如耶？吾量之隘俗也[7]，竹之虚心有容，足以医之；吾行之曲俗也，竹之直立不挠，足以医之[8]；吾宅心流而无制[9]，竹之通而节[10]，足以医之；吾待物混而无别[11]，竹之理而析，足以医之。竹之干云霄而直上[12]，足以医吾志之卑；竹之历冰雪而愈茂，足以医吾节之变；其潇洒而可爱也，足以医吾之凝滞[13]。其为筩、为简、为箭、为笙箫、为簠簋也[14]，足以医吾陋劣而无用。盖逾年而吾之病十已去二三矣。久之，安知其体不飘然而轻举，其意不释然而无累[15]，其心不充然而有得哉？

[1] 东偏：东边。
[2] 仅(jìn 近)：将近。
[3] 萧然：冷落貌。
[4] 壅：用土壤或肥料培在植物根部。 沃：浇水。
[5] 须：等待。
[6] 箦(zé 责)：用竹片编成的床席。也泛指竹席。
[7] 量：器量，度量。 隘：狭隘。
[8] 挠：弯曲。
[9] 宅心：居心。 流：放纵。
[10] 通而节：谓中空而有节。
[11] 待物：对待他人。
[12] 干：犯。此谓上冲。
[13] 凝滞：思想行为拘泥不化。
[14] 筩(tǒng 桶)：竹筒。 簠簋(fǔ guǐ 府轨)：古代祭祀用器。簠用以盛稻粱，簋用以盛黍稷。
[15] 释然：消散貌。 累：牵挂。

古之俞跗、秦越人辈，竹奚以让为[1]？然而，是竹也，不苦口，不瞑眩[2]，不湔浣肠胃，不漱涤五脏。长公不余秘而授之。余用之，既有功绪矣[3]，使人人皆用之，天下庶几无俗病与？

明年余将北去京师[4]。京师地不宜竹。余恐去竹日远而病复作也，既以名其亭，复书此为记。迟他日归亭中[5]，愿俾病根悉去之，不识是竹尚纳我否[6]？

[1] 竹奚以让为：为什么不用竹子治病呢？奚，何。让，辞让。
[2] 瞑眩：头晕目眩。
[3] 功绪：功效。同义词复用。
[4] 京师：京都。此指北京。
[5] 迟(zhì 志)：等待。
[6] 识：知道。

笔记栏

简　析

本文以竹为喻，借物言志。文章开篇由少婴俗病、诵苏轼《竹》诗，认识到读书人患俗病是因没有竹子的原故，引出栽竹之举。接着通过自己种竹构亭医治俗病的经过，从竹子的虚心有容、直立不挠、通而节、理而析、冲云霄而直上、历冰雪而愈茂等八个方面赞美了竹子高贵的品质和医治俗病的功效，表达了作者希望自己成为品格高尚的人和希望天下人都用竹子医治俗病的愿望。构思巧妙，借物喻情，语言平和雅淡而蕴含丰富。

一个人，最重要的是思想品格和精神境界。只要有了高尚的情操，就会像竹子一样虚心有容，直立不挠，坚守气节；反之，就会汲汲于名利，随权势而俯仰，俗态媚骨无节操。作者的思想至今仍有强烈的现实意义。

知识链接

《梅屋书目》序

宋·许棐

予贫喜书，旧积千余卷，今倍之未足也。肆有新刊，知无不市，人有奇编，见无不录，故环室皆书也。或曰："嗜书好货，均为一贪。贪书而饥，不若贪货而饱；贪书而劳，不若贪货而逸。人生不百年，何自苦如此？"答曰："今人予不知之，自古不义而富贵者，书中略可考也，竟何如哉？予少安于贫，壮乐于贫，老忘于贫，人不鄙夷予之贫，鬼不揶揄予之贫，书之赐也。如彼百年，何乐之有哉？"（选自《献丑集·梅屋书目序》）

（薛芳芸）

复习思考题

1. 作者所谓"俗病"指什么？
2. 作者从哪些方面赞美了竹子高贵的品质？
3. 分析本文与周敦颐的《爱莲说》在写作上有何相似之处。

二三、西湖七月半

【题解】 本文选自《陶庵梦忆》，据中华书局1985年《丛书集成初编》本排印。《陶庵梦忆》是张岱最有名的小品散文集，共八卷。所记大多为作者亲身经历过的琐事，可谓明末社会生活的一幅风俗画卷；所表现的对往日生活的怀恋，暗含家国之痛与沧桑之感。作者张岱（1597—约1680），字宗子、石公，号陶庵，别号蝶庵居士，晚号六休居士，山阴（今浙江绍兴）人，侨寓杭州，明末清初著名文学家、史学家，与谈迁、万斯同、查继佐并称"浙东四大史家"。出身显宦家庭，自小极爱繁华，喜游山水，通晓音乐戏曲，而淡泊名利，一生不仕。明亡之后入山隐居，坚守贫困，专心著书，著有《琅嬛文集》《陶庵梦忆》《西湖梦寻》《石匮书》《夜航船》等。其文学创作以小品文见长，结构精巧，文笔清新，意味隽永，有"晚明小品集大成"之誉。

本文具体生动地描绘了晚明杭州人七月半游西湖的风俗和情景，将看月之人分为五类，

笔记栏

含蓄地表现了作者的清高品格和雅趣。

西湖七月半[1]，一无可看，止可看看七月半之人。看七月半之人，以五类看之。其一，楼船箫鼓，峨冠盛筵[2]，灯火优傒[3]，声光相乱，名为看月而实不见月者，看之。其一，亦船亦楼，名娃闺秀[4]，携及童娈[5]，笑啼杂之，环坐露台[6]，左右盼望，身在月下而实不看月者，看之。其一，亦船亦声歌，名妓闲僧，浅斟低唱[7]，弱管轻丝[8]，竹肉相发[9]，亦在月下，亦看月而欲人看其看月者，看之。其一，不舟不车，不衫不帻[10]，酒醉饭饱，呼群三五，跻入人丛[11]，昭庆、断桥[12]，嘄呼嘈杂[13]，装假醉，唱无腔曲，月亦看，看月者亦看，不看月者亦看，而实无一看者，看之。其一，小船轻幌[14]，净几暖炉，茶铛旋煮[15]，素瓷静递[16]，好友佳人，邀月同坐，或匿影树下，或逃嚣里湖[17]，看月而人不见其看月之态，亦不作意看月者，看之。

[1] 七月半：农历七月十五，古为中元节，又称鬼节、地官节、盂兰盆节等，与正月十五上元节、十月十五下元节合称“三元”，是我国儒、道、佛三家合一的节日，文化核心意义为祭祖怀孝、荐亡度鬼、祈庆丰收等。杭州人多喜欢在此日出游西湖。

[2] 峨冠：高冠。峨冠博带是古代儒生和士大夫的装束。

[3] 优傒（xī 溪）：优伶和奴仆。傒，奴仆。

[4] 娃：美女。　闺秀：有才德的女子。

[5] 童娈（luán 栾）：亦作“娈童”，俊美的男童。娈，美好。

[6] 露台：楼船上露天的平台。

[7] 浅斟低唱：慢慢地喝酒，轻声地吟哦。

[8] 弱管轻丝：谓轻柔、曼妙的音乐。

[9] 竹肉相发：箫笛声伴着歌声。竹，箫笛等竹制乐器。肉，指歌声。

[10] 帻（zé 泽）：头巾。此处舟、车、衫、帻均用作动词。

[11] 跻（jī 机）：通“挤”。

[12] 昭庆：指昭庆寺，又名菩提院，在西湖东北岸。

[13] 嘄（jiào 叫）呼：高声乱嚷。嘄，同“叫”。

[14] 轻幌：细薄的帷幔。

[15] 茶铛（chēng 撑）：烧茶的小锅。　旋：随即。

[16] 素瓷：雅洁的瓷杯。

[17] 里湖：指西湖苏堤以西部分。

杭人游湖，巳出酉归[1]，避月如仇。是夕好名，逐队争出，多犒门军酒钱[2]。轿夫擎燎[3]，列俟岸上。一入舟，速舟子急放断桥[4]，赶入胜会。以故二鼓以前[5]，人声鼓吹[6]，如沸如撼，如魇如呓[7]，如聋如哑[8]。大船小船一齐凑岸，一无所见，止见篙击篙，舟触舟，肩摩肩，面看面而已。少刻兴尽，官府席散，皂隶喝道去[9]。轿夫叫船上人，怖以关门[10]，灯笼火把如列星，一一簇拥而去。岸上人亦逐队赶门，渐稀渐薄，顷刻散尽矣。吾辈始舣舟近岸[11]，断桥石磴始凉[12]，席其上[13]，呼客纵饮。此时月如镜新磨，山复整妆，湖复颒面[14]，向之浅斟低唱者出，匿影树下者亦出。吾辈往通声气[15]，拉与同坐。韵友来[16]，名妓至，杯箸安，竹肉发。月色苍凉，东方将白，客方散去。吾辈纵舟，酣睡于十里荷花之中，香气拍人，清梦甚惬。

[1] 巳：巳时，为上午9—11时。　酉：酉时，为下午5—7时。

[2] 犒：用酒食或财物慰劳。　门军：守城门的军士。

[3] 擎燎：举着火把。

[4] 速：催促。　放：开船。

[5] 二鼓：时段名，又称二更，指晚上9—11时。

[6] 鼓吹：指鼓、钲、箫、笳等打击乐器、管弦乐器奏出的乐曲。

笔记栏

[7] 魇(yǎn 演):梦中惊叫。 呓:说梦话。

[8] 如聋如哑:指喧闹中震耳欲聋,自己说话别人听不见。

[9] 皂隶:衙门中的差役。皂,黑色。隶,官府中打杂的小吏。因其都穿着黑色衣服,故称。 喝道:官员出行,衙役在前面吆喝开道。

[10] 怖以关门:用关城门恐吓。

[11] 舣(yǐ 乙):拢船靠岸。

[12] 磴(dèng 邓):石头台阶。

[13] 席其上:此谓在石阶上摆开酒筵。席,用作动词。

[14] 颒(huì 会)面:洗脸。这里形容湖面恢复明净。

[15] 往通声气:过去打招呼。

[16] 韵友:风雅的朋友。

简 析

本文构思清新,不落俗套,题目《西湖七月半》概括了文章要写的地点和时间,但没有把描写的重心放在自然之景上,而是把目光投注在七月半之人,故开篇首句就点出"一无可看,止可看看七月半之人"。接着将游乐之人分群别类,对其看月情态一一描摹,妙在看人的同时并未离开看月。全篇从写看人出发,最后还是归结到写看月上。

文章对人物的描绘生动传神,往往用极简省的三言两语粗粗勾勒,即令人物的神情形态跃然纸上,刻画出他们不同的身份地位和格调。通过真假看月者的比照,嘲讽了达官贵人、富贵之家的附庸风雅,市井之徒赶凑热闹的俗气,标榜文人雅士的清高拔俗,立意颇为别致。语言清丽,笔墨平实,然又富有调侃意味,诸如"名为看月而实不见月者""速舟子急放断桥,赶入胜会"等语,寓谐于庄,可谓兼雅趣与谐趣于一身。

知识链接

湖心亭看雪

明・张岱

崇祯五年十二月,余住西湖。大雪三日,湖中人鸟声俱绝。是日更定矣,余拏一小舟,拥毳衣炉火,独往湖心亭看雪。雾凇沆砀,天与云、与山、与水,上下一白。湖上影子,惟长堤一痕,湖心亭一点,与余舟一芥,舟中人两三粒而已。到亭上,有两人铺毡对坐,一童子烧酒,炉正沸。见余大喜,曰:"湖中焉得更有此人!"拉余同饮。余强饮三大白而别。问其姓氏,是金陵人,客此。及下船,舟子喃喃曰:"莫说相公痴,更有痴似相公者。"(选自《陶庵梦忆》卷三》)

(李计筹)

复习思考题

1. 领会本文通过描摹五类游客看月情态以标举文人清高情趣的立意,进一步了解晚明文人的文化品格和精神个性。

2. 文章所描述的五类看月人各有什么不同?作者对他们有何评价?

3. 结合文意解释下列词句。

(1) 灯火优傒,声光相乱。

笔记栏

(2) 不舟不车,不衫不帻。
(3) 茶铛旋煮,素瓷静递。
(4) 速舟子急放断桥。
(5) 月如镜新磨,山复整妆,湖复颒面。

4. "如沸如撼,如魇如呓,如聋如哑"这几个比喻写出了看月时怎样的情景?

二四、闹 柬

【题解】 本文选自《西厢记》,据上海古籍出版社1996年王季思校注本排印。《西厢记》故事本于唐代元稹的传奇《莺莺传》(又名《会真记》),实际上脱胎于金代董解元的《西厢记诸宫调》。剧中描写书生张珙与相国小姐崔莺莺一见钟情,但遭到莺莺母亲的阻挠,后在侍女红娘的帮助下,两人私自结合。老夫人发觉后以不招白衣女婿为由,逼迫张生赴京赶考。张生状元及第,与莺莺终成眷属。全剧共五本二十一折。作者王实甫,生卒年与生平事迹俱不详,名德信,字实甫,大都(今北京)人。主要活动在元成宗元贞、大德年间(1295—1307)。著有杂剧14种,仅存《西厢记》《破窑记》《丽春堂》三种和《贩茶船》《芙蓉亭》各一折。《闹柬》为第三本第二折,写的是红娘替张生传递表白心意的简帖儿,矜持的莺莺假作嗔怒,并让红娘送回帖去责备张生越礼,可实际上回帖是约张生月下相会。

〔旦上云〕红娘伏侍老夫人不得空便,偌早晚敢待来也[1]。起得早了些儿,困思上来,我再睡些儿咱。〔睡科[2]〕〔红上云〕奉小姐言语去看张生,因伏侍老夫人,未曾回小姐话去。不听得声音,敢又睡哩,我入去看一遭。

【中吕·粉蝶儿】风静帘闲,透纱窗麝兰香散,启朱扉摇响双环。绛台高[3],金荷小[4],银釭犹灿[5]。比及将暖帐轻弹[6],先揭起这梅红罗软帘偷看。

【醉春风】则见他钗亸玉斜横[7],髻偏云乱挽。日高犹自不明眸[8],畅好是懒、懒[9]。〔旦做起身长叹科〕〔红唱〕半晌抬身,几回搔耳,一声长叹。

我待便将简帖儿与他,恐俺小姐有许多假处哩[10]。我则将这简帖儿放在妆盒儿上,看他见了说甚么。〔旦做照镜科,见帖看科〕〔红唱〕

【普天乐】晚妆残,乌云亸[11],轻匀了粉脸,乱挽起云鬟。将简帖儿拈,把妆盒儿按,开拆封皮孜孜看[12],颠来倒去不害心烦。〔旦怒叫〕红娘!〔红做意云〕呀,决撒了也[13]!厌的早扢皱了黛眉[14],〔旦云〕小贱人,不来怎么!〔红唱〕忽的波低垂了粉颈,氲的呵改变了朱颜[15]。

〔旦云〕小贱人,这东西那里将来的[16]?我是相国的小姐,谁敢将这简帖来戏弄我,我几曾惯看这等东西?告过夫人,打下你个小贱人下截来。〔红云〕小姐使将我去,他着我将来。我不识字,知他写着甚么?

【快活三】分明是你过犯[17],没来由把我摧残;使别人颠倒恶心烦[18]。你不惯,谁曾惯?

姐姐休闹,比及你对夫人说呵,我将这简帖儿去夫人行出首去来[19]。〔旦做揪住科〕我逗你耍来。〔红云〕放手,看打下下截来。〔旦云〕张生近日如何?〔红云〕我则不说。〔旦云〕好姐姐,你说与我听咱!〔红唱〕

【朝天子】张生近间、面颜,瘦得来实难看。不思量茶饭,怕待动弹;晓夜将佳期盼,废寝忘餐。黄昏清旦,望东墙淹泪眼。〔旦云〕请个好太医看他证候咱。〔红云〕他证候吃药不

笔记栏

济。病患、要安，则除是出几点风流汗。

［1］偌早晚：这时候。偌，这，这般。

［2］科：元杂剧中表示动作、表情及舞台效果的术语，与南戏中的“介”相同。

［3］绛台：烛台。

［4］金荷：烛台上承烛泪的荷花形铜盘。

［5］银釭（gāng 刚）：灯烛。

［6］比及：未等到。　弹：这里指揭开、掀起。

［7］亸（duǒ 朵）：“嚲”的异体字。下垂。　玉：指玉钗。

［8］不明眸：不肯睁开眼。

［9］畅好是：真是。

［10］假处：谓装模作样。

［11］乌云：乌黑的头发。

［12］孜孜：凝神注视的样子。

［13］决撒：亦作“厥撒”。败露，拆穿。

［14］厌的：突然，猛地。　圪（gē 哥）皱：皱缩。

［15］氲（yūn 晕）：发怒貌。

［16］将：拿。

［17］过犯：过错。

［18］恶心烦：意谓懊恼。

［19］夫人行（háng 航）：即夫人那里。行，宋元语言里指示方位的词，一般用在人称名词后。　出首：告发。

〔旦云〕红娘，不看你面时，我将与老夫人看，看他有何面目见夫人？虽然我家亏他，只是兄妹之情，焉有外事。红娘，早是你口稳哩；若别人知呵，甚么模样。〔红云〕你哄着谁哩，你把这个饿鬼弄得他七死八活，却要怎么？

【四边静】怕人家调犯[1]，“早共晚夫人见些破绽，你我何安。”问甚么他遭危难？撺断得上竿，掇了梯儿看[2]。

〔旦云〕将描笔儿过来[3]，我写将去回他，着他下次休是这般。〔旦做写科〕〔起身科云〕红娘，你将去说：“小姐看望先生，相待兄妹之礼如此，非有他意。再一遭儿是这般呵，必告夫人知道。”和你个小贱人都有话说。〔旦掷书下〕〔红唱〕

【脱布衫】小孩儿家口没遮拦，一味的将言语摧残。把似你使性子[4]，休思量秀才，做多少好人家风范。〔红做拾书科〕

【小梁州】他为你梦里成双觉后单，废寝忘餐。罗衣不奈五更寒[5]，愁无限，寂寞泪阑干[6]。

【幺篇】似这等辰勾空把佳期盼[7]，我将这角门儿世不曾牢拴[8]，则愿你做夫妻无危难。我向这筵席头上整扮，做一个缝了口的撮合山[9]。

〔红云〕我若不去来，道我违拗他，那生又等我回报，我须索走一遭。〔下〕〔末上云〕那书倩红娘将去，未见回话。我这封书去，必定成事，这早晚敢待来也。〔红上云〕须索回张生话去。小姐，你性儿忒惯得娇了；有前日的心，那得今日的心来？

【石榴花】当日个晚妆楼上杏花残[10]，犹自怯衣单，那一片听琴心清露月明间。昨日个向晚[11]，不怕春寒，几乎险被“先生馔”[12]，那其间岂不胡颜[13]。为一个不酸不醋风魔汉[14]，隔墙儿险化做了望夫山。

【斗鹌鹑】你用心儿拨雨撩云[15]，我好意儿传书寄简。不肯搜自己狂为，则待要觅别人破绽。受艾焙权时忍这番[16]，畅好是奸。“张生是兄妹之礼，焉敢如此！”对人前巧语花

笔记栏

言;——没人处便想张生,——背地里愁眉泪眼。

[1] 调犯:亦作“调泛”。挑逗,捉弄。

[2] “撺(cuān 蹿)断得上竿”二句:当时俗语,意思是哄别人爬上了高竿,却把梯子拿开在一旁看热闹。撺断,犹言怂恿。掇(duō 多),拾取,这里有取走、搬开的意思。

[3] 描笔儿:古代妇女描图刺绣之笔。

[4] 把似:与其。

[5] 不奈:不耐。

[6] 阑干:纵横貌。

[7] 辰勾:水星。因离太阳的角距不超过 28°,所以肉眼很难看见。“等辰勾”为当时方言,此喻佳期难盼。

[8] 世:从来。

[9] “我向这筵席”二句:意谓在你们的结婚酒筵上,我打扮得整整齐齐,至于你们恋爱的事情,我绝不向外透露。撮合山,媒人。

[10] 杏花残:指春末时候。

[11] 向晚:傍晚,黄昏。

[12] 先生馔:语出《论语·为政》:“有酒食,先生馔。”原意为有酒食应先奉养长者,此处借做调侃,意谓险些儿被张生吃了(搞到手)。

[13] 胡颜:羞愧无颜。

[14] 不酸不醋风魔汉:酸溜溜轻狂的汉子。不酸不醋,即酸醋,两个“不”均为助词,无实义。

[15] 拨雨撩云:谓挑动爱情。

[16] 受艾焙(bèi 倍)权时忍这番:意谓忍灸只忍这一遭。艾焙,指用艾绒或艾条熏灼患处。

〔红见末科〕〔末云〕小娘子来了。擎天柱[1],大事如何了也?〔红云〕不济事了,先生休傻。〔末云〕小生简帖儿是一道会亲的符箓[2],则是小娘子不用心,故意如此。〔红云〕我不用心?有天理,你那简帖儿好听!

【上小楼】这的是先生命悭[3],须不是红娘违慢。那简帖儿倒做了你的招状,他的勾头[4],我的公案。若不是觑面颜,厮顾盼[5],担饶轻慢[6],先生受罪,礼之当然。贱妾何辜?争些儿把你娘拖犯[7]。

【幺篇】从今后相会少,见面难。月暗西厢,凤去秦楼[8],云敛巫山[9]。你也赸[10],我也赸;请先生休讪[11],早寻个酒阑人散。

〔红云〕只此再不必申诉足下肺腑,怕夫人寻,我回去也。〔末云〕小娘子此一遭去,再着谁与小生分剖;必索做一个道理,方可救小生一命。〔末跪下揪住红科〕〔红云〕张先生是读书人,岂不知此意,其事可知矣。

【满庭芳】你休要呆里撒奸[12];你待要恩情美满,却教我骨肉摧残。老夫人手执着棍儿摩娑看,粗麻线怎透得针关。直待我拄着拐帮闲钻懒,缝合唇送暖偷寒[13]。待去呵,小姐性儿撮盐入火[14],消息儿踏着泛[15];待不去呵,〔末跪哭云〕小生这一个性命,都在小娘子身上。〔红唱〕禁不得你甜话儿热趱[16]:好着我两下里做人难。

我没来由分说;小姐回与你的书,你自看者。〔末接科,开读科〕呀,有这场喜事,撮土焚香,三拜礼毕。早知小姐简至,理合远接,接待不及,勿令见罪!小娘子,和你也欢喜[17]。〔红云〕怎么?〔末云〕小姐骂我都是假,书中之意,着我今夜花园里来,和他“哩也波哩也啰”哩[18]。〔红云〕你读书我听。〔末云〕“待月西厢下,迎风户半开,隔墙花影动,疑是玉人来。”〔红云〕怎见得他着你来?你解与我听咱。〔末云〕“待月西厢下”,着我月上来;“迎风户半开”,他开门待我;“隔墙花影动,疑是玉人来”,着我跳过墙来。〔红笑云〕他着你跳过墙来,你做下来。端的有此说么?〔末云〕俺是个猜诗谜的社家[19],风流隋何,浪子陆贾[20],我那

里有差的勾当[21]。

[1] 擎天柱:古人认为在天的四周有支撑的柱子,谓“擎天柱”。元杂剧中常称国家栋梁为“擎天白玉柱,架海紫金梁”。这里表示对红娘的倚重。

[2] 符箓:符咒。这里张生用以自夸写的简帖有灵效。

[3] 命悭(qiān 千):命运不好。悭,穷困。

[4] 勾头:拘捕罪犯的拘票。

[5] 厮:相互。 顾盼:回头看,此谓照顾、担待。

[6] 担饶:宽恕。 轻慢:亦作“清嫚”。态度傲慢。

[7] 争些儿把你娘拖犯:谓差一点拖累了我。

[8] 凤去秦楼:用弄玉萧史故事。相传萧史善吹箫作凤鸣,秦穆公以爱女弄玉妻之,为之作凤楼。二人吹箫,凤凰来集,后乘凤飞升而去。事详西汉刘向《列仙传》。

[9] 云敛巫山:用楚襄王故事。相传楚襄王游高唐,夜梦与神女欢会。神女去时,对襄王说:“妾在巫山之阳,高丘之阻,旦为朝云,暮为行雨,朝朝暮暮,阳台之下。”后世遂以云雨喻男女之欢。见战国宋玉《高唐赋序》。此句与“月暗西厢”“凤去秦楼”二句都是姻缘无望之意。

[10] 赸(shàn 扇):走开。

[11] 讪(shàn 扇):羞愧,这里指厚脸皮。

[12] 呆里撒奸:谓外作痴呆,内怀奸诈。

[13] “直待我”二句:所本为董解元《西厢记诸宫调》:“打折你大腿缝合你口。”意谓简直是要我被老夫人打得腿瘸,还拄着拐为你们奔走,缝合了嘴巴,还为你们传情。直待,直要。

[14] 撮盐入火:当时成语,盐着火即爆,故以喻脾气急躁。

[15] 消息儿踏着泛:这里意谓如果犯了小姐的忌讳,就会像踏中机关的泛子,她会立马翻脸。消息儿,即机关,发动机械装置的枢机。泛,亦称泛子,机关的枢纽。

[16] 热趱(zǎn 攒):紧紧地催逼。热,副词,状其催逼之甚。趱,逼使走。

[17] 和:连同。

[18] 哩也波哩也啰:原为歌曲结尾处腔声,常用来代指不便言明之事,相当于“如此如此”。此处隐指男女合欢之事。

[19] 社家:行家。宋元时期,掌握某一技艺的高手常结成社团,在社或者经常参加社团活动的人称为社家。

[20] “风流隋何”二句:隋何、陆贾都是汉初的谋士,多才而善辩。隋何曾为刘邦说降楚将黥布,事详《史记·黥布列传》。陆贾曾出使南越,说南越王赵佗内附,事详《史记·郦生陆贾列传》。这里张生用隋何、陆贾自比。

[21] 勾当(gòu dàng 够荡):本领,能耐。

〔红云〕你看我姐姐,在我行也使这般道儿[1]。

【耍孩儿】几曾见寄书的颠倒瞒着鱼雁[2],小则小心肠儿转关[3]。写着道西厢待月等得更阑,着你跳东墙“女”字边“干”[4]。原来那诗句儿里包笼着三更枣[5],简帖儿里埋伏着九里山[6]。他着紧处将人慢[7],您会云雨闹中取静[8],我寄音书忙里偷闲。

【四煞】纸光明玉板[9],字香喷麝兰,行儿边湮透非春汗[10]? 一缄情泪红犹湿[11],满纸春愁墨未干。从今后休疑难,放心波玉堂学士[12],稳情取金雀鸦鬟[13]。

【三煞】他人行别样的亲,俺根前取次看[14],更做道孟光接了梁鸿案[15]。别人行甜言美语三冬暖,我根前恶语伤人六月寒。我为头儿看:看你个离魂倩女[16],怎发付掷果潘安[17]。

[1] 道儿:诡计。

[2] 鱼雁:这里指传递书信的人。古时有鱼腹藏书、鸿雁传书的传说,故鱼雁常被用做信使的代称。

[3] 转关:耍手段,使巧。

笔记栏

［4］跳东墙：语本《孟子·告子》："逾东家墙而搂其外子，则得妻；不搂，则弗得也。"　"女"字边"干"：指"奸"字。

［5］原来那诗句儿里包笼着三更枣：原来诗句里包含着约会的暗语。三更枣，佛教禅宗五祖弘忍欲传法给六祖慧能，给他粳米三粒、枣一枚，六祖领悟这是令他三更早来。到三更去时，果然得到了五祖的衣钵。

［6］简帖儿里埋伏着九里山：书信里有埋伏。这里指莺莺对红娘谎称该信是骂张生的，骗过了红娘。九里山，传说楚汉相争时，韩信在九里山前埋伏布阵打败项羽。事不见史书，小说、戏曲多称其事。

［7］着紧处：紧要关头。　慢：怠慢。这里有欺瞒不信任的意思。

［8］会：欢会。　闹中取静：意谓支使别人奔走，自己却装作若无其事。

［9］玉板：宣纸之光洁坚致者称玉板笺。

［10］春汗：因相思、欢会而出的汗。与"情泪""春愁"皆是对莺莺的调侃。

［11］红：女子的眼泪称为红泪。

［12］玉堂学士：翰林学士。此用以讽刺张生。

［13］稳情：准定，与"放心"互文。　金雀鸦鬟：代指美女，这里指莺莺。金雀，妇女头上的钗簪。鸦鬟，妇女乌黑的头发。

［14］取次看：谓小看，等闲视之。取次，轻忽，随意。

［15］孟光接了梁鸿案：活用"举案齐眉"的典故。梁鸿，字伯鸾，东汉扶风人，与妻子孟光隐居吴地，夫妻感情融洽，相敬如宾，每次进食孟光都将装有食物的托盘高举齐眉，以示对丈夫的敬爱。事详《后汉书·梁鸿传》及皇甫谧《高士传》。后人多以此喻夫妻和睦。这里反用其典，意在讥笑莺莺身为女子却主动约会张生。案，木制的用来盛食物的短足托盘。

［16］离魂倩女：喻指痴情女子。唐代陈玄祐《离魂记》故事：唐张镒之女倩娘貌美，欲妻其甥王宙。后镒悔婚，女闻而郁抑，宙亦恚恨，托言赴京，买舟遽行。夜半倩娘忽至，遂挈与俱遁。五年后，宙携妻与二子诣镒谢罪。镒大惊，以倩娘卧病在床，数年未离闺阁。两女既相见，翕然合为一体。事见《太平广记》卷三五八，元代郑德辉有《倩女离魂》剧演其事。

［17］掷果潘安：比喻美男子。晋代潘岳，字安仁，貌至美，少时出游，妇女争以果掷之，于是满载而归。事详《晋书·潘岳传》。

〔末云〕小生读书人，怎跳得那花园过也？〔红唱〕

【二煞】隔墙花又低，迎风户半拴，偷香手段今番按[1]。怕墙高怎把龙门跳，嫌花密难将仙桂攀。放心去，休辞惮；你若不去呵，望穿他盈盈秋水，蹙损他淡淡春山[2]。

〔末云〕小生曾到那花园里，已经两遭，不见那好处；这一遭知他又怎么？〔红云〕如今不比往常。

【煞尾】你虽是去了两遭，我敢道不如这番。你那隔墙酬和都胡侃，证果的是今番这一简[3]。〔红下〕

〔末云〕万事自有分定，谁想小姐有此一场好处。小生是猜诗谜的社家，风流隋何，浪子陆贾，到那里扢扎帮便倒地[4]。今日颓天百般的难得晚[5]。天，你有万物于人，何故争此一日？疾下去波！读书继晷怕黄昏[6]，不觉西沉强掩门；欲赴海棠花下约，太阳何苦又生根？〔看天云〕呀，才晌午也，再等一等。〔又看科〕今日万般的难得下去也呵。碧天万里无云，空劳倦客身心；恨杀鲁阳贪战[7]，不教红日西沉！呀，却早倒西也，再等一等咱。无端三足乌[8]，团团光烁烁；安得后羿弓[9]，射此一轮落？谢天地！却早日下去也！呀，却早发擂也[10]！呀，却早撞钟也！拽上书房门，到得那里，手挽着垂杨滴流扑跳过墙去[11]。（下）

［1］偷香：晋贾充女午悦韩寿，其婢为致意，寿乃逾墙与之私通。午偷武帝赐充异香赠寿。此香著体，数月不散，终被充发觉，遂以午妻寿。事详《世说新语·惑溺》《晋书·贾充传》。后以"偷香"谓女子爱悦男子，或谓与妇女私通。　按：考察，检验。

［2］"望穿他"二句：语本宋代左誉《眼儿媚》词："盈盈秋水，淡淡春山。"秋水、春山，古时多用来比喻女子的眼睛、眉毛。

[3] 证果:佛教语,谓佛教徒经过长期修行而悟入妙道。常比喻事情最后取得成就。这里指成就好事。

[4] 扢扎帮:形容动作迅速。

[5] 颓天:詈词。谓怨诟上天。

[6] 继晷(guǐ 鬼):谓夜以继日。晷,日影,引申为时光。

[7] 鲁阳贪战:传说鲁阳与韩构交战,战至日暮,鲁阳持戈挥之,太阳为之倒退三舍。事详《淮南子·览冥训》。此处谓太阳迟迟不落。

[8] 三足乌:指太阳。传说太阳里有三只脚的金色乌鸦,故称。

[9] 后羿弓:传说尧时天上有十个太阳,草木焦枯,人畜不安。尧命后羿射之,后羿发九矢射落九日,仅留其一。事详《淮南子·本经训》。

[10] 发擂:击鼓。

[11] 滴流扑:跌倒摔下的声音。

简　析

郑振铎认为:“《西厢》的大成功便在它的全部都是婉曲细腻地在写张生与莺莺的恋爱的心境的。”(《文学大纲》)本折是刻画莺莺爱情心理的关键一折。莺莺看了张生的简帖十分喜悦,当意识到红娘在暗中窥视,便假装发怒;她写下诗句约张生月下相会,却对红娘说是“着他下次休是这般”,还愤怒地掷书而下,彻底骗过红娘。她担心红娘是母亲的眼线,故而时时提防。写莺莺与红娘的矛盾,实际上深刻地反映了莺莺与老夫人的矛盾,没有上场的老夫人,却像一只无形的手左右着场上的矛盾。故事围绕简帖儿展开,简帖儿虽小,却带出了由于各人身份、性格、教养不同而引起的矛盾误会,可谓这折戏的一大成功之处。

本折戏喜剧色彩浓厚。莺莺思念张生,红娘看得清楚,莺莺极力隐瞒,却被红娘全部说了出来;张生听到“不济事了”,顿时泄了气,又是埋怨又是哀求,等到看了莺莺的回信,顿时欣喜若狂,自信满满。这些都令人忍俊不禁。

知识链接

莺 莺 传

唐·元稹

崔之婢曰红娘,生私为之礼者数四,乘间遂道其衷。婢果惊沮,腆然而奔,张生悔之。翼日,婢复至。张生乃羞而谢之,不复云所求矣。婢因谓张曰:“郎之言,所不敢言,亦不敢泄。然而崔之姻族,君所详也,何不因其德而求娶焉?”张曰:“余始自孩提,性不苟合。或时纨绮间居,曾莫流盼。不为当年,终有所蔽。昨日一席间,几不自持。数日来,行忘止,食忘饱,恐不能逾旦暮。若因媒氏而娶,纳采问名,则三数月间,索我于枯鱼之肆矣。尔其谓我何?”婢曰:“崔之贞慎自保,虽所尊不可以非语犯之,下人之谋,固难入矣。然而善属文,往往沉吟章句,怨慕者久之。君试为喻情诗以乱之,不然则无由也。”张大喜,立缀春词二首以授之。是夕,红娘复至,持彩笺以授张曰:“崔所命也。”题其篇曰《明月三五夜》,其词曰:“待月西厢下,迎风户半开。拂墙花影动,疑是玉人来。”张亦微喻其旨。是夕,岁二月旬有四日矣。崔之东有杏花一株,攀援可逾。既望之夕,张因梯其树而逾焉,达于西厢,则户半开矣。(选自《唐传奇新选·莺莺传》)

(李计筹)

笔记栏

复习思考题

1. 通过学习课文，了解封建礼教对恋爱婚姻的束缚和追求自由相爱者的巧妙应对，掌握传统戏曲围绕某一道具展开戏剧冲突的构思及人物描写的成功之处。

2. 据本折内容，分析莺莺、张生和红娘的人物形象。

3. 结合文意解释下列词句。

（1）月暗西厢，凤去秦楼，云敛巫山。

（2）你休要呆里撒奸。

（3）小姐性儿撮盐入火，消息儿踏着泛。

（4）原来那诗句儿里包笼着三更枣，简帖儿里埋伏着九里山。

（5）更做道孟光接了梁鸿案。

4. 举例分析剧中对前人诗句、典故的活用。

二五、考 城 隍

【题解】本文选自《聊斋志异》，据齐鲁书社2000年全校会注集评本排印。《聊斋志异》是一部志怪传奇类的文言短篇小说集，共490多篇，绝大多数是花妖狐鬼的故事，还有一些奇闻轶事。这些特殊的故事，既寄托着作者的“孤愤”，更反映了广大人民对黑暗现实的强烈不满和对美好生活的热切向往。在写作上具有极高的艺术成就，诚如郭沫若所评“写人写鬼高人一筹，刺贪刺虐入骨三分”。作者蒲松龄（1640—1715），字留仙，又字剑臣，别号柳泉居士，因其书房名“聊斋”，世称聊斋先生，山东淄川人，清代杰出的文学家、小说家。蒲松龄出身于一个渐趋败落的地主家庭，十九岁应童子试，以县、府、道三考皆为第一而闻名乡里，补博士弟子员，但后来屡试不第，直至七十一岁时才被破格提拔为岁贡生。终其一生，除了应人之请做了数年宝应知县幕宾之外，基本在本县担任塾师。

《考城隍》为《聊斋志异》的首卷首篇。城隍，是中国古代神话中守护城池的神。这篇小说记述了宋焘重病卧床，于阴司考取城隍的故事，在着力表现宋焘卓绝才学和仁孝品行的同时，也反映了作者对科举入仕的期许和“赏善罚淫”的社会理想。

予姊丈之祖宋公，讳焘，邑廪生[1]。一日，病卧，见吏人持牒[2]，牵白颠马来[3]，云：“请赴试。”公言：“文宗未临[4]，何遽得考[5]？”吏不言，但敦促之。公力疾乘马从去[6]。路甚生疏。至一城郭，如王者都。移时，入府廨[7]。宫室壮丽，上坐十余官，都不知何人，惟关壮缪可识[8]。簷下设几、墩各二[9]。先有一秀才坐其末，公便与连肩[10]。几上各有笔札[11]。俄题纸飞下[12]，视之，八字云：“一人二人，有心无心。”二公文成，呈殿上。公文中有云：“有心为善，虽善不赏。无心为恶，虽恶不罚。”诸神传赞不已。召公上，谕曰：“河南缺一城隍，君称其职。”公方悟，顿首泣曰：“辱膺宠命[13]，何敢多辞？但老母七旬，奉养无人，请得终其天年，惟听录用。”上一帝王像者，即命稽母寿籍[14]。有长须吏，捧册翻阅一过，曰：“有阳算九年[15]。”共踌躇间，关帝曰：“不妨令张生摄篆九年[16]，瓜代可也[17]。”乃谓公：“应即赴任，今推仁孝之心，给假九年，及期当复相召。”又勉励秀才数语。二公稽首并下[18]。秀才握手，送诸郊野，自言长山张某[19]。以诗赠别，都忘其词，中有“有花有酒春常在，无烛无灯夜自明”之句。

[1] 邑廪（lǐn 凛）生：本县廪膳生员。廪生，廪膳生员，科举制度中生员名目之一。明清两代指由公家

供给膳食的生员，又称廪膳生。

［2］牒：公文。

［3］白颠马：白额马。

［4］文宗：文章宗伯。明清时称提学、学政为文宗。亦用以尊称试官。

［5］遽（jù 具）：匆忙，仓猝。

［6］力疾：强支病体。

［7］府廨（xiè 谢）：旧时对官府衙门的通称。

［8］关壮缪（mù 穆）：指关羽。三国时蜀汉大将，死后追谥壮缪侯。

［9］簷："檐"的异体字。 几：长方形的小桌子。 墩：一种低矮的坐具。

［10］连肩：肩靠肩，这里指并排而坐。

［11］札：古时供书写用的薄木简。

［12］俄：一会儿。

［13］辱膺宠命：为旧时接受任命或命令时表感激之词。辱，犹言承蒙。膺，接受。

［14］稽：查考。 寿籍：迷信传说中阴世记载人们寿限的簿册，即所谓"生死簿"。

［15］阳算：寿算，活在阳世的年数。

［16］摄篆：指代理官职，掌其印信。因印信刻以篆文，故云。

［17］瓜代：本指瓜熟时赴戍，到来年瓜熟时派人接替。后世把任期已满换人接替叫做瓜代。这里是接任的意思。

［18］稽（qǐ 起）首：古时一种跪拜礼，叩头至地。

［19］长山：县名，辖境为今山东省邹平市东部。

公既骑，乃别而去，及抵里[1]，豁若梦寤[2]。时卒已三日。母闻棺中呻吟，扶出，半日始能语。问之长山，果有张生，于是日死矣。后九年，母果卒，营葬既毕[3]，浣濯入室而没[4]。其岳家居城中西门内，忽见公镂膺朱幩[5]，舆马甚众[6]，登其堂，一拜而行。相共惊疑，不知其为神，奔讯乡中[7]，则已殁矣。公有自记小传，惜乱后无存，此其略耳。

［1］里：人所聚居的地方，故乡。

［2］豁：豁然开悟。

［3］营葬：办丧事。

［4］浣濯：洗涤。 没：同"殁"。

［5］镂膺（lòu yīng 漏英）朱幩（fén 坟）：形容马饰华美。镂膺，马胸前的雕花金属饰品带子。朱幩，古代马车出行时缠在马嚼环露在口外两端的朱色绸缎，用于扇汗和装饰。《诗经·卫风·硕人》："四牡有骄，朱幩镳镳。"《毛传》："幩，饰也。人君以朱缠镳扇汗，且以为饰。"

［6］舆马：车马。舆，车厢，亦指车。

［7］讯：询问。

简 析

蒲松龄将《考城隍》置于篇首，实为"开宗明义"，标举"仁孝"。主人公为尽孝道而推迟赴任城隍，可谓孝矣！同时，善行与恶行，不能只看结果，更应察其动机，为官者若能体味这"有心无心"之论，自然"明慎用刑之道"，又何尝不是仁！蒲松龄虽终身未仕，然在宣扬教化方面，时时不忘儒者之责任。

《聊斋志异》中有不少嘲讽抨击科举制度的作品，如《三生》《考弊司》《叶生》《贾奉雉》《司文郎》等，但创作于早期的《考城隍》主旨却与之不同。城隍是阴界的官员，却效仿阳间通过科举考试来选拔；作为主考官的关公，保持着一贯的公平和正义；应考的宋焘和张生，德才兼备。因此，本篇展现了作者理想中的科举制度，反映了蒲松龄对科举和入仕的憧憬。

全文由实入虚，由虚返实，再由实归虚，故事情节跌宕起伏。吏人所牵之"白颠马"，吏人

笔记栏

与宋焘之对话，及赠别之诗句等细节描写真实细腻，让虚幻的故事显得合理可信，增强了作品的艺术感染力。

知识链接

聊斋自志

清·蒲松龄

披萝带荔，三闾氏感而为骚；牛鬼蛇神，长爪郎吟而成癖。自鸣天籁，不择好音，有由然矣。松落落秋萤之火，魑魅争光；逐逐野马之尘，罔两见笑。才非干宝，雅爱搜神；情类黄州，喜人谈鬼。闻则命笔，遂以成编。久之，四方同人，又以邮筒相寄，因而物以好聚，所积益伙。甚者，人非化外，事或奇于断发之乡；睫在眼前，怪有过于飞头之国。遄飞逸兴，狂固难辞；永托旷怀，痴且不讳。展如之人，得毋向我胡卢耶？然五父衢头，或涉滥听；而三生石上，颇悟前因。放纵之言，有未可概以人废者。松悬弧时，先大人梦一病瘠瞿昙，偏袒入室，药膏如钱，圆黏乳际。寤而松生，果符墨志。且也，少赢多病，长命不犹。门庭之凄寂，则冷淡如僧；笔墨之耕耘，则萧条似钵。每搔头自念：勿亦面壁人果是吾前身耶？盖有漏根因，未结人天之果；而随风荡堕，竟成藩溷之花。茫茫六道，何可谓无其理哉！独是子夜荧荧，灯昏欲蕊；萧斋瑟瑟，案冷疑冰。集腋为裘，妄续幽冥之录；浮白载笔，仅成孤愤之书。寄托如此，亦足悲矣！嗟乎！惊霜寒雀，抱树无温；吊月秋虫，偎阑自热。知我者，其在青林黑塞间乎！

康熙己未春日。（选自《聊斋志异·聊斋自志》）

扫一扫，测一测

（李计筹）

复习思考题

1. 谈谈你对《考城隍》主旨的理解。
2. 结合文意解释下列词句。
（1）文宗未临，何遽得考？
（2）辱膺宠命，何敢多辞？
（3）不妨令张生摄篆九年，瓜代可也。
（4）公既骑，乃别而去，及抵里，豁若梦寤。
3. 请以具体的例子分析本篇小说的写作特色。

PPT 课件

第四单元

知情达意

学习目标

本单元以经典散文和小说，承载了积极用世的人生态度、昂扬向上的精神风貌、受辱弥坚的顽强意志、医药经营者让利于民的社会责任等。学习本单元要求达到以下目标：

1. 掌握阅读方法与技巧，培养阅读理解能力，提高阅读鉴赏力和写作水平。
2. 领会作者表达的情感，通达文章主旨含义，提高认知能力和感悟能力。
3. 熟悉“业精于勤，荒于嬉；行成于思，毁于随”的内涵，把它作为座右铭，激励自己努力学习不负韶光。
4. 了解文章产生的时代背景、作者生平、创作目的等因素，从这些优秀名篇中受到熏陶与感染。以古今杰出人物为榜样，乐观豁达，勤奋努力，坚定信念，积极进取，加强使命感和责任感。

二六、太史公自序

【题解】 本文选自《史记》，据中华书局1982年点校本排印。《史记》原名《太史公书》，共一百三十篇，五十二万六千多字，其中本纪十二篇、表十篇、书八篇、世家三十篇、列传七十篇，记叙了上自黄帝，下至汉武帝共三千多年的历史。全书“究天人之际，通古今之变，成一家之言”，记史独立高标，为文尽见情采，不仅是我国第一部纪传体通史，列“二十四史”之首，也是我国传记文学的开端，在史学和文学两方面均影响深远，被鲁迅誉为“史家之绝唱，无韵之离骚”。作者司马迁（前145—？），字子长，夏阳（今陕西韩城）人，西汉史学家、文学家、思想家。少年时期敏而好学，曾师从儒学大师孔安国、董仲舒。青年时期多次出游，足迹遍布大江南北。汉武帝元封三年（前108），继其父司马谈之职任太史令，于太初元年（前104）开始着手编写《史记》。天汉三年（前98），因“李陵事件”被下狱处以腐刑。太始元年（前96），被赦出狱，任中书令。他忍辱含垢，发愤著述，最终于征和二年（前91）完成《史记》。不久去世，卒年无从查考。

《太史公自序》全文由三大部分组成：第一部分，历述世谱家学之本末，并简括自己前半生的经历。第二部分，阐述编纂《史记》的原因和目的及身遭李陵之祸而忍辱负重、完成《史记》的情况。第三部分，是《史记》一百三十篇各篇的小序。本课所选，为其中第二部分的文字。

太史公曰：“先人有言[1]：‘自周公卒五百岁而有孔子[2]。孔子卒后至于今五百岁，有能

笔记栏

绍明世[3],正《易传》,继《春秋》,本《诗》《书》《礼》《乐》之际?’意在斯乎!意在斯乎!小子何敢让焉[4]!”

[1] 先人:指司马迁的父亲司马谈。

[2] 周公:姓姬,名旦,周文王之子,武王之弟,成王之叔。武王死时,成王尚幼,周公摄政,并制订了一整套礼乐制度。

[3] 绍:继承。

[4] 让:辞让,推辞。

上大夫壶遂曰[1]:“昔孔子何为而作《春秋》哉?”太史公曰:“余闻董生曰[2]:‘周道衰废,孔子为鲁司寇[3],诸侯害之,大夫壅之。孔子知言之不用,道之不行也,是非二百四十二年之中[4],以为天下仪表,贬天子,退诸侯,讨大夫,以达王事而已矣。’子曰:‘我欲载之空言[5],不如见之于行事之深切著明也。’夫《春秋》,上明三王之道[6],下辨人事之纪,别嫌疑,明是非,定犹豫,善善恶恶,贤贤贱不肖,存亡国,继绝世,补敝起废,王道之大者也。《易》著天地、阴阳、四时、五行,故长于变;《礼》经纪人伦,故长于行;《书》记先王之事,故长于政;《诗》记山川、溪谷、禽兽、草木、牝牡、雌雄[7],故长于风;《乐》乐所以立,故长于和;《春秋》辩是非,故长于治人。是故《礼》以节人,《乐》以发和,《书》以道事,《诗》以达意,《易》以道化,《春秋》以道义。拨乱世反之正,莫近于《春秋》。《春秋》文成数万,其指数千[8]。万物之散聚,皆在《春秋》。《春秋》之中,弑君三十六,亡国五十二,诸侯奔走不得保其社稷者不可胜数。察其所以,皆失其本已[9]。故《易》曰:‘失之豪厘[10],差以千里。’故曰:‘臣弑君,子弑父,非一旦一夕之故也,其渐久矣。’故有国者不可以不知《春秋》,前有谗而弗见,后有贼而不知。为人臣者不可以不知《春秋》,守经事而不知其宜[11],遭变事而不知其权[12],为人君父而不通于《春秋》之义者,必蒙首恶之名;为人臣子而不通于《春秋》之义者,必陷篡弑之诛,死罪之名。其实皆以为善,为之不知其义,被之空言而不敢辞[13]。夫不通礼义之旨,至于君不君,臣不臣,父不父,子不子。夫君不君则犯,臣不臣则诛,父不父则无道,子不子则不孝。此四行者,天下之大过也。以天下之大过予之,则受而弗敢辞。故《春秋》者,礼义之大宗也。夫礼,禁未然之前;法,施已然之后。法之所为用者易见,而礼之所为禁者难知。”

[1] 壶遂:人名,曾和司马迁一起参加太初改历,官至詹事。

[2] 董生:指汉代儒学大师董仲舒。

[3] 司寇:西周始置,位次三公,掌管刑狱、纠察等事。

[4] 是非:评判是非得失,用作动词。 二百四十二年:指孔子修订的《春秋》所记历史起止的时间,从鲁隐公元年(前722)至鲁哀公十四年(前481),共242年。

[5] 空言:指理论著作。

[6] 三王:指夏、商、周三代的开国之君禹、汤、文王。

[7] 牝(pìn 聘)牡:牝为雌,牡为雄。

[8] 指:通“旨”。

[9] 本:指仁义道德。

[10] 豪:通“毫”。

[11] 经事:常规的事,一般的事。

[12] 权:变通。

[13] “其实皆以为善”三句:意谓其心实善,为之不知其义理,则陷于罪咎,被修史者加上不实之罪名而不敢予以否认。《左传·宣公二年》载,晋灵公不君,不但不听从晋大夫赵盾的上谏,反而三番五次地要谋害他。赵盾的堂弟赵穿攻杀灵公。史官董狐以赵盾在事变发生时,未能逃出国境就又返回,回来又未诛伐赵穿,故书其事曰“赵盾弑其君”。对此,赵盾虽也感慨一番,但终于蒙受弑君的罪名。孔子称他“为法受恶”,并为他未能出境而感到惋惜,盖出境即可避免这种罪名。被,蒙受,遭受。

笔记栏

壶遂曰："孔子之时，上无明君，下不得任用，故作《春秋》，垂空文以断礼义，当一王之法。今夫子上遇明天子，下得守职，万事既具，咸各序其宜，夫子所论，欲以何明？"太史公曰："唯唯[1]，否否，不然。余闻之先人曰：'伏羲至纯厚，作《易》八卦。尧舜之盛，《尚书》载之，礼乐作焉。汤武之隆，诗人歌之。《春秋》采善贬恶，推三代之德，褒周室，非独刺讥而已也。'汉兴以来，至明天子，获符瑞[2]，封禅[3]，改正朔[4]，易服色，受命于穆清[5]，泽流罔极，海外殊俗，重译款塞[6]，请来献见者，不可胜道。臣下百官力诵圣德，犹不能宣尽其意。且士贤能而不用，有国者之耻；主上明圣而德不布闻，有司之过也。且余尝掌其官，废明圣盛德不载，灭功臣世家贤大夫之业不述，堕先人所言，罪莫大焉。余所谓述故事，整齐其世传，非所谓作也，而君比之于《春秋》，谬矣。"

[1] 唯唯：自谦的应对用语，犹言"是的是的"。

[2] 获符瑞：指公元前 122 年，汉武帝猎获了一头白麟，于是改元"元狩"。符瑞，吉祥的征兆。

[3] 封禅：帝王在泰山上祭祀天地的典礼，秦汉以后成为国家最大、最隆重的大典。封，在泰山上筑土为坛祭天。禅，在泰山下的梁父山上辟出一块场地祭地。

[4] 改正朔：修订一年起始的月份。商周秦三代，每改朝换代，在历法上都要重新确定何时为一年的第一个月，以示受命于天。周以夏历的十一月为岁首，秦以夏历的十月为岁首。汉初承秦制，至汉武帝元封元年（前 104）改用"太初历"，才恢复了夏历以正月为岁首的建制，直到如今。正，指一年之始。朔，指一月之始。

[5] 穆清：指天。

[6] 重（chóng 虫）译：辗转翻译。指远方友邦。　款塞：叩塞门，即通使、交往。款，叩，敲。

于是论次其文。七年而太史公遭李陵之祸[1]，幽于缧绁[2]。乃喟然而叹曰："是余之罪也夫！是余之罪也夫！身毁不用矣！"退而深惟曰[3]："夫《诗》《书》隐约者，欲遂其志之思也。昔西伯拘羑里，演《周易》[4]；孔子厄陈、蔡[5]，作《春秋》；屈原放逐，著《离骚》；左丘失明，厥有《国语》；孙子膑脚[6]，而论兵法；不韦迁蜀，世传《吕览》；韩非囚秦[7]，《说难》《孤愤》；《诗》三百篇，大抵贤圣发愤之所为作也。此人皆意有所郁结，不得通其道也，故述往事，思来者。"于是卒述陶唐以来[8]，至于麟止[9]，自黄帝始。

[1] 七年：指汉武帝天汉三年（前 98）。从太初元年至天汉三年，历时七年。　李陵之祸：指司马迁为出征匈奴、战败投降的李陵辩护而获罪遭受宫刑之事。事详《报任安书》《汉书·李陵传》等。

[2] 缧绁（léi xiè 雷泄）：捆绑犯人的绳索，引申为牢狱。

[3] 惟：想，思考。

[4] "西伯拘羑（yǒu 有）里"二句：周文王姬昌，是商末周族领袖。他广施仁政，引起殷纣猜忌，被纣囚于羑里。姬昌被囚七年，将伏羲八卦推演为六十四卦，著成《周易》一书。西伯，指周文王。羑里，地名，在今河南汤阴县北。

[5] 孔子厄陈、蔡：指陈国、蔡国大夫因不愿看到孔子被楚昭王聘用而把孔子及其门徒围困于陈蔡之间，致使绝粮七日之事。详见《论语·卫灵公》《史记·孔子世家》等。

[6] 孙子：指战国时齐国军事家孙膑。　膑脚：砍去膝盖骨及以下的酷刑。此指孙膑的同窗、任魏国将军的庞涓因嫉妒孙膑才能而设计致其膑脚之事。详见《史记·孙子吴起列传》。脚，小腿。

[7] 韩非：出身韩国贵族，战国末期法家代表人物。替韩国出使秦国后，同窗李斯嫉妒其才，进谗于秦王，下狱，被迫自杀。著有《韩非子》。

[8] 陶唐：指帝尧。

[9] 至于麟止：汉武帝元狩元年（前 122），猎获白麟一只，《史记》记事即止于此年。鲁哀公十四年（前 481），亦曾猎获麒麟，孔子听说后，停止了《春秋》的写作，后人称之为"绝笔于获麟"。《史记》写到捕获白麟为止，是有意仿效孔子作《春秋》的意思。

简　析

本文分司马迁答壶遂之问和发愤著书两部分，阐释了《史记》效《春秋》的创作宗旨和历

笔记栏

史观，即“述往事，思来者”。答壶遂之问：首先，表明有志绍续孔子作《春秋》的事业，并以继承《春秋》而作史为己之重任。其次，以《春秋》为核心和重点，高度评价《春秋》是一部“礼义之大宗”的历史书，借题发挥以论《史记》，阐述其编纂《史记》的原因和目的。再次，阐述撰写《史记》是历史与时代的需要及自己的职责。发愤著书：司马迁引古人自况，表明虽遭李陵之祸，但志且弥坚，最终撰成《史记》。

此文字里行间，始终强烈地带着感人至深的真情高志、受辱弥坚的发奋精神和不失独立的非凡见地。其以问答的形式展开内容，既讲规整、又求变化的句式，则体现了严肃而灵活的特点。

知识链接

报任少卿书

汉·司马迁

古者富贵而名磨灭，不可胜记，唯倜傥非常之人称焉。盖文王拘而演《周易》；仲尼厄而作《春秋》；屈原放逐，乃赋《离骚》；左丘失明，厥有《国语》；孙子膑脚，《兵法》修列；不韦迁蜀，世传《吕览》；韩非囚秦，《说难》《孤愤》；《诗》三百篇，大底圣贤发愤之所为作也。此人皆意有所郁结，不得通其道，故述往事，思来者。乃如左丘无目，孙子断足，终不可用，退而论书策，以舒其愤，思垂空文以自见。仆窃不逊，近自托于无能之辞，网罗天下放失旧闻，略考其行事，综其终始，稽其成败兴坏之纪，上计轩辕，下至于兹，为十表，本纪十二，书八章，世家三十，列传七十，凡百三十篇。亦欲以究天地之际，通古今之变，成一家之言。草创未就，会遭此祸，惜其不成，是以就极刑而无愠色。仆诚以著此书，藏之名山，传之其人，通邑大都，则仆偿前辱之责，虽万被戮，岂有悔哉！然此可为智者道，难为俗人言也！（选自《四部丛刊·六臣注文选》）

（邬晓东）

复习思考题

1. 为什么说《史记》是“史家之绝唱，无韵之《离骚》”？
2. 结合文意解释下列词句。
（1）是非
（2）见之于行事之深切著明。
（3）夫礼，禁未然之前。
（4）作《春秋》，垂空文以断礼义，当一王之法。
（5）重译款塞。
3. 举例分析文中读来最能感人之处并简释理由。

二七、李将军列传

【题解】本文节选自《史记》，据中华书局二十四史修订本2014年版排印。司马迁与《史记》介绍详见本教材二六课《太史公自序》。《李将军列传》是《史记》人物传记中的名

篇。文章通过对“飞将军”李广多角度的描写，为我们塑造了一位骁勇善战、廉洁宽厚的英雄形象。李广出生于“世世受射”的家庭，一生与匈奴作战七十余次，战功卓著，威名远播，被匈奴称为“汉之飞将军”。然而“冯唐易老，李广难封”，即便是这样一位智勇双全的将军，却一生坎坷，“官不过九卿”，至死都未能封侯，加之长期遭受的排挤和不公，最后只落得抽刀自刎的下场。司马迁通过对李广的细致刻画，表达了他对一代名将的重视与尊崇，也对其坎坷悲惨的遭遇，表示了深切的惋惜与同情。

笔记栏

李将军广者，陇西成纪人也[1]。其先曰李信，秦时为将，逐得燕太子丹者也。故槐里，徙成纪。广家世世受射[2]。孝文帝十四年，匈奴大入萧关，而广以良家子从军击胡[3]，用善骑射[4]，杀首虏多，为汉中郎。广从弟李蔡亦为郎[5]，皆为武骑常侍，秩八百石[6]。尝从行，有所冲陷折关及格猛兽[7]，而文帝曰：“惜乎，子不遇时！如令子当高帝时，万户侯岂足道哉！”

[1] 陇西：郡名，今甘肃东部地区。　成纪：汉代县名。
[2] 受：学习，传授。
[3] 良家子：清白人家的子弟。
[4] 用：因为，由于。
[5] 从弟：堂弟。
[6] 秩：俸禄的等级。
[7] 冲陷：冲锋陷阵。　折关：抵御，阻拦。指抵挡敌人。

后汉以马邑城诱单于，使大军伏马邑旁谷，而广为骁骑将军，领属护军将军[1]。是时单于觉之，去，汉军皆无功。其后四岁[2]，广以卫尉为将军，出雁门击匈奴。匈奴兵多，破败广军，生得广。单于素闻广贤，令曰：“得李广必生致之[3]。”胡骑得广，广时伤病，置广两马间，络而盛卧广[4]。行十余里，广详死[5]，睨其旁有一胡儿骑善马[6]，广暂腾而上胡儿马[7]，因推堕儿，取其弓，鞭马南驰数十里，复得其余军，因引而入塞。匈奴捕者骑数百追之，广行取胡儿弓[8]，射杀追骑，以故得脱。于是至汉，汉下广吏[9]。吏当广所失亡多，为虏所生得，当斩[10]，赎为庶人[11]。

[1] 领属：受统领节制。　护军将军：即韩安国。
[2] 其后四岁：元光六年（前 129）。
[3] 生致之：把活的送来。
[4] 络：用绳子编结的网兜。
[5] 详：通“佯”。假装。
[6] 睨：斜视。
[7] 暂：突然，骤然。
[8] 行：顺手，随即。
[9] 下：交付。
[10] 当：判处，判决。
[11] 赎为庶人：花钱赎其死罪，削去官位，降为平民。

广出猎，见草中石，以为虎而射之，中石没镞[1]，视之，石也。因复更射之，终不能复入石矣。广所居郡闻有虎，尝自射之。及居右北平，射虎，虎腾伤广，广亦竟射杀之。

广廉，得赏赐辄分其麾下[2]，饮食与士共之。终广之身，为二千石四十余年，家无余财，终不言家产事。广为人长，猿臂，其善射亦天性也，虽其子孙他人学者，莫能及广。广讷口少言[3]，与人居则画地为军陈，射阔狭以饮。专以射为戏，竟死[4]。广之将兵，乏绝之处[5]，见水，士卒不尽饮，广不近水，士卒不尽食，广不尝食。宽缓不苛，士以此爱乐为用。其射，见敌

笔记栏

急[6]，非在数十步之内，度不中不发，发即应弦而倒。用此[7]，其将兵数困辱，其射猛兽亦为所伤云。

［1］镞（zú 族）：箭头。

［2］辄：总是，就。

［3］讷口：说话迟钝，口拙。

［4］竟死：直到死。

［5］乏绝：指缺水断粮。

［6］急：逼近。

［7］用此：因此。

广既从大将军青击匈奴，既出塞，青捕虏知单于所居，乃自以精兵走之[1]，而令广并于右将军军，出东道。东道少回远[2]，而大军行水草少，其势不屯行[3]。广自请曰："臣部为前将军，今大将军乃徙令臣出东道，且臣结发而与匈奴战，今乃一得当单于[4]，臣愿居前，先死单于[5]。"大将军青亦阴受上诫，以为李广老，数奇[6]，毋令当单于，恐不得所欲。而是时公孙敖新失侯，为中将军从大将军，大将军亦欲使敖与俱当单于，故徙前将军广。广时知之，固自辞于大将军。大将军不听，令长史封书与广之莫府，曰："急诣部[7]，如书。"广不谢大将军而起行[8]，意甚愠怒而就部，引兵与右将军食其合军出东道。军亡导[9]，或失道[10]，后大将军。大将军与单于接战，单于遁走，弗能得而还。南绝幕[11]，遇前将军、右将军。广已见大将军，还入军。大将军使长史持糒醪遗广[12]，因问广、食其失道状，青欲上书报天子军曲折。广未对，大将军使长史急责广之幕府对簿[13]。广曰："诸校尉无罪，乃我自失道。吾今自上簿。"至莫府，广谓其麾下曰："广结发与匈奴大小七十余战，今幸从大将军出接单于兵，而大将军又徙广部行回远，而又迷失道，岂非天哉！且广年六十余矣，终不能复对刀笔之吏[14]。"遂引刀自刭。广军士大夫一军皆哭。百姓闻之，知与不知，无老壮皆为垂涕。而右将军独下吏，当死，赎为庶人。

［1］走：追逐。

［2］少回远：稍稍迂回遥远些。少，稍。

［3］屯行：并队行进。屯，聚集。

［4］当：遇到，面对。

［5］死：死战。

［6］数奇：命运不好。数，命运。奇，单数。古代占卜以得偶为吉，奇为不吉。

［7］诣：到……去。

［8］谢：辞别。

［9］亡导：失去向导。

［10］或失道：迷惑而失去方向。或，通"惑"。

［11］南绝幕：渡过沙漠南还。绝，横渡。幕，通"漠"，沙漠。

［12］糒（bèi 备）：干饭。　醪（láo 劳）：浊酒。

［13］对簿：按簿册上的记载对质，即受审。

［14］刀笔之吏：管文书的官。

太史公曰：《传》曰："其身正，不令而行；其身不正，虽令不从。"其李将军之谓也？余睹李将军悛悛如鄙人[1]，口不能道辞。及死之日，天下知与不知，皆为尽哀。彼其忠实心诚信于士大夫也。谚曰："桃李不言，下自成蹊[2]。"此言虽小，可以谕大也。

［1］悛悛（quān quān 圈圈）：老实厚道的样子。

［2］蹊（xī 溪）：小路。

笔记栏

简 析

《李将军列传》是司马迁倾注感情而创作的名篇，清代李景星说："不曰韩信而曰淮阴侯，不曰李广而曰李将军，只一标题间，已见出无限的爱慕景仰。"(《四史评议》)作为《史记》人物传记的一篇力作，《李将军列传》全文秉承"文直事核"的写作手法，在记录李将军英勇事迹，表彰其功勋卓著的同时，也记录了他所遭遇的不公，谴责了那些刻薄寡恩、徇私妒贤的统治者，以此形成强烈的反差和对比。同时作者还特别擅长运用生动的故事和细节来刻画人物特点，如受伤被俘能飞身夺马而逃、率四千人被敌军四万人围困、误以石为虎而力射没簇、与将士们同甘共苦等，都生动地展现了李广善射、善战、善治军的性格特点。此外，剪裁得当的素材、流畅精炼的语言也都赋予了这篇传记浓厚的文学色彩。

思政元素

桃李不言，下自成蹊

司马迁用"桃李不言，下自成蹊"来评价李广，表明他不是刻意赚取别人的肯定和赞誉，而是凭借他的真诚和高尚的品质赢得了人们的崇敬。李广虽然多次与匈奴作战，战功卓著，但他从不居功自傲，与士兵们同甘共苦，粮水乏绝之时，"士卒不尽饮，广不近水；士卒不尽食，广不尝食"。每次冲锋陷阵，他也是冲在前面，对待士兵，宽缓不苛，所以将士们"乐为用"并"乐为之死"。因此，只要待人真诚，严于律己，自然就会感动别人，受到人们的尊重。

知识链接

塞 下 曲

唐・卢纶

林暗草惊风，将军夜引弓。
平明寻白羽，没在石棱中。

出 塞

唐・王昌龄

秦时明月汉时关，万里长征人未还。
但使龙城飞将在，不教胡马度阴山。

(杨 莉)

复习思考题

1. 对李广的悲剧，历来有"李广数奇"之说，即认为这是他命中注定的，请谈谈你的看法。

2. 找出下列句子中的通假字。

(1) 行十余里，广详死。

(2) 南绝幕，遇前将军、右将军。

笔记栏

(3) 大将军不听,令长史封书与广之莫府。

3. 文中哪些细节展示了李广的智勇双全?

二八、治 安 策

【题解】本文节选自《贾谊集·贾太傅新书》,据岳麓书社2010年本排印。该文又名《陈政事疏》,为西汉文学家贾谊政论文的代表作。作者贾谊(前200—前168),洛阳(今河南洛阳东)人,西汉初年著名政论家、文学家,世称贾生。贾谊少有才名,文帝时任博士,迁太中大夫。受大臣周勃、灌婴排挤,谪为长沙王太傅,故后世亦称贾长沙、贾太傅。三年后被召回长安,为梁怀王太傅。梁怀王坠马而死,贾谊深自歉疚,抑郁而亡,时仅33岁。司马迁对屈原、贾谊的遭遇寄予同情,为二人写了一篇合传《屈原贾生列传》,因此后世往往把屈原与贾谊并称为"屈贾"。

贾谊的著作主要有散文和辞赋两类。散文的主要成就是政论文,内容评论时政,风格朴实峻拔,议论酣畅,鲁迅称之为"西汉鸿文"。代表作有《过秦论》《论积贮疏》《陈政事疏》等。其辞赋皆为骚体,形式趋于散体化,是汉赋发展的先声,以《吊屈原赋》《鵩鸟赋》最为著名。

臣窃惟事势,可为痛哭者一,可为流涕者二,可为长太息者六,若其它背理而伤道者,难遍以疏举[1]。进言者皆曰天下已安已治矣[2],臣独以为未也。曰安且治者,非愚则谀[3],皆非事实知治乱之体者也。夫抱火厝之积薪之下而寝其上[4],火未及燃,因谓之安,方今之势,何以异此!本末舛逆[5],首尾衡决[6],国制抢攘[7],非甚有纪,胡可谓治!陛下何不一令臣得孰数之于前[8],因陈治安之策,试详择焉。

[1] 疏举:逐条列举。

[2] 进言者:向皇帝陈述意见的人。

[3] 谀:奉承拍马。

[4] 厝(cuò 错):放置。

[5] 舛(chuǎn 喘)逆:错乱。

[6] 衡:同"横"。 决:割裂。

[7] 抢攘:纷乱。

[8] 孰:同"熟"。仔细,周详。

夫树国固必相疑之势[1],下数被其殃,上数爽其忧[2],甚非所以安上而全下也。今或亲弟谋为东帝[3],亲兄之子西乡而击[4],今吴又见告矣[5]。天子春秋鼎盛[6],行义未过,德泽有加焉,犹尚如是,况莫大诸侯权力且十此者乎[7]!

然而天下少安,何也?大国之王幼弱未壮,汉之所置傅相方握其事[8]。数年之后,诸侯之王大抵皆冠[9],血气方刚,汉之傅相称病而赐罢,彼自丞尉以上偏置私人[10],如此,有异淮南、济北之为邪!此时而欲为治安,虽尧舜不治。

[1] 树国:建立诸侯国。 相疑:相互猜疑,引申为对立。

[2] 爽:伤。据《淮南子·精神训》:"五味乱,使口爽伤。"

[3] 亲弟:指汉文帝刘恒的弟弟淮南厉王刘长。

[4] 亲兄之子:指汉文帝哥哥齐悼惠王刘肥的儿子、济北王刘兴居。 西乡而击:汉文帝三年(前177)刘兴居发动叛乱,举兵向西袭击荥阳,被粉碎。乡,同"向"。

[5] 吴:指吴王刘濞。

[6] 春秋:指年纪。 鼎:正当。

［7］莫大：最大。

［8］傅相：太傅、丞相。汉代为了加强对诸侯王的监督，委派亲信的人担任诸侯国的太傅、丞相。

［9］冠（guàn 灌）：古代男子二十岁行加冠礼，表示已长大成人。

［10］丞尉：汉朝制度，郡设丞，辅佐郡守处理全郡政事，并设郡尉，掌管一郡的军事。

黄帝曰："日中必彗[1]，操刀必割。"今令此道顺[2]，而全安甚易；不肯早为，已乃堕骨肉之属而抗刭之[3]，岂有异秦之季世乎！夫以天子之位，乘今之时，因天之助，尚惮以危为安，以乱为治。假设陛下居齐桓之处[4]，将不合诸侯而匡天下乎？臣又以知陛下有所必不能矣。假设天下如曩时[5]，淮阴侯尚王楚[6]，黥布王淮南[7]，彭越王梁[8]，韩信王韩[9]，张敖王赵[10]，贯高为相[11]，卢绾王燕[12]，陈豨在代[13]，令此六七公者皆亡恙，当是时而陛下即天子位，能自安乎？臣有以知陛下之不能也。天下淆乱，高皇帝与诸公并起，非有仄室之势以豫席之也[14]。诸公幸者，乃为中涓[15]，其次仅得舍人[16]，材之不逮至远也。高皇帝以明圣威武即天子位，割膏腴之地以王诸公，多者百余城，少者乃三四十县，德至渥也[17]。然其后十年之间，反者九起[18]。陛下之与诸公，非亲角材而臣之也，又非身封王之也，自高皇帝不能以是一岁为安，故臣知陛下之不能也。

［1］彗（huì 会）：晒。

［2］令：使。

［3］堕：同"隳"。毁坏。　抗刭（jǐng 井）：即杀头的意思。

［4］齐桓：即齐桓公，春秋时齐国国君。

［5］曩（nǎng）时：从前，指汉高帝刘邦时。

［6］淮阴侯：即韩信。汉初封为齐王，后改封为楚王，以后又降为淮阴侯。汉高帝十一年（前 196）勾结陈豨谋反，被处死。　王（wàng 旺）：做王。

［7］黥（qíng 情）布：即英布，因曾受过黥刑（脸上刺字），所以又称黥布。汉初封为淮南王，高帝十一年（前 196）因谋反被杀。

［8］彭越：汉初封为梁王，高帝十年（前 197）因谋反被杀。

［9］韩信：指韩王信，战国时韩襄王的孙子，归汉后被封为韩王，高帝七年（前 200），他勾结匈奴叛汉，兵败被杀。

［10］张敖：汉高帝的女婿。汉初赵王张耳的儿子，张耳死后，继为赵王，后因赵相贯高谋刺刘邦一事被贬为宣平侯。

［11］贯高：赵王张敖的丞相，因谋刺汉高帝刘邦，被捕入狱，后自杀。

［12］卢绾（wǎn 晚）：汉初封为燕王，后参与陈豨谋反，阴谋暴露，投奔匈奴，被匈奴封为东胡卢王，死在匈奴。

［13］陈豨（xī 希）：汉初任赵相，被封为阳夏侯，汉高祖十年（前 197）勾结匈奴反汉，自立为代王，兵败被杀。

［14］仄室之势：指帝王宗族的势力。仄，同"侧"。仄室，古代称卿大夫的妾所生的儿子为侧室。　豫席：预先有所凭借依仗。豫，同"预"。

［15］中涓：官名，亲近的侍从。

［16］舍人：官名，管理宫中事务的官。

［17］渥（wò 握）：优厚。

［18］反者九起：指汉高帝五年到十一年间（前 202—前 196）韩王信、贯高、韩信、彭越、英布、陈豨、卢绾、利几及臧荼等人的谋反。

然尚有可诿者，曰疏。臣请试言其亲者。假令悼惠王王齐[1]，元王王楚，中子王赵，幽王王淮阳，共王王梁，灵王王燕，厉王王淮南，六七贵人皆亡恙，当是时陛下即位，能为治乎？臣又知陛下之不能也。若此诸王，虽名为臣，实皆有布衣昆弟之心[2]，虑亡不帝制而天子自为者。擅爵人，赦死罪，甚者或戴黄屋[3]，汉法令非行也。虽行不轨如厉王者，令之不肯听，召

笔记栏

之安可致乎！幸而来至，法安可得加！动一亲戚，天下圜视而起[4]，陛下之臣虽有悍如冯敬者，适启其口，匕首已陷其匈矣[5]。陛下虽贤，谁与领此？

故疏者必危，亲者必乱，已然之效也[6]。其异姓负强而动者，汉已幸胜之矣，又不易其所以然。同姓袭是迹而动，既有征矣，其势尽又复然。殃祸之变，未知所移，明帝处之尚不能以安，后世将如之何！

[1] 悼惠王：刘邦的儿子刘肥，封为齐王，“悼惠”是他的谥号。

[2] 昆弟：兄弟。

[3] 黄屋：皇帝车上丝织的黄色车盖。

[4] 圜（huán 环）视：向四面注视。圜，同“环”。

[5] 匈：同“胸”。

[6] 已然：已经。

屠牛坦一朝解十二牛[1]，而芒刃不顿者[2]，所排击剥割[3]，皆众理解也[4]。至于髋髀之所[5]，非斤则斧。夫仁义恩厚，人主之芒刃也；权势法制，人主之斤斧也[6]。今诸侯王皆众髋髀也，释斤斧之用[7]，而欲婴以芒刃，臣以为不缺则折。胡不用之淮南、济北？势不可也。

[1] 坦：人名，春秋时人，擅长杀牛。

[2] 芒刃：锋利的刀刃。　顿：同“钝”。

[3] 排击剥割：皆为剖牛的动作。排，剔肉。击，砍肉。剥，剥离。割，割断。

[4] 理解：指肌肉容易切割的地方。理，肌肉。

[5] 髋髀（kuān bì 宽必）：胯骨和大腿骨。这里泛指大骨头。

[6] 斤斧：砍东西的工具，横刃叫斤，竖刃叫斧。

[7] 释：放弃。

臣窃迹前事，大抵强者先反。淮阴王楚最强，则最先反；韩信倚胡，则又反；贯高因赵资，则又反；陈豨兵精，则又反；彭越用梁，则又反；黥布用淮南，则又反；卢绾最弱，最后反。长沙乃在二万五千户耳[1]，功少而最完，势疏而最忠，非独性异人也，亦形势然也。曩令樊、郦、绛、灌据数十城而王[2]，今虽以残亡可也[3]；令信、越之伦列为彻侯而居[4]，虽至今存可也。

然则天下之大计可知已。欲诸王之皆忠附，则莫若令如长沙王；欲臣子之勿菹醢[5]，则莫若令如樊、郦等；欲天下之治安，莫若众建诸侯而少其力[6]。力少则易使以义，国小则亡邪心。令海内之势如身之使臂，臂之使指，莫不制从，诸侯之君不敢有异心，辐凑并进而归命天子[7]，虽在细民，且知其安，故天下咸知陛下之明。割地定制，令齐、赵、楚各为若干国，使悼惠王、幽王、元王之子孙毕以次各受祖之分地[8]，地尽而止及燕、梁它国皆然。其分地众而子孙少者，建以为国，空而置之，须其子孙生者，举使君之。诸侯之地其削颇入汉者[9]，为徙其侯国，及封其子孙也，所以数偿之；一寸之地，一人之众，天子亡所利焉，诚以定治而已，故天下咸知陛下之廉。地制一定，宗室子孙莫虑不王，下无倍畔之心，上无诛伐之志，故天下咸知陛下之仁。法立而不犯，令行而不逆，贯高、利几之谋不生[10]，柴奇、开章之计不萌[11]，细民乡善，大臣致顺，故天下咸知陛下之义。卧赤子天下之上而安，植遗腹，朝委裘[12]，而天下不乱。当时大治，后世诵圣。一动而五业附，陛下谁惮而久不为此？

[1] 长沙：指汉初被封为长沙王的吴芮。　在：通“才”。

[2] 樊：樊哙，汉初封为舞阳侯。　郦：郦商，汉初封为曲周侯。　绛：即绛侯周勃。　灌：灌婴，汉初封为颍阴侯。

[3] 虽：即使。　以：通“已”。

[4] 彻侯：爵位名，后因避汉武帝刘彻之讳，改称通侯或列侯。

[5] 菹醢（zū hǎi 租海）：把人剁成肉酱，古代的一种酷刑。

笔记栏

[6] 建:建立。　少:减少,削弱。
[7] 辐凑:车条凑集于车轴,意喻诸侯集聚一处。
[8] 毕:都,全部。
[9] 其削颇入汉者:指诸侯王因犯罪有一些土地被削减收回朝廷。
[10] 利几:人名,原是项羽的部将,后归顺刘邦,被封为颍川侯,因反叛被杀。
[11] 柴奇、开章:淮南王刘长的两个谋士,都参与刘长谋反。
[12] 朝委:新君未立,置亡君之衣冠于位,使百官朝拜。

天下之势方病大瘇[1]。一胫之大几如要[2],一指之大几如股,平居不可屈信[3],一二指搐,身虑亡聊[4]。失今不治,必为锢疾[5],后虽有扁鹊,不能为已。病非徒瘇也,又苦跖戾。元王之子,帝之从弟也;今之王者,从弟之子也。惠王之子,亲兄子也。今之王者,兄子之子也。亲者或亡分地以安天下,疏者或制大权以逼天子,臣故曰"非徒病瘇也,又苦跖戾"。可痛哭者,此病是也。

[1] 瘇(zhǒng 肿):脚肿病。
[2] 胫:小腿。　要:同"腰"。
[3] 平居:指睡坐。　信:通"伸"。
[4] 亡聊:失去依靠。
[5] 锢疾:久治不愈的疾病。

简　析

在这篇策论中,贾生以卓越敏锐的眼光,从多个方面洞察汉初社会危机和潜在隐患,刘邦为平定项羽的形势要求,封功臣韩信、彭越、黥布等为王,同时又仿效周初分封,立兄弟子侄为王。然而异姓王的分裂势力虽已铲除殆尽,同姓王的割据势力却盘根错节。为了汉家天下长治久安的大计,贾谊提出了"众建诸侯而少其力"的解决矛盾的根本办法。贾谊的政论文《治安策》,立意高远、说理透彻、气势磅礴,表现了汉初知识分子积极用世的人生态度和昂扬向上的精神风貌。

(许　盈)

复习思考题

1. 理解贾谊《治安策》针对汉初社会局势提出的政治治理主张。
2. 结合文意解释下列词句。
(1) 树国固必相疑之势。
(2) 堕骨肉之属而抗刭之。
(3) 辐凑并进而归命天子。
(4) 皆众理解也。
(5) 势法制,人主之斤斧也。
3. 贾谊《治安策》在写作上有何特色?

二九、进　学　解

【题解】 本文选自《昌黎先生集》,据中华书局1936年东雅堂校刊本排印。作者韩愈(768—824),字退之,河内河阳(今河南孟州)人,唐代文学家、哲学家。自谓郡望昌黎(今属

笔记栏

河北),世称韩昌黎。谥文,又称韩文公。贞元八年(792)中进士,官至吏部侍郎。韩愈政治上反对藩镇割据,思想上尊儒排佛,文学上力斥骈偶,与柳宗元同为古文运动的倡导者,苏轼称他"文起八代之衰",明人推他为"唐宋八大家"之首,有"文章巨公"和"百代文宗"之誉,与柳宗元并称"韩柳"。著有《韩昌黎集》四十卷,《外集》十卷。

这篇文章选于卷十二,作于元和八年(813),为韩愈由职方员外郎再贬为国子博士的第二年。文章借国子博士和学生的对话,在论述修德进业问题的同时,发泄了作者遭贬斥的愤懑以及对当权者的不满。

国子先生晨入太学[1],招诸生立馆下[2],诲之曰:"业精于勤,荒于嬉;行成于思,毁于随[3]。方今圣贤相逢,治具毕张[4],拔去凶邪,登崇俊良[5]。占小善者率以录,名一艺者无不庸。爬罗剔抉[6],刮垢磨光[7]。盖有幸而获选,孰云多而不扬[8]?诸生业患不能精,无患有司之不明;行患不能成,无患有司之不公。"

[1] 国子先生:唐代对国子博士的尊称,这里用作自称。 太学:国子监,唐代主管教育的官署。
[2] 馆:学馆,学舍。
[3] 随:因循。
[4] 治具:谓法令。 张:建立。
[5] 登崇:意为选拔。
[6] 爬罗剔抉:搜罗选拔人才。爬,爬梳。
[7] 刮垢磨光:喻磨炼造就人才。
[8] 多:品学兼优。

言未既,有笑于列者曰:"先生欺余哉!弟子事先生,于兹有年矣。先生口不绝吟于六艺之文,手不停披于百家之编。记事者必提其要[1],纂言者必钩其玄[2]。贪多务得,细大不捐。焚膏油以继晷[3],恒兀兀以穷年[4]。先生之业,可谓勤矣。觝排异端[5],攘斥佛老。补苴罅漏[6],张皇幽眇[7]。寻坠绪之茫茫[8],独旁搜而远绍[9]。障百川而东之[10],回狂澜于既倒。先生之于儒,可谓有劳矣。沉浸醲郁,含英咀华[11]。作为文章,其书满家。上规姚姒[12],浑浑无涯;周《诰》殷《盘》[13],佶屈聱牙[14];《春秋》谨严[15],《左氏》浮夸;《易》奇而法,《诗》正而葩[16];下逮《庄》《骚》,太史所录;子云相如,同工异曲。先生之于文,可谓闳其中而肆其外矣[17]。少始知学,勇于敢为;长通于方[18],左右具宜。先生之于为人,可谓成矣。然而公不见信于人,私不见助于友。跋前踬后[19],动辄得咎。暂为御史,遂窜南夷[20]。三年博士[21],冗不见治[22]。命与仇谋[23],取败几时。冬暖而儿号寒,年丰而妻啼饥。头童齿豁[24],竟死何裨?不知虑此,而反教人为?"

[1] 记事者:记载史实之书。
[2] 纂(zuǎn 缵)言者:辑录言论之书。 钩:探索。
[3] 晷(guǐ 轨):日影。
[4] 兀兀(wù wù 误误):劳极的样子。
[5] 觝(dǐ 底):通"抵"。抵制。 异端:邪说。此指非儒家的各种学说。
[6] 补苴(jū 居):弥补。 罅(xià 下)漏:缺漏。罅,瓦器的裂缝。
[7] 张皇:光大。
[8] 坠绪:将失陷而仅存余绪的事物。此指一蹶不振的儒学。坠,陷落。
[9] 绍:继承。
[10] 障:堵塞。
[11] 含英咀华:谓细细涵泳书中道理。含、咀,体味,细细咀嚼。英、华,本指花,此指书中精华。
[12] 规:模仿,效法。 姚:指《尚书》中舜的文章《虞书》。 姒(sì 四):指《尚书》中禹的文章《夏书》。

[13] 周《诰》:指《尚书·周书》中的《大诰》《康诰》《酒诰》《召诰》《洛诰》等篇,相传为周初发布之文告。此指《周书》。 殷《盘》:指《尚书》中的《盘庚》篇。相传为殷王盘庚发表之文告。

[14] 佶(jí 吉)屈聱(áo 敖)牙:形容文字艰涩难读。佶屈,亦作"诘诎",屈曲貌,引申为不顺口。

[15]《春秋》:编年体史书名。相传孔子据鲁国史官所编《春秋》改订而成。

[16] 葩(pā 趴):花。喻文采丰富。

[17] 闳:精深广博。 中:指文章内容。 肆:奔放流畅。 外:指文章形式。

[18] 方:指治国的方略。

[19] 跋前踬(zhì 至)后:喻进退两难。

[20] 遂窜南夷:指贞元末韩愈升任监察御史后,因上表言事,被贬为阳山(今广东省阳山县东)令一事。窜,逐,指被贬。

[21] 三年博士:宪宗元和元年(806)至元和四年(809)韩愈任国子博士三年。

[22] 冗:闲散。 见:同"现"。表现。

[23] 命与仇谋:意为命运与仇敌相合。谋,合。

[24] 头童:秃顶。

先生曰:"吁,子来前!夫大木为宋[1],细木为桷[2],欂栌侏儒[3],椳闑扂楔[4]。各得其宜,施以成室者,匠氏之工也。玉札丹砂,赤箭青芝,牛溲马勃,败鼓之皮[5],俱收并蓄,待用无遗者,医师之良也。登明选公,杂进巧拙,纡余为妍[6],卓荦为杰[7],校短量长,惟器是适者,宰相之方也。昔者孟轲好辩,孔道以明。辙环天下,卒老于行;荀卿守正,大论是弘。逃谗于楚,废死兰陵[8]。是二儒者,吐辞为经,举足为法,绝类离伦,优入圣域,其遇于世何如也!今先生学虽勤而不繇其统[9],言虽多而不要其中[10],文虽奇而不济于用,行虽修而不显于众,犹且月费俸钱,岁糜廪粟,子不知耕,妇不知织,乘马从徒,安坐而食。踵常途之役役[11],窥陈编以盗窃。然而圣主不加诛,宰臣不见斥,兹非其幸欤!动而得谤,名亦随之。投闲置散,乃分之宜。若夫商财贿之有亡[12],计班资之崇庳[13],忘己量之所称[14],指前人之瑕疵[15],是所谓诘匠氏之不以杙为楹[16],而訾医师以昌阳引年[17],欲进其豨苓也[18]。"

[1] 宋(máng 忙):房屋的大梁。

[2] 桷(jué 决):屋椽。

[3] 欂(bó 帛):壁柱。 栌(lú 卢):斗栱。 侏儒:喻指梁上短柱。

[4] 椳(wēi 威):户枢。 闑(niè 聂):古代房屋门中间所竖短木。 扂(diàn 店):门闩。 楔(xiē 些):门两旁木。

[5] "玉札丹砂"四句:均中药名。

[6] 纡余:蜿蜒屈貌。此指小心谨慎。

[7] 卓荦(luò 洛):超群。

[8] "逃谗于楚"二句:《史记·荀卿列传》载,荀子因齐国有人谗告他而被迫来到楚国,被春申君任为兰陵令。春申君死后,荀卿亦被免职,荀子于是安家并老死兰陵。兰陵,今山东苍山西南兰陵镇。

[9] 繇:通"由"。

[10] 要(yāo 腰):切中。

[11] 踵:践履。 役役:劳累的样子。

[12] 商:谋算。 财贿:指俸禄。

[13] 班资:指官阶、等级。 崇庳(bēi 卑):高低。

[14] 量:器量,才识。 称(chèn 趁):适合。

[15] 前人:职位在己之上者,上司。

[16] 杙(yì 益):小木桩。 楹:柱子。

[17] 昌阳:指菖蒲。

[18] 豨(xī 希)苓:即猪苓。

简　析

《进学解》是古代散文名篇之一，其构思独具匠心。作者假托向学生训话，勉励他们在学业、德行方面取得进步，学生提出质问，他再进行解释，故名"进学解"。作者反复强调学子要埋头进德修业，不必考虑有司的明与不明、公与不公以及自己今后的遇与不遇，从而曲折地抒发了自己怀才不遇、仕途坎坷的牢骚，也暗寓着对当时执政者不以才德取人、用人不公不明的讽刺。

文章用赋的形式写成，辞采丰富，韵散相间，雄奇奔放，富于气势。语言简练准确、鲜明生动。文中有许多创造性的语句，已成为现代通用的成语典故。

（冯莉莉）

复习思考题

1. 分析"业精于勤，荒于嬉；行成于思，毁于随"这一观点的现实意义。
2. 结合文意解释下列词句，谈谈自己的感悟。
（1）业精于勤，荒于嬉；行成于思，毁于随。
（2）记事者必提其要，纂言者必钩其玄。
（3）贪多务得，细大不捐。
（4）佶屈聱牙。
（5）跋前踬后，动辄得咎。
3. 分析本文的语言表达技巧。

三〇、宋　清　传

【题解】本文选自《柳宗元集校注》，据中华书局2013年《中国古典文学基本丛书》排印。作者柳宗元，见本教材二〇课《始得西山宴游记》题解。

《宋清传》记述了唐代京城药商宋清的经营理念与买卖活动。其经营主旨与中国传统文化密切相关，具有典范意义，亦是记录唐代药业活动的珍贵文献。李肇《唐国史补》卷中："宋清卖药于长安西市，朝官出入移贬，清辄卖药迎送之。贫士请药，常多折券。人有急难，倾财救之，岁计所入，利亦百倍。长安言：'人有义声，卖药宋清。'"可知宋清实有其人。此文之旨，诸评论家皆以为有讽。至于其所讽之意，推测作者旨在嘲讽世人只知逐眼前之利，而不知利亦有近远、大小之别，故为宋清作传以宣扬之。这里作者并不讳言"利"，而是强调"义"与"利"是一对矛盾统一体，并非水火不相容，见利忘义、唯利是图，固然为人所鄙；由义而利，则未尝不可，甚至应该大加褒扬。

宋清，长安西部药市人也。居善药[1]，有自山泽来者，必归宋清氏，清优主之。长安医工得清药辅其方，辄易雠[2]，咸誉清。疾病庀疡者[3]，亦皆乐就清求药，冀速已。清皆乐然响应，虽不持钱者，皆与善药，积券如山，未尝诣取直[4]。或不识，遥与券，清不为辞。岁终，度不能报，辄焚券，终不复言。市人以其异，皆笑之曰："清，蚩妄人也[5]。"或曰："清其有道者欤？"清闻之曰："清逐利以活妻子耳，非有道也。然谓我蚩妄者，亦谬。"

清居药四十年，所焚券者百数十人，或至大官，或连数州，受俸博，其馈遗清者，相属于户[6]。虽不能立报，而以赊死者千百，不害清之为富也。清之取利远，远故大，岂若小市人

笔记栏

哉？一不得直，则怫然怒[7]，再则骂而仇耳。彼之为利，不亦翦翦乎[8]！吾见蚩之有在也。清诚以是得大利，又不为妄，执其道不废，卒以富，求者益众，其应益广。或斥弃沉废，亲与交；视之落然者，清不以怠。遇其人，必与善药如故。一旦复柄用，益厚报清。其远取利，皆类此。

[1] 居：积，储存，聚集。

[2] 雠（shòu 售）：卖。《史记·循吏列传》："燔其机，云：'欲令农士工女安所雠其货乎？'"司马贞《索隐》："雠，音售。"又《洪武正韵·尤韵》："雠，售也。"

[3] 疕疡（bǐ yáng 比羊）：泛指外科疾患。《周礼·天官·冢宰》："凡邦之有疾病者、疕疡者造焉，则使医分而治之。"郑注："疕，头疡，亦谓秃也。身伤曰疡。"

[4] 直：通"值"。价值，价钱。

[5] 蚩：痴，呆傻。

[6] 属（zhǔ 主）：连。

[7] 怫（fú 扶）：形容忧愁或愤怒。

[8] 翦翦：浅狭的样子。《庄子·在宥》："而佞人之心翦翦者，又奚足以语至道！"唐代成玄英疏："翦翦，狭劣之貌也。"

吾观今之交乎人者，炎而附，寒而弃，鲜有能类清之为者。世之言，徒曰"市道交[1]"。呜呼！清，市人也，今之交有能望报如清之远者乎？幸而庶几[2]，则天下之穷困废辱得不死亡者众矣，"市道交"岂可少耶[3]？或曰："清，非市道人也。"柳先生曰：清居市不为市之道，然而居朝廷、居官府、居庠塾乡党以士大夫自名者，反争为之不已，悲夫！然则清非独异于市人也。

[1] 市道交：比喻人与人之间以利害关系相交。语出《史记·廉颇蔺相如列传》。

[2] 庶几：差不多。

[3] 少：轻视。

简　析

本文记录了唐代京城药商宋清的经营活动与经营思想。宋清不仅善于鉴别和收购药材，而且自己给病人配药。他善待病人，无论贫富，一视同仁，有求必应，不计报酬，对有困难的人从不讨要欠账，深得民众的信任和敬重。文章称赞了宋清的高尚行为，谴责了唯利是图、趋炎附势、争名逐利的卑劣行径。文风朴实，寓意深刻。宋清的经营理念与经营方式的核心，是医药经营者在为自己谋利的同时，能够自觉承担社会责任，表现为坚持药品的质量优良——"居善药"、一视同仁的优质服务、让利于民与社会救助等很多方面，在获得社会广泛赞誉的同时，实现赢利与市场占有，体现了中国传统文化以人为本、和谐相处的核心价值。

思政元素

社会责任

唐代商品经济繁荣，民间从事药材经营的人逐渐增多，柳宗元《宋清传》记录了唐代长安药商宋清的经营活动与经营思想。宋清适应医工需要将药物"优主之"；凡病患有求皆"乐然响应"；"虽不持钱者，皆与善药"。宋清以诚信为本，好善乐施，"取利远，远故大"。他着眼长远，以治病救人为宗旨。取信于民，谋取大利，所以得"誉"。宋清待人诚信的商贾之道、"明而诚"的商贸观至今仍有历史借鉴意义。

笔记栏

宋清经营思想的核心内容是自觉承担起社会责任，坚持药品质量优良、一视同仁的优质服务，坚持让利于民与社会救助。柳宗元“文以明道”，劝善惩恶、关注民生和有益于世，传达出中国文化对商人注重道德评判的传统意识和丰富的人文精神，实现社会价值与文学价值的高度统一。

宋清重视社会责任，正是其成功的秘诀所在，也是古今商人追求的。宋清经营思想的内涵，与中国传统文化的关系，无论在古代，还是在当今社会，都具有典范意义，体现了中国传统文化以人为本、和谐相处的核心价值观。

知识链接

种树郭橐驼传

唐·柳宗元

郭橐驼，不知始何名。病瘘，隆然伏行，有类橐驼者，故乡人号之“驼”。驼闻之曰：“甚善，名我固当。”因舍其名，亦自谓“橐驼”云。其乡曰丰乐乡，在长安西。驼业种树，凡长安豪富人为观游及卖果者，皆争迎取养。视驼所种树，或移徙，无不活；且硕茂早实以蕃。他植者虽窥伺效慕，莫能如也。

有问之，对曰：“橐驼非能使木寿且孳也，能顺木之天，以致其性焉尔。凡植木之性，其本欲舒，其培欲平，其土欲故，其筑欲密。既然已，勿动勿虑，去不复顾。其莳也若子，其置也若弃，则其天者全而其性得矣。故吾不害其长而已，非有能硕茂之也；不抑耗其实而已，非有能早而蕃之也。他植者则不然。根拳而土易，其培之也，若不过焉则不及。苟有能反是者，则又爱之太恩，忧之太勤。旦视而暮抚，已去而复顾。甚者，爪其肤以验其生枯，摇其本以观其疏密，而木之性日以离矣。虽曰爱之，其实害之；虽曰忧之，其实仇之。故不我若也。吾又何能为哉！”

问者曰：“以子之道，移之官理，可乎？”驼曰：“我知种树而已，官理非吾业也。然吾居乡，见长人者好烦其令，若甚怜焉，而卒以祸。旦暮吏来而呼曰：‘官命促尔耕，勖尔植，督尔获，早缫而绪，早织而缕，字而幼孩，遂而鸡豚。’鸣鼓而聚之，击木而召之。吾小人辍飧饔以劳吏者，且不得暇，又何以蕃吾生而安吾性耶？故病且怠。若是，则与吾业者其亦有类乎？”

问者曰：“嘻，不亦善夫！吾问养树，得养人术。”传其事以为官戒也。（选自《柳宗元集校注·种树郭橐驼传》）

（张　继）

复习思考题

1. 宋清经营思想的核心内容具体有哪些？
2. 结合文意解释下列词句。
(1) 其馈遗清者，相属于户。
(2) 或斥弃沉废，亲与交；视之落然者，清不以怠。
(3) 炎而附，寒而弃。
3. “清之取利远，远故大”概括了宋清经商的特点，请从文中举一例加以说明。

三一、朋　党　论

【题解】本文选自《文忠集》，据商务印书馆文津阁《四库全书》影印本排印。作者欧阳修(1007—1072)，字永叔，号醉翁，晚年又号六一居士，北宋庐陵(今江西吉安)人，宋仁宗天圣八年(1030)进士，官至枢密副使、参知政事。为人刚直，敢于诤谏。早年支持范仲淹的政治改革，因而数遭贬谪。晚年官高誉厚，思想逐渐保守，谥文忠。

本文是欧阳修于庆历四年(1044)写给仁宗皇帝的一封奏章。当时，革新派范仲淹、杜衍等提出了一系列改革主张，成为历史上有名的"庆历新政"。以夏竦、吕夷简为首的保守派被弹劾罢职后，不甘心其政治上的失败，广造舆论，竭力攻击、诽谤范仲淹等引用朋党。其陷害忠贤的险恶用心，深为欧阳修所洞察。为驳斥保守派的攻击，辨朋党之诬，欧阳修写了这篇《朋党论》。

臣闻朋党之说，自古有之，惟幸人君辨其君子小人而已[1]。大凡君子与君子，以同道为朋；小人与小人，以同利为朋。此自然之理也。然臣谓小人无朋，惟君子则有之。其故何哉？小人所好者禄利也，所贪者财货也。当其同利之时，暂相党引以为朋者[2]，伪也。及其见利而争先，或利尽而交疏，则反相贼害，虽其兄弟亲戚，不能相保。故臣谓小人无朋，其暂为朋者，伪也。君子则不然。所守者道义，所行者忠信，所惜者名节。以之修身，则同道而相益；以之事国，则同心而共济；终始如一，此君子之朋也。故为人君者，但当退小人之伪朋，用君子之真朋，则天下治矣。

[1] 幸：庆幸。是论及君主时的敬词。

[2] 党引：结为党派，相互援引。

尧之时，小人共工、驩兜等四人为一朋[1]，君子八元、八恺十六人为一朋[2]。舜佐尧，退四凶小人之朋，而进元、恺君子之朋，尧之天下大治。及舜自为天子，而皋、夔、稷、契等二十二人[3]，并列于朝，更相称美，更相推让，凡二十二人为一朋，而舜皆用之，天下亦大治。《书》曰[4]："纣有臣亿万，惟亿万心；周有臣三千，惟一心。"纣之时，亿万人各异心，可谓不为朋矣，然纣以亡国。周武王之臣三千人为一大朋，而周用以兴。后汉献帝时，尽取天下名士囚禁之，目为党人。及黄巾贼起，汉室大乱，后方悔悟，尽解党人而释之，然已无救矣。唐之晚年，渐起朋党之论。及昭宗时，尽杀朝之名士[5]，或投之黄河，曰："此辈清流，可投浊流。"而唐遂亡矣。

[1] 共工：中国古代神话中的天神，为西北的洪水之神。一说为尧的大臣，与兜、三苗、鲧并称"四凶"，被尧流放于幽州。　驩(huān 欢)兜：又作"欢兜"或"欢头"，是中国古代传说中的三苗族首领。

[2] 八元：黄帝曾孙高辛氏(帝喾)的八位良佐。《左传·文公十八年》："高辛氏有才子八人，伯奋、仲堪、叔献、季仲、伯虎、仲熊、叔豹、季狸，忠肃共懿，宣慈惠和，天下之民谓之八元。"　八恺：指黄帝之孙高阳氏(颛顼)的八位良佐。恺，《左传·文公十八年》孔颖达疏："和也，言其和于物也。"

[3] 皋：指皋陶(yáo 摇)，相传为尧舜时期的大理官、士师，即司法长官。　夔：尧舜时的乐官。　稷：周朝始祖，名弃，曾经被尧举为"农师"，被舜命为后稷。　契：商朝始祖，相传舜时为司徒。

[4]《书》：指《尚书》，儒经之一。

[5] 尽杀朝之名士：唐天祐二年(905)，军阀朱全忠(朱温)在亲信李振鼓动下，于滑州白马驿(今河南滑县境)，一夕尽杀左仆射裴枢等"衣冠清流"30余人，投尸于河。李振还称："此等自谓清流，宜投诸河，永为浊流。"史称"白马之祸"。事见《新唐书·裴枢传》。

夫前世之主，能使人人异心不为朋，莫如纣；能禁绝善人为朋，莫如汉献帝；能诛戮清流

笔记栏

之朋，莫如唐昭宗之世。然皆乱亡其国。更相称美推让而不自疑，莫如舜之二十二臣，舜亦不疑而皆用之，然而后世不诮舜为二十二人朋党所欺[1]，而称舜为聪明之圣者，以能辨君子与小人也。周武之世，举其国之臣三千人共为一朋。自古为朋之多且大，莫如周。然周用此以兴者，善人虽多而不厌也。

夫兴亡治乱之迹[2]，为人君者，可以鉴矣！

[1] 诮：讽刺，责备。

[2] 迹：史迹，史实。

简 析

这是一篇驳论文。文章起笔不凡，开篇提出“朋党之说，自古有之”的观点。对于小人用来陷人以罪、君子为之谈虎色变的“朋党之说”，作者不回避、不辩解，而是明确地承认朋党之有。这样，便夺取了政敌手中的武器，而使自己立于不败之地。开头第一句，作者就直截了当地揭示了全文的主旨。它包含三个方面内容：朋党之说自古有之，朋党有君子与小人之别，人君要善于辨别。作者首先从道理上论述君子之朋与小人之朋的本质区别，继而引用了六件史实，以事实证明了朋党的“自古有之”，最后通过对前引史实的进一步分析，论证了人君用小人之朋则国家乱亡、用君子之朋则国家兴盛的道理。

文章的写法，不枝不蔓，中心突出，有理有据，剖析透辟，具有不可辩驳的逻辑力量。《朋党论》是政论文中的名篇，也是“文起八代之衰”的古文运动中最好的文章之一。

知识链接

臣 道

战国·荀子

人臣之论：有态臣者，有篡臣者，有功臣者，有圣臣者。内不足使一民，外不足使距难，百姓不亲，诸侯不信，然而巧敏佞说，善取宠乎上，是态臣者也。上不忠乎君，下善取誉乎民，不恤公道通义，朋党比周，以环主图私为务，是篡臣者也。内足使以一民，外足使以距难，民亲之，士信之，上忠乎君，下爱百姓而不倦，是功臣者也。上则能尊君，下则能爱民，政令教化，刑下如影，应卒遇变，齐给如响，推类接誉，以待无方，曲成制象，是圣臣者也。故用圣臣者王，用功臣者彊，用篡臣者危，用态臣者亡。态臣用则必死，篡臣用则必危，功臣用则必荣，圣臣用则必尊。故齐之苏秦、楚之州侯、秦之张仪，可谓态臣者也。韩之张去疾、赵之奉阳、齐之孟尝，可谓篡臣也。齐之管仲、晋之咎犯、楚之孙叔敖，可谓功臣矣。殷之伊尹、周之太公，可谓圣臣矣。是人臣之论也，吉凶贤不肖之极也，必谨志之而慎自为择取焉，足以稽矣。（选自《荀子·臣道》）

（冯莉莉）

复习思考题

1. 作者对朋党的独到见解以及这一观点的历史意义和现实意义何在？
2. 结合文意解释下列词句。

（1）惟幸人君辨其君子小人而已。

（2）党引

（3）退四凶小人之朋。

（4）可以鉴矣。

3. 学习文章层层对比，事理结合，深入浅出，以理服人的论证方法，并谈谈对你在写作方面的启发。

三二、勇晴雯病补雀金裘

【题解】 本文选自《红楼梦》，据人民文学出版社2008年版排印。《红楼梦》，原名《石头记》，中国古代章回体长篇小说，中国古典四大名著之一。其通行本共一百二十回，一般认为前八十回是清代作家曹雪芹所著，后四十回为程伟元、高鹗搜集残稿，续补而成。小说以贾、史、王、薛四大家族的兴衰为背景，以富贵公子贾宝玉为视角，以贾宝玉与林黛玉、薛宝钗的爱情婚姻悲剧为主线，描绘了一些闺阁佳人的人生百态，展现了真正的人性美和悲剧美，是一部从各个角度展现女性美以及中国古代社会百态的史诗性著作。作者曹雪芹（约1715—1763），名霑，字梦阮，号雪芹，又号芹溪、芹圃，祖籍存在争议（辽宁辽阳、河北丰润或辽宁铁岭），出生于江宁（今南京）。在历史上，曹家和《红楼梦》中的贾家一样，是个"钟鸣鼎食"之家。在康熙朝，从曹雪芹的曾祖父曹玺开始，祖孙四人相继出任江宁织造，达六十年之久，成为江南显赫一时的望族。雍正帝即位后，曹家失宠，连受打击，最后被籍没家产。一家离开南京，迁回北京，开始了"茅椽蓬牖""绳床瓦灶"的贫苦生活。到了晚年，更是陷入了"举家食粥酒常赊"的境地。乾隆二十七年，曹雪芹幼子夭亡，使他陷入极度忧伤之中，最终贫病而死。曹雪芹性格傲岸，豪放不羁；多才多艺，工诗善画。他一生的心血，都倾注在《红楼梦》中，据说他"披阅十载，增删五次"，"字字看来尽是血，十年辛苦不寻常"。这部小说真正是他呕心沥血之作。

本文选取的片段为第五十二回，描写的是晴雯正受风寒，卧病在床，但为了让宝玉第二天能够穿上华贵的雀金裘出去，而且不至被贾母、王夫人发现烧的窟窿受到责备，她"少不得狠命咬牙捱着"为他织补，补完后，已是筋疲力尽。晴雯不仅美丽而且能干，京城里那么多"能干织补匠人"都不敢承接的补裘任务，晴雯却补得"若不留心，再看不出来的"。由此可见晴雯的心灵手巧，同时，这一段不仅肯定了晴雯异乎寻常的顽强毅力和自我牺牲精神，而且进一步写出了宝玉与晴雯虽然在身份上是云泥之别，但在情谊上确实是深厚而真挚的。

至次日，天未明时，晴雯便叫醒麝月道："你也该醒了，只是睡不够！你出去叫人给他预备茶水，我叫醒他就是了。"麝月忙披衣起来道："咱们叫起他来，穿好衣裳，抬过这火箱去，再叫他们进来。老嬷嬷们已经说过，不叫他在这屋里，怕过了病气。如今他们见咱们挤在一处，又该唠叨了。"晴雯道："我也是这么说呢。"二人才叫时，宝玉已醒了，忙起身披衣。麝月先叫进小丫头子来，收拾妥当了，才命秋纹檀云等进来，一同服侍宝玉梳洗毕。麝月道："天又阴阴的，只怕有雪，穿那一套毡的罢。"宝玉点头，即时换了衣裳。小丫头便用小茶盘捧了一盖碗建莲红枣儿汤来，宝玉喝了两口。麝月又捧过一小碟法制紫姜来[1]，宝玉噙了一块。又嘱咐了晴雯一回，便往贾母处来。

贾母犹未起来，知道宝玉出门，便开了房门，命宝玉进去。宝玉见贾母身后宝琴面向里也睡着未醒。贾母见宝玉身上穿着荔色哆罗呢的天马箭袖，大红猩猩毡盘金彩绣石青妆缎沿边的排穗褂子。贾母道："下雪呢么？"宝玉道："天阴着，还没下呢。"贾母便命鸳鸯来："把

笔记栏

昨儿那一件乌云豹的氅衣给他罢。"鸳鸯答应了,走去果取了一件来。

宝玉看时,金翠辉煌,碧彩闪灼,又不似宝琴所披之凫靥裘。只听贾母笑道:"这叫做'雀金呢',这是俄罗斯国拿孔雀毛拈了线织的。前儿把那一件野鸭子的给了你小妹妹,这件给你罢。"宝玉磕了一个头,便披在身上。贾母笑道:"你先给你娘瞧瞧去再去。"宝玉答应了,便出来,只见鸳鸯站在地下揉眼睛。因自那日鸳鸯发誓决绝之后,他总不和宝玉讲话。宝玉正自日夜不安,此时见他又要回避,宝玉便上来笑道:"好姐姐,你瞧瞧,我穿着这个好不好。"鸳鸯一摔手,便进贾母房中来了。宝玉只得到了王夫人房中,与王夫人看了,然后又回至园中,与晴雯麝月看过后,复回至贾母房中,回说:"太太看了,只说可惜了的,叫我仔细穿,别遭踏了他。"贾母道:"就剩下了这一件,你遭踏了也再没了。这会子特给你做这个也是没有的事。"说着又嘱咐他:"不许多吃酒,早些回来。"宝玉应了几个"是"。

老嬷嬷跟至厅上,只见宝玉的奶兄李贵和王荣、张若锦、赵亦华、钱启、周瑞六个人,带着茗烟、伴鹤、锄药、扫红四个小厮,背着衣包,抱着坐褥,笼着一匹雕鞍彩辔的白马,早已伺候多时了。老嬷嬷又吩咐了他六人些话,六个人忙答应了几个"是",忙捧鞭坠镫,宝玉慢慢的上了马,李贵和王荣笼着嚼环,钱启周瑞二人在前引导,张若锦、赵亦华在两边紧贴宝玉后身。宝玉在马上笑道:"周哥,钱哥,咱们打这角门走罢,省得到了老爷的书房门口又下来。"周瑞侧身笑道:"老爷不在家,书房天天锁着的,爷可以不用下来罢了。"宝玉笑道:"虽锁着,也要下来的。"钱启李贵等都笑道:"爷说的是。便托懒不下来,倘或遇见赖大爷林二爷,虽不好说爷,也劝两句。有的不是,都派在我们身上,又说我们不教爷礼了。"周瑞钱启便一直出角门来。

正说话时,顶头果见赖大进来。宝玉忙笼住马,意欲下来。赖大忙上来抱住腿。宝玉便在镫上站起来,笑携他的手,说了几句话。接着又见一个小厮带着二三十个拿扫帚簸箕的人进来,见了宝玉,都顺墙垂手立住,独那为首的小厮打千儿,请了一个安。宝玉不识名姓,只微笑点了点头儿。马已过去,那人方带人去了。于是出了角门,门外又有李贵等六人的小厮并几个马夫,早预备下十来匹马专候,一出了角门,李贵等都各上了马,前引傍围的一阵烟去了。不在话下。

这里晴雯吃了药,仍不见病退,急的乱骂大夫,说:"只会骗人的钱,一剂好药也不给人吃。"麝月笑劝他道:"你太性急了,俗语说:'病来如山倒,病去如抽丝。'又不是老君的仙丹,那有这样灵药!你只静养几天,自然好了。你越急越着手。"晴雯又骂小丫头子们:"那里钻沙去了[2]!瞅我病了,都大胆子走了。明儿我好了,一个一个的才揭你们的皮呢!"唬的小丫头子篆儿忙进来问:"姑娘作什么。"晴雯道:"别人都死绝了,就剩了你不成?"

说着,只见坠儿也蹭了进来。晴雯道:"你瞧瞧这小蹄子,不问他还不来呢。这里又放月钱了,又散果子了,你该跑在头里了。你往前些,我不是老虎吃了你!"坠儿只得前凑。晴雯便冷不防欠身一把将他的手抓住,向枕边取了一丈青[3],向他手上乱戳,口内骂道:"要这爪子做什么?拈不得针,拿不动线,只会偷嘴吃。眼皮子又浅,爪子又轻,打嘴现世的,不如戳烂了!"坠儿疼的乱哭乱喊。麝月忙拉开坠儿,按晴雯睡下,笑道:"才出了汗,又作死。等你好了,要打多少打不的?这会子闹什么!"晴雯便命人叫宋嬷嬷进来,说道:"宝二爷才告诉了我,叫我告诉你们,坠儿很懒,宝二爷当面使他,他拨嘴儿不动,连袭人使他,他背后骂他。今儿务必打发他出去,明儿宝二爷亲自回太太就是了。"宋嬷嬷听了,心下便知镯子事发,因笑道:"虽如此说,也等花姑娘回来知道了,再打发他。"晴雯说:"宝二爷今儿千叮咛万嘱咐的,什么'花姑娘''草姑娘',我们自然有道理。你只依我的话,快叫他家的人来领他出去。"麝月道:"这也罢了,早也去,晚也去,带了去早清净一日。"

笔记栏

宋嬷嬷听了，只得出去唤了他母亲来。打点了他的东西，又来见晴雯等，说道："姑娘们怎么了，你侄女儿不好，你们教导他，怎么撵出去？也到底给我们留个脸儿。"晴雯道："你这话只等宝玉来问他，与我们无干。"那媳妇冷笑道："我有胆子问他去！他那一件事不是听姑娘们的调停？他纵依了，姑娘们不依，也未必中用。比如方才说话，虽是背地里，姑娘就直叫他的名字。在姑娘们就使得，在我们就成了野人了。"

晴雯听说，一发急红了脸，说道："我叫了他的名字了，你在老太太跟前告我去，说我撒野，也撵出我去。"麝月忙道："嫂子，你只管带了人出去，有话再说。这个地方岂有你叫喊讲礼的？你见谁和我们讲过礼？别说嫂子你，就是赖奶奶林大娘，也得担待我们三分。便是叫名字，从小儿直到如今，都是老太太吩咐过的，你们也知道的，恐怕难养活，巴巴的写了他的小名儿，各处贴着叫万人叫去，为的是好养活。连挑水、挑粪、花子都叫得，何况我们！连昨儿林大娘叫了一声'爷'，老太太还说他呢，此是一件。二则，我们这些人常回老太太的话去，可不叫着名字回话，难道也称'爷'？那一日不把'宝玉'两个字念二百遍，偏嫂子又来挑这个了！过一日嫂子闲了，在老太太、太太跟前，听听我们当着面儿叫他就知道了。嫂子原也不得在老太太、太太跟前当些体统差事，成年家只在三门外头混，怪不得不知我们里头的规矩。这里不是嫂子久站的，再一会，不用我们说话，就有人来问你了。有什么分证话，且带了他去，你回了林大娘，叫他来找二爷说话。家里上千的人，你也跑来，我也跑来，我们认人问姓，还认不清呢！"说着，便叫小丫头子："拿了擦地的布来擦地！"

那媳妇听了，无言可对，亦不敢久立，赌气带了坠儿就走。宋妈妈忙道："怪道你这嫂子不知规矩，你女儿在这屋里一场，临去时，也给姑娘们磕个头。没有别的谢礼——便有谢礼，他们也不希罕——不过磕个头，尽了心。怎么说走就走？"坠儿听了，只得翻身进来，给他两个磕了两个头，又找秋纹等。他们也不睬他。那媳妇嗐声叹气，不敢多言，抱恨而去。

晴雯方才又闪了风，着了气，反觉更不好了，翻腾至掌灯，刚安静了些。只见宝玉回来，进门就嗐声顿足。麝月忙问原故，宝玉道："今儿老太太喜喜欢欢的给了这个褂子，谁知不防后襟子上烧了一块，幸而天晚了，老太太、太太都不理论。"一面说，一面脱下来。麝月瞧时，果见有指顶大的烧眼，说："这必定是手炉里的火迸上了。这不值什么，赶着叫人悄悄的拿出去，叫个能干织补匠人织上就是了。"说着，便用包袱包了，交与一个妈妈送出去。说："赶天亮就有才好。千万别给老太太、太太知道。"

婆子去了半日，仍旧拿回来，说："不但能干织补匠人，就连裁缝绣匠并做女工的问了，都不认得这是什么，都不敢揽。"麝月道："这怎么样呢！明儿不穿也罢了。"宝玉道："明儿是正日子，老太太、太太说了，还叫穿这个去呢。偏头一日就烧了，岂不扫兴。"晴雯听了半日，忍不住翻身说道："拿来我瞧瞧罢。没那个福气穿就罢了。这会子又着急。"宝玉笑道："这话到说的是。"说着，便递与晴雯，又移过灯来，细看了一会。晴雯道："这是孔雀金线织的，如今咱们也拿孔雀金线就像界线似的界密了[4]，只怕还可混得过去。"麝月笑道："孔雀线现成的，但这里除了你，还有谁会界线？"晴雯道："说不得，我挣命罢了。"宝玉忙道："这如何使得！才好了些，如何做得活。"

晴雯道："不用你蝎蝎螫螫的，我自知道。"一面说，一面坐起来，挽了一挽头发，披了衣裳，只觉头重身轻，满眼金星乱迸，实实撑不住。若不做，又怕宝玉着急，少不得狠命咬牙捱着。便命麝月只帮着拈线。晴雯先拿了一根比一比，笑道："这虽不很像，若补上，也不很显。"宝玉道："这就很好，那里又找俄罗斯国的裁缝去。"晴雯先将里子拆开，用茶杯口大的一个竹弓钉牢在背面，再将破口四边用金刀刮的散松松的，然后用针纫了两条，分出经纬，亦

笔记栏

如界线之法，先界出地子后，依本衣之纹来回织补。补两针，又看看，织补两针，又端详端详。无奈头晕眼黑，气喘神虚，补不上三五针，便伏在枕上歇一会。

宝玉在旁，一时又问："吃些滚水不吃？"一时又命："歇一歇。"一时又拿一件灰鼠斗篷替他披在背上，一时又命拿个拐枕与他靠着。急的晴雯央道："小祖宗！你只管睡罢。再熬上半夜，明儿把眼睛抠搂了，怎么处！"宝玉见他着急，只得胡乱睡下，仍睡不着。

一时只听自鸣钟已敲了四下，刚刚补完；又用小牙刷慢慢的剔出绒毛来。麝月道："这就很好，若不留心，再看不出的。"宝玉忙要了瞧瞧，笑道："真真一样了。"晴雯已嗽了几阵，好容易补完了，说了一声："补虽补了，到底不像，我也再不能了！"嗳哟了一声，便身不由主倒下了。要知端的，且听下回分解。

［1］法制紫姜：用嫩姜制作的酱菜。法制，按传统方法制作。

［2］钻沙：贝甲类钻进沙里不易寻找，这里喻小丫头们都跑得找不见了。

［3］一丈青：兼带挖耳勺的细长簪子，一头尖细，一头较粗，顶端作小勺，即"耳挖子"。

［4］界线：手工刺绣和织补工艺中所用的一种纵横线织法。

简 析

本课节选的这段文字是展示晴雯个性的重要章节。"勇晴雯病补雀金裘"，关键在一个"勇"字，而"勇"又具体落实到一个"病"字，抱病而熬夜补好雀金裘，这是表现晴雯勇于为宝玉"挣命"的闪光一笔。在本回描写中，有关晴雯和宝玉之间那种特殊的主奴关系表现得尤其入木三分。他们一方面是主子与奴才，但同时又像是知心朋友，存在着相互欣赏和吸引的一面。宝玉从不会在女孩子面前颐指气使，晴雯更不会在主子面前低声下气。晴雯任情率性，宝玉体贴谅解。

小说通过层层具体细腻的描写，写出了晴雯"挣命"的精神状貌和宝玉对晴雯的关心体贴。老太太给宝玉的雀金裘，竟被宝玉弄出了个指顶大的烧眼，眼下第二日仍然需要穿这件雀裘，而织工巧匠们也无能为力。见到这番情景，病中的晴雯的举动一点一滴都体现了她对宝玉的情谊：晴雯听了半日，忍不住翻身说道："拿来我瞧瞧罢。没那个福气穿罢了。这会子又着急。"接下来晴雯掌灯细看了被烧坏的地方，经过一番分析，想出了用孔雀线界线的法子来补雀裘上的烧眼。宝玉知道病中的晴雯身体虚弱，接下来是一段比较动人的对话：宝玉忙道："这如何使得！才好了些，如何做得活。"晴雯道："不用你蝎蝎螫螫的，我自知道。"接下来是非常精彩又细腻地对晴雯补雀裘的场景的描写："一面说，一面坐起，挽了一挽头发，披了衣裳，只觉头重脚轻，满眼金星乱迸，实实撑不住。若不做，又怕宝玉着急，少不得狠命咬牙捱着。"作者此处对晴雯的病状的描写非常细致入微。"晴雯先将里子拆开，用茶杯大的一个竹弓钉牢在背面，再将破口四边用金刀刮得松松的，然后用针纫了两条，分出经纬，亦如界线之法，先界出地子后，依本衣之纹来回织补。补两针，又看看，织补两针，又端详端详。无奈头晕眼黑，气喘吁吁，补不上三五针，便伏在枕上歇一会。"而这一场景的动人之处在于，一方面晴雯在病中"害怕宝玉着急"而坚持为他补雀裘，另一方面宝玉也并没有闲着，宝玉自己不会补衣服，又担心晴雯的身体。于是，宝玉在旁，一时又问："吃些滚水不吃？"一时又命："歇一歇。"一时又拿一件灰鼠斗篷替他披在背上，一时又命拿个拐枕与他靠着。急得晴雯央道："小祖宗！你只管睡罢。再熬上半夜，明儿把眼睛抠搂了，怎么处！"

"宝玉见他着急，只得胡乱睡下，仍睡不着。"宝玉之所以睡不着，是因为心中仍然牵挂担忧晴雯的身体状态。这些文字，使读者深深地被宝玉和晴雯之间的情谊所打动，也似乎明白为什么晴雯坚持带病给宝玉补雀裘了，只因"情"字，一切都值得。

笔记栏 

知识链接

葬花吟

清·曹雪芹

花谢花飞飞满天，红消香断有谁怜？游丝软系飘春榭，落絮轻沾扑绣帘。闺中女儿惜春暮，愁绪满怀无释处；手把花锄出绣帘，忍踏落花来复去。柳丝榆荚自芳菲，不管桃飘与李飞；桃李明年能再发，明年闺中知有谁？三月香巢已垒成，梁间燕子太无情！明年花发虽可啄，却不道人去梁空巢已倾。一年三百六十日，风刀霜剑严相逼；明媚鲜妍能几时，一朝飘泊难寻觅。花开易见落难寻，阶前闷杀葬花人；独把花锄泪暗洒，洒上空枝见血痕。杜鹃无语正黄昏，荷锄归去掩重门；青灯照壁人初睡，冷雨敲窗被未温。怪侬底事倍伤神？半为怜春半恼春：怜春忽至恼忽去，至又无言去不闻。昨宵庭外悲歌发，知是花魂与鸟魂？花魂鸟魂总难留，鸟自无言花自羞；愿奴胁下生双翼，随花飞到天尽头。天尽头，何处有香丘？未若锦囊收艳骨，一抔净土掩风流。质本洁来还洁去，强于污淖陷渠沟。尔今死去侬收葬，未卜侬身何日丧？侬今葬花人笑痴，他年葬侬知是谁？试看春残花渐落，便是红颜老死时。一朝春尽红颜老，花落人亡两不知！（选自《红楼梦》第二十七回）

（冯莉莉）

复习思考题

1. 缝补本来是小事，作者为什么赞晴雯“勇”？
2. 晴雯病补雀金裘，这事情背后有什么寓意？
3. 简述选文体现出的曹雪芹作品语言艺术特色。

三三、复　仇

【题解】 本文选自《鲁迅全集》，据人民文学出版社2005年版排印。鲁迅（1881—1936），原名周树人，浙江绍兴人。中国近现代最伟大的文学家、思想家和革命家，中国现代文学的奠基人。

本篇最初发表于1924年12月29日《语丝》周刊第七期，后收录在《鲁迅全集》第二卷《野草》。这是鲁迅着眼于文化批判、道德批判，在“憎恶”的心理下对中国众多“无主名无意识的杀人团”里的看客们进行“复仇”的文章，是对他们身上的精神病疾的复仇。

复　仇

人的皮肤之厚，大概不到半分，鲜红的热血，就循着那后面，在比密密层层地爬在墙壁上的槐蚕更其密的血管里奔流[1]，散出温热。于是各以这温热互相蛊惑，煽动，牵引，拼命地希求偎倚，接吻，拥抱，以得生命的沉酣的大欢喜。

但倘若用一柄尖锐的利刃，只一击，穿透这桃红色的、菲薄的皮肤，将见那鲜红的热血激箭似的以所有温热直接灌溉杀戮者；其次，则给以冰冷的呼吸，示以淡白的嘴唇，使之人性茫然，得到生命的飞扬的极致的大欢喜；而其自身，则永远沉浸于生命的飞扬的极致的大欢喜中。

笔记栏

这样，所以，有他们俩裸着全身，捏着利刃，对立于广漠的旷野之上。

他们俩将要拥抱，将要杀戮……

路人们从四面奔来，密密层层地，如槐蚕爬上墙壁，如马蚁要扛鲞头[2]。衣服都漂亮，手倒空的。然而从四面奔来，而且拼命地伸长颈子，要赏鉴这拥抱或杀戮。他们已经预觉着事后的自己的舌上的汗或血的鲜味。

然而他们俩对立着，在广漠的旷野之上，裸着全身，捏着利刃，然而也不拥抱，也不杀戮，而且也不见有拥抱或杀戮之意。

他们俩这样地至于永久，圆活的身体，已将干枯，然而毫不见有拥抱或杀戮之意。

路人们于是乎无聊；觉得有无聊钻进他们的毛孔，觉得有无聊从他们自己的心中由毛孔钻出，爬满旷野，又钻进别人的毛孔中。他们于是觉得喉舌干燥，脖子也乏了；终至于面面相觑，慢慢走散；甚而至于居然觉得干枯到失了生趣。

于是只剩下广漠的旷野，而他们俩在其间裸着全身，捏着利刃，干枯地立着；以死人似的眼光，赏鉴这路人们的干枯，无血的大戮，而永远沉浸于生命的飞扬的极致的大欢喜中。

一九二四年十二月二十日

[1] 槐蚕：一种生长在槐树上的蛾类的幼虫。

[2] 鲞（xiǎng 想）头：即鱼头。江浙等地俗称干鱼、腊鱼为鲞。

简　析

鲁迅自述创作动机时说，因为憎恶社会上旁观者之多，作《复仇》第一篇。面对路人的围观鉴赏，被围观者如何复仇？如何摆脱被看、被围观、被鉴赏的尴尬的处境？他们“也不拥抱，也不杀戮，而且也不见有拥抱或杀戮之意”，借此使路人“无戏可看”。本篇《复仇》正是以散文诗的形式，集中而深刻地表现了以“毫无动作”对“看客”“复仇”这一主题。在《复仇》中，鲁迅以精神的意志反击精神的弱点，是对“无物之阵”的讽刺，是对精神腐朽者的嘲讽，更是鲁迅式的揭示和唤醒式拯救。

鲁迅在 1934 年 5 月 16 日致郑振铎信中说：“不动笔诚然最好。我在《野草》中，曾记一男一女，持刀对立旷野中，无聊人竟随而往，以为必有事件，慰其无聊，而二人从此毫无动作，以致无聊人仍然无聊，至于老死，题曰《复仇》，亦是此意。但此亦不过愤激之谈，该二人或相爱，或相杀，还是照所欲而行的为是。”《复仇》是一幅几乎静止、几乎无声的艺术画面，却包含复杂的复仇哲学。

知识链接

怎　么　写

鲁　迅

写什么是一个问题，怎么写又是一个问题。

今年不大写东西，而写给《莽原》的尤其少。我自己明白这原因。说起来是极可笑的，就因为它纸张好。有时有一点杂感，子细一看，觉得没有什么大意思，不要去填黑了那么洁白的纸张，便废然而止了。好的又没有。我的头里是如此地荒芜，浅陋，空虚。（选自《鲁迅全集·怎么写》）

（李莹波）

笔记栏

复习思考题

1. 篇中两次写道"永远沉浸于生命的飞扬的极致的大欢喜中",其用意有何不同?
2. 复仇的耶稣何以玩味、悲悯、仇恨地进行报复?
3. 发生在现实生活中的一些人和事,是否也具有文中"看客"的特征?

三四、沙滩上的脚迹

【题解】本文选自《茅盾散文选集》,据百花文艺出版社2009年版排印。作者茅盾(1896—1981),原名沈德鸿,字雁冰,浙江嘉兴桐乡人。中国现代著名作家、文学评论家、文化活动家以及社会活动家,五四新文化运动先驱者之一,文学研究会发起人,曾参加"左联",是20世纪30年代"左翼"文学流派的代表,代表作《子夜》。

20世纪30年代,中国革命处于低谷,国民党加紧对江西苏维埃红色政权的一次次军事"围剿"。与此同时,他们又对统治区内进行一次次文化"围剿",诸如查封进步书刊,逮捕、拘押、枪杀革命文化人士等,白色恐怖笼罩中国大地。面对腐朽没落的黑暗势力,一大批觉醒的知识分子在苦苦地探求着国家、民族和自身命运的出路。这一时期,以茅盾为代表的"左联"进步作家,自觉地以马克思主义理论为武器,对中国社会的现状以及前途有了清醒与深刻的认识:青年知识分子只有投身于革命与社会实践,才能寻找到打破黑暗现实的真正办法。本篇即在此背景下创作而成。

他,独自一个,在这黄昏的沙滩上彳亍[1]。

什么都看不分明了,仅可辨认,那白茫茫的知道是沙滩,那黑魆魆的是酝酿着暴风雨的海[2]。

远处有一点光明,知道是灯塔。

他,用心火来照亮了路,可也不能远,只这么三二尺地面,他小心地走着,走着。

猛可地,天空瞥过了锯齿形的闪电。他看见不远的前面有黑簇簇的一团,呵呵,这是"夜的国"么,还是妖魔的堡寨?

他又看见离身丈把路的沙上,是满满的纵横重叠的脚迹。

哈哈,有了!赶快!他狂喜地跳着,想踏上那些该是过去人的脚迹。

他浑身一使劲,迸出更大些的心火来。

他伛着腰[3],辨认那纵横重叠的脚迹,用他的微弱的心火的光焰。

咄!但是他吃惊地叫了起来。

这纵横重叠的,分明是禽兽的脚迹。大的,小的,新的,旧的,延展着,延展着,不知有几多远。而他孤零零站在这兽迹的大海中间。

他惘然站着,失却了本来的勇气,心头的火光更加微弱,黄苍苍地像一个毛月亮,更不能照他一步两步远。

于是抱着头,他坐在沙上。

他坐着,他想等到天亮;他相信:这纵横重叠的鸟兽的脚迹中,一定也有一些是人的脚迹,可以引上康庄大道,达到有光明温暖的人的处所的脚迹,只要耐守到天明,就可以辨认出来。

他耐心地等着,抱着头,连远处的灯塔也不望它一眼。他相信,在恐怖的黑夜中,耐心等

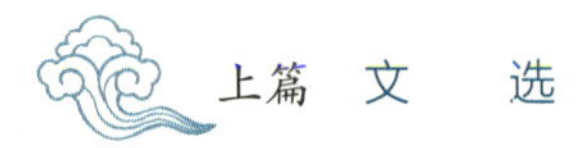

候是不错的。然而，然而——隆隆隆地，他听得了叫他汗毛直竖的怪响了。这不是雷鸣，也不是海啸，他猛一抬头，他看见无数青面獠牙的夜叉从海边的黑浪里涌出来，夜叉们一手是钢刀，一手是人的黑心炼成的金元宝，慌慌张张在找觅牺牲品。

他又看见跟在夜叉背后的，是妖媚的人鱼披散了长发，高耸着一对浑圆的乳峰，坐在海滩的鹅卵石上，唱迷人的歌曲。

他闭了眼，心里这才想到等候也不是办法；他跳了起来，用最后的一分力，把心火再旺起来，打算找路走。可是——那边黑簇簇的一团这时闪闪烁烁飞出几点光来，飞出的更多了！光点儿结成球了，结成线条了，终于青闪闪地排成了四个大字：光明之路！

呵！哦！他得救地喊了一声。

这当儿，天空又撒下了锯齿形的闪电。是锯齿形！直要把这昏黑的天锯成了两半。在电光下，他看得明明白白，那边是一些七分像人的鬼怪，手里都有一根长家伙，怕就是人身上的什么骨头，尖端吐出青绿的鬼火，是这鬼火排成了好看的字。在电光下，他又分明看到地下重重叠叠的脚迹中确也有些人样的脚迹，有的已经被踏乱，有的却还清楚，像是新的。

他的心一跳，心好像放大了一倍，从心里射出来的光也明亮得多了；他看见地下的脚迹中间还有些虽则外形颇像人类但确是什么只穿着人的靴子的妖魔的足印，而且他又看见旁边有小小的孩子们的脚印。有些天真的孩子上过当！

然而他也在重重叠叠的兽迹和冒充人类的什么妖怪的足印下，发见了被埋藏的真的人的足迹。而这些脚迹向着同一的方向，愈去愈密。他觉得愈加有把握了，等天亮再走的念头打消得精光，靠着心火的照明，在纵横杂乱的脚迹中他小心地辨认着真的人的足印，坚定地前进！

［1］彳亍（chì chù 赤触）：慢步行走。形容小步慢走或时走时停。

［2］魆魆（xū xū 需需）：形容光线不好，黑暗。

［3］伛（yǔ 宇）：曲背，弯曲。

简　　析

本文通过“他”在沙难上寻找“真的人的足迹”，描写了“他”在寻找、彷徨、悲观、等待、失望之后，重燃“心火”，继续前进的种种心路历程，表达了作者面对黑暗势力的愤懑和彷徨心情，也表现了作者在逆境中对前途仍充满希望和信心的积极奋进的人生态度。在“纵横杂乱的脚迹中”，作者凭借信仰真理的“心火”，“小心地辨认着真的人的足印”，在摧残人的恶势力下，真理难寻，真假难辨，只有靠内心坚定的信念，才能找到“被埋藏的真的人的足迹”相伴，为那“同一的方向，愈去愈密的脚迹”再踏上自己的脚印，找到通向理想彼岸的道路。

这是一篇具有象征意义的散文，篇幅短小，情境简单，而内涵丰富，意味隽永，意境深远。写作上巧妙运用象征手法，记叙、描写与抒情相结合，极易引起读者共鸣。

知识链接

《我走过的道路》序

茅　盾

人到了老年，自知来日无多，回忆过去，凡所见所闻所亲身经历，一时都如断烂影片，呈现脑海。此时百感交集，又百无聊赖。于是便有把有生以来所见所闻所亲身经历者写出来的意图。

笔记栏

但行年五十而知四十之非，我今年实足年龄八十四，如果十岁而知人事，则七十四年的所作所为，实多内疚。幼年禀承慈训，谨言慎行。青年时甫出学校，即进商务印书馆编译所，四年后主编并改革《小说月报》，可谓一帆风顺。我是有多方面的嗜好的。在学术上也曾读经读史，读诸子百家，也曾学作诗填词。中年稍经忧患，虽有抱负，早成泡影。不得已而舞文弄墨，当年又有"避席畏闻文字狱，著书都为稻粱谋"之情势，其不足观，自不待言。然而尚欲写回忆录，一因幼年禀承慈训而养成之谨言慎行，至今未敢怠忽。二则我之一生，虽不足法，尚可为戒。此在读者自己领会，不待繁言。（选自《茅盾杂文集》）

扫一扫，测一测

（杨　莉）

复习思考题

1. 本文中"沙滩上的脚迹"有哪几种？它们各自象征的是什么？
2. 课文中"夜叉""人鱼""光明之路"等不同意象各象征什么？作者这样描写是为了表达什么？
3. 文中几次提到的"锯齿形的闪电""直要把这昏黑的天锯成了两半"是什么含义？

笔记栏

ER-上-5-1

PPT 课件

第五单元 学以致用

学习目标

通过分析归纳各课写作与表达的角度和方法，掌握写作与表达的技巧，培养相关能力，体现应用性宗旨。具体达到以下四个方面的学习目标：

1. 理解并掌握课文写作与表达的特点与方法，培养借鉴他人经验来提高自己写作与表达的能力。

2. 加强实训，在写作实践中进一步把握各文体写作与表达的特点和要求，提高相应的写作和表达能力。

3. 以本单元文选为引导，搜集研习前人写作与表达方面的典范文章及其可资借鉴的经验，进一步较为全面地了解、熟悉写作与表达的知识。

4. 通过对课文的学习，了解其思想内涵和艺术特色，提升自身综合素养。

三五、郑伯克段于鄢

【题解】本文选自《左传》，据中华书局1980年影印清阮元校刻《十三经注疏》本排印。《左传》原名《左氏春秋》，汉代时又名《春秋左氏》《春秋内传》，汉代以后才多称《左传》，是为《春秋》作注解的一部史书，与《公羊传》《谷梁传》合称"春秋三传"，是我国第一部叙事详细的编年体史书，同时也是杰出的历史散文巨著。本书以鲁国国君为线索，记载了从鲁隐公元年（前722）到鲁哀公二十七年（前468）共200多年各诸侯国的历史，书末附悼公十四年（前453）智伯灭亡之事，反映了春秋时期各国错综复杂的纷争及其内部巧取豪夺的现实。记事不虚美、不隐恶，叙事富于故事性、戏剧性，情节紧张动人，尤善战事描写，善于以委婉精妙、简明生动的辞令，表现复杂的政治斗争和人物性格，具有很强的文学性，对后世散文影响甚大。作者相传为左丘明（约前502—约前422），鲁国都君（今山东肥城境内）人，春秋末期史学家、文学家、思想家。除《左传》外，另著有我国第一部国别史《国语》。

这篇文章通过对隐公元年发生在郑国的一次君权之争事件的记叙，反映了当时各诸侯国内部争权夺势斗争的加剧以及古人对孝道的重视。

（隐公元年）初，郑武公娶于申[1]，曰武姜。生庄公及共叔段。庄公寤生[2]，惊姜氏，故名曰"寤生"，遂恶之。爱共叔段，欲立之。亟请于武公，公弗许。及庄公即位，为之请制[3]。公曰："制，岩邑也[4]，虢叔死焉[5]，佗邑唯命[6]。"请京[7]，使居之，谓之京城大叔[8]。祭仲曰[9]："都城过百雉[10]，国之害也。先王之制，大都不过叁国之一[11]，中五之一，小九之一。今京不度，非制也。君将不堪。"公曰："姜氏欲之，焉辟害[12]？"对曰："姜氏何厌之有？不如早为之所，

无使滋蔓，蔓难图也；蔓草犹不可除，况君之宠弟乎？”公曰：“多行不义，必自毙，子姑待之。”

[1] 郑武公：春秋时郑国国君，姬姓，名掘突。郑，周代诸侯国名，姬姓，伯爵，封地在今河南省新郑市等地。 申：周代诸侯国名，姜姓，在今河南省南阳市。

[2] 寤生：难产。寤，通“牾”。横逆。朱骏声《说文通训定声》：“寤，假借为牾，足先见，逆生也。”

[3] 制：郑地名，又名虎牢关。原为东虢属地，东虢为郑所灭，制遂属郑。

[4] 岩：险要。

[5] 虢叔：东虢国国君。

[6] 佗：通“他”。其他。

[7] 京：地名，今河南省荥阳市东南。

[8] 大：同“太”。

[9] 祭（zhài 债）仲：郑大夫，字足。

[10] 雉：城墙高一丈、长三丈为一雉。

[11] 叁国之一：都城的三分之一。国，都城。

[12] 辟：通“避”。避免。

既而大叔命西鄙、北鄙贰于己[1]。公子吕曰[2]：“国不堪贰，君将若之何？欲与大叔，臣请事之；若弗与，则请除之。无生民心。”公曰：“无庸[3]，将自及。”大叔又收贰以为己邑，至于廪延[4]。子封曰：“可矣，厚将得众。”公曰：“不义不暱[5]，厚将崩。”

[1] 鄙：边境，指边境的城邑。 贰：两属，谓同时归（庄公和共叔段）两方共管，实则共叔段是为了将两地归属自己。

[2] 公子吕：郑大夫，字子封。

[3] 庸：采用，需要。常与否定副词“无”“勿”“弗”连用。

[4] 廪延：郑地名，今河南省延津县北。

[5] 暱：通“昵”。亲近。

大叔完聚[1]，缮甲兵[2]，具卒乘[3]，将袭郑，夫人将启之。公闻其期，曰：“可矣！”命子封帅车二百乘以伐京，京叛大叔段。段入于鄢[4]，公伐诸鄢。五月辛丑[5]，大叔出奔共[6]。

[1] 完：加固城池。 聚：积聚粮草。一说聚集民众。

[2] 甲兵：铠甲兵器，泛指武器装备。

[3] 卒：步兵。 乘（shèng 剩）：四匹马拉的兵车一辆为一乘。杜预注：“古者兵车一乘，甲士三人，步卒七十二人。”

[4] 鄢（yān 淹）：地名，在今河南省焉陵县一带。

[5] 辛丑：辛丑日。其时以干支记日，依古注为该月二十三日。

[6] 出奔：逃亡，特指政治流亡。 共：共国，在今河南辉市，公元前 660 年左右被卫国所灭。

书曰[1]：“郑伯克段于鄢。”段不弟[2]，故不言弟；如二君，故曰“克”；称“郑伯”，讥失教也，谓之郑志[3]；不言出奔，难之也[4]。

[1] 书：指孔子所著《春秋》。

[2] 弟：通“悌”。敬顺兄长。一说“弟”用作动词，守弟道，亦即敬顺兄长之道。

[3] 郑志：指郑庄公对不断犯逆的兄弟共叔段不但不去尽管教的责任，反而因为忌恨而蓄意养成其恶，一旦时机成熟，就彻底除掉的本意。郑，指郑庄公。志，心志，谓本意。

[4] 难（nàn 婻）：责难，责备。

遂置姜氏于城颍[1]，而誓之曰：“不及黄泉，无相见也！”既而悔之。颍考叔为颍谷封人[2]，闻之，有献于公，公赐之食，食舍肉。公问之，对曰：“小人有母，皆尝小人之食矣，未尝君之羹，请以遗之[3]。”公曰：“尔有母遗，繄我独无[4]！”颍考叔曰：“敢问何谓也？”公语之故，且告之悔。对曰：“君何患焉？若阙地及泉[5]，隧而相见，其谁曰不然？”公从之。公入而赋：

笔记栏

“大隧之中，其乐也融融。”姜出而赋：“大隧之外，其乐也泄泄[6]。”遂为母子如初。

君子曰：“颍考叔，纯孝也。爱其母，施及庄公[7]。《诗》曰：‘孝子不匮，永锡尔类[8]。’其是之谓乎！”

[1] 置：安置。 城颍：郑地名，今河南省临颍县西北。
[2] 颍考叔：郑大夫。 颍谷：郑地名，今河南省登封市西南。 封人：镇守疆界之官。
[3] 遗（wèi 未）：给，留给。
[4] 繄（yī 伊）：句首语气词。
[5] 阙：掘。
[6] 泄泄（yì yì 意意）：快乐舒畅的样子。
[7] 施（yì 易）：延及，扩展。
[8] “孝子不匮”二句：见《诗经·大雅·既醉》。锡，通“赐”。赐予。

简　析

这篇文章以文学的笔法，完整地记叙了发生在两千多年前的“郑伯克段于鄢”历史事件全过程并点明了其“微言大义”。郑庄公的母亲武姜因难产而厌恶庄公，偏爱小儿子共叔段，于是帮助共叔段谋取君位。共叔段不守敬事兄长的本分，暗中积蓄力量，步步为营，企图谋反。郑庄公老谋深算，欲擒故纵，以退为进，等待时机，最后一举打败共叔段，使其逃离郑国。铲除了威胁自己的兄弟，庄公于母之怨，亦随之爆发，既将其赶到城颍，又誓言生不再见。幸有颍考叔为助，方使母子重归于好。至于“郑伯克段于鄢”六字的“微言大义”，即文中所谓“段不弟，故不言弟；如二君，故曰‘克’；称‘郑伯’，讥失教也，谓之郑志；不言出奔，难之也”。作者不着一褒字或一贬字，而褒贬自在其中。这种“春秋笔法”既批判了共叔段目无兄长国君、贪婪愚妄，甚至谋反的恶劣品行，更批判了郑庄公身为兄长国君不是施教于弟，而是处心积虑地必欲除之而后快的居心及其报复于母的不孝行为。但基于封建道德之“为尊者讳”，对武姜避而不予评判。相较之下，颍考叔“爱其母，施及庄公”的孝德，尤显难能可贵，堪称榜样。

文章非常讲究故事的剪裁和遣词用字，所以叙事线索清晰，详略得当，文笔精练而重点突出，人物性格鲜明，个性突出，用语多有深意，从而很好地写出了郑庄公的善于权谋、武姜的偏溺昏愦、共叔段的贪婪愚妄以及颍考叔的孝与广孝之德。

知识链接

郑 世 家

汉·司马迁

武公十年，娶申侯女为夫人，曰武姜。生太子寤生，生之难，及生，夫人弗爱。后生少子叔段，段生易，夫人爱之。二十七年，武公疾。夫人请公，欲立段为太子，公弗听。是岁，武公卒，寤生立，是为庄公。

庄公元年，封弟段于京，号太叔。祭仲曰：“京大于国，非所以封庶也。”庄公曰：“武姜欲之，我弗敢夺也。”段至京，缮治甲兵，与其母武姜谋袭郑。二十二年，段果袭郑，武姜为内应。庄公发兵伐段，段走。伐京，京人畔段，段出走鄢。鄢溃，段出奔共。于是庄公迁其母武姜于城颍，誓言曰：“不至黄泉，毋相见也。”居岁余，已悔思母。颍谷之考叔有献于公，公赐食。考叔曰：“臣有母，请君食赐臣母。”庄公曰：“我甚思母，恶负盟，奈何？”考叔曰：“穿地至黄泉，则相见矣。”于是遂从之，见母。（选自《史记·郑世家》）

（李　庆）

笔记栏

复习思考题

1. 结合本文理解分析儒家的孝悌思想。
2. 结合文意解释下列语句,谈谈自己的感悟。
(1) 既而大叔命西鄙、北鄙贰于己。
(2) 不义不暱,厚将崩。
(3) 段不弟,故不言弟。
(4) 尔有母遗,繄我独无。
(5) 孝子不匮,永锡尔类。
3. 分析本文塑造人物形象、刻画人物性格的表达技巧。

三六、子贡存鲁

【题解】 本文选自《史记》,据中华书局1982年第2版点校本排印。司马迁与《史记》介绍详见本教材二六课《太史公自序》。本文选自《仲尼弟子列传》。《仲尼弟子列传》是一篇关于孔门弟子的多人合传,记述了孔子及其弟子的言语和行事。主要取材于《论语》,并参以《春秋左氏传》等古籍而成。有的人记载详备,洋洋洒洒一大篇;有的人则记述简略,仅仅两个字的人名。本文主要记述了孔子弟子子贡出游诸国,为保存鲁国而于各国间指陈利害,道理新奇而切中要害,充分展现了子贡的利口巧辞,胸中韬略和游说的才能。

田常欲作乱于齐[1],惮高、国、鲍、晏[2],故移其兵欲以伐鲁。孔子闻之,谓门弟子曰:"夫鲁,坟墓所处,父母之国,国危如此,二三子何为莫出?"子路请出,孔子止之。子张、子石请行,孔子弗许。子贡请行,孔子许之。

遂行,至齐,说田常曰:"君之伐鲁过矣。夫鲁,难伐之国,其城薄以卑[3],其地狭以泄[4],其君愚而不仁,大臣伪而无用,其士民又恶甲兵之事[5],此不可与战。君不如伐吴。夫吴,城高以厚,地广以深,甲坚以新,士选以饱[6],重器精兵尽在其中,又使明大夫守之,此易伐也。"田常忿然作色曰:"子之所难,人之所易;子之所易,人之所难:而以教常,何也?"子贡曰:"臣闻之,忧在内者攻强,忧在外者攻弱。今君忧在内。吾闻君三封而三不成者,大臣有不听者也。今君破鲁以广齐,战胜以骄主,破国以尊臣,而君之功不与焉[7],则交日疏主。是君上骄主心,下恣群臣,求以成大事,难矣。夫上骄则恣,臣骄则争,是君上与主有郤[8],下与大臣交争也。如此,则君之立于齐危矣,故曰不如伐吴。伐吴不胜,民人外死,大臣内空,是君上无强臣之敌,下无民人之过[9],孤主制齐者唯君也。"田常曰:"善。虽然,吾兵业已加鲁矣,去而之吴,大臣疑我,奈何?"子贡曰:"君按兵无伐,臣请往使吴王,令之救鲁而伐齐,君因以兵迎之。"田常许之,使子贡南见吴王[10]。

[1] 田常:原名田恒,即田成子,因其家族出自陈国,也称为陈恒,汉朝为汉文帝刘恒避讳,改称"田常",乃齐国田氏家族第八任首领,继其父职而为齐相。

[2] 高、国、鲍、晏:齐国握有实权的卿大夫。高即高氏,国即国氏,均本姜姓,齐国公族,受周天子策命,世代为齐国上卿;鲍即鲍氏,姒姓,晏即晏氏,姜姓,均为齐国大夫世家。

[3] 以:而。 卑:矮。与后文"高"相对。

[4] 泄:《史记会注考证》引王念孙曰:《越绝书》《吴越春秋》并"地"作"池","泄"作"浅",下文"广以深"正与"狭以浅"相对。当是。

[5] 甲兵:铠甲和兵器。借指战争。

笔记栏

[6] 选:挑选,选拔。此谓精良。

[7] 不与(yù 育):不在其中。与,参与。此谓“列入”。

[8] 郤:通“隙”。缝隙,隔阂。

[9] 过:责备,怪罪。

[10] 吴王:指吴王夫差,吴王阖闾之子,于公元前 495—前 473 年在位。曾一度大败齐、越,与晋争霸,后被越灭国,自杀身亡。

说曰:“臣闻之,王者不绝世[1],霸者无强敌[2],千钧之重加铢两而移。今以万乘之齐而私千乘之鲁[3],与吴争强,窃为王危之。且夫救鲁,显名也;伐齐,大利也。以抚泗上诸侯[4],诛暴齐以服强晋,利莫大焉。名存亡鲁,实困强齐。智者不疑也。”吴王曰:“善。虽然,吾尝与越战,栖之会稽[5]。越王苦身养士,有报我心。子待我伐越而听子。”子贡曰:“越之劲不过鲁,吴之强不过齐,王置齐而伐越,则齐已平鲁矣。且王方以存亡继绝为名[6],夫伐小越而畏强齐,非勇也。夫勇者不避难,仁者不穷约[7],智者不失时,王者不绝世,以立其义。今存越示诸侯以仁,救鲁伐齐,威加晋国,诸侯必相率而朝吴,霸业成矣。且王必恶越[8],臣请东见越王,令出兵以从,此实空越,名从诸侯以伐也。”吴王大说[9],乃使子贡之越。

[1] 王者:施行王道的君主。儒家称以仁义治天下为王道。 绝世:断绝世系,即灭亡国家。《孔子家语》作“灭国”。

[2] 霸者:施行霸道的君主。凭借武力强权治理国家,统治天下为霸道。

[3] 私:占为己有。

[4] 泗上诸侯:指泗水之滨的十二个诸侯小国。《史记·田敬仲完世家》称齐威王时泗上十二诸侯向田齐朝贡。在战国中后期,中原除了战国七雄,小国中就剩下泗上十二诸侯。

[5] 栖之会稽:公元前 494 年,吴王夫差大败越军于夫椒,乘胜攻破越都,越王勾践“乃以甲兵五千人栖于会稽”。

[6] 存亡继绝:使灭亡之国复存,使断绝之嗣得续。

[7] 穷约:废止礼法约定。

[8] 恶(wù 误):憎恨,讨厌。此为畏惧、担心之意。《史记索隐》:“恶,犹畏恶也”。

[9] 说:同“悦”。

越王除道郊迎[1],身御至舍而问曰[2]:“此蛮夷之国[3],大夫何以俨然辱而临之[4]?”子贡曰:“今者吾说吴王以救鲁伐齐,其志欲之而畏越,曰‘待我伐越乃可’。如此,破越必矣。且夫无报人之志而令人疑之,拙也;有报人之志使人知之,殆也[5];事未发而先闻,危也。三者举事之大患。”句践顿首再拜曰[6]:“孤尝不料力[7],乃与吴战,困于会稽,痛入于骨髓,日夜焦唇干舌,徒欲与吴王接踵而死[8],孤之愿也。”遂问子贡。子贡曰:“吴王为人猛暴,群臣不堪;国家敝以数战[9],士卒弗忍;百姓怨上,大臣内变;子胥以谏死[10],太宰嚭用事[11],顺君之过以安其私:是残国之治也。今王诚发士卒佐之以徼其志[12],重宝以说其心,卑辞以尊其礼,其伐齐必也。彼战不胜,王之福矣。战胜,必以兵临晋,臣请北见晋君,令共攻之,弱吴必矣。其锐兵尽于齐,重甲困于晋,而王制其敝,此灭吴必矣。”越王大说,许诺。送子贡金百镒[13],剑一,良矛二。子贡不受,遂行。

[1] 除道:打扫道路。

[2] 身御:亲身驾车。

[3] 蛮夷:古代泛指华夏中原民族以外的少数民族,越王用此谦称本国偏远落后。

[4] 辱:屈尊。

[5] 殆:危险,失败。

[6] 顿首:周礼九拜之一。头叩地而拜。

[7] 不料力:犹自不量力。料,量,估量。

笔记栏

[8] 接踵:足踵相接,原指跟随,连续不断。此指一块儿,一道。

[9] 敝:困,困乏。

[10] 子胥以谏死:伍子胥多次进谏吴王伐越,停止伐齐,吴王听信太宰嚭谗言,赐剑子胥自杀。事详《史记·伍子胥列传》。按《史记索隐》引王劭曰:"《家语》《越绝》并无此五字,是时子胥未死。"梁玉绳《史记志疑》亦云:"子胥死于艾陵战后,是时尚未赐属镂。"

[11] 太宰嚭(pǐ 匹):姓伯,名嚭,字子余。楚人,出亡奔吴,以功任吴国太宰。

[12] 徼(jiào 叫):激发,激励。

[13] 镒(yì 益):古代重量单位。一镒为二十两(一说二十四两)。

报吴王曰:"臣敬以大王之言告越王,越王大恐,曰:'孤不幸,少失先人,内不自量,抵罪于吴[1],军败身辱,栖于会稽,国为虚莽[2],赖大王之赐,使得奉俎豆而修祭祀[3],死不敢忘,何谋之敢虑!'"后五日,越使大夫种顿首言于吴王曰[4]:"东海役臣孤句践使者臣种,敢修下吏问于左右。今窃闻大王将兴大义,诛强救弱,困暴齐而抚周室,请悉起境内士卒三千人,孤请自被坚执锐[5],以先受矢石。因越贱臣种奉先人藏器,甲二十领,鈇屈卢之矛[6],步光之剑[7],以贺军吏[8]。"吴王大说,以告子贡曰:"越王欲身从寡人伐齐,可乎?"子贡曰:"不可。夫空人之国,悉人之众,又从其君,不义。君受其币[9],许其师,而辞其君。"吴王许诺,乃谢越王。于是吴王乃遂发九郡兵伐齐。

[1] 抵:冒犯,冲撞。

[2] 虚莽:荒凉的废墟。虚,同"墟"。莽,草丛。

[3] 修:修行,举行。

[4] 种:即文种,春秋末期著名的谋略家。因忠直果敢,犯颜直谏,为勾践所不容,被勾践赐死。

[5] 被(pī 披)坚执锐:穿着坚固的铠甲,拿着锐利的武器。被,同"披"。穿。

[6] 鈇(fū 夫):当为衍文。《史记索隐》:"斧也。刘氏云一本无此字。" 屈卢:原为善制矛戟的工匠名。《史记索隐》云:"屈卢、干将,并古良匠造矛戟者名。"此处借以指代良矛。

[7] 步光:古宝剑名,越王允常(勾践之父)所铸。

[8] 军吏:此指代吴王夫差,表示越王的谦卑。

[9] 币:古人用作致送礼物的丝织品,泛指用作礼物的玉、马、皮、帛等。

子贡因去之晋,谓晋君曰[1]:"臣闻之,虑不先定不可以应卒[2],兵不先辨不可以胜敌[3]。今夫齐与吴将战,彼战而不胜,越乱之必矣;与齐战而胜,必以其兵临晋。"晋君大恐,曰:"为之奈何?"子贡曰:"修兵休卒以待之。"晋君许诺。

子贡去而之鲁。吴王果与齐人战于艾陵[4],大破齐师,获七将军之兵而不归[5],果以兵临晋,与晋人相遇黄池之上[6]。吴晋争强。晋人击之,大败吴师。越王闻之,涉江袭吴[7],去城七里而军[8]。吴王闻之,去晋而归,与越战于五湖。三战不胜,城门不守,越遂围王宫,杀夫差而戮其相。破吴三年,东向而霸。

故子贡一出,存鲁,乱齐,破吴,强晋而霸越。子贡一使,使势相破[9],十年之中,五国各有变。

[1] 晋君:指晋定公,名午,晋顷公之子,公元前 511—前 475 年在位。

[2] 卒:通"猝"。突然,此指突发情况。《史记索隐》:"按:卒谓急卒也。言计虑不先定,不可以应卒有非常之事。"

[3] 辨:通"办"。置办,谓做好准备。

[4] 艾陵:齐国地名,在今山东莱芜东北。或谓在今山东泰安东南。按《左传》,艾陵之战在鲁哀公十一年(前 484)。

[5] 七将军之兵:《左传·哀公十一年》:"获国书、公孙夏、闾丘明、陈书、东郭书,革车八百乘,甲首三千。"与此有异。

笔记栏

[6] 黄池：鲁国地名，在今河南封丘西南。按《左传》，黄池之会在鲁哀公十三年（前482）。

[7] 江：指松江，即今吴淞江，亦称苏州河。

[8] 军：驻军，驻扎。

[9] 使势相破：使各国形势相继发生变化，打破旧格局。

简 析

《子贡存鲁》是一篇讲述孔门弟子子贡学以致用、产生重大成效的典范之作。其中最为突出并使人感触至深的地方，是子贡为了实现"存鲁"的使命，充分分析并始终把握住了齐、吴、越、晋四国主事者和君主的心理和诉求，充分运用自己的胸中韬略、外交智慧和出奇辩才，在各国之间游刃有余地陈说利害，并未指挥地"指挥"若定，使其各自纷争，而使原本首处危境的鲁国完全置身事外，在"乱齐、破吴、强晋而霸越"之下，极其圆满地完成了使命，实现了"存鲁"的目标。

文章事迹集中，人物形象刻画鲜明生动，富于文学色彩。子贡的游说，纵横捭阖，挥洒自如，思论神妙，语言尽采，间用排句、对偶、比喻等句，若山间瀑布奔腾，一泻千里，在使游说对象油然叹服并随之行动的同时，也使统格局、精审、关联于一体，集智者、干才、辩才于一身之子贡的超凡形象跃然纸上。

知识链接

孔子世家

汉·司马迁

子贡色作。孔子曰："赐，尔以予为多学而识之者与？"曰："然。非与？"孔子曰："非也。予一以贯之。"

孔子知弟子有愠心，乃召子路而问曰："诗云'匪兕匪虎，率彼旷野'。吾道非邪？吾何为于此？"子路曰："意者吾未仁邪？人之不我信也。意者吾未知邪？人之不我行也。"孔子曰："有是乎！由，譬使仁者而必信，安有伯夷叔齐？使知者而必行，安有王子比干？"

子路出，子贡入见。孔子曰："赐，诗云'匪兕匪虎，率彼旷野'。吾道非邪？吾何为于此？"子贡曰："夫子之道至大也，故天下莫能容夫子。夫子盖少贬焉？"孔子曰："赐，良农能稼而不能为穑，良工能巧而不能为顺。君子能修其道，纲而纪之，统而理之，而不能为容。今尔不修尔道而求为容。赐，而志不远矣！"（选自《史记·孔子世家》）

（张 星）

复习思考题

1. 谈谈田常伐鲁的根本原因。

2. 结合文意解释下列语句。

（1）虽然，吾兵业已加鲁矣，去而之吴，大臣疑我，奈何？

（2）今存越示诸侯以仁，救鲁伐齐，威加晋国，诸侯必相率而朝吴，霸业成矣。

3. "夫鲁，难伐之国，其城薄以卑，其地狭以泄，其君愚而不仁"一句采用了什么修辞方法？在文段中起到什么作用？

三七、苏秦始将连横

【题解】 本文选自《战国策》,据上海古籍出版社2003年影印文渊阁《四库全书》本排印。《战国策》又称《国策》,是一部国别体史学著作。全书分西周、东周、秦、齐、楚、赵、魏、韩、燕、宋、卫、中山十二策,共三十三卷,四百九十七篇,主要记述了上继《春秋》、下至秦灭六国约240年间纵横家的政治主张和策略,展示了其时的历史特点和社会风貌,是研究战国历史的重要典籍。本书文辞优美,语言生动,富于雄辩与运筹的机智,描写人物绘声绘色,在我国古典文学史上亦占有重要地位。但因思想倾向与儒家正统思想相悖,受到历代学者的批判,曾被斥之为"邪说""离经叛道之书"。作者并非一人,且大多不知其名,成书亦并非一时,相传为战国时期各国史官或策士所辑录,最后经西汉刘向编辑整理并定为今名。

这篇文章选自《战国策·秦策一》,记载了苏秦始以连横之策说秦,而其说不行,于是发愤读书,终于相赵并促成合纵的故事,表现了他对功名富贵的追求以及当时社会的人情冷暖、世态炎凉。

苏秦始将连横说秦惠王曰[1]:"大王之国,西有巴蜀、汉中之利,北有胡貉、代马之用[2],南有巫山、黔中之限[3],东有肴函之固[4]。田肥美,民殷富,战车万乘,奋击百万[5],沃野千里,蓄积饶多,地势形便。此所谓天府[6],天下之雄国也。以大王之贤,士民之众,车骑之用,兵法之教,可以并诸侯,吞天下,称帝而治。愿大王少留意,臣请奏其效。"

秦王曰:"寡人闻之:毛羽不丰满者,不可以高飞;文章不成者[7],不可以诛罚;道德不厚者,不可以使民;政教不顺者,不可以烦大臣。今先生俨然不远千里而庭教之,愿以异日。"

[1] 苏秦:战国时期纵横家,洛阳人,字季子。 说(shuì 税):游说,劝说。 秦惠王:秦国君主,名驷,公元前337—前311年在位。

[2] 胡貉(hé 河):胡地产的貉。胡,指北方匈奴所居地区。 代:今山西北部一带。

[3] 限:这里是屏障之意。

[4] 肴函:指崤山与函谷关,在今河南西部,与陕西相邻。肴,通"崤"。

[5] 奋击:指奋力作战的武士。

[6] 天府:得大自然的各种有利条件特别丰厚的地区。府,聚。

[7] 文章:指国家法令。

苏秦曰:"臣固疑大王之不能用也。昔者神农伐补遂[1],黄帝伐涿鹿而禽蚩尤,尧伐驩兜[2],舜伐三苗[3],禹伐共工,汤伐有夏,文王伐崇[4],武王伐纣,齐桓任战而伯天下[5]。由此观之,恶有不战者乎?古者使车毂击驰[6],言语相结,天下为一。约从连横[7],兵革不藏;文士并饬[8],诸侯乱惑;万端俱起,不可胜理。科条既备[9],民多伪态;书策稠浊[10],百姓不足;上下相愁,民无所聊;明言章理,兵甲愈起;辩言伟服[11],战攻不息;繁称文辞,天下不治;舌敝耳聋[12],不见成功;行义约信,天下不亲。于是乃废文任武,厚养死士[13],缀甲厉兵[14],效胜于战场。夫徒处而致利[15],安坐而广地,虽古五帝三王五伯,明主贤君,常欲坐而致之,其势不能,故以战续之。宽则两军相攻,迫则杖戟相撞[16],然后可建大功。是故兵胜于外,义强于内;威立于上,民服于下。今欲并天下,凌万乘,诎敌国[17],制海内,子元元[18],臣诸侯,非兵不可。今之嗣主[19],忽于至道,皆惛于教[20],乱于治,迷于言,惑于语,沈于辩,溺于辞,以此论之,王固不能行也。"

[1] 补遂:南宋鲍彪注:"国名,未详。"

[2] 驩兜(huān dōu 欢都):尧臣,相传和共工、三苗、鲧并称为"四凶",因作乱被放逐。

[3] 三苗:古国名。《书·舜典》:"窜三苗于三危。"孔安国传:"三苗,国名,缙云氏之后,为诸侯,号饕餮。"

笔记栏

[4] 崇:指崇侯虎,商纣王的卿士,曾助纣王肆虐天下。

[5] 任战:用兵。　伯:古同"霸"。后文"虽古五帝三王五伯"的"伯",同此。

[6] 车毂(gǔ 谷)击驰:言车辆极多,往来奔驰,车毂互相撞击。毂,车轮中心的圆洞,可容车轴。

[7] 从:同"纵"。指合纵。

[8] 饬(shì 是):"饰"的异体字。谓修饰文词。

[9] 科条:章程或条款。

[10] 书策:指国家的文献法令。　稠浊:多而乱。

[11] 伟服:指儒士身着奇服。

[12] 舌敝:讲的人唇干舌燥。　耳聋:听的人昏昏生厌。

[13] 死士:敢死之士。

[14] 缀甲:连缀甲衣。　厉兵:磨砺兵器。厉,同"砺"。

[15] 徒处:空坐,无所事事。

[16] 杖戟:皆为近距离冲杀时所用的兵器。杖,棍棒。戟,由矛与戈组合而成的武器。

[17] 诎(qū 屈):屈服,折服。

[18] 元元:百姓。

[19] 嗣(sì 饲)主:继承王位的国君,此暗指惠王。

[20] 惛:"惽"的异体字。"惽",同"昏"。

说秦王书十上而说不行,黑貂之裘敝,黄金百斤尽。资用乏绝,去秦而归。羸縢履蹻[1],负书担橐[2],形容枯槁,面目犁黑[3],状有愧色。归至家,妻不下纴[4],嫂不为炊,父母不与言。苏秦喟然叹曰:"妻不以我为夫,嫂不以我为叔,父母不以我为子,是皆秦之罪也!"乃夜发书,陈箧数十[5],得太公《阴符》之谋[6],伏而诵之,简练以为揣摩[7]。读书欲睡,引锥自刺其股,血流至足,曰:"安有说人主不能出其金玉锦绣,取卿相之尊者乎?"期年[8],揣摩成,曰:"此真可以说当世之君矣。"

[1] 羸(léi 雷):通"累"。缠绕。　縢(téng 藤):绑腿布。　履:穿(鞋)。　蹻(juē 撅):通"屩"。草鞋。

[2] 橐(tuó 驼):没有底的口袋,泛指口袋。

[3] 犁(lí 离):通"黧"。黑黄色。

[4] 纴(rèn 认):织布帛用的丝缕。此指织机。

[5] 箧(qiè 怯):小箱子。此指书籍。

[6] 太公:姜太公吕尚,曾辅佐武王伐纣。　《阴符》:相传为太公所作兵法权术之书。

[7] 简练:选择,习练。

[8] 期(jī 机)年:一整年。

于是乃摩燕乌集阙[1],见说赵王于华屋之下[2]。抵掌而谈,赵王大悦,封为武安君,受相印。革车百乘[3],锦绣千纯[4],白璧百双,黄金万镒,以随其后。约从散横,以抑强秦,故苏秦相于赵而关不通。当此之时,天下之大,万民之众,王侯之威,谋臣之权,皆欲决苏秦之策。不费斗粮,未烦一兵,未战一士,未绝一弦,未折一矢,诸侯相亲,贤于兄弟。夫贤人在而天下服,一人用而天下从。故曰:"式于政[5],不式于勇;式于廊庙之内[6],不式于四境之外。"当秦之隆,黄金万镒为用,转毂连骑,炫熿于道[7]。山东之国,从风而服,使赵大重。且夫苏秦特穷巷掘门,桑户棬枢之士耳[8],伏轼撙衔[9],横历天下[10],庭说诸侯之主,杜左右之口,天下莫之能伉[11]。

[1] 摩:逼近,切近。　燕乌集阙:阙名,一说是关塞名。

[2] 赵王:赵肃侯,名语,公元前 349—前 326 年在位。

[3] 革车:兵车。

[4] 纯(tún 屯):量词,丝棉布帛一段为一纯。

[5] 式:用。

笔记栏

[6] 廊庙:朝廷。

[7] 炫熿:同“炫煌”。辉煌、照耀。这里还有“显耀”之意。熿,“煌”的异体字。

[8] “且夫苏秦”二句:意谓苏秦出生在贫寒穷酸之家。掘门,挖墙成门。桑户,用桑木做门。棬(quān 圈)枢,把树条圈起来作为门枢。

[9] 轼:车前横木。 撙衔:即勒住马的缰绳。撙,顿。衔,勒。

[10] 横历:横行。指行动不守约束,畅行无碍。

[11] 伉:通“抗”。抗衡,匹敌。

将说楚王,路过洛阳。父母闻之,清宫除道[1],张乐设饮,郊迎三十里。妻侧目而视,侧耳而听。嫂蛇行匍伏[2],四拜自跪而谢。苏秦曰:“嫂何前倨而后卑也?”嫂曰:“以季子之位尊而多金[3]。”苏秦曰:“嗟乎!贫穷则父母不子,富贵则亲戚畏惧。人生世上,势位富贵,盖可忽乎哉[4]!”

[1] 清宫除道:清洁住房,打扫道路。

[2] 匍伏:即“匍匐”。伏地爬行。

[3] 季子:苏秦的字。一说季子是嫂对小叔子的称呼。

[4] 盖:通“盍”。哪里,怎么。

简析

这篇文章记叙了苏秦的游说活动。他先主张连横,未得秦惠王接受,转而又主张合纵,促成了六国联合共同抗秦的局面。文章通过苏秦的失败与成功,塑造了战国游说之士苏秦的形象。他具有顽强的意志和积极进取的精神,同时他的发愤图强又有着强烈的功利目的。在他看来儒家的仁义礼智信和道德规范不重要,重要的是自己的功名抱负能否得以施展。为此他甚至以“头悬梁,锥刺股”近乎残忍的方式刻苦学习,从而实现了自己的人生目标。文章从一个侧面反映了当时社会的人情冷暖、世态炎凉,反映了战国游说之士们朝秦暮楚的政治本质,有着强烈的时代印迹。文中描写苏秦游说时的说辞,辞藻华丽,非常讲究语言的艺术,善于铺陈夸饰,气势充盈,是中国游说史上的经典篇章,亦可视为汉赋铺张扬厉文风的滥觞。

知识链接

苏秦列传

汉·司马迁

苏秦者,东周雒阳人也。东事师于齐,而习之于鬼谷先生。

出游数岁,大困而归。兄弟嫂妹妻妾窃皆笑之,曰:“周人之俗,治理产业,力工商,逐什二以为务。今子释本而事口舌,困,不亦宜乎!”

苏秦闻之而惭,自伤,乃闭室不出,出其书遍观之,曰:“夫士业已屈首受书,而不能以取尊荣,虽多亦奚以为!”于是得周书《阴符》,伏而读之。期年,以出揣摩,曰:“此可以说当世之君矣。”求说周显王。显王左右素习知苏秦,皆少之,弗信。

……

太史公曰:“苏秦兄弟三人,皆游说诸侯以显名,其术长于权变。而苏秦被反间以死,天下共笑之,讳学其术。然世言苏秦多异,异时事有类之者皆附之苏秦。夫苏秦起闾阎,连六国从亲,此其智有过人者。吾故列其行事,次其时序,毋令独蒙恶声焉。”(选自《史记·苏秦列传》)

(邹晓东)

笔记栏

复习思考题

1. 反复阅读本文，简单分析作者是如何塑造苏秦这个人物形象的。

2. 结合文意解释下列语句。

（1）道德不厚者，不可以使民。

（2）式于政，不式于勇；式于廊庙之内，不式于四境之外。

（3）穷巷掘门，桑户棬枢之士。

（4）伏轼撙衔，横历天下。

（5）嗟乎！贫穷则父母不子，富贵则亲戚畏惧。人生世上，势位富贵，盖可忽乎哉！

3. 举例说明苏秦游说之辞的艺术表现手法。

三八、代李敬业传檄天下文

【题解】 本文选自《骆临海集笺注》，据上海古籍出版社1985年版排印。作者骆宾王（约640—约684），婺州义乌（今属浙江）人，初唐“四杰”之一。他曾在道王李元庆府供职，历任武功、长安两县主簿及侍御史，不久得罪入狱，贬临海县丞，郁郁不得志。睿宗文明元年（684），随李敬业在扬州起兵反对武则天。兵败，不知所终。骆宾王少负才名，擅长七言歌行，著有《骆临海集》十卷。

《代李敬业传檄天下文》作于光宅元年九月。当时武则天正积极准备建立大周王朝，李敬业以扬州为根据地起兵反抗，以骆宾王为艺文令，骆以才名，遂代李写下本文。文章以封建君臣之义为依据，前半篇斥责武则天的罪行，后半篇号召各方面起来响应，当时为人所传诵。题一作“讨武曌檄”，误。武则天自名为曌，是后来的事，当时并无此名。

伪临朝武氏者，人非温顺，地实寒微[1]。昔充太宗下陈，尝以更衣入侍[2]。洎乎晚节，秽乱春宫[3]。密隐先帝之私，阴图后庭之嬖[4]。入门见嫉[5]，蛾眉不肯让人；掩袖工谗[6]，狐媚偏能惑主。践元后于翚翟[7]，陷吾君于聚麀[8]。加以虺蜴为心[9]，豺狼成性，近狎邪僻，残害忠良，杀姊屠兄，弑君鸩母[10]。神人之所共疾，天地之所不容。犹复包藏祸心，窥窃神器[11]。君之爱子，幽之于别宫；贼之宗盟，委之以重任。呜呼！霍子孟之不作[12]，朱虚侯之已亡[13]。燕啄皇孙，知汉祚之将尽[14]；龙漦帝后，识夏庭之遽衰[15]。

[1] 地：指家庭的社会地位。

[2] “昔充太宗”二句：指武则天曾为唐太宗的才人。以更衣入侍，暗用汉武帝的皇后卫子夫因侍候更衣得到宠幸之事。

[3] “洎（jì 记）乎晚节”二句：意谓武则天本是唐太宗的才人，后来却和太子（即唐高宗李治）发生了暧昧关系。洎，及，到。晚节，犹言后来。春宫，此指东宫，太子所居之处。

[4] 嬖（bì 必）：宠爱，此指受宠爱的人。

[5] 入门见嫉：谓武则天以美色为高宗所宠爱，所有被选入宫的妃嫔都遭受到她的嫉妒。见，被。

[6] 掩袖：用衣袖捂住鼻子。借用楚怀王夫人郑袖以掩鼻计除去怀王新宠美人的典故，事详《韩非子·内储说下》。这里是指武则天用阴谋陷害王皇后事。

[7] 元后：犹言正宫皇后。 翚翟（huī dí 灰笛）：此指纹成翚翟之形的皇后礼服。翚，五色皆备的雉鸡。翟，长尾山雉。

[8] 聚麀（yōu 优）：两头牡鹿共有一头牝鹿。典出《礼记·曲礼上》：“夫惟禽兽无礼，故父子聚麀。”此意谓武则天以太宗妃妾而成为高宗的皇后，使高宗陷于禽兽之行。

笔记栏

［9］虺（huǐ 毁）：毒蛇的一种。 蜴：即蜥蜴。

［10］鸩（zhèn 震）：鸟名。羽毛有毒，用以浸酒，饮之即死。

［11］神器：指国家、政权、帝位。

［12］霍子孟：西汉大将军霍光，字子孟。汉昭帝刘弗陵年仅八岁即位，霍光以大司马大将军辅政。昭帝死后，昌邑王刘贺嗣位，荒淫无度，光废刘贺，改立宣帝刘询，重新安定了汉王朝。此句慨叹朝廷之中，没有像霍光那样的大臣，来扭转唐朝的危局。

［13］朱虚侯：汉高祖刘邦的孙子刘章，封朱虚侯。高祖死后，吕后专政。吕后死后，诸吕阴谋叛乱。刘章同丞相陈平、太尉周勃等联合，尽诛诸吕，迎立文帝继位，安定了汉室政权。这句感叹李姓宗室没有像朱虚侯这样的人。

［14］"燕啄皇孙"二句：汉成帝时，民间童谣有"燕飞来，啄皇孙"的话。后来赵飞燕进宫成为皇后，性情狠毒。因自己没有儿子，妒忌他人，暗中害死许多皇子，"燕啄皇孙"就成为一种谶语。武则天曾先后废黜、流放和杀死太子李忠、李弘、李贤。所以这里将之比为赵飞燕。祚（zuò 做），国统，政权。

［15］"龙漦（chí 迟）帝后"二句：传说夏朝末期，有两条龙降临宫廷，自称为褒之二君。夏帝问卜于神，根据神的指示，用一木盒将龙留下的吐沫封藏起来。到周厉王末期，打开观看，结果龙涎流入内宫，致后宫一少年宫女感而怀孕，生一女，即褒姒。褒姒后来立为幽王王后，招致了西周的灭亡。《昭明文选》李康《运命论》："幽王之惑褒女也，祆始于夏庭。"漦，鱼或龙之类的涎沫。

敬业皇唐旧臣，公侯冢子[1]。奉先帝之遗训，荷本朝之厚恩。宋微子之兴悲，良有以也[2]；桓君山之流涕[3]，岂徒然哉！是用气愤风云，志安社稷。因天下之失望，顺宇内之推心，爰举义旗，誓清妖孽。南连百越[4]，北尽三河[5]，铁骑成群，玉轴相接[6]。海陵红粟[7]，仓储之积靡穷；江浦黄旗[8]，匡复之功何远？班声动而北风起[9]，剑气冲而南斗平[10]。喑呜则山岳崩颓，叱咤则风云变色。以此制敌，何敌不摧；以此攻城，何城不克！

［1］冢子：长子。

［2］宋微子：商纣王的庶兄，因封于宋，故称宋微子。商亡后，微子朝周，路过殷都的废墟，内心悲伤，作《麦秀歌》以寄意。事详《尚书大传》。敬业的祖父徐被赐姓为李，亦属唐朝宗室，故以宋微子作比。以：原由，缘故。

［3］桓君山：东汉人桓谭，字君山。汉光武帝时，官议郎、给事中，因上疏陈时政，并反对图谶，被贬为六安郡丞，郁郁而终。事详《后汉书·桓谭传》。上句以宋微子作比，不忘故国；此句以桓君山作比，言失去世爵、谪居外地意。

［4］百越：泛指今南方沿海地带。越，南方少数民族的总称。高诱《淮南子》注："越有百种。"故称百越。

［5］三河：洛阳附近河东、河内、河南三郡，是当时政治中心所在地中原。

［6］玉轴：此指战车、战船。轴，通"舳"。船后把舵处，这里借代战船。

［7］海陵：今江苏泰州，唐属扬州。 红粟：陈年的米，因发酵而颜色变红。

［8］黄旗：黄色的旗帜。指天子的仪仗之一。

［9］班声：马嘶鸣声。

［10］南斗：吴越扬州当牛、斗的星空分野。

公等或家传汉爵，或地协周亲[1]，或膺重寄于爪牙，或受顾命于宣室[2]。言犹在耳，忠岂忘心？一抔之土未干[3]，六尺之孤安在？傥能转祸为福[4]，送往事居[5]，共立勤王之勋，无废旧君之命，凡诸爵赏，同指山河[6]。若其眷恋穷城，徘徊歧路，坐昧先几之兆[7]，必贻后至之诛。请看今日之域中，竟是谁家之天下！移檄州郡，咸使知闻。

［1］地协周亲：身份地位都是皇家的宗室或姻亲。周亲，至亲。

［2］"或膺重寄"二句：上句指节制一方的将帅，下句指在朝辅政的大臣。膺，接受。爪牙，喻武将。宣室，汉未央宫正殿室名。

［3］一抔（póu 掊）之土：指皇帝的陵墓。语本《史记·张释之传》："假令愚民取长陵一抔土，陛下将何

笔记栏

法以加之乎?”抔,以手掬物。

[4] 傥(tǎng 躺):连词,表示假设,相当于“倘若”“如果”。

[5] 送往事居:送走死者,侍奉生者。往,死者,指唐高宗。居,生者,指唐中宗。

[6] “凡诸爵赏”二句:意谓有功的一定受爵,同指山河为信。语本《史记·高祖功臣侯者年表》。汉初封功臣以王侯之爵,其誓词云:“使河如带,泰山若厉。国以永宁,爰及苗裔。”

[7] 几(jī 机):苗头,预兆。

简　析

骆宾王不仅以诗歌见长,文章也雄伟峭劲,这篇《代李敬业传檄天下文》是其代表作。檄,是古代用以声讨和征伐的一种文书。刘勰《文心雕龙·檄移》云:“檄者,皦也。宣露于外,皦然明白也……必事昭而理辨,气盛而词断,此其要也。”这篇檄文就做到了笔力雄健,行文流畅,立论严正,气势夺人,是檄文中的典范。

本檄先罗列武则天种种罪行,对其淫虐残暴之行径、窥窃神器之祸心予以无情地揭露,简明有序,鞭挞入理,使读者无不愤恨泣涕,为下文敬业起兵作了很好的铺垫。紧接着,文章转而赞颂敬业顺应民心、志安社稷的义举。作者用夸张的手法描述了义军的蓬勃气势和昂扬斗志,展现了匡复河山的必胜信心,足以让人心动神往。随后,作者动之以情,晓之以理,诱劝说服宗室权贵共举大事,并指出“若其眷恋穷城,徘徊歧路,坐昧先几之兆,必贻后至之诛”,给人以警戒。最后,作者发出“请看今日之域中,竟是谁家之天下”的仰天叹问,以令人警醒的方式结尾。

知识链接

骆　宾　王

元·辛文房

宾王,义乌人。七岁能赋诗。武后时,数上疏言事,得罪贬临海丞,鞅鞅不得志,弃官去。文明中,徐敬业起兵欲反正,往投之,署为府属。为敬业作檄传天下,暴斥武后罪。后见读之,矍然曰:“谁为之?”或以宾王对,后曰:“有如此才不用,宰相过也。”及败亡命,不知所之。后宋之问贬还,道出钱塘,游灵隐寺,夜月,行吟长廊下曰:“鹫岭郁岧峣,龙宫隐寂廖。”未得下联。有老僧燃灯坐禅,问曰:“少年不寐,而吟讽甚苦,何耶?”之问曰:“欲题此寺,而思不属。”僧笑曰:“何不道:‘楼观沧海日,门对浙江潮。’”之问终篇曰:“桂子月中落,天香云外飘。扪萝登塔远,刳木取泉遥。云薄霜初下,冰轻叶未凋。待入天台寺,看余渡石桥。”僧一联,篇中警策也。迟明访之,已不见。老僧即骆宾王也,传闻桴海而去矣。后中宗诏求其文,得百余篇及诗等十卷,命郄云卿次序之,及《百道判集》一卷,今传于世。(选自《唐才子传》)

(王明强)

复习思考题

1. 谈一谈本文凭着哪几方面而成为流传古今的檄文佳作。
2. 结合文意解释下列语句,并谈谈自己的感悟。
(1) 霍子孟之不作,朱虚侯之已亡。
(2) 宋微子之兴悲,良有以也;桓君山之流涕,岂徒然哉!

(3) 言犹在耳,忠岂忘心? 一抔之土未干,六尺之孤安在?

(4) 请看今日之域中,竟是谁家之天下!

3. 举例分析文中用语的骈偶特点。

三九、与韩荆州书

【题解】本文选自清代王琦《李太白集注》,据上海古籍出版社 1992 年影印文渊阁《四库全书》本排印。作者李白(701—762),字太白,号青莲居士,唐代诗人,有"诗仙"之称,是我国伟大的浪漫主义诗人。开元十三年(725),25 岁的李白怀着"愿为辅弼,使寰区大定,海县清一"的报国理想出蜀漫游。他到处拜谒社会名流,投赠诗文,以图蒙受赏识,获得重用。可是,十年漫游,却一事无成。开元二十二年(734),已经 34 岁的李白游襄阳,为求见时任荆州长史的韩朝宗并得以举荐,便写了这封自荐书。

文中极称韩朝宗善于识拔人才,并极力毛遂自荐,希望获得接见和称誉。尤为可贵的是,作者在王侯面前,不卑不亢,展现了自己"虽长不满七尺,而心雄万夫"的气概和"日试万言,倚马可待"的自负。这封书信像李白的诗歌一样体现了他豪放、傲岸的艺术风格,充溢着一种恃才傲物、不可羁勒的精神和力量。这也正是盛唐时代豪迈、乐观与向上气质的再现。

白闻天下谈士相聚而言曰[1]:"生不用封万户侯,但愿一识韩荆州。"何令人之景慕一至于此耶? 岂不以有周公之风[2],躬吐握之事[3],使海内豪俊,奔走而归之,一登龙门[4],则声誉十倍! 所以龙盘凤逸之士[5],皆欲收名定价于君侯[6]。愿君侯不以富贵而骄之、寒贱而忽之,则三千宾中有毛遂,使白得脱颖而出,即其人焉。

[1] 谈士:游说之士,辩士。

[2] 周公:即姬旦,周文王子,周武王弟。因采邑在周(今陕西岐山县),故称周公。

[3] 吐握:即吐哺握发,吐出口中的食物,握住头发。周公自称"我一沐三捉发,一饭三吐哺,起以待士,犹恐失天下之贤人",事详《史记·鲁周公世家》。《韩诗外传》卷三作"一沐三握发"。后遂以"吐握""吐哺握发"形容礼贤下士,求才心切。

[4] 龙门:即禹门口。在山西省河津市西北和陕西省韩城市东北。黄河至此,两岸峭壁对峙,形如门阙,故名。传说江海大鱼能上此门者即化为龙。此处喻指具有较高声望之人的府第。

[5] 龙盘凤逸:喻贤人在野或屈居下位。

[6] 收名定价:获取美名,奠定声望。

白,陇西布衣,流落楚、汉。十五好剑术,遍干诸侯[1]。三十成文章,历抵卿相[2]。虽长不满七尺,而心雄万夫。王公大人许与气义。此畴曩心迹[3],安敢不尽于君侯哉! 君侯制作侔神明[4],德行动天地,笔参造化[5],学究天人。幸愿开张心颜,不以长揖见拒[6]。必若接之以高宴,纵之以清谈。请日试万言,倚马可待[7]。今天下以君侯为文章之司命[8],人物之权衡[9],一经品题,便作佳士。而君侯何惜阶前盈尺之地,不使白扬眉吐气,激昂青云耶?

[1] 干:干谒,有所求而请见。 诸侯:此指地方长官。

[2] 历:遍。 抵:拜谒,进见。 卿相:指朝廷高级官员。

[3] 畴曩(chóu nǎng 愁攮):往日,旧时。

[4] 制作:指文章著述。 侔(móu 谋):相等,齐同。

[5] 笔参造化:意谓文笔精妙绝伦,文章自然天成。参,参与。造化,自然界的创造化育。

[6] 长揖:相见时拱手高举自上而下以为礼。

[7] 倚马可待:形容才思敏捷,为文顷刻而成。语本南朝宋刘义庆《世说新语·文学》:"桓宣武北征,

笔记栏

袁虎时从，被责免官，会须露布文，唤袁倚马前令作，手不辍笔，俄得七纸，殊可观。”

［8］司命：掌管生命的神。此指判定文章优劣的权威。

［9］权衡：称量物体轻重的器具。权，秤锤。衡，秤杆。此指品评人物的权威。

昔王子师为豫州[1]，未下车即辟荀慈明，既下车又辟孔文举；山涛作冀州[2]，甄拔三十余人，或为侍中、尚书，先代所美。而君侯亦荐一严协律[3]，入为秘书郎[4]，中间崔宗之、房习祖、黎昕、许莹之徒[5]，或以才名见知，或以清白见赏。白每观其衔恩抚躬[6]，忠义奋发，以此感激[7]，知君侯推赤心于诸贤腹中[8]，所以不归他人，而愿委身国士[9]。傥急难有用，敢效微躯。

［1］王子师：东汉王允，字子师，灵帝时为豫州刺史（治所在沛国谯县，即今安徽亳州），征召荀爽（字慈明）、孔融（字文举）等为从事。

［2］山涛：字巨源，西晋名士，竹林七贤之一。为冀州（今河北高邑县）刺史时，搜访贤才，甄拔隐屈。

［3］严协律：不详。协律，协律郎，掌管音律，属太常寺，唐为正八品上。

［4］秘书郎：属秘书省，掌管图书经籍。

［5］崔宗之：李白好友。日用之子，袭封齐国公，历左司郎中、侍御史等。　房习祖：不详。　黎昕：曾为拾遗官，与王维有交往。　许莹：不详。

［6］衔恩：受恩，感恩。　抚躬：反躬，反躬自问，意谓常反观自我是否足够奋发进取。

［7］感激：感动奋发。

［8］推赤心于诸贤腹中：意谓以至诚之心对待贤才。语本《后汉书·光武本纪》："萧王推赤心置人腹中。"

［9］国士：一国中的杰出之士。此指韩朝宗。

且人非尧舜，谁能尽善？白谟猷筹画[1]，安能自矜？至于制作，积成卷轴，则欲尘秽视听[2]。恐雕虫小技，不合大人。若赐观刍荛[3]，请给纸墨，兼之书人，然后退扫闲轩，缮写呈上。庶青萍结绿[4]，长价于薛卞之门[5]。幸惟下流[6]，大开奖饰[7]，惟君侯图之[8]。

［1］谟猷（mó yóu 模由）：谋画，谋略。

［2］尘秽视听：请对方阅读自己作品的谦语。

［3］刍荛（chú ráo 除饶）：割草打柴，也指割草打柴的人或草野之人。亦指浅陋的见解，多作自谦之辞。此处是李白谦称自己的作品。刍，割草。荛，打柴。

［4］青萍：古宝剑名。　结绿：美玉名。

［5］薛：薛烛，春秋越人，善相剑，事详《越绝书·越绝外传·记宝剑》。　卞：春秋楚人。相传他得玉璞，先后献给楚厉王和楚武王，都被认为欺诈，受刑砍去双脚。楚文王即位，他抱璞哭于荆山下，文王使人琢璞，得宝玉，名为"和氏璧"。事详《韩非子·和氏》。

［6］惟：念。　下流：指地位微贱的人。

［7］奖饰：奖励称誉。

［8］惟：用在句首，表希望、祈使。　图：思量，考虑。

简　析

李白才华横溢，向往建功立业，尽管"遍干诸侯""历抵卿相"，却长期屈居下尘，不得施展抱负。对于已过而立之年的李白来说，其内心对得到赏识重用的渴求是非常强烈的。这在文中体现有四：一是为博得对方青眼，赞美对方时多有溢美之词。比之以周公，赞之以"制作侔神明，德行动天地，笔参造化，学究天人"，都有过美之嫌。二是再三希望对方接见自己。以"愿君侯不以富贵而骄之、寒贱而忽之""开张心颜，不以长揖见拒""必若接之以高宴，纵之以清谈""何惜阶前盈尺之地，不使白扬眉吐气，激昂青云耶""幸惟下流，大开奖饰，惟君侯图之"等语句，多次表达被接见的迫切要求。三是表达自己投归之愿望言辞恳切之至。先

笔记栏

借天下谈士“生不用封万户侯，但愿一识韩荆州”之言表达结识之愿望，后直言“不归他人，而愿委身国士。倘急难有用，敢效微躯”。四是为取得对方的赏识，多有自夸之辞。诸如“十五好剑术，遍干诸侯。三十成文章，历抵卿相。虽长不满七尺，而心雄万夫。王公大人许与气义”“请日试万言，倚马可待”等，皆有自美之嫌。

李白此时虽然需要俯身低就，但这位“我本楚狂人，凤歌笑孔丘”的“谪仙人”，骨子里有的是孤傲，绝不是卑屈。因此，该文虽然是干谒之作，却写得气势雄壮，甚至略显狂傲不羁，令人叹赏，广为传诵。回顾这段历史，最为让人深思感叹的是，李白并没有被接纳在韩朝宗阶前的“盈尺之地”得以“扬眉吐气，激昂青云”，而本应被历史大潮湮没的韩朝宗却因此文得以显名于后世。

知识链接

春夜宴从弟桃花园序

唐·李白

夫天地者，万物之逆旅也；光阴者，百代之过客也。而浮生若梦，为欢几何？古人秉烛夜游，良有以也。况阳春召我以烟景，大块假我以文章。会桃花之芳园，序天伦之乐事。群季俊秀，皆为惠连；吾人咏歌，独惭康乐。幽赏未已，高谈转清。开琼筵以坐花，飞羽觞而醉月。不有佳咏，何伸雅怀。如诗不成，罚依金谷酒数。（选自清·王琦注《李太白全集》）

（黄　璐）

复习思考题

1. 结合李白的人物特点和生平经历，谈谈这篇文章是如何体现李白在王侯面前不卑不亢、“虽长不满七尺，而心雄万夫”的气概的。

2. 结合文意解释下列词语。

（1）龙门

（2）倚马可待

（3）司命

（4）国士

（5）尘秽视听

3. 举例分析文中所用的几个典故，说一说借用典故的益处。

四〇、舌战群儒

【题解】 本文节选自《三国演义》，据人民文学出版社1973年版排印。《三国演义》全名《三国志通俗演义》，我国四大名著之一，第一部长篇章回体历史演义小说，是罗贯中根据晋朝人陈寿《三国志》和南朝宋人裴松之注中所引用的野史杂记，并吸取平话、杂剧中的故事情节写作而成，展示了从184年到280年近百年的社会政治生活。在“拥刘反曹”的传统思想支配下，作者把蜀汉当做全书矛盾的主导方面，以诸葛亮和刘、关、张为中心人物，以魏、蜀、

笔记栏

吴的兴亡为线索,借助曲折的故事情节,生动地描述了封建统治集团之间尖锐复杂的矛盾和斗争。作者罗贯中(约1330—1400),名本,字贯中,号湖海散人,祖籍一说东原(今山东东平),一说太原,不可确考,流寓杭州。元末明初著名小说家、戏曲家,中国章回小说的鼻祖。著有小说《三国演义》《隋唐两代志传》《残唐五代史演义》以及杂剧《赵太祖龙虎风云会》等。

本文选取的是《三国演义》第四十三回的片段,描写的是曹操在攻取荆州后,沿江而下,孙权手下的文臣大都主张降曹,只有鲁肃主张联刘抗曹。但鲁肃自知难以说服孙权和东吴的文臣,特意请诸葛亮来当说客。于是诸葛亮与东吴群臣之间展开了一场精彩的舌战,充分展现了他的论辩才能。

肃领命而去。次日至馆驿中见孔明,又嘱曰:"今见我主,切不可言曹操兵多。"孔明笑曰:"亮自见机而变,决不有误。"肃乃引孔明至幕下。早见张昭、顾雍等一班文武二十余人,峨冠博带,整衣端坐。孔明逐一相见,各问姓名,施礼已毕,坐于客位。张昭等见孔明丰神飘洒,器宇轩昂,料道此人必来游说。张昭先以言挑之曰:"昭乃江东微末之士,久闻先生高卧隆中,自比管、乐。此语果有之乎?"孔明曰:"此亮平生小可之比也。"昭曰:"近闻刘豫州三顾先生于草庐之中,幸得先生,以为'如鱼得水',思欲席卷荆襄。今一旦以属曹操,未审是何主见?"孔明自思张昭乃孙权手下第一个谋士,若不先难倒他,如何说得孙权,遂答曰:"吾观取汉上之地,易如反掌。我主刘豫州躬行仁义,不忍夺同宗之基业,故力辞之。刘琮孺子,听信佞言,暗自投降,致使曹操得以猖獗。今我主屯兵江夏,别有良图,非等闲可知也。"昭曰:"若此,是先生言行相违也。先生自比管、乐——管仲相桓公,霸诸侯,一匡天下;乐毅扶持微弱之燕,下齐七十余城[1];此二人者,真济世之才也。先生在草庐之中,但笑傲风月,抱膝危坐。今既从事刘豫州,当为生灵兴利除害,剿灭乱贼。且刘豫州未得先生之前,尚且纵横寰宇,割据城池;今得先生,人皆仰望。虽三尺童蒙,亦谓彪虎生翼,将见汉室复兴,曹氏即灭矣。朝廷旧臣,山林隐士,无不拭目而待:以为拂高天之云翳[2],仰日月之光辉,拯民于水火之中,措天下于衽席之上[3],在此时也。何先生自归豫州,曹兵一出,弃甲抛戈,望风而窜。上不能报刘表以安庶民,下不能辅孤子而据疆土。乃弃新野,走樊城,败当阳,奔夏口,无容身之地。是豫州既得先生之后,反不如其初也。管仲、乐毅,果如是乎?愚直之言,幸勿见怪!"孔明听罢,哑然而笑曰:"鹏飞万里,其志岂群鸟能识哉?譬如人染沉疴[4],当先用糜粥以饮之,和药以服之,待其腑脏调和,形体渐安,然后用肉食以补之,猛药以治之,则病根尽去,人得全生也。若不待气脉和缓,便投以猛药厚味,欲求安保,诚为难矣。吾主刘豫州,向日军败于汝南,寄迹刘表,兵不满千,将止关、张、赵云而已,此正如病势尪羸已极之时也[5]。新野山僻小县,人民稀少,粮食鲜薄,豫州不过暂借以容身,岂真将坐守于此耶?夫以甲兵不完,城郭不固,军不经练,粮不继日,然而博望烧屯,白河用水,使夏侯惇、曹仁辈心惊胆裂:窃谓管仲、乐毅之用兵,未必过此。至于刘琮降操,豫州实出不知,且又不忍乘乱夺同宗之基业,此真大仁大义也。当阳之败,豫州见有数十万赴义之民,扶老携幼相随,不忍弃之,日行十里,不思进取江陵,甘与同败,此亦大仁大义也。寡不敌众,胜负乃其常事。昔高皇数败于项羽,而垓下一战成功,此非韩信之良谋乎?夫信久事高皇,未尝累胜。盖国家大计,社稷安危,是有主谋。非比夸辩之徒,虚誉欺人:坐议立谈,无人可及;临机应变,百无一能。诚为天下笑耳!"这一篇言语,说得张昭并无一言回答。

[1] 下:攻下,拿下。

[2] 翳(yì 意):遮蔽。

[3] 衽(rèn 任)席:指坐卧时的铺垫物,比喻安全舒适的地方。

[4] 沉疴(kē 科):重病。

[5] 尪羸(wāng léi 汪雷):瘦弱。

座上忽一人抗声问曰："今曹公兵屯百万，将列千员，龙骧虎视[1]，平吞江夏，公以为何如？"孔明视之，乃虞翻也。孔明曰："曹操收袁绍蚁聚之兵，劫刘表乌合之众，虽数百万不足惧也。"虞翻冷笑曰："军败于当阳，计穷于夏口，区区求救于人，而犹言'不惧'，此真大言欺人也！"孔明曰："刘豫州以数千仁义之师，安能敌百万残暴之众？退守夏口，所以待时也。今江东兵精粮足，且有长江之险，犹欲使其主屈膝降贼，不顾天下耻笑。由此论之，刘豫州真不惧操贼者矣！"虞翻不能对。

[1] 骧（xiāng 香）：昂首，高举。

座间又一人问曰："孔明欲效仪、秦之舌[1]，游说东吴耶？"孔明视之，乃步骘也。孔明曰："步子山以苏秦、张仪为辩士，不知苏秦、张仪亦豪杰也：苏秦佩六国相印，张仪两次相秦，皆有匡扶人国之谋，非比畏强凌弱，惧刀避剑之人也。君等闻曹操虚发诈伪之词，便畏惧请降，敢笑苏秦、张仪乎？"步骘默然无语。

[1] 仪、秦：指张仪、苏秦，二人皆为战国时以雄辩著称的说客。

忽一人问曰："孔明以曹操何如人也？"孔明视其人，乃薛综也。孔明答曰："曹操乃汉贼也，又何必问？"综曰："公言差矣。汉传世至今，天数将终。今曹公已有天下三分之二，人皆归心。刘豫州不识天时，强欲与争，正如以卵击石，安得不败乎？"孔明厉声曰："薛敬文安得出此无父无君之言乎！夫人生天地间，以忠孝为立身之本。公既为汉臣，则见有不臣之人，当誓共戮之，臣之道也。今曹操祖宗叨食汉禄，不思报效，反怀篡逆之心，天下之所共愤；公乃以天数归之，真无父无君之人也！不足与语！请勿复言！"薛综满面羞惭，不能对答。

座上又一人应声问曰："曹操虽挟天子以令诸侯，犹是相国曹参之后[1]。刘豫州虽云中山靖王苗裔，却无可稽考，眼见只是织席贩屦之夫耳，何足与曹操抗衡哉！"孔明视之，乃陆绩也。孔明笑曰："公非袁术座间怀橘之陆郎乎[2]？请安坐，听吾一言：曹操既为曹相国之后，则世为汉臣矣。今乃专权肆横，欺凌君父，是不惟无君，亦且蔑祖，不惟汉室之乱臣，亦曹氏之贼子也。刘豫州堂堂帝胄，当今皇帝，按谱赐爵，何云'无可稽考'？且高祖起身亭长，而终有天下；织席贩屦，又何足为辱乎？公小儿之见，不足与高士共语！"陆绩语塞。

[1] 曹参：汉高祖刘邦的功臣之一，曾继萧何之后担任相国。

[2] 座间怀橘：陆绩六岁时，在九江见袁术，座间偷取三个橘子藏于怀中，临走时不小心掉了出来。袁术问他原因，他回答说要带回去孝敬母亲。这事被传为"美谈"。文中诸葛亮以此事称呼陆绩，暗含调侃揶揄之意。

座上一人忽曰："孔明所言，皆强词夺理，均非正论，不必再言。且请问孔明治何经典？"孔明视之，乃严畯也。孔明曰："寻章摘句，世之腐儒也，何能兴邦立事？且古耕莘伊尹[1]、钓渭子牙[2]、张良、陈平之流，邓禹、耿弇之辈[3]，皆有匡扶宇宙之才，未审其生平治何经典。岂亦效书生，区区于笔砚之间，数黑论黄，舞文弄墨而已乎？"严畯低头丧气而不能对。

[1] 耕莘伊尹：商朝开国宰相伊尹，出山从政之前躬耕于有莘国之野。事本《孟子·万章上》。

[2] 钓渭子牙：周朝开国元勋吕望（姜子牙），曾隐居于渭水之滨垂钓。

[3] 邓禹、耿弇（yǎn 衍）：二人皆为东汉光武帝刘秀的开国功臣。

忽又一人大声曰："公好为大言，未必真有实学，恐适为儒者所笑耳。"孔明视其人，乃汝阳程德枢也。孔明答曰："儒有君子小人之别。君子之儒，忠君爱国，守正恶邪，务使泽及当时，名留后世。若夫小人之儒，惟务雕虫[1]，专工翰墨。青春作赋，皓首穷经；笔下虽有千言，胸中实无一策。且如扬雄以文章名世[2]，而屈身事莽，不免投阁而死，此所谓小人之儒也，虽日赋万言，亦何取哉！"程德枢不能对。众人见孔明对答如流，尽皆失色。

笔记栏

[1] 雕虫:西汉辞赋家扬雄把写作辞赋看成是"壮夫不为"的"雕虫"小计,有鄙薄之意。

[2] 扬雄:西汉辞赋家,在王莽的新朝做过官,因事害怕入狱受刑,跳楼自杀,几乎摔死。

时座上张温、骆统二人,又欲问难。忽一人自外而入,厉声言曰:"孔明乃当世奇才,君等以唇舌相难,非敬客之礼也。曹操大军临境,不思退敌之策,乃徒斗口耶!"众视其人,乃零陵人,姓黄,名盖,字公覆,现为东吴粮官。当时黄盖谓孔明曰:"愚闻多言获利,不如默而无言。何不将金石之论为我主言之,乃与众人辩论也?"孔明曰:"诸君不知世务,互相问难,不容不答耳。"于是黄盖与鲁肃引孔明入。

简 析

本课节选的这段文字,是诸葛亮与张昭、虞翻、步骘、薛综、陆绩、严畯、程德枢等七位儒士进行的论辩。虽然这七人提出的辩题都不一样,但他们的目的皆是为了阻止诸葛亮劝谏孙权联刘抗曹。面对群儒的诘难,诸葛亮神态自若,沉着应对,以排山倒海之势将群儒各个击破,使得他们降曹自保的目的难以得逞,为之后孙刘联盟共抗曹操局面的形成打下了良好的基础。

在这段文字中,诸葛亮高超的论辩技巧得到了充分展现。例如攻守有度、语带双机的论辩策略,排比、对偶及反问的语言艺术,比喻、事实、类比等的论证方法,使得诸葛亮的论辩内容丰富,纵横捭阖。其磅礴的语势,使得群臣或"不能对"或"默然无语"或"语塞",以致"尽皆失色"。明代蒋大器评论《三国演义》的语言特色时说"文不甚深,言不甚俗"。"文不甚深"指的是语言的通俗化,"言不甚俗"指的是语言的文学性。这两者结合,既有古代文言文的简略精炼,又适当通俗化,有利于营造历史气氛,雅俗共赏。而诸葛亮面对不同的人采用色彩不同的语言进行辩驳,其娴熟的论辩技巧令人折服,堪称经典。

知识链接

蜀 相

唐·杜甫

丞相祠堂何处寻?锦官城外柏森森。
映阶碧草自春色,隔叶黄鹂空好音。
三顾频烦天下计,两朝开济老臣心。
出师未捷身先死,长使英雄泪满襟!

(选自清·杨伦笺注《杜诗镜铨》)

(李莹波)

复习思考题

1. 归纳概括诸葛亮是如何战胜东吴群儒的。
2. 结合文意解释下列语句,并体会其语言之美。
(1) 张昭等见孔明丰神飘洒,器宇轩昂。
(2) 昭乃江东微末之士,久闻先生高卧隆中,自比管、乐。
(3) 虽三尺童蒙,亦谓彪虎生翼。
(4) 拯民于水火之中,措天下于衽席之上。

（5）今曹操祖宗叨食汉禄，不思报效，反怀篡逆之心，天下之所共愤。

3. 简要分析《舌战群儒》一文所蕴含的辩论艺术。

四一、拿起笔来之前

【题解】本文选自《叶圣陶论创作》，据上海文艺出版社 1982 年版排印。原文载于 1951 年 7 月 14 日《中国青年》第十七期。作者叶圣陶（1894—1988），原名叶绍钧，字秉臣，江苏苏州人，著名文学家、教育家及出版人。1914 年开始创作文言小说，五四运动前后改用白话文写作。1921 年，与沈雁冰、郑振铎、周作人等人发起成立“文学研究会”，提倡“文学为人生”，是文学研究会主要作家之一。著有我国第一部童话集《稻草人》（1923）和中国现代文学史上第一部长篇小说《倪焕之》（1928），并终身致力于语文教学研究及编辑出版工作。

本文主要阐述要写好文章必须重视动笔前的准备工夫，即养成几个方面的良好习惯。整篇文章粗看起来似乎无甚高论，但实际上作者开源导流，深入浅出地指导我们如何进行写作，告诉我们要从生活、思维和语言等方面去做好写作的准备工夫。这对于只是一味在写作技巧方法上下工夫，而不顾及实际社会生活的做法，可以起到很好的纠偏启示作用。

写文章这一件事儿，可以说难，也可以说不难。并不是游移不决说两面话，实情是这么样。难不难决定在动笔以前的准备工夫怎么样。准备工夫够了，要写就写，自然合拍，无所谓难。准备工夫一点也没有，或者有一点，可是太不到家了，拿起笔来样样都得从头做起，那当然很难了。

现在就说说准备工夫。

在实际生活里养成精密观察跟仔细认识的习惯，是一种准备工夫。不为写文章，这么样的习惯本来也得养成。如果养成了，对于写文章太有用处了。你想，咱们常常写些记叙文章，讲到某些东西，叙述某些事情，不是全都依靠观察跟认识吗？人家说咱们的记叙文章写得好，又正确，又周到。推究到根柢，不是因为观察跟认识好才写得好吗？

在实际生活里养成推理下判断都有条有理的习惯，又是一种准备工夫。不为写文章，这么样的习惯本来也得养成。如果养成了，对于写文章太有用处了。你想，咱们常常写些论说文章，阐明某些道理，表示某些主张，不是全都依靠推理下判断吗？人家说咱们的论说文章写得好，好象一张算草，一个式子一个式子等下去，不由人不信服。推究到根柢，不是因为推理下判断好才写得好吗？

推广开来说，所有社会实践全都是写文章的准备工夫。为了写文章才有种种的社会实践，那当然是不通的说法。可是，没有社会实践，有什么可以写的呢？

还有一种准备工夫必得说一说，就是养成正确的语言习惯。语言本来应该求其正确，并非为了写文章才求其正确，不为写文章就可以不正确。而语言跟文章的关系又是非常密切的，即使说成“二而一”，大概也不算夸张。语言是有声无形的文章，文章是有形无声的语言：这样的看法不是大家可以同意吗？既然是这样，语言习惯正确了，写出来的文章必然错不到哪儿去；语言习惯不良，就凭那样的习惯来写文章，文章必然好不了。

什么叫做正确的语言习惯？可以这么样说：说出来的正是想要说的，不走样，不违背语言的规律。做到这个地步，语言习惯就差不离了。所谓不走样，就是语言刚好跟心思一致。想心思本来非凭借语言不可，心思想停当了，同时语言也说妥当了，这就是一致。所谓不违背语言的规律，就是一切按照约定俗成的办。语言好比通货，通货不能各人发各人的，必须

笔记栏

是大家公认的通货才有价值。以上这两层意思虽然分开说，实际上可是一贯的。想心思凭借的语言必然是约定俗成的语言，决不能是“只此一家”的语言。把心思说出来，必得用约定俗成的语言才能叫人家明白。就怕在学习语言的时候不大认真，自以为这样说合上了约定俗成的说法，不知道必须说成那样才合得上；往后又不加检查，一直误下去，得不到纠正。在这种情形之下，语言不一定跟心思一致了，还不免多少违背了语言的规律。这就叫做语言习惯不良。

从上一段话里，可以知道语言的规律不是什么深奥奇妙的东西。原来就是约定俗成的那些个说法，人人熟习，天天应用。一般人并不把什么语言的规律放在心上，他们只是随时运用语言，说出去人家听得明白，依据语言写文章，拿出去人家看得明白。所谓语言的规律，他们不知不觉地熟习了。不过，不知不觉的熟习不能保证一定可靠，有时候难免出错误。必须知其然又知其所以然，把握住规律，才可以巩固那些可靠的，纠正那些错误的，永远保持正确的语言习惯。学生要学语言规律的功课，不上学的人最好也学一点，就是这个道理。

现在来说说学一点语言的规律。不妨说得随便些，就说该怎样在这上头注点儿意吧。该注点儿意的有两个方面，一是语汇，二是语法。

人、手、吃、喝、轻、重、快、慢、虽然、但是、这样、那样……全都是语汇，在心里是意念的单位，在语言里是构成语句的单位。对于语汇，最要紧的自然是了解它的意义。一个语汇的意义，孤立地了解不如从运用那个语汇的许多例句中去了解来得明确。如果能取近似的语汇来作比较就更好。譬如“观察”跟“视察”，“效学”跟“效尤”，意义好象差不多。收集许多例句在手边（不一定要记录在纸上，想一想平时自己怎样说的，人家怎样说的，书上怎样写的，也是收集），分别归拢来看，那就不但了解每一个语汇的意义，连各个语汇运用的限度也清楚了。其次，应该清楚地了解两个语汇彼此能不能关联。这当然得就意义上看。由于意义的限制，某些语汇可以跟某些语汇关联，可是决不能跟另外的某些语汇关联。譬如“苹果”可以跟“吃”“采”“削”关联，可是跟“喝”“穿”“戴”无论如何联不起来，那是小孩也知道的。但是跟“目标”联得起来的语汇是“做到”还是“达到”，还是两个都成或者两个都不成，就连成人也不免踌躇。尤其在结构繁复的句子里，两个相关的语汇隔得相当远，照顾容易疏忽。那必须掌握语句的脉络，熟习语汇跟语汇意义上的配搭，才可以不出岔子。再其次，下一句话跟上一句话连接起来，当然全凭意义，有时候需用专司连接的语汇，有时候不需用。对于那些专司连接的语汇，得个个咬实，绝不乱用。提出假设，才来个“如果”；意义转折，才来个“可是”或者“然而”；准备说原因了，才来个“因为”；准备作结语了，才来个“所以”。还有，说“固然”该怎样照应，说“不但”该怎样配搭。诸如此类，都得明白。不能说那些个语汇经常用，用惯了，有什么稀罕；要知道惟有把握住规律，才能保证用一百次就一百次不错。

咱们说“吃饭”“喝水”，不能说“饭吃”“水喝”。意思是我佩服你，就得说“我佩服你”，不能说“你佩服我”；意思是你相信他，就得说“你相信他”，不能说“他相信你”。“吃饭”“喝水”合乎咱们语言的习惯；“我佩服你”“你相信他”主宾分明，合乎咱们的本意：这就叫做合乎语法。语法是语句构造的方法。那方法不是由谁规定的，也无非是个约定俗成。对于语法要注点儿意，先得养成剖析句子的习惯。说一句话，必然有个对象，或者说“我”，或者说“北京”，或者说“中华人民共和国”，如果什么对象也没有，话也不用说了。对象以明白说出来的居多；有时因为前面已经说过，或者因为人家能够理会，就略去不说。无论说出来不说出来，要剖析，就必须认清楚说及的对象是什么。单说个对象还不成一句话，还必须对那个对象说些什么。说些什么，那当然千差万别，可是归纳起来只有两类。一类是说那对象怎样，可以举“中华人民共和国成立了”作例子，“成立了”就是说“中华人民共和国”怎样；又一

类是说那对象是什么，可以举“北京是中华人民共和国的首都”作例子，“是中华人民共和国的首都”就是说“北京”是什么。

在这两个例子中，哪个是对象的部分，哪个是怎样或者是什么的部分容易剖析，好象值不得说似的。但是咱们说话并不老说这么简单的句子，咱们还要说些个繁复的句子。就算是简单的句子吧，有时为了需要，对象的部分，怎样或者是什么的部分，也得说上许多东西才成，如果剖析不来，自己说就说不清楚，听人家说就听不清楚。譬如“以美国为首的帝国主义者侵略朝鲜的行动正在严重地威胁着中国的安全”这句话，咱们必须能够加以剖析，知道这句话说及的对象是“行动”，“行动”以上全是说明“行动”的非要不可的东西。这个“行动”怎样呢？这个“行动”“威胁着中国的安全”。“正在”说明“威胁”的时间，“严重地”说明“威胁”的程度，也是非要不可的。至于繁复的句子，好象一个用许多套括弧的算式。你必须明白那个算题的全部意义才写得出那样的一个算式；你必须按照那许多套括弧的关系，才算得出正确的答数。由于排版不方便，这儿不举什么例句，给加上许多套括弧，写成算式的模样了，只希望读者从算式的比喻理会到剖析繁复的句子十分重要。

能够剖析句子，必须连带地知道其他一些道理。譬如，说及的对象一般在句子的前头，可是不一定在前头，这就是一个道理。在“昨晚上我去看老张”这句话里，说及的对象是“我”不是“昨晚上”，在前的“昨晚上”说明“去看”的时间。繁复的句子里往往包含几个分句，除开轻重均等的以外，重点都在后头，这又是一个道理。象“读书人家的子弟熟悉笔墨，木匠的儿子会玩斧凿，兵家儿早识刀枪”这句话，是三项均等的，无所谓轻重。象“我们不但善于破坏一个旧世界，我们还将善于建设一个新世界。”“宁可将可作小说的材料缩成速写，决不将速写材料拉成小说。”“如果我们不学习群众的语言，我们就不能领导群众。”“我们有很多同志，虽然天天处在农村中，甚至自以为了解农村，但是他们并没有了解农村。”“即使人家不批评我们，我们也应该自己检讨。”（以上六句例句是从吕叔湘、朱德熙两位先生的《语法修辞讲话》里抄来的，见六月二十日的《人民日报》）这几句话的重点都在后头，说前头的，就为加强后头的分量。如果径把重点说出，原来在前头的就不用说了。已经说了“我们将善于建设一个新世界”，底下还用说“我们善于破坏一个旧世界”吗？要说也连不上了。知道了以上那些道理，对于说话听话，对于写文章看文章，都是很有用处的。

开头说准备工夫，说到养成正确的语言习惯就说了一大串。往下文章差不多要结束了，回到准备工夫上去再说几句。

以上说的那些准备工夫全都是属于养成习惯的。习惯总得一点一点地养成。临时来一下，过后就扔了，那养不成习惯。而且临时来一下必然不能到家。平时心粗气浮，对于外界的事物，见如不见，闻如不闻，也就说不清所见所闻是什么。有一天忽然为了要写文章，才有意去精密观察一下，仔细认识一下，这样的观察和认识，成就必然有限，必然比不上平时能够精密观察仔细认识的人。写成一篇观察得好认识得好的文章，那根源还在于平时有好习惯，习惯好，才能够把文章的材料处理好。

平时想心思没条没理，牛头不对马嘴的，临到拿起笔来，即使十分审慎，定计划、写大纲，能保证写成论据完足、推阐明确的文章吗？

平时对于语汇认不清它的确切意义，对于语法拿不稳它的正确结构，平时说话全是含糊其词，似是而非，临到拿起笔来，即使竭尽平生之力，还不是跟平时说话半斤八两吗？

所以，要文章写得象个样儿，不该在拿起笔来的时候才问该怎么样，应该在拿起笔来之前多做准备工夫。准备工夫不仅是写作方面纯技术的准备，更重要的是实际生活的准备，不从这儿出发就没有根。急躁是不成的，秘诀是没有的。实际生活充实了，种种习惯养成了，写文章就会象活水那样自然地流了。

简 析

文章开门见山地提出议论的中心："写文章这一件事儿"，"难不难决定在动笔以前的准备工夫怎么样。"之后紧扣中心思想论述写好文章必须从四个方面养成良好习惯，即应该从观察认识生活、培养有条有理的推理判断能力、养成正确的语言习惯、掌握语言规律等方面去做好写作的准备工夫。文章突出论述了养成正确的语言习惯对于写好文章的重要性和怎样培养正确的语言习惯等问题。最后用"回到准备工夫上去再说几句"来首尾呼应，接着概括了四个方面的准备工夫在写作文章中的重要性，总结全文。

整篇文章论点鲜明，布局严谨，重点突出，过渡自然，首尾呼应，论述深入浅出，语言纯朴流畅，使人感到十分亲切。本文不仅在写作道理上给人以启发，而且文章本身在如何运用语言、如何组织材料、如何统筹布局等方面也很有借鉴意义。

知识链接

我怎么做起小说来

鲁 迅

自然，做起小说来，总不免自己有些主见的。例如，说到"为什么"做小说罢，我仍抱着十多年前的"启蒙主义"，以为必须是"为人生"，而且要改良这人生……所以我的取材，多采自病态社会的不幸的人们中，意思是在揭出病苦，引起疗救的注意。（选自《南腔北调集·我怎么做起小说来》）

（李莹波）

复习思考题

1. 动笔之前为什么要有准备的工夫？应该有哪些准备工夫？请仔细领会作者的意图，并按照文章的启示去练习写作。
2. 本文为什么要重点论述培养正确的语言习惯？了解现代汉语的词汇和语法方面的相关知识，尝试说明本文涉及的词汇和语法方面的知识点。
3. 举例说明这篇文章在谋篇布局、详略取舍、承上启下、前后照应等方面有什么特点。

四二、文学的趣味

【题解】 本文选自《谈美·谈文学》，据人民文学出版社 1988 年版排印。《谈美·谈文学》写于抗战后期，初版于 1946 年 5 月。书中收录了当时在报刊上发表的单篇文章十九篇，如《作文与运思》《选择与安排》《咬文嚼字》《具体与抽象》等。各篇既独立成文，又有内在的联系，比较系统地反映了作者当时的文学观点，在当时以及后来的文学和美学领域都产生了广泛的影响。作者朱光潜（1897—1986），笔名孟实、盟石，安徽桐城人，现代著名美学家、文艺理论家、教育家、翻译家，毕生从事美学教学和研究，在西方美学思想和中西方文化研究方面造诣较深。其《西方美学史》是我国第一部系统论述西方美学历史的著作，具有开创性的学术价值。朱光潜精通英语、法语、德语，翻译了三百多万字的作品，著有《西方美学史》

笔记栏

《文艺心理学》《悲剧心理学》《诗论》《谈美书简》等。

《文学的趣味》一文，围绕文学的趣味问题，深入细致地论述了文学趣味的重要性、造成文学趣味分歧的主要因素、如何克服文学趣味的欠缺、不断培养新的趣味等内容。其中提出的许多重要观点对我们有着很强的启示作用。

文学作品在艺术价值上有高低的分别，鉴别出这高低而特有所好，特有所恶，这就是普通所谓趣味。辨别一种作品的趣味就是评判，玩索一种作品的趣味就是欣赏，把自己在人生自然或艺术中所领略得的趣味表现出就是创造。趣味对于文学的重要于此可知。文学的修养可以说就是趣味的修养。趣味是一个比喻，由口舌感觉引申出来的。它是一件极寻常的事，却也是一件极难的事。虽说"天下之口有同嗜[1]"，而实际上"人莫不饮食也，鲜能知味[2]"。它的难处在没有固定的客观的标准，而同时又不能完全凭主观的抉择。说完全没有客观的标准吧？文章的美丑犹如食品的甜酸，究竟容许公是公非的存在；说完全可以凭客观的标准吧？一般人对于文学作品的欣赏有许多个别的差异，正如有人嗜甜，有人嗜辣。在文学方面下过一番工夫的人都明白文学上趣味的分别是极微妙的，差之毫厘往往谬以千里。极深厚的修养常在毫厘之差上见出，极艰苦的磨炼也常是在毫厘之差上做功夫。

举一两个实例来说。南唐中主的《浣溪沙》是许多读者所熟读的[3]：

菡萏香销翠叶残[4]，西风愁起绿波间。还与韶光共憔悴，不堪看。 细雨梦回鸡塞远[5]，小楼吹彻玉笙寒。多少泪珠何限恨，倚阑干。

冯正中、王荆公诸人都极赏"细雨梦回"二句[6]，王静安在《人间词话》里却说[7]："'菡萏香销'二句大有众芳芜秽美人迟暮之感，乃古今独赏其'细雨梦回'二句，故知解人正不易得。"《人间词话》又提到秦少游的《踏莎行》[8]，这首词最后两句是"郴江幸自绕郴山[9]，为谁流下潇湘去[10]"，最为苏东坡所叹赏；王静安也不以为然："少游词境最为凄惋，至'可堪孤馆闭春寒，杜鹃声里斜阳暮'，则变而为凄厉矣。东坡赏其后二语，犹为皮相。"

这种优秀的评判正足见趣味的高低。我们玩味文学作品时，随时要评判优劣，表示好恶，就随时要显趣味的高低。冯正中、王荆公、苏东坡诸人对于文学不能说算不得"解人"，他们所指出的好句也确实是好，可是细玩王静安所指出的另外几句，他们的见解确不无可议之处，至少是"郴江绕郴山"二句实在不如"孤馆闭春寒"二句。几句中间的差别微妙到不易分辨的程度，所以容易被人忽略过去。可是它所关却极深广，赏识"郴江绕郴山"的是一种胸襟，赏识"孤馆闭春寒"的另是一种胸襟。同时，在这一两首词中所用的鉴别的眼光可以应用来鉴别一切文艺作品，显出同样的抉择，同样的好恶，所以对于一章一句的欣赏大可见出一个人的一般文学趣味。好比善饮酒者有敏感鉴别一杯酒，就有敏感鉴别一切的酒。趣味其实就是这样的敏感。离开这一点敏感，文艺就无由欣赏，好丑妍媸就变成平等无别[11]。

不仅欣赏，在创作方面我们也需要纯正的趣味。每个作者必须是自己的严正的批评者，他在命意布局遣词造句上都须辨析锱铢，审慎抉择，不肯有一丝一毫含糊敷衍。他的风格就是他的人格，而造成他的特殊风格的就是他的特殊趣味。一个作家的趣味在他的修改锻炼的功夫上最容易见出。西方名家的稿本多存在博物馆，其中修改的痕迹最足发人深省。中国名家修改的痕迹多随稿本淹没，但在笔记杂著中也偶可见一斑。姑举一例。黄山谷的《冲雪宿新寨》一首七律的五六两句原为"俗学近知回首晚，病身全觉折腰难[12]"。这两句本甚好，所以王荆公在都中听到，就击节赞叹，说"黄某非风尘俗吏"。但是黄山谷自己仍不满意，最后改为"小吏有时须束带，故人颇问不休官"。这两句仍是用陶渊明见督邮的典故，却比原文来得委婉有含蓄。弃彼取此，亦全凭趣味。如果在趣味上不深究，黄山谷既写成原来两句，就大可苟且偷安。

笔记栏

以上谈欣赏和创作，摘句说明，只是为其轻而易举，其实一切文艺上的好恶都可作如是观。你可以特别爱好某一家，某一体，某一时代，某一派别，把其余都看成左道狐禅。文艺上的好恶往往和道德上的好恶同样地强烈深固，一个人可以在趣味异同上区别敌友，党其所同，伐其所异。文学史上许多派别，许多笔墨官司，都是这样起来的。

在这里我们会起疑问：文艺的好坏，爱憎起于好坏，好的就应得一致爱好，坏的就应得一致憎恶，何以文艺的趣味有那么大的分歧呢？你拥护六朝，他崇拜唐宋；你赞赏苏辛，他推尊温李，纷纭扰攘，莫衷一是。作品的优越不尽可为凭，莎士比亚、勃莱克、华兹华斯一般开风气的诗人在当时都不很为人重视[13]。读者的深厚造诣也不尽可为凭，托尔斯泰攻击莎士比亚和歌德，约翰逊看不起弥尔顿[14]，法朗士讥诮荷马和维吉尔[15]。这种趣味的分歧是极有趣的事实。粗略地分析，造成这事实的有下列几个因素。

第一是资禀性情。文艺趣味的偏向在大体上先天已被决定。最显著的是民族根性。拉丁民族最喜欢明晰，条顿民族最喜欢力量，希伯来民族最喜欢严肃，他们所产生的文艺就各具一种风格，恰好表现他们的国民性。就个人论，据近代心理学的研究，许多类型的差异都可以影响文艺的趣味。比如在想像方面，"造型类"人物要求一切像图画那样一目了然，"涣散类"人物喜欢一切像音乐那样迷离隐约；在性情方面，"硬心类"人物偏袒阳刚，"软心类"人物特好阴柔；在天然倾向方面，"外倾"者喜欢戏剧式的动作，"内倾"者喜欢独语体诗式的默想。这只是就几个荦荦大端来说[16]，每个人在资禀性情方面还有他的特殊个性，这和他的文艺的趣味也密切相关。

其次是身世经历。谢安有一次问子弟："《毛诗》何句最佳？"谢玄回答："昔我往矣，杨柳依依；今我来思，雨雪霏霏。"谢安表示异议，说："'讦谟定命，远猷辰告'句有雅人深致。"（见《世说新语》）这两人的趣味不同，却恰合两人不同的身份。谢安自己是当朝一品，所以特别能欣赏那形容老成谋国的两句；谢玄是翩翩佳公子，所以那流连风景，感物兴怀的句子很合他的口胃。本来文学欣赏，贵能设身处地去体会。如果作品所写的与自己所经历的相近，我们自然更容易了解，更容易起同情。杜工部的诗在这抗战期中读起来，特别亲切有味，也就是这个道理。

第三是传统习尚。法国学者泰纳著《英国文学史》，指出"民族""时代""周围"为文学的三大决定因素，文艺的趣味也可以说大半受这三种势力形成。各民族、各时代都有它的传统，每个人的"周围"（法文 Milieu 略似英文 Circle，意谓"圈子"，即常接近的人物，比如说，属于一个派别就是站在那个圈子里）都有它的习尚。在西方，古典派与浪漫派、理想派与写实派；在中国，六朝文与唐宋古文，选体诗、唐诗和宋诗，五代词、北宋词和南宋词，桐城派古文和阳湖派古文，彼此中间都树有很森严的壁垒。投身到某一派旗帜之下的人，就觉得只有那一派是正统，阿其所好，以至目空其余一切。我个人与文艺界朋友的接触，深深地感觉到传统习尚所产生的一些不愉快的经验。我对新文学属望很殷，费尽千言万语也不能说服国学耆宿们[17]，让他们相信新文学也自有一番道理。我也很爱读旧诗文，向新文学作家称道旧诗文的好处，也被他们嗤为顽腐。此外新旧文学家中又各派别之下有派别，京派海派，左派右派，彼此相持不下。我冷眼看得很清楚，每派人都站在一个"圈子"里，那圈子就是他们的"天下"。

一个人在创作和欣赏时所表现的趣味，大半由上述三个因素决定。资禀性情、身世经历和传统习尚，都是很自然地套在一个人身上的，不轻易能摆脱，而且它们的影响有好有坏，也不必完全摆脱。我们应该做的功夫是根据固有的资禀性情而加以磨砺陶冶，扩充身世经历而加以细心的体验，接收多方的传统习尚而求截长取短，融会贯通。这三层功夫就是普通所谓学问修养。纯恃天赋的趣味不足为凭，纯恃环境影响造成的趣味也不足为凭，纯正的可凭

笔记栏

的趣味必定是学问修养的结果。

孔子有言："知之者不如好之者，好之者不如乐之者[18]。"仿佛以为知、好、乐是三层事，一层深一层。其实在文艺方面，第一难关是知，能知就能好，能好就能乐。知、好、乐三种心理活动融为一体，就是欣赏，而欣赏所凭的就是趣味。许多人在文艺趣味上有欠缺，大半由于在知上有欠缺。

有些人根本不知，当然不会盛感到趣味，看到任何好的作品都如蠢牛听琴，不起作用。这是精神上的残废。犯这种毛病的人失去大部分生命的意味。

有些人知得不正确，于是趣味低劣，缺乏鉴别力，只以需要刺激或麻醉，取恶劣作品疗饥过瘾，以为这就是欣赏文学。这是精神上的中毒，可以使整个的精神受腐化。

有些人知得不周全，趣味就难免窄狭，像上文所说的，被囿于某一派别的传统习尚，不能自拔。这是精神上的短视，"坐井观天，诬天藐小[19]"。

要诊治这三种流行的毛病，唯一的方剂是扩大眼界，加深知解。一切价值都由比较得来，生长在平原，你说一个小山坡最高，你可以受原谅，但是你错误。"登东山而小鲁，登泰山而小天下"，那"天下"也只是孔子所能见到的天下。要把山估计得准确，你必须把世界名山都游历过，测量过。研究文学也是如此，你玩索的作品愈多，种类愈复杂，风格愈分歧，你的比较资料愈丰富，透视愈正确，你的鉴别力(这就是趣味)也就愈可靠。

人类心理都有几分惰性，常以先入为主，想获得一种新趣味，往往须战胜一种很顽强的抵抗力。许多旧文学家不能欣赏新文学作品，就因为这个道理。就我个人的经验来说，起初习文言文，后来改习语体文，颇费过一番冲突与挣扎。在才置信语体文时，对文言文颇有些反感，后来多经摸索，觉得文言文仍有它的不可磨灭的价值。专就学文言文说，我起初学桐城派古文，跟着古文家们骂六朝文的绮靡，后来稍致力于六朝人的著作，才觉得六朝文也有为唐宋文所不可及处。在诗方面我从唐诗入手，觉宋诗索然无味，后来读宋人作品较多，才发见宋诗也特有一种风味。我学外国文学的经验也大致相同，往往从笃嗜甲派不了解乙派，到了解乙派而对甲派重新估定价值。我因而想到培养文学趣味好比开疆辟土，须逐渐把本来非我所有的征服为我所有。英国诗人华兹华斯说道："一个诗人不仅要创造作品，还要创造能欣赏那种作品的趣味。"我想不仅作者如此，读者也须时常创造他的趣味。生生不息的趣味才是活的趣味，像死水一般静止的趣味必定陈腐。活的趣味时时刻刻在发现新境界，死的趣味老是囿在一个窄狭的圈子里。这道理可以适用于个人的文学修养，也可以适用于全民族的文学演进史。

[1] 天下之口有同嗜：语本《孟子·告子章句上》："口之于味也，有同嗜焉。"

[2] "人莫不饮食"二句：语出《中庸》第四章。

[3] 南唐中主：李璟。南唐烈祖李昪长子，后主李煜之父。在位18年，政治上平庸无能，常与群臣饮宴赋诗，荒废国事。其词今仅存4首。

[4] 菡萏(hàn dàn 汉淡)：古人称未开的荷花为菡萏，即花苞，称已开的荷花为芙蓉。

[5] 鸡塞：《汉书·匈奴传》："送单于出朔方鸡鹿塞。"简称鸡塞，这里泛指边塞。

[6] 冯正中：冯延巳，字正中，五代南唐词人。 王荆公：王安石，北宋政治家，唐宋古文八大家之一。

[7] 王静安：王国维，字静安，号观堂，近代著名学者。主要著作有《人间词话》《红楼梦评论》《宋元戏曲考》等。

[8] 秦少游：秦观，字少游，号淮海居士，北宋词人，"苏门四学士"之一。

[9] 郴江(chēn jiāng 抻姜)：又称郴水，流经湖南境内，汇入湘江。 幸自：本自，本来是。

[10] 潇湘：潇水和湘水，是湖南境内的两条河流，合流后称湘江，又称潇湘。

[11] 妍媸(yán chī 言吃)：美和丑。

[12] 黄山谷：黄庭坚，字鲁直，自号山谷道人。北宋诗人、书法家，"苏门四学士"之一，诗与苏轼齐名。

笔记栏

后来的"江西诗派"奉之为宗祖。

[13] 勃莱克:英国诗人。其诗打破古典主义教条的束缚,热情奔放,独树一帜。主要诗集有《天真与经验之歌》《先知书》《伐拉,或四天神》等。 华兹华斯:英国诗人。其诗形式自由,语言质朴清新,多以歌颂自然的美丽和灵性为内容,开创了英国浪漫主义的新诗风。

[14] 约翰逊:英国作家、文学批评家。主要著作有《莎士比亚集序言》《诗人传》等。 弥尔顿:英国诗人,代表作《失乐园》。

[15] 法朗士:法国作家、文学评论家。 维吉尔:古罗马著名诗人。

[16] 荦荦(luò luò 落落)大端:非常清楚,明显的。语出《史记·天官书》:"此其荦荦大者。若至委曲小变,不可胜道。"

[17] 耆宿(qí sù 其素):指在社会上有名望的老年人。

[18] "知之者"二句:语出《论语·雍也》。

[19] "坐井观天"二句:语本韩愈《原道》:"坐井而观天,曰天小者,非天小也。"

简 析

本文是一篇文艺论文。文章围绕"文学的修养可以说就是趣味的修养"这一中心论点,深入细致地论述了文学趣味的重要性、造成文学趣味分歧的主要因素、如何克服文学趣味的欠缺、不断培养新的文学趣味等问题。作者提出趣味是欣赏的基础,认为造成趣味的纷歧主要有资禀性情、身世经历、传统习尚三个方面的因素;针对许多人在文学趣味方面存在的"根本不知、知得不正确、知得不周全"三种通病,着重论述了要培养高雅、广泛的欣赏趣味,如何获得"活"的、"可靠"的文学趣味,广泛的阅读和比较才能获得可靠的鉴别力,要不断地创造新的趣味等问题。

作者在论述问题时或引经据典,或剖析实例,或现身说法,或以喻明理,论据充分而确凿有力;行文上疏密有致,繁简适度,层次清晰,表述严密,体现了作者渊博的知识和扎实严谨的学风。

知识链接

文 如 其 人

钱钟书

所言之物,可以饰伪:臣奸为忧国语,热中人作冰雪文,是也。其言之格调,则往往流露本相;狷急人之作风,不能尽变为澄澹,豪迈人之笔性,不能尽变为谨严。文如其人,在此不在彼也……阮圆海欲作山水清音,而其诗格矜涩纤仄,望可知为深心密虑,非真闲适人,寄意于诗者。(选自《谈艺录》)

(李莹波)

复习思考题

1. 作者所谓"文学的趣味"是指培养什么样的欣赏趣味?一个人在创作和欣赏所表现的趣味,一般由哪三个因素决定?

2. 作者在文章中分析了一些人在文学欣赏趣味上存在的三个问题,分别是什么?作者把它们分别比作什么?请简要概括。

3. 文中多处引用名言名句,请举两个例子说说它们的具体作用。

四三、论爱情与婚姻

【题解】本文选自《傅雷家书》，据译林出版社2016年版排印。《傅雷家书》是傅雷夫妇于1954—1966年间写给儿子傅聪、傅敏的家信摘编。这是一本“充满着父爱的苦心孤诣、呕心沥血的教子篇，是最好的艺术学徒的修养读物”。其字里行间充满了父亲对儿子的挚爱、期望，以及对国家和世界的高尚情感。傅雷教导儿子待人要谦虚，做事要严谨，礼仪要得体；遇困境不气馁，获大奖不骄傲；要有国家和民族的荣辱感，要有艺术、人格的尊严。同时，对儿子的生活，也进行了有益的引导。作者傅雷（1908—1966），字怒安，号怒庵，上海市南汇县（今南汇区）人，著名翻译家、文艺评论家，一生共翻译各种名著三十多部。他多艺兼通，在绘画、音乐、文学等方面有独特高超的艺术鉴赏力。

这里所选的家书是1960年8月29日傅雷对傅聪8月来信的回复。傅聪告诉家人他与弥拉订婚的消息，其中还谈到他对弥拉的一些不满。傅雷回信谈到了择偶的标准和如何对待爱情的问题，表现了一个父亲对儿子的拳拳情思。这些对于我们今天的爱情、学习和生活都有借鉴意义。

八月二十日报告的喜讯使我们心中说不出的欢喜和兴奋。你在人生的旅途中踏上一个新的阶段，开始负起新的责任来，我们要祝贺你、祝福你、鼓励你。希望你拿出像对待音乐艺术一样的毅力、信心、虔诚，来学习人生艺术中最高深的一课。但愿你将来在这一门艺术中得到像你在音乐艺术中一样的成功！发生什么疑难或苦闷，随时向一二个正直而有经验的中、老年人讨教，（你在伦敦已有一年八个月，也该有这样的老成的朋友吧）深思熟虑，然后决定，切勿单凭一时冲动：只要你能做到这几点，我们也就放心了。

对终身伴侣的要求，正如对人生一切的要求一样不能太苛。事情总有正反两面：追得你太迫切了，你觉得负担重；追得不紧了，又觉得不够热烈。温柔的人有时会显得懦弱，刚强了又近乎专制。幻想多了未免不切实际，能干的管家太太又觉得俗气。只有长处没有短处的人在哪儿呢？世界上究竟有没有十全十美的人或事物呢？抚躬自问，自己又完美到什么程度呢？这一类的问题想必你考虑过不止一次。我觉得最主要的还是本质的善良，天性的温厚，开阔的胸襟。有了这三样，其他都可以逐渐培养；而且有了这三样，将来即使遇到大大小小的风波也不致变成悲剧。做艺术家的妻子比做任何人的妻子都难。你要不预先明白这一点，即使你知道“责人太严，责己太宽”，也不容易学会明哲、体贴、容忍。只要能代你解决生活琐事，同时对你的事业感到兴趣就行，对学问的钻研等等暂时不必期望过奢，还得看你们婚后的生活如何。眼前双方先学习相互的尊重、谅解、宽容。

对方把你作为她整个的世界固然很危险，但也很宝贵！你既已发觉，一定会慢慢点醒她，最好旁敲侧击而勿正面提出，还要使她感到那是为了维护她的人格独立，扩大她的世界观。倘若你已经想到奥里维的故事[1]，不妨就把那部书叫她细读一二遍，特别要她注意那一段插曲。像雅葛丽纳那样只知道love，love，love的人只是童话中人物[2]，在现实世界中非但得不到love，连日子都会过不下去，因为她除了love一无所知，一无所有，一无所爱。这样狭窄的天地哪像一个天地！这样片面的人生观哪会得到幸福！无论男女，只有把兴趣集中在事业上、学问上、艺术上，尽量抛开渺小的自我（ego），才有快活的可能，才觉得活的有意义。未经世事的少女往往会存一个荒诞的梦想，以为恋爱时期的感情的高潮也能在婚后维持下去。这是违反自然规律的妄想。古语说“君子之交淡如水”；又有一句话说，“夫妇相敬如宾”。可见只有平静、含蓄、温和的感情方能持久；另外一句的意义是说，夫妇到后来完全是

笔记栏

一种知己朋友的关系,也即是我们所谓的终身伴侣。未婚之前双方能深切领会到这一点,就为将来打定了最可靠的基础,免除了多少不必要的误会与痛苦。

你是以艺术为生命的人,也是把真理、正义、人格等等看做高于一切的人,也是以工作为乐的人。我用不着唠叨,想你早已把这些信念表白过,而且竭力灌输给对方的了。我只想提醒你几点:第一,世界上最有力的论证莫如实际行动,最有效的教育莫如以身作则。自己做不到的事,千万勿要求别人;自己也要犯的毛病,先批评自己,先改自己的。第二,永远不要忘了我教育你的时候犯的许多过严的毛病。我过去的错误要是能使你避免同样的错误,我的罪过也可以减轻几分;你受过的痛苦不再施之于他人,你也不算白白吃苦。总的来说,尽管指点别人,可不要给人"好为人师"的感觉。(你还记得巴尔扎克那个中篇吗)奥诺丽纳的不幸一大半是咎由自取[3],一小部分也因为丈夫教育她的态度伤了她的自尊心。凡是童年不快乐的人都特别脆弱(也有训练得格外坚强的,但只是少数),特别敏感,你回想一下自己,就会知道对待你的爱人要如何 delicate(温柔),如何 discreet(谨慎)了。

我相信你对爱情问题看得比以前更郑重更严肃了。就在这考验时期,希望你更加用严肃的态度对待一切,尤其要对婚后的责任先培养一种忠诚、庄严、虔敬的心情!

[1] 奥里维:罗曼·罗兰作品《约翰·克里斯朵夫》中的人物,是约翰·克里斯朵夫在法国的朋友。

[2] 雅葛丽纳:《约翰·克里斯朵夫》中的人物,与奥里维结婚。

[3] 奥诺丽纳:巴尔扎克作品《奥诺丽纳》的主人公。

简　析

本文是傅雷写给大儿子傅聪有关选择终身伴侣的劝告。在关于谈恋爱问题的回信上,他先肯定、鼓励,然后以探讨的方式谈出利弊再给出建议。文中第一段是傅雷对儿子的肯定、祝贺和鼓励,希望傅聪在爱情这门高深的艺术中取得成功;第二段谈到择偶的要求"不能太苛","本质的善良,天性的温厚,开阔的胸襟"是最重要的,双方要相互尊重、谅解和宽容;第三段谈到如何认识爱情,不能把对方作为整个世界,只有平静、含蓄、温和的感情才能持久,把兴趣集中在事业上、学问上、艺术上,才活得有意义;第四段点出对傅聪的两点建议;最后一段说明对傅聪寄予厚望。

文章语言平实、亲切,从信中我们看到的是傅雷对待子女那种平等、宽厚的心态,并非是对晚辈教导训诲的口吻。全文读来,犹如两位挚友促膝长谈,体现了傅雷先生极高的文学艺术修养。

知识链接

自由与爱情

匈牙利·裴多菲

生命诚可贵,
爱情价更高。
若为自由故,
二者皆可抛。

扫一扫,测一测

(李莹波)

复习思考题

1. 这篇文章对你的恋爱观、婚姻观有什么启示?

2. 现实生活中,如何才能找到一个称心如意的终身伴侣呢?谈谈你的看法。

3. 你是如何看待和处理学习与爱情的关系的?请以书信的形式向父母表达一下你的看法。

PPT 课件

第六单元

医哲拾贝

学习目标

通过分析归纳各课所蕴含的生命哲学意蕴，培养中国古代生命哲学文化修养，提升科学人文素质。具体达到以下四个方面的学习目标：

1. 理解并掌握课文的文意，领悟并把握其生命哲学意蕴，培养阅读中国古代生命哲学经典的能力。

2. 以本单元文选为引导，进而全面深入地研习中国生命哲学经典著作。

3. 较为全面地了解并掌握中国生命哲学的基本内容与精神，提升中国文化修养。

4. 结合时代、社会和个人实际，分析并阐释中国古代生命哲学的现实价值、作用与意义。

四四、《吕氏春秋》二则

【题解】本文选自《吕氏春秋》，据 2009 年中华书局许维遹《新编诸子集成·吕氏春秋集释》排印。《吕氏春秋》又名《吕览》，分为十二纪、八览、六论，三大部分各有子篇，共一百六十篇。其中十二纪以四季为序，每季各有孟仲季三纪。该书内容广博，采众家之长，集学术之精，汇集儒家、道家以及阴阳家、法家、兵家、农家等学术观点，保存了不少先秦旧说和古史资料。《汉书·艺文志》将其列入杂家。

《吕氏春秋》为吕不韦组织门客所编。吕不韦（公元前？—前 235），卫国濮阳（今河南濮阳西南）人，战国末期至秦代的政治家、思想家。原为阳翟（今河南禹州市）的富商，因帮助秦始皇的父亲子楚继承秦国王位，被任为丞相，封文信侯，食河南洛阳十万户。秦始皇继位后，尊他为相国，号称“仲父”。秦始皇十年被免职，十二年自杀。吕不韦曾“招致宾客游士，欲以并天下”，对秦统一六国做出贡献。《吕氏春秋》一书中即贯彻了吕不韦的政治思想意图。

（一）本　生

始生之者[1]，天也；养成之者，人也。能养天之所生而勿撄之[2]，谓之天子。天子之动也，以全天为故者也[3]。此官之所自立也[4]。立官者，以全生也。今世之惑主[5]，多官而反以害生，则失所为立之矣。譬之若修兵者[6]，以备寇也。今修兵而反以自攻，则亦失所为修之矣。

夫水之性清，土者抇之[7]，故不得清；人之性寿，物者抇之，故不得寿。物也者，所以养性也，非所以性养也[8]。今世之人，惑者多以性养物，则不知轻重也[9]。不知轻重，则重者为

轻,轻者为重矣。若此,则每动无不败[10]。以此为君,悖;以此为臣,乱;以此为子,狂。三者国有一焉,无幸必亡[11]。

[1] 始:最初。高诱注:"始,初也。"

[2] 撄(yīng 英):违反。高诱注:"撄,犹戾也。"

[3] "天子之动"二句:意谓天子的一举一动,都是以顺应天性而为其事的。动,动作,此指所作所为。全,顺从。天,性。故,事。

[4] 自:从。

[5] 主:古时对诸侯、天子之称。

[6] 修兵:建立军队。

[7] 扫(gǔ 骨):搅动。高诱注:"扫,浊也。"下句注:"扫,乱也,乱之使夭折也。"

[8] 性养:即性养物。省略宾语"物"字。

[9] 轻:此处喻物质。 重:此处喻身体。

[10] 动:作为。

[11] 无幸必亡:无有幸免,一定败亡。高诱注:"假令有幸且犹危。危,病者也。"

今有声于此,耳听之必慊已[1],听之则使人聋[2],必弗听;有色于此,目视之必慊已,视之则使人盲,必弗视;有味于此,口食之必慊已,食之则使人瘖[3],必弗食。是故圣人之于声色滋味也,利于性则取之,害于性则舍之,此全性之道也。世之贵富者,其于声色滋味也,多惑者。日夜求,幸而得之则遁焉[4]。遁焉,性恶得不伤?

万人操弓,共射其一招[5],招无不中[6]。万物章章[7],以害一生,生无不伤,以便一生[8],生无不长。故圣人之制万物也,以全其天也[9]。天全,则神和矣,目明矣,耳聪矣,鼻臭矣,口敏矣,三百六十节皆通利矣[10]。若此人者,不言而信,不谋而当,不虑而得。精通乎天地,神覆乎宇宙,其于物无不受也,无不裹也[11],若天地然。上为天子而不骄,下为匹夫而不惛[12],此之谓全德之人。

[1] 慊(qiè 怯)已:使自己惬意。慊,惬意。高诱注:"慊,快也。"

[2] 则:表示假设,相当于"若""如果"。

[3] 瘖:哑。

[4] 遁:遁逸。高诱注:"遁,流逸不能自禁也。"

[5] 招:箭靶。

[6] 招无不中:于鬯注:"此谓万人中必有招者,故曰无不中,非谓万人皆中招也。"

[7] 章章:明美。高诱注:"章章,明美貌。"

[8] 便:利。

[9] 天:指身体。高诱注:"天,身也。"

[10] 三百六十节:泛指全身所有关节。

[11] 裹:囊括。高诱注:"裹,犹囊也。"

[12] 惛:通"闷"。郁闷。

贵富而不知道,适足以为患,不如贫贱。贫贱之致物也难[1],虽欲过之,奚由[2]?出则以车,入则以辇[3],务以自佚[4],命之曰"招蹶之机[5]"。肥肉厚酒,务以自强,命之曰"烂肠之食"。靡曼皓齿,郑卫之音,务以自乐,命之曰"伐性之斧"。三患者,贵富之所致也。故古之人有不肯贵富者矣,由重生故也,非夸以名也,为其实也。则此论之不可不察也。

[1] 致物:此谓追求财物。

[2] 奚由:即由奚,从哪里。介词宾语前置。

[3] 辇(niǎn 捻):用人推挽的车。

笔记栏

[4] 佚：通“逸”。骄逸。

[5] 蹶：痿蹶。 机：关键。

（二）尽 数

天生阴阳、寒暑、燥湿，四时之化，万物之变，莫不为利，莫不为害。圣人察阴阳之宜，辨万物之利以便生[1]，故精神安乎形[2]，而年寿得长焉。长也者，非短而续之也，毕其数也[3]。毕数之务，在乎去害。何谓去害？大甘、大酸、大苦、大辛、大咸，五者充形，则生害矣。大喜、大怒、大忧、大恐、大哀，五者接神，则生害矣[4]。大寒、大热、大燥、大湿、大风、大霖、大雾[5]，七者动精[6]，则生害矣。故凡养生，莫若知本，知本则疾无由至矣。

[1] 便生：有利于生存。

[2] 安：止，守。 形：形体，身体。

[3] 数：寿数。指天年、自然的寿数。

[4] 接神：与精神交接。

[5] 大霖：大雨，久雨。

[6] 动：摇动。意为摇动人体内的精气。

精气之集也[1]，必有入也[2]。集于羽鸟，与为飞扬[3]；集于走兽，与为流行[4]；集于珠玉，与为精朗[5]；集于树木，与为茂长；集于圣人，与为夐明[6]。精气之来也，因轻而扬之[7]，因走而行之，因美而良之，因长而养之[8]，因智而明之。

[1] 精气：指形成万物的阴阳元气。中国古代朴素的唯物者认为，精气是一种原始物质，它可以变化生成万物，而万物的生长变化是精气的表现和作用。

[2] 入：进入。这里指与万物密切结合。

[3] 与：凭借。

[4] 流行：行走。流，此处引申为走动。

[5] 精朗：据下文“因美而良之”，当作“精良”。

[6] 夐（xiòng 诇）明：指圣人的品学渊博而聪明睿智。夐，远，辽阔。

[7] 因轻而扬之：依轻盈的形体而使它飞翔。因，依。扬，使动用法，以下四句，句例与此相同。“行”“良”“长”“明”均为使动用法。

[8] 因长而养之：据上下文例当作“因善而长之”（从丁声树说）。意谓精气可据树木善蕃之性而使其生长茂盛。

流水不腐，户枢不蝼[1]，动也。形气亦然。形不动则精不流，精不流则气郁。郁处头则为肿、为风[2]，处耳则为挶、为聋[3]，处目则为䁾、为盲[4]，处鼻则为鼽、为窒[5]，处腹则为张、为疛[6]，处足则为痿、为蹶[7]。轻水所[8]，多秃与瘿人[9]；重水所，多尰与躄人[10]；甘水所，多好与美人[11]；辛水所；多疽与痤人[12]；苦水所；多尪与伛人[13]。

[1] 蝼：蝼蛄。是一种啮断农作物根部的害虫。这里用如动词，指蛀蚀。秦、晋之间谓之“蠹”，见扬雄《方言》、戴震《方言疏证》。

[2] 肿：头肿。 风：面肿。《素问·平人气象论》：“面肿曰风。”

[3] 挶（jú 局）：耳病。

[4] 䁾（miè 灭）：眼屎多的疾病。另据刘熙《释名·释疾病》，目眶红肿也叫䁾。

[5] 鼽（qiú 求）：因受寒而鼻道闭塞不通。

[6] 张：腹部胀满。 疛（zhǒu 肘）：小腹疼痛。

[7] 痿：此指足软无力，不能行走。 蹶：行走不便的疾病。

[8] 轻水：含盐分及其他矿物质过少的水。下文“重水”则指含矿物质多的水。 所：处所，地方。

[9] 瘿：颈部生瘤。类似甲状腺肿大一类的病。

笔记栏

[10] 尰(zhǒng 种):足部肿胀。 躄(bì 必):不能行走。指跛脚。

[11] 好:容貌美好。

[12] 疽(jū 居):一种毒疮。多生于肩、背、臀等处。 痤:脓疮。

[13] 尪(wāng 汪):胸部突出、鸡胸一类疾病。 伛(yǔ 雨):脊柱弯曲、驼背一类疾病。

凡食,无强厚味,无以烈味重酒,是以谓之疾首[1]。食能以时[2],身必无灾。凡食之道,无饥无饱,是之谓五藏之葆。口必甘味,和精端容[3],将之以神气[4],百节虞欢[5],咸进受气[6]。饮必小咽,端直无戾[7]。

[1] 疾首:致病之始。首,指开端。

[2] 以时:按时。

[3] 和精端容:(进食时)使精神调摄,仪容端正。和,调和,调整。端,端正。

[4] 将:养。

[5] 百节:全身的关节,泛指周身。 虞:通"娱"。舒适。

[6] 受气:受到水谷精气的滋养。

[7] 戾:暴戾。这里指暴饮、骤饮。

今世上卜筮祷祠[1],故疾病愈来。譬之若射者,射而不中,反修于招[2],何益于中?夫以汤止沸[3],沸愈不止,去其火则止矣。故巫医毒药,逐除治之[4],故古之人贱之也,为其末也。

[1] 上:通"尚"。崇尚。

[2] 修:调整。

[3] 汤:滚开的水。

[4] 之:指疾病。

简 析

《本生》是《吕氏春秋·孟春纪》中的一篇。"孟"是每一季度的第一个月。早春时节,万物开始生发萌动,显示其勃勃生机和顽强的生命力,因而此时以"生"为论题。本文是《吕氏春秋》正文的第一篇,它开宗明义,表述此书的基本观念:生。"本生"就是以生命为根本,论述保养生命的重要意义及其基本原则。

《尽数》是《吕氏春秋·季春纪》中的一篇,阐述人们注意养生可获长寿、尽天数之理。养生之道,在于顺应四时阴阳,安神定志,调摄精气,经常运动,谨慎饮食,选择环境,如此去害、知本,就能享有天年。文章批判了当时企图以卜筮、祷祠、服药、逐邪等手段谋求长寿的错误做法。从今天看来,这些观点仍然是正确的,也从侧面反映了古代医学与巫术的斗争。文章短小精悍,记录了诸如"流水不腐,户枢不蝼"等经验之谈,富于哲理,发人深省。

知识链接

四气调神大论

天气,清净光明者也,藏德不止,故不下也。天明则日月不明,邪害空窍,阳气者闭塞,地气者冒明,云雾不精,则上应白露不下。交通不表,万物命故不施,不施则名木多死。恶气不发,风雨不节,白露不下,则菀槁不荣。贼风数至,暴雨数起,天地四时不相保,与道相失,则未央绝灭。唯圣人从之,故身无奇病,万物不失,生气不竭。

逆春气,则少阳不生,肝气内变。逆夏气,则太阳不长,心气内洞。逆秋气,则太阴不收,肺气焦满。逆冬气,则少阴不藏,肾气独沉。

笔记栏

夫四时阴阳者，万物之根本也。所以圣人春夏养阳，秋冬养阴，以从其根，故与万物沉浮于生长之门。逆其根，则伐其本，坏其真矣。故阴阳四时者，万物之终始也，死生之本也，逆之则灾害生，从之则苛疾不起，是谓得道。道者，圣人行之，愚者佩之。从阴阳则生。逆之则死，从之则治，逆之则乱。反顺为逆，是谓内格。（选自《素问·四气调神大论》）

（张　星）

复习思考题

1. 结合文意谈谈《吕氏春秋》的养生思想。
2. 结合文意解释下列语句。
(1) 今有声于此，耳听之必慊，已听之则使人聋，必弗听。
(2) 今世上卜筮祷祠，故疾病愈来。譬之若射者，射而不中，反修于招，何益于中？
3. 关于如何享尽天年，本文提出了六方面的任务，试分析是哪六个方面。

四五、《淮南子》二则

【题解】 本文节选自《淮南子》，据中华书局1989年刘文典撰，冯逸、乔华点校《新编诸子集成·淮南鸿烈集解》排印。《淮南子》，又称《淮南鸿烈》，由西汉淮南王刘安及其门客集体撰写而成。全书体系庞杂，以道家思想为主，杂糅儒、法、阴阳诸家，除探讨"道""气""阴阳""太一"等哲学内容外，亦涉及历史、政事、天文、地理、四时月令等，故《汉书·艺文志》将其列入杂家，计内篇二十一、外篇三十三，今存内篇二十一。

第一则节选自《淮南子·精神训》。因全篇旨在探求精神的本原，论说精神的含义，故称"精神训"。节选部分描绘了天地形成之前混沌景象，阐述了阴阳之气合和化生万物之理，记述了胎儿在母体形成的过程，论述了人与天合、顺天应道以养生之理。

第二则节选自《淮南子·诠言训》。"诠言"就是阐明精微之言。节选部分强调怡养天性的重要，反对以邪伤正、以欲害性，主张"节寝处，适饮食，和喜怒，便动静，使在己者得，而邪气因而不生"。并主张藏于无形，以无心无求无私立于世。

（一）精　神　训

古未有天地之时，惟象无形[1]，窈窈冥冥[2]，芒芠漠闵，澒濛鸿洞[3]，莫知其门。有二神混生[4]，经天营地，孔乎莫知其所终极[5]，滔乎莫知其所止息，于是乃别为阴阳，离为八极，刚柔相成，万物乃形。烦气为虫[6]，精气为人[7]。是故精神，天之有也；而骨骸者，地之有也。精神入其门，而骨骸反其根[8]，我尚何存？是故圣人法天顺情[9]，不拘于俗，不诱于人。以天为父，以地为母，阴阳为纲，四时为纪。天静以清，地定以宁，万物失之者死，法之者生。

[1]"古未有"二句：当化自《楚辞·天问》："上下未形，何由考之？……冯翼惟象，何以识之？"惟，只有。

[2] 窈窈冥冥：幽暗深远貌。

[3]"芒芠（wén 文）"二句：描述天地未成之时的混沌状态。芒芠、漠闵、澒（hòng 讧）濛、鸿洞（tóng

铜),皆为混沌貌。

[4] 二神:指阴阳。

[5] 孔乎:深广貌。乎,形容词词尾。

[6] 烦气:指自然界所化生的元气中烦乱混浊的部分。

[7] 精气:指元气中清净精微的部分。

[8] 根:指归根、归土。

[9] 法天顺情:《文子·九守》作"法天顺地"。

夫静漠者,神明之宅也;虚无者,道之所居也。是故或求之于外者,失之于内;有守之于内者,失之于外。譬犹本与末也,从本引之,千枝万叶莫不随也。夫精神者,所受于天也;而形体者,所禀于地也。故曰:"一生二,二生三,三生万物。万物背阴而抱阳,冲气以为和[1]。"故曰一月而膏,二月而胅[2],三月而胎,四月而肌,五月而筋,六月而骨,七月而成,八月而动,九月而躁,十月而生。形体以成,五脏乃形。是故肺主目,肾主鼻,胆主口,肝主耳。外为表而内为里,开闭张歙,各有经纪。故头之圆也象天,足之方也象地。天有四时、五行、九解、三百六十六日[3],人亦有四支、五脏、九窍、三百六十六节[4]。天有风雨寒暑,人亦有取与喜怒。故胆为云,肺为气,肝为风,肾为雨,脾为雷,以与天地相参也,而心为之主。是故耳目者日月也,血气者风雨也。日中有踆乌[5],而月中有蟾蜍。日月失其行,薄蚀无光[6];风雨非其时,毁折生灾;五星失其行[7],州国受殃。夫天地之道,至纮以大[8],尚犹节其章光[9],爱其神明,人之耳目曷能久熏劳而不息乎[10]?精神何能久驰骋而不既乎[11]?

[1] "万物"二句:高诱注:"万物以背为阴,以腹为阳,身中空虚,和气所行。"冲气,指冲虚之气。冲,通"盅"。空虚。一说,指阴阳两气互相激荡。

[2] 胅(dié 叠):骨肉突起。

[3] 九解:说法不一,一般认为指八方中央。 三百六十六日:《文子·九守》作"三百六十日"。

[4] 三百六十六节:《文子·九守》作"三百六十节"。

[5] 踆(cūn 村)乌:高诱注:"踆,犹蹲也。谓三足乌。"后因以"踆乌"借指太阳。

[6] 薄蚀无光:指日月相掩映,失其光泽。薄蚀,即薄食,指日月相掩食。

[7] 五星:指荧惑、太白、岁星、辰星、镇星。

[8] 纮:通"宏"。宏大。

[9] 章光:明光。章,通"彰"。彰明,明显。

[10] 熏劳:辛苦劳累。

[11] 既:尽,完尽。

(二)诠言训

圣人胜心[1],众人胜欲。君子行正气,小人行邪气。内便于性[2],外合于义,循理而动,不系于物者,正气也。重于滋味,淫于声色,发于喜怒,不顾后患者,邪气也。邪与正相伤,欲与性相害,不可两立。一置一废,故圣人损欲而从事于性。目好色,耳好声,口好味,接而说之[3]。不知利害嗜欲也,食之不宁于体,听之不合于道,视之不便于性。三官交争[4],以义为制者,心也。割痤疽非不痛也,饮毒药非不苦也,然而为之者,便于身也[5]。渴而饮水非不快也,饥而大飧非不澹也[6],然而弗为者,害于性也。此四者,耳目鼻口不知所取去,心为之制,各得其所。由是观之,欲之不可胜,明矣。凡治身养性,节寝处,适饮食,和喜怒,便动静,使在己者得,而邪气因而不生,岂若忧瘕疵之与痤疽之发[7],而豫备之哉[8]!夫函牛之鼎沸而蝇蚋弗敢入[9],昆山之玉瑱而尘垢弗能污也[10]。

[1] 圣人胜心:圣人听任圣洁之心。胜,任用,施行。

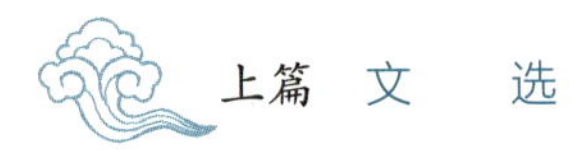

笔记栏

[2] 便（pián 骈）：安适。下文“便动静”之“便”义同此。

[3] 接而说之：接触后就喜欢。

[4] 三官：指食、听、视。

[5] 便（biàn 辩）：有利。

[6] 飧（sūn 荪）：“飧”的异体字。吃。 澹（shàn 善）：满足。后作“赡”。

[7] 瘕疵（cī 玼）：腹中结块的病。

[8] 豫备：准备，预备。

[9] 函牛之鼎：能够装下一头牛的鼎。函，包容。 蚋（ruì 锐）：蚊子。

[10] 瑱：通“缜”。缜密细致。

圣人无去之心而心无丑[1]，无取之美而美不失。故祭祀思亲不求福，飨宾修敬不思德[2]，唯弗求者能有之。处尊位者，以有公道而无私说[3]，故称尊焉，不称贤也；有大地者，以有常术而无钤谋[4]，故称平焉，不称智也。内无暴事以离怨于百姓[5]，外无贤行以见忌于诸侯，上下之礼，袭而不离，而为论者莫然不见所观焉[6]，此所谓藏无形者。非藏无形，孰能形！

[1] 无去之心：谓心地纯洁，没有需要去除的芜杂之物。

[2] 飨（xiǎng 响）宾：以盛宴款待宾客。 修敬：表示敬意。 德：感戴。

[3] 私说：偏私的主张。

[4] 钤（qián 前）谋：机谋策略。

[5] 离怨：谓因怨恨而产生的背离之心。

[6] 莫然：茫茫然。

三代之所道者，因也[1]。故禹决江河，因水也；后稷播种树谷，因地也；汤、武平暴乱，因时也。故天下可得而不可取也，霸王可受而不可求也。在智则人与之讼，在力则人与之争。未有使人无智者，有使人不能用其智于己者也；未有使人无力者，有使人不能施其力于己者也。此两者常在久见[2]。故君贤不见[3]，诸侯不备[4]；不肖不见[5]，则百姓不怨。百姓不怨则民用可得[6]，诸侯弗备则天下之时可承[7]。事所与众同也，功所与时成也，圣人无焉。故老子曰：“虎无所措其爪，兕无所措其角。”盖谓此也。

[1] 因：顺随。

[2] 久：长久。一说，当作“不”。

[3] 君贤：君主的贤能。 见：同“现”。表现。

[4] 备：防范。

[5] 不肖：指君主愚昧不才。

[6] 民用：人民的力量。

[7] 承：接受，利用。

简 析

《精神训》是《淮南子》养生论的核心。何谓“精”“神”？高诱题解中说：“精者，人之气；神者，人之守也。”“精气”是构成人体的基本物质，是人生命活动的原始动力，而“神”则是基于精气的人体生命活动总的外在表现。本训论述了精神和形体的关系，指出“精神，天之有也；而骨骸者，地之有也”。“夫精神者，所受于天也；而形体者，所禀于地也”，二者皆禀受于天地而生。人之五脏、形体和情志无不与天地相参，所以要持守大道之本，“从本引之，千枝万叶莫不随也”，以静漠虚无的状态，顺应自然大道而行，正所谓“法天顺情，不拘于俗，不诱于人，以天为父，以地为母，阴阳为纲，四时为纪”。天地自然运行失序会带来灾殃，“日月失其行，薄蚀无光；风雨非其时，毁折生灾；五星失其行，州国受殃"，人之精神形体亦是如此，"人之耳目，曷能久熏劳而不息乎？精神何能久驰骋而不既乎？"所以应效法天地，注意保养自身，"天静以清，地定以宁，万物失之者死，法之者生"。本训的主旨"所以使人爱养其精神，抚静其魂魄，不以物易己，而坚守虚无之宅者也"。

《诠言训》节选部分从心与欲、正与邪的对立入手，提出"邪与正相伤，欲与性相害，不可两立"。针对世人"目好色，耳好声，口好味，接而说之"，主张"以义为制""心为之制"，以"节寝处，适饮食，和喜怒，便动静"来，只要"治身养性"得法，邪气自然不生，正如"函牛之鼎沸而蝇蚋弗敢入，昆山之玉瑱而尘垢弗能污也"。并进而从治身论及治国之道，主张顺天应时、泯然无我，藏于无形，治国亦是如此，"天下可得而不可取也，霸王可受而不可求也"，圣人因道无我，事功自然而成，正所谓"事所与众同也，功所与时成也"。

知识链接

九　守

春秋·文子

老子曰：天地未形，窈窈冥冥，浑而为一，寂然清澄。重浊为地，精微为天，离而为四时，分而为阴阳。精气为人，粗气为虫。刚柔相成，万物乃生。精神本乎天，骨骸根于地。精神入其门，骨骸反其根，我尚何存？故圣人法天顺地，不拘于俗，不诱于人，以天为父，以地为母，阴阳为纲，四时为纪。天静以清，地定以宁，万物逆之死，顺之生。故静漠者，神明之宅，虚无者，道之所居。夫精神者所受于天也，骨骸者所禀于地也。道生一，一生二，二生三，三生万物。万物负阴而抱阳，冲气以为和。（选自《新编诸子集成·文子疏义·九守》）

（王明强）

复习思考题

1. 谈谈本文《精神训》节选部分的养生思想。
2. 结合文意解释下列语句。

（1）孔乎莫知其所终极。

（2）人之耳目曷能久熏劳而不息乎？

（3）众人胜欲。

（4）饥而大飧非不澹也。

（5）圣人无去之心而心无丑。

3. 《淮南子》多用铺排的表现方法，语言往往相对而出，追求语言的节奏和由此而成的文章气势，试结合节选内容举例说明之。

四六、人副天数

【题解】 本文选自《春秋繁露》，据中华书局1992年《新编诸子集成》本《春秋繁露义证》排印。《春秋繁露》共十七卷，八十二篇，推崇公羊学，以儒家思想为中心，以阴阳、五行体系为骨架，发挥“春秋大一统”的旨义，建立了一整套包括“三纲五常”“天不变道亦不变”诸说在内的“天人合一”“天人感应”的形而上的哲学-神学思想体系，为君权神授和汉武帝“罢黜百家，独尊儒术”及汉代中央集权的封建统治制度提供了理论依据，对中国封建社会和历史产生了巨大的影响。作者董仲舒（前179—前104），广川修县（今河北枣强县东）人，西汉哲学家、政治家、今文经学大师。汉武帝在元光元年（前134）采纳了董仲舒“罢黜百家，独尊儒术”的建议，开以后两千多年封建社会以儒家为正统的局面。董仲舒著有《春秋繁露》《天人三策》等。

该篇文章通过对人是天的副本的论述，展现了董仲舒“天人合一”“天人感应”的理论思想。

天德施[1]，地德化[2]，人德义。天气上，地气下，人气在其间。春生夏长，百物以兴；秋杀冬收，百物以藏。故莫精于气，莫富于地，莫神于天。天地之精所以生物者，莫贵于人。

[1] 施：施与。

[2] 化：谓使万物生长变化。

人受命乎天也，故超然有以倚[1]。物疢疾莫能为仁义[2]，唯人独能为仁义；物疢疾莫能偶天地[3]，唯人独能偶天地。人有三百六十节，偶天之数也；形体骨肉，偶地之厚也。上有耳目聪明[4]，日月之象也；体有空窍理脉[5]，川谷之象也；心有哀乐喜怒，神气之类也。观人之体，一何高物之甚而类于天也[6]！

[1] 倚：清代卢文弨注：“倚，疑当从下文作‘高物’二字。”意谓高出万物。

[2] 疢（chèn 趁）疾：疾病，此指灾患。疢，病。

[3] 偶：匹配。

[4] 聪明：敏锐的听觉与视觉。

[5] 空窍：同“孔窍”，此指人体之耳鼻口之类的孔洞。　理：肌理，纹理。

[6] 一何：何其，多么。这里是“为什么这样地”“竟是这样地”的意思。

物旁折取天之阴阳以生活耳[1]，而人乃烂然有其文理[2]。是故凡物之形，莫不伏从旁折天地而行[3]，人独题直立端尚[4]，正正当之。是故所取天地少者，旁折之；所取天地多者，正当之。此见人之绝于物而参天地[5]。是故人之身，首坌而员[6]，象天容也[7]；发，象星辰也；耳目戾戾[8]，象日月也；鼻口呼吸，象风气也；胸中达知[9]，象神明也；腹胞实虚[10]，象百物也。百物者，最近地，故要以下[11]，地也。

[1] 旁折：侧屈。

[2] 烂然：光明的样子。这里是灵光鲜明的样子。　文：与“野”相对，指内合于儒家之礼的外在样式、样子。　理：条理，章法。

[3] 伏从：谓（万物的）形体低伏而依从。　行：指上文“生活”，生长存活。

[4] 题：额头，此指头。　端：正。　尚：当作“向”，形近而讹。

[5] 绝：超越，高过。　参天地：与天地相匹配。

[6] 坌（fén 汾）：通“颁”。大头。　员：同“圆”。

[7] 容：容貌，形状。

[8] 戾戾：弯曲的样子。

[9] 胸中：指心中。

[10] 胞：通“脬”。膀胱。

[11] 要：同“腰”。

天地之象，以要为带[1]。颈以上者，精神尊严，明天类之状也；颈而下者，丰厚卑辱[2]，土

壤之比也。足布而方[3]，地形之象也。是故礼，带置绅必直其颈[4]，以别心也。带而上者尽为阳，带而下者尽为阴，各其分[5]。阳，天气也；阴，地气也。故阴阳之动，使人足病，喉痹起。则地气上为云雨，而象亦应之也[6]。

［1］带：分界线。

［2］卑辱：谓位处人身下部以至最下。

［3］布：分布，谓站在地上。

［4］绅：古代士大夫束在腰间之大带的下垂部分。

［5］分（fèn 奋）：职分，职责。

［6］象：征象。

天地之符[1]，阴阳之副[2]，常设于身。身犹天也，数与之相参，故命与之相连也。天以终岁之数[3]，成人之身。故小节三百六十六[4]，副日数也[5]；大节十二分[6]，副月数也；内有五藏，副五行数也；外有四肢，副四时数也；乍视乍瞑[7]，副昼夜也；乍刚乍柔，副冬夏也；乍哀乍乐，副阴阳也；心有计虑，副度数也；行有伦理，副天地也。此皆暗肤著身[8]，与人俱生，比而偶之弇合[9]。于其可数也，副数；不可数者，副类。皆当同而副天，一也。是故陈其有形以著其无形者[10]，拘其可数以著其不可数者[11]。以此言道之，亦宜以类相应，犹其形也，以数相中也[12]。

［1］符：符命，瑞征。

［2］副：副本，复本。

［3］终岁之数：指一年的天数、月数。

［4］小节：指人体的骨节。

［5］副：相合，相应。

［6］大节：指人体四肢的主要关节。

［7］乍：忽然，此指很短的时间，忽然间。　瞑（míng 明）：合眼。

［8］暗肤：即皮肤。以目观之，皮肤并非显著独见，故云。一说“暗”疑为衍文。　著：附着。

［9］弇（yǎn 掩）合：相合，相同。弇，同。

［10］陈：陈述。　著：使……显示。

［11］拘：汇集，汇总。

［12］中（zhòng 众）：符合。

简　析

董仲舒论述“人副天数”的目的，是为了建构“天人合一”“天人感应”的理论体系并为大一统的王朝政治服务，而人身又有着可以与天地类比之种种，于是顺理成章就有了这篇特殊的文章。为能以理服人，董仲舒依据儒家三才（天地人）一体而各具其义的道理，从三百六节、形体骨肉、耳目聪明、空窍理脉、哀乐喜怒、首发耳目、鼻口呼吸、胸中达知、腹胞实虚、颈上颈下、带上带下、小节大节、五藏四肢、乍视乍瞑、乍刚乍柔、乍哀乍乐、心有计虑、行有伦理等方面论述了人与天地相“偶”相“副”的情状及其所合三才之理，同时也考虑到了“无形”和“不可数”的情况并各以类归，从而“令人信服”地论证了他要表述的天人之道。如今我们都已知道，这一论述牵强之处其实不少，但由于这一论述及由此进而形成的“天人合一”“天人感应”的理论影响极其深远，所以我们又须全面深入地予以了解、理解，以便认识古人由此而有的思维与行为等并做出科学的评断。

本文写作上最大的特点是通过类比来进行论证，类比的情况大到天地、小到五官、外到形貌、内到其质以及有形无形等，反映出作者观察和思维以及表达确有独到之处。

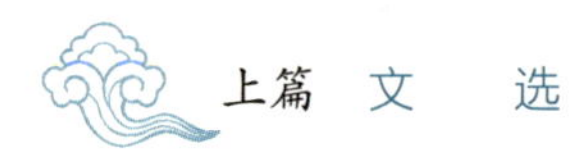

笔记栏

知识链接

雷　虚

汉·王充

人在天地之间，物也。物，亦物也。物之饮食，天不能知。人之饮食，天独知之。万物于天，皆子也；父母于子，恩德一也。岂为贵贤加意，贱愚不察乎？何其察人之明，省物之暗也？犬豕食人腐臭，食之天不杀也。如以人贵而独禁之，则鼠洿人饮食，人不知，误而食之，天不杀也。如天能原鼠，则亦能原人。人误以不洁净饮食人，人不知而食之耳，岂故举腐臭以予之哉？如故予之，人亦不肯食。吕后断戚夫人手，去其眼，置于厕中，以为人豕。呼人示之，人皆伤心；惠帝见之，病卧不起，吕后故为，天不罚也。人误不知，天辄杀之，不能原误失而责故，天治悖也。（选自《论衡·雷虚》）

（李　庆）

复习思考题

1. 阐述"天副人数"的主要内容。
2. 结合文意解释下列语句并反求诸己，谈谈自己的感悟。
(1) 天地之精所以生物者，莫贵于人。
(2) 物疢疾莫能偶天地，唯人独能偶天地。
(3) 而人乃烂然有其文理。
(4) 身犹天也，数与之相参，故命与之相连也。
(5) 陈其有形以著其无形者，拘其可数以著其不可数者。
3. 阐述人能与天地相配、而万物不能与天地相配的理由。

四七、《论衡》二则

【题解】 本文选自《论衡校释》，据中华书局1990年版《新编诸子集成》本排印。《论衡》全书三十卷，共八十五篇，主要批判了天人感应说和谶纬迷信，是一部唯物主义的哲学文献。该书内容丰富，有的论述性命问题，如《物势》《本性》；有的论述天人关系，如《自然》《寒温》；有的论述人鬼关系及当时禁忌，如《论死》《死伪》；有的评论书传中的天人感应说及虚妄之言，如《变虚》《异虚》；有的论述区分贤佞之人和用人制度，如《答佞》《效力》；有的可以视为自序和自传，包括《对作》《自纪》。作者王充（27—约97），字仲任，会稽上虞（今浙江绍兴市上虞区）人，东汉哲学家。出身"细族孤门"，青年时游学洛阳，历任郡功曹、治中等官，后辞官归家，专事著述。一生致力于反对宗教神秘主义和目的论，推动了古代唯物主义的发展。

第一则选自《气寿》，论述人的寿命与承气的关系。

第二则选自《道虚》，论述了人有生必有死，批判了道家服食药物能"度世不死"的虚妄之言。

（一）气　寿

凡人禀命有二品[1]：一曰所当触值之命[2]，二曰强弱寿夭之命。所当触值，谓兵烧压溺也。强寿弱夭，谓禀气渥薄也[3]。兵烧压溺，遭以所禀为命，未必有审期也[4]。若夫强弱夭

寿，以百为数；不至百者，气自不足也。夫禀气渥则其体强，体强则其命长；气薄则其体弱，体弱则命短，命短则多病寿短。始生而死，未产而伤，禀之薄弱也；渥强之人，不卒其寿[5]。若夫无所遭遇，虚居困劣[6]，短气而死，此禀之薄，用之竭也。此与始生而死，未产而伤，一命也，皆由禀气不足，不自致于百也[7]。

[1] 禀命：禀受天命。 品：种类。

[2] 当：值，遇到。 触值：遭遇。触，接触，引申为遭受。值，遇到。

[3] 禀气：指承受天地自然之气。 渥：厚。

[4] 审期：确定的日期。审，确实。

[5] 不卒其寿：据上下文义，"不"疑作"必"。意为必定能活到百岁的寿限。卒，尽。

[6] 虚居困劣：闲居在家却虚弱无力。

[7] 致：达到。

百岁之命，是其正也[1]。不能满百者，虽非正，犹为命也。譬犹人形一丈，正形也。名男子为丈夫，尊公妪为丈人[2]。不满丈者，失其正也。虽失其正，犹乃为形也。夫形不可以不满丈之故谓之非形，犹命不可以不满百之故谓之非命也。非天有长短之命[3]，而人各有禀受也。由此言之，人受气命于天，卒与不卒[4]，同也。语曰："图王不成，其弊可以霸[5]。"霸者，王之弊也。霸本当至于王，犹寿当至于百也。不能成王，退而为霸；不能至百，消而为夭[6]。王霸同一业，优劣异名；寿夭或一气，长短殊数[7]。

[1] 正：正当，正常。此指正常的寿限。

[2] 公：对老年男子的尊称。 妪（yù 玉）：指老年妇女。 丈人：对老年男女的尊称。

[3] 非天有长短之命：汉儒宣扬人寿命的长短是由天定的，王充驳斥了这一观点。

[4] 卒与不卒：意谓能不能活百岁。卒，年老寿终。

[5] "图王"二句：谋取王业不成，退一步可能称霸。王，王业，指像夏禹、商汤、周文王、武王所建立的功业。弊，败，退一步。霸，霸业，指像齐桓公等"春秋五霸"所建立的功业。汉代一般认为"王业"比"霸业"高一等。

[6] 消：减少。

[7] 殊：不同。

（二）道 虚

道家或以服食药物[1]，轻身益气，延年度世[2]。此又虚也。

夫服食药物，轻身益气，颇有其验[3]。若夫延年度世[4]，世无其效。百药愈病，病愈而气复[5]，气复而身轻矣。凡人禀性，身本自轻，气本自长，中于风湿，百病伤之，故身重气劣也[6]。服食良药，身气复故，非本气少身重，得药而乃气长身更轻也[7]；禀受之时[8]，本自有之矣。故夫服食药物除百病[9]，令身轻气长，复其本性，安能延年至于度世[10]？

[1] 道家：这里指方士，即好讲修炼成仙和不死之药等方术的人。

[2] 度世：犹"出世"。旧谓脱离现世。

[3] 颇：稍微，略微。 验：效验。

[4] 若夫：至于。用于句首，表示另说一层意思，兼有轻微的假设。

[5] 气复：元气恢复。

[6] 气劣：气少，气短。

[7] 乃：才。 气长：气壮。 更：变。

[8] 禀受之时：指人承受于母体之时。

[9] 故夫：用于句首，表示承接上文并作出判断，要做出结论性的议论。

[10] 安：怎么。

笔记栏

有血脉之类，无有不生；生无不死。以其生[1]，故知其死也。天地不生，故不死；阴阳不生，故不死[2]。死者，生之效[3]；生者，死之验也。夫有始者必有终，有终者必有死。唯无终始者，乃长生不死。人之生，其犹水也[4]。水凝而后冰，气积而为人。冰极一冬而释[5]，人竟百岁而死[6]。人可令不死，冰可令不释乎？诸学仙术，为不死之方[7]，其必不成，犹不能使冰终不释也[8]。

[1] 以：因为。
[2] "天地"四句：王充认为天地、阴阳之气不生不死，是不科学的。
[3] 效：证验。与下文"验"同义对举。
[4] 水：一本作"冰"。
[5] 极一冬：过完一个冬天。　释：消溶。
[6] 竟百岁：活满百岁寿限。竟，尽。百岁，指正常的寿限。
[7] 为：求。
[8] 犹：如同。

简　析

王充生命思想的基本宗旨是"疾虚妄"，目的是"折衷以圣道，析理于通材，如衡之平，如鉴之开"，故将其著作命名为《论衡》。

《论衡》一书秉持以自然元气为基本哲学理念的生命本体论开展了大量的批驳，如《气寿》一篇，认为人的寿命长短不是上天有意安排的，而是取决于在母胎里所承受的气的厚薄。承受得多，则身体强健，长寿；反之则体弱多病，命短。因此，所谓天能够支配人的寿命长短这种说法是错误的。再如《道虚》一篇，驳斥了当时盛行的人"服食药物""群谷不食"可以"度世不死"的说法，指出"吞药养性，能令人无病，不能寿之为仙"，反复论证"有始者必有终，有终者必有死"的生命学说。

《论衡》构思缜密，在结构上条贯部分，在用典上审慎详细，在表达上文字洗炼。同时采用了大量对比的词句，骈散相间，语言质朴，使文章既论述明理，又生动形象。

知识链接

王　充　传

王充字仲任，会稽上虞人也，其先自魏郡元城徙焉。充少孤，乡里称孝。后到京师，受业太学，师事扶风班彪。好博览而不守章句。家贫无书，常游洛阳市肆，阅所卖书，一见辄能诵忆，遂博通众流百家之言。后归乡里，屏居教授。仕郡为功曹，以数谏争不合去。

充好论说，始若诡异，终有理实。以为俗儒守文，多失其真，乃闭门潜思，绝庆吊之礼，户牖墙壁各置刀笔。著《论衡》八十五篇，二十余万言，释物类同异，正时俗嫌疑。

刺史董勤辟为从事，转治中，自免还家。友人同郡谢夷吾上书荐充才学，肃宗特诏公车征，病不行。年渐七十，志力衰耗，乃造《养性书》十六篇，裁节嗜欲，颐神自守。永元中，病卒于家。（选自《后汉书》卷四十九）

（薄　彤）

复习思考题

1. 请结合课文，谈谈王充的生命学说。
2. 结合文意解释下列语句。

笔记栏

(1) 强寿弱夭，谓禀气渥薄也。
(2) 不卒其寿
(3) 非天有长短之命，而人各有禀受也。
(4) 身重气劣
(5) 竟百岁
3. 以课文为例，分析《论衡》的艺术特色及价值。

四八、极　言

【题解】本文选自《抱朴子》，据中华书局1985年新编诸子集成《抱朴子内篇校释》排印。作者葛洪(约281—341)，字稚川，自号抱朴子，丹阳句容(今江苏句容)人，东晋著名医药学家、炼丹术家。始以儒术知名，性好神仙道养之法。《抱朴子》系道教名著，分内、外篇。《内篇》二十卷，述"神仙方药，鬼怪变化，养生延年，禳邪却祸之事"，为现存体系最完整的"神仙家言"。《外篇》五十卷，论"人间得失，世事臧否"。据史书记载，葛洪的医学著作有七种，现仅存《肘后备急方》一书。《极言》是凝聚葛洪修炼道术、养生长存思想的主要篇章。本文节选自《内篇·极言》，认为经过长期不懈的内修外养可以延年益寿，其中所述具体的养生方法仍有借鉴作用。

或问曰："古之仙人者，皆由学以得之，将特禀异气耶[1]？"抱朴子答曰："是何言欤？彼莫不负笈随师，积其功勤，蒙霜冒险，栉风沐雨[2]，而躬亲洒扫，契阔劳艺[3]，始见之以信行，终被试以危困，性笃行贞，心无怨贰，乃得升堂以入于室。或有怠厌而中止，或有怨恚而造退[4]，或有诱于荣利，而还修流俗之事，或有败于邪说，而失其淡泊之志，或朝为而夕欲其成，或坐修而立望其效。若夫睹财色而心不战，闻俗言而志不沮者，万夫之中，有一人为多矣。故为者如牛毛，获者如麟角也。夫彀劲弩者[5]，效力于发箭；涉大川者，保全于既济；井不达泉，则犹不掘也；一步未至，则犹不往也。修涂之累[6]，非移晷所臻[7]；凌霄之高，非一篑之积[8]。然升峻者患于垂上而力不足[9]，为道者病于方成而志不遂。千仓万箱，非一耕所得；干天之木[10]，非旬日所长；不测之渊，起于汀滢[11]；陶朱之资[12]，必积百千。若乃人退己进，阴子所以穷至道也[13]。敬卒若始，羡门所以致云龙也[14]。我志诚坚，彼何人哉？"

[1] 将：抑或。
[2] 栉(zhì 至)风沐雨：以风梳发，以雨洗头。形容不避风雨，奔波劳苦。语本《庄子·天下》。亦作"沐雨栉风"。
[3] 契阔：劳苦。　劳艺：劳作。
[4] 造：急忙。
[5] 彀(gòu 构)：拉满弓弩。
[6] 修涂：长途。修，长。
[7] 移晷(guǐ 鬼)：日影移动。犹言经过了一段时间。
[8] 篑(kuì 溃)：盛土的竹筐。
[9] 垂：将近。
[10] 干天：直冲云天。干，干犯。
[11] 汀滢(tīng yíng 听映)：小水流。
[12] 陶朱：即"陶朱公"，春秋时富商范蠡。事见《史记·货殖列传》。
[13] "若乃人退"二句：据《神仙传》载，阴子从马鸣生学道。马终日高谈当世之事而不传授度世之法，如此十余年。同时共事鸣生者十二人皆离去，唯阴子执礼益恭，生以其"真能得道"，授以《太清神丹经》。

笔记栏

阴子，阴长生，东汉新野人。

[14] 羡门所以致云龙：谓羡门成仙，驾龙而去。云龙，即龙。《易・乾》："云从龙。"故称。

抱朴子曰："俗民既不能生生[1]，而务所以煞生[2]。夫有尽之物，不能给无已之耗；江河之流，不能盈无底之器也。凡人利入少而费用多者，犹不供也，况无锱铢之来[3]，而有千百之往乎？人无少长，莫不有疾，但轻重言之耳。而受气各有多少，多者其尽迟，少者其竭速。其知道者补而救之，必先复故，然后方求量表之益[4]。若令服食终日，则肉飞骨腾[5]，导引改朔[6]，则羽翮参差[7]，则世间无不信道之民也。患乎升勺之利未坚[8]，而钟石之费相寻[9]，根柢之据未极，而冰霜之毒交攻。不知过之在己，而反云道之无益，故捐丸散而罢吐纳矣。故曰：非长生难也，闻道难也；非闻道难也，行之难也；非行之难也，终之难也。良匠能与人规矩，不能使人必巧也；明师能授人方书，不能使人必为也。夫修道犹如播谷也，成之犹收积也。厥田虽沃，水泽虽美，而为之失天时，耕锄又不至，登稼被垄[10]，不获不刈[11]，顷亩虽多，犹无获也。凡夫不徒不知益之为益也，又不知损之为损也，夫损易知而速焉，益难知而迟焉，人尚不悟其易，安能识其难哉？夫损之者如灯火之消脂，莫之见也，而忽尽矣；益之者如苗禾之播殖，莫之觉也，而忽茂矣。故治身养性，务谨其细，不可以小益为不平而不修，不可以小损为无伤而不防。凡聚小所以就大，积一所以至亿也。若能爱之于微，成之于著，则几乎知道矣[12]。"

[1] 生生：使生命生长不息。

[2] 煞：损伤。

[3] 锱铢：古重量单位。喻极微小的数量。锱为一两的四分之一，铢为一两的二十四分之一。

[4] 表：指体表。

[5] 肉飞骨腾：喻身体轻捷，能飞腾上天。肉、骨，都指身体。

[6] 改朔：一个月时间。朔，农历每月初一。

[7] 羽翮（hé 核）：鸟翼。

[8] 升勺：古容量单位。此言其少。十勺为一合，十合为一升。

[9] 钟石：古容量单位。此言其多。钟，说法不一，西晋・杜预说一钟为六斛四斗。 寻：连续不断。

[10] 登：成熟。 被：覆盖。

[11] 刈（yì 义）：割。

[12] 几乎：接近于。

或问曰："世有服食药物，行气导引，不免死者，何也？"

抱朴子答曰："不得金丹[1]，但服草木之药及修小术者，可以延年迟死耳，不得仙也。或但知服草药，而不知还年之要术，则终无久生之理也。或不晓带神符，行禁戒，思身神，守真一，则止可令内疾不起，风湿不犯耳。若卒有恶鬼强邪，山精水毒害之，则便死也。或不得入山之法，令山神为之作祸，则妖鬼试之，猛兽伤之，溪毒击之，蛇蝮螫之，致多死事，非一条也。或修道晚暮，而先自损伤已深，难可补复。补复之益，未得根据，而疾随复作，所以克伐之事，亦何缘得长生哉？或年老为道而得仙者，或年少为道而不成者，何哉？彼虽年老而受气本多，受气本多则伤损薄，伤损薄则易养，易养故得仙也。此虽年少而受气本少，受气本少则伤深，伤深则难救，难救故不成仙也。

夫木槿杨柳，断殖之更生，倒之亦生，横之亦生。生之易者，莫过斯木也。然埋之既浅，又未得久，乍刻乍剥[2]，或摇或拔，虽壅以膏壤[3]，浸以春泽[4]，犹不脱于枯瘁者，以其根荄不固[5]，不暇吐其萌芽，津液不得遂结其生气也。人生之为体，易伤难养，方之二木[6]，不及远矣。而所以攻毁之者，过于刻剥，剧乎摇拔也。济之者鲜，坏之者众，死其宜也。

夫吐故纳新者，因气以长气，而气大衰者，则难长也；服食药物者，因血以益血，而血垂竭者，则难益也。夫奔驰而喘逆，或欬或满[7]，用力役体，汲汲短乏者[8]，气损之候也。面无光

色，皮肤枯腊[9]，唇焦脉白[10]，腠理萎瘁者[11]，血减之证也。二证既衰于外，则灵根亦凋于中矣[12]。如此则不得上药，不能救也。凡为道而不成，营生而得死者，其人非不有气血也，然身中之所以为气为血者，根源已丧，但余其枝流也。譬犹入水之烬[13]，火灭而烟不即息，既断之木，柯叶犹生[14]。二者非不有烟，非不有叶，而其所以为烟为叶者，已先亡矣。世人以觉病之日，始作为疾，犹以气绝之日，为身丧之候也。唯怨风冷与暑湿，不知风冷暑湿，不能伤壮实之人也。徒患体虚气少者，不能堪之，故为所中耳。

何以较之？设有数人，年纪老壮既同，服食厚薄又等，俱造沙漠之地，并冒严寒之夜，素雪堕于上，玄冰结于下[15]，寒风摧条而宵骇，咳唾凝沍于唇吻[16]，则其中将有独中冷者，而不必尽病也。非冷气之有偏，盖人体有不耐者耳。故俱食一物，或独以结病者，非此物之有偏毒也；钧器齐饮[17]，而或醒或醉者，非酒势之有彼此也；同冒炎暑，而或独以暍死者[18]，非天热之有公私也；齐服一药，而或昏瞑烦闷者，非毒烈之有爱憎也。是以冲风赴林[19]，而枯柯先摧；洪涛凌崖[20]，而拆隙首颓[21]；烈火燎原，而燥卉前焚；龙椀坠地[22]，而脆者独破。由兹以观，则人之无道，体已素病，因风寒暑湿者以发之耳。苟能令正气不衰，形神相卫，莫能伤也。凡为道者，常患于晚，不患于早也。恃年纪之少壮、体力之方刚者，自役过差[23]，百病兼结，命危朝露，不得大药，但服草木，可以差于常人，不能延其大限也[24]。故仙经曰[25]：养生以不伤为本。此要言也。神农曰：百病不愈，安得长生？信哉斯言也！”

[1] 金丹：古代方士所炼金石之药。
[2] 乍：忽然。
[3] 壅：用土壤或肥料培在植物根部。
[4] 浸：灌溉。　泽：雨露。
[5] 根荄（gāi 该）：根部。根，树根。荄，草根。
[6] 方：比拟。
[7] 欬：“咳”的异体字。　满（mèn 闷）：通“懑”。烦闷。
[8] 汲汲：心情急切貌。此形容呼吸急促的样子。
[9] 枯腊（xī 西）：干瘦。腊，干肉。
[10] 脉白：表露的经脉颜色浅淡。
[11] 腠理：皮肤的纹理。
[12] 灵根：本根。此指气血生化的基础，即元气。
[13] 烬：物体燃烧后剩下的部分。此指燃烧着的物体。
[14] 柯：草木的枝茎。
[15] 玄冰：厚冰。
[16] 沍（hù 护）：“冱”的异体字。冻结。
[17] 钧器：同等的饮器。钧，通“均”。同等。
[18] 暍（yē 椰）：中暑。
[19] 冲风：暴风。
[20] 凌：超越。此谓漫过。
[21] 拆隙：裂缝。拆，通“坼”。裂开。
[22] 龙：当作“笼”。　椀：“碗”的异体字。
[23] 过差：过度。
[24] 大限：寿数。
[25] 仙经：指道教经典著作。

或问曰：“所谓伤之者，岂非淫欲之间乎？”

抱朴子曰：“亦何独斯哉？然长生之要，在乎还年之道。上士知之，可以延年除病，其次

笔记栏

不以自伐者也。若年尚少壮而知还年，服阴丹以补脑[1]，采玉液于长谷者[2]，不服药物，亦不失三百岁也，但不得仙耳。不得其术者，古人方之于冰杯之盛汤，羽苞之蓄火也。且又才所不逮而困思之，伤也；力所不胜而强举之，伤也；悲哀憔悴，伤也；喜乐过差，伤也；汲汲所欲，伤也，久谈言笑，伤也；寝息失时，伤也；挽弓引弩，伤也；沉醉呕吐，伤也；饱食即卧，伤也；跳走喘乏，伤也；欢呼哭泣，伤也；阴阳不交[3]，伤也。积伤至尽则早亡，早亡非道也。是以养生之方，唾不及远，行不疾步，耳不极听，目不久视，坐不至久，卧不及疲，先寒而衣，先热而解。不欲极饥而食，食不过饱；不欲极渴而饮，饮不过多。凡食过则结积聚，饮过则成痰癖[4]。不欲甚劳甚逸，不欲起晚，不欲汗流，不欲多睡，不欲奔车走马，不欲极目远望，不欲多啖生冷，不欲饮酒当风，不欲数数沐浴[5]，不欲广志远愿，不欲规造异巧[6]。冬不欲极温，夏不欲穷凉，不露卧星下，不眠中见肩。大寒大热，大风大雾，皆不欲冒之。五味入口不欲偏多，故酸多伤脾，苦多伤肺，辛多伤肝，咸多则伤心，甘多则伤肾，此五行自然之理也。凡言伤者，亦不便觉也，谓久则寿损耳。是以善摄生者，卧起有四时之早晚，兴居有至和之常制。调利筋骨，有偃仰之方[7]；杜疾闲邪[8]，有吞吐之术；流行荣卫，有补泻之法；节宣劳逸，有与夺之要[9]。忍怒以全阴气，抑喜以养阳气[10]。然后先将服草木以救亏缺，后服金丹以定无穷，长生之理，尽于此矣。若有欲决意任怀[11]，自谓达识知命，不泥异端，极情肆力，不营久生者，闻此言也，虽风之过耳，电之经目，不足谕也。虽身枯于流连之中[12]，气绝于纨绮之间[13]，而甘心焉，亦安可告之以养生之事哉？不惟不纳，乃谓妖讹也。而望彼信之，所谓以明鉴给矇瞽[14]，以丝竹娱聋夫也[15]。”

[1] 阴丹：即金丹。

[2] 玉液：道家炼成的所谓仙液。　长谷：深山岩谷。

[3] 阴阳不交：此谓禁绝房事。

[4] 痰癖：水饮不停，化而为痰，流移两胁之间，以致胁痛的病证。

[5] 数数：频繁。

[6] 规：谋划。

[7] 偃仰：俯仰。

[8] 闲：防御。

[9] 与夺：取舍。

[10] “忍怒”二句：《素问·阴阳应象大论》：“暴怒伤阴，暴喜伤阳。”

[11] 任怀：犹任性。纵任性情，不加约束。

[12] 流连：乐而忘返。

[13] 纨绮：精美的丝织品。引申为富贵安乐的家境。

[14] 矇瞽：盲人。

[15] 丝竹：指代音乐。

简　析

本文是葛洪谈论养生的最高言论、极致言论。文中强调养生要坚持不懈、持之以恒，养生的基础是身体元气充足、身强体壮，养生要重视细节和正确的方法，并总结了人们在日常生活中容易出现的十三种损伤身体的情况。除了内修外养，葛洪还强调人们须积善立功，忠孝为本，恬淡守真，不必求神降福，自会健康长寿。其所阐述的内养方法、养生之道，对于增进人们身体健康不无裨益，对后世的气功学、养生学、体育学、医学都有积极的理论借鉴意义。

在艺术表达方面，《极言》采用问答对话的形式阐述养生之法，有较强的感染力和说服力。行文明白晓畅，注重骈偶句运用，参差中有整齐，错落中有一致，形成了骈散结合的句

笔记栏

式。注重押韵和叠音词的使用，诵读朗朗上口，自然流动。文中语典、事典生动贴切，是中古时期具有代表性的养生名篇。

知识链接

杂诫忌禳害祈善篇

南朝·陶弘景

久视伤血，久卧伤气，久立伤骨，久行伤筋，久坐伤肉。凡远思强健伤人，忧恚悲哀伤人，喜乐过差伤人，忿怒不解伤人，汲汲所愿伤人，戚戚所患伤人，寒热失节伤人，阴阳不交伤人。凡交须依导引诸术。若能避众伤之事而复阴阳之术，则是不死之道。大乐气飞扬，大愁气不通。用精令人气力乏，多视令人目盲，多睡令人心烦，贪美食令人泄痢。俗人但知贪于五味，不知元气可饮。圣人知五味之生病，故不贪，知元气可服，故闭口不言，精气自应也。唾不咽则海不润，海不润则津液乏，是知服元气，饮醴泉，乃延年之本也。（选自《养性延命录·杂诫忌禳害祈善篇》）

（李　庆）

复习思考题

1. 请结合课文，谈谈作者认为“善摄生者”应当如何。
2. 结合文意解释下列语句。
（1）栉风沐雨
（2）躬亲洒扫，契阔劳艺。
（3）以其根荄不固，不暇吐其萌芽。
（4）或独以暍死者。
（5）不欲规造异巧。
3. 按照课文，请讲讲怎样才不“煞生”。

四九、鉴　药

【题解】本文选自《刘禹锡集笺证》，据上海古籍出版社1989年版排印。作者刘禹锡（772—842），字梦得，洛阳（今属河南）人，唐代著名文学家、哲学家。著有《刘宾客文集》共四十卷（包括外集十卷），其中文二十二卷，诗十八卷。德宗贞元九年（793）进士，登博学宏词科，先后任监察御史、集贤院学士、苏州刺史等职。永贞革新（805）失败后被贬为朗州（今湖南常德）司马，迁连州刺史，后又徙夔州、和州，828年为主宾郎中，后因裴度力荐，任太子宾客，加检校礼部尚书，世称刘宾客。刘禹锡论说文题旨隐微，刘氏认为自己所长在“论”，韩愈所长在“笔”。柳宗元说其“文隽而膏，味无穷而炙愈出”（刘禹锡《犹子蔚适越戒》引）。刘氏和柳宗元交谊甚深，人称“刘柳”；又与白居易多所唱和，并称“刘白”。其诗通俗清新，善用比兴手法寄托政治内容，著有咏史诗《西塞山怀古》《乌衣巷》《石头城》《竹枝词》《柳枝词》。刘禹锡对医学颇有造诣，元和十三年（818）编集《传信方》两卷，元代以后散佚。今人从古代方书中辑录而成《传信方集释》，共收四十五方。

笔记栏

本文《鉴药》是《因论》七篇中的首篇。作者通过自己服药不当的亲身经历，告诫世人不能墨守成规，借此针砭唐王朝因循守旧、不图改革。同时，作者强调服药“过当则伤和”，是对中医学“度”与“和”思想的生动阐释。

刘子闲居[1]，有负薪之忧[2]，食精良弗知其旨[3]，血气交沴[4]，炀然焚如[5]。客有谓予：“子病，病积日矣[6]。乃今我里有方士沦跡于医[7]，厉者造焉而美肥[8]，辄者造焉而善驰[9]，矧常病也[10]。将子诣诸[11]！”

[1] 闲居：独居。

[2] 负薪之忧：“病”的婉辞。语出《礼记·曲礼下》。

[3] 旨：味美。

[4] 交沴（lì 力）：都不通畅。交，共，俱。沴，《说文解字》“水不利也”，引申为不调和。

[5] 炀（yáng 羊）然焚如：像火烧的样子。比喻体温很高。炀，焚烧。如，词尾。

[6] 积日：多日。

[7] 跡：“迹”的异体字。

[8] 厉（lài 赖）：通“癞”。恶疮，麻风病。 焉：于此，兼词。

[9] 辄：足疾。《谷梁传·昭公二十年》：“两足不能相过……谓之辄。”

[10] 矧（shěn 审）：况且。

[11] 将（qiāng 枪）：愿，请。

予然之，之医所。切脉观色聆声，参合而后言曰：“子之病，其兴居之节舛[1]，衣食之齐乖所由致也[2]。今夫藏鲜能安谷，府鲜能母气[3]，徒为美疢之囊橐耳[4]！我能攻之。”乃出药一丸，可兼方寸[5]，以授予曰：“服是足以瀹昏烦而鉏蕴结[6]，销蛊慝而归耗气[7]。然中有毒，须其疾瘳而止[8]，过当则伤和，是以微其齐也[9]。”予受药以饵。过信而髀能轻[10]，痺能和；涉旬而苛痒绝焉，抑搔罢焉；踰月而视分纤，听察微，蹈危如平，嗜粝如精。

[1] 兴居：起居。 舛：错乱，混乱。

[2] 齐：整治，调理。 乖：不协调，违背。

[3] 母气：意为运化、传输水谷之气。母，养育，滋生。

[4] 美疢（chèn 趁）：指疾病。疢，病。 囊橐（tuó 佗）：口袋，袋子。这里指疾病的滋生处。

[5] 可：近，大约。 兼：两倍。

[6] 瀹（yuè 跃）：疏导，治理。 鉏蕴结：除治郁结。鉏，“锄”的异体字。

[7] 销：通“消”，消除。 蛊慝（gǔ tè 古特）：指灾害，病邪。《国语·晋语》：“以伏蛊慝。”

[8] 须：等待。 瘳（chōu 抽）：病愈。

[9] 微其齐：使药量微小。

[10] 信：再宿。即两晚。 髀：“腿”的异体字。

或闻而庆予，且闀言曰[1]：“子之获是药，几神乎[2]！诚难遭已。顾医之态[3]，多啬术以自贵[4]，遗患以要财。盍重求之[5]？所至益深矣。”予昧者也，泥通方而狃既效[6]，猜至诚而惑勦说[7]，卒行其言。逮再饵半旬[8]，厥毒果肆[9]，岑岑周体[10]，如痁作焉[11]。悟而走诸医。医大吒曰[12]：“吾固知夫子未达也！”促和蠲毒者投之[13]。滨于殆，而有喜。异日进和药，乃复初。

[1] 闀：原作“关”，据《刘宾客文集》改。闀，“哄”的异体字。劝诱。此指怂恿。

[2] 几：近乎。

[3] 顾：只是。

[4] 啬：吝啬。引申作保留。

[5] 盍：“何”“不”的合音词。

[6] 狃（niǔ 扭）：贪求。

笔记栏

[7] 勦：窃取他人的言论为己说。这里指上文客所言。勦，"剿"的异体字。
[8] 逮（dài 代）：到，及。
[9] 肆：放纵。此指药性大作。
[10] 岑岑（cén 涔）：胀痛，烦闷。
[11] 痁（shān 山）：疟疾的一种。症见只热不寒。《说文解字》："有热疟。"
[12] 吒："咤"的异体字。怒声，怒斥。
[13] 蠲（juān 捐）：除去，免除。

刘子慨然曰：善哉医乎！用毒以攻疹[1]，用和以安神，易则两踬[2]，明矣。苟循往以御变[3]，昧于节宣[4]，奚独吾侪小人理身之弊而已[5]！

[1] 疹："疢"的异体字。疾病。
[2] 踬：跌倒，被绊倒。这里作失败讲。
[3] 御：治，驾驭。这里作处理解。
[4] 节宣：调节和宣泄。节，指用和药调节。宣，指用攻药宣散。
[5] 吾侪（chái 柴）：我们。侪，辈，等，表复数。 理身：治身，养身。避唐高宗李治之讳，改"治"为"理"。

简 析

《因论》七篇作于刘禹锡被贬夔州期间（822—824），包括《鉴药》《讯甿》《叹牛》《儆舟》《原力》《说骥》《述病》。因，探究原因；论，我国古代的一种文体，属于议论文的一种。其小序指明写作缘由云："造形而有感，因感而有词，匪立匪寓，以因为目。"是有感而发，通过摆事实来讲道理的一组议论文，目的是想对后世起到讽喻的作用，具有很强的现实针对性和启发借鉴意义。《鉴药》就是以用药为鉴。刘禹锡以亲身错服药的沉痛教训说明治国亦如用药，不能"循往以御变"，应当随着客观实际情况的变化而改变方法，借以批评唐王朝因循守旧、不图改革，以治病之理寓治国之道。同时，作者强调服药"过当则伤和"，是对中医学"度"与"和"思想的生动阐释。全文先叙后议，言简意宏，意味深远，发人深省。

知识链接

述 病

唐·刘禹锡

刘子尝涉暑而征，热攻于腠以致病。其仆也告痡，亦莫能兴。逮浃日，予有瘳。医诊之曰："疾幸间矣，顾热沴而未平，有遗类焉，宜谨于摄卫。卫之乖方，则病复矣。"所苦既微而怠其说，倦眠于衾而兴焉，倦隐于几而步焉，面不能罢颒，发不能捐栉，口不能忘味，心不能无思。如是未移日而疾也骖如复瘵于躬。进药求汗，凡三涣然后目能视。视既分，则向时之仆，已睨然执栝圈侍予于前矣。予讶而曰："曩吾与若也病偕，呻也呼也，若酷而吾微，药也饵也，吾殷而若薄。何患之同而痊之异哉？"仆谆谆而答云："已之被病也，兀然而无知；有间也，亦兀然而无知。发蓬如而忘乎乱，面黥如而忘乎垢。洎疾之杀也，虽饮食是念，无滑甘之思，日致复初，亦不知也。"

予喟然叹曰："始予有斯仆也，命之理畦则蔬荒，主庖则味乖，颛厩则马瘠，常谓其无适能适。乃今以兀然而贤我远甚，利与钝果相长哉！仆更矣。"刘子遂言曰："乐于用则豫章贵，厚其生则社栎贤。唯理所之，曾何胶于域也？"（选自《刘禹锡集笺证》）

（张 继）

笔记栏

复习思考题

1. 分析“今夫藏鲜能安谷，府鲜能母气，徒为美疢之囊橐耳”一句的修辞方法。结合课文，搜集并整理课文其他修辞用例一则。

2. 结合文意解释下列语句。

(1) 炀然焚如

(2) 须其疾瘳而止。

(3) 逮再饵半旬，厥毒果肆，岑岑周体，如痁作焉。

3. 分析“苟循往以御变，昧于节宣，奚独吾侪小人理身之弊而已”中的避讳现象。

五〇、理 学 七 则

【题解】本文第一至第六则选自《近思录》，据中华书局2021年版《近思录译注》排印。第七则选自《传习录》，据中华书局2018年版《传习录译注》排印。《近思录》是北宋理学家周敦颐、程颢、程颐、张载等人的理学言论精华录，共十四类，六百二十二条，从理学精义到为学之要，从修身、齐家、治国、平天下到待人接物、为人处世，最后到为学的终极目标——造就圣贤气象等，无不涵盖，全面反映了北宋五子及朱吕一派理学的学术与教育思想。编者朱熹、吕祖谦。朱熹(1130—1200)，字元晦，一字仲晦，号晦庵、晦翁、考亭先生等，徽州婺源(今属江西)人，19岁中进士，官至焕章阁待制兼侍讲，谥曰“文”，赠太师，追封信国公，改徽国公，南宋著名的理学家、教育家，著有《四书章句集注》《周易本义》及后人编纂的《晦庵先生朱文公文集》《朱子语类》等。吕祖谦(1137—1181)，婺州金华(今属浙江)人，字伯恭，世称东莱先生，以祖荫入仕，后于27岁中进士，官至秘书省秘书郎，并兼国史院编修官与实录院检讨官，著有《东莱博议》《东莱集》等。《传习录》是明代哲学家王守仁的语录、论学书信的简辑，集中反映了阳明学派关于“心即理”“知行合一”“致良知”等心学的学术与教育思想。编者为王守仁及其弟子。王守仁(1472—1528)，字伯安，号阳明，余姚(今属浙江)人，明代著名的理学家、教育家、军事家，28岁中进士，官至南京兵部尚书，封新建伯，著有《阳明全书》(又称《王文成公全书》)。

这七则文字，分别从世界观、方法论、实践论等层面阐述了理学思想的一些基本要点，为我们理解、掌握和分析、鉴别理学思想提供了感性材料和理论依据，从而有助于我们对其形成较为客观的认识。

(一)

濂溪先生曰：无极而太极[1]。太极动而生阳，动极而静，静而生阴，静极复动。一动一静，互为其根[2]；分阴分阳，两仪立焉[3]。阳变阴合，而生水火木金土。五气顺布[4]，四时行焉。五行，一阴阳也；阴阳，一太极也；太极，本无极也。

五行之生也，各一其性[5]。无极之真[6]，二五之精[7]，妙合而凝。“乾道成男，坤道成女”，二气交感[8]，化生万物。万物生生，而变化无穷焉。

唯人也，得其秀而最灵。形既生矣，神发知矣。五性感动，而善恶分，万事出矣。圣人定之以中正仁义，而主静，立人极焉[9]。

故圣人与天地合其德，日月合其明，四时合其序，鬼神合其吉凶。君子修之吉，小人悖之凶[10]。故曰：“立天之道，曰阴与阳；立地之道，曰柔与刚；立人之道，曰仁与义。”又曰：“原始

笔记栏

反终,故知死生之说。”大哉《易》也,斯其至矣。(《近思录·道本》)

[1] 濂溪:周敦颐(1017—1073),字茂叔,道州营道(今湖南道县)人,宋明理学开山鼻祖。本则出自周敦颐的《太极图说》。 无极:中国古代哲学中认为形成宇宙万物的本原。以其无形无象,无声无色,无始无终,无可指名,故曰无极。 太极:最原始的混沌之气,是宇宙万物最高存在的范畴。

[2] 互为其根:相互依存。根,根基。

[3] 两仪:指阴阳。

[4] 五气:五行之气。 布:流传,流布。

[5] 各一其性:各有其属性。

[6] 真:精诚、精粹的东西。

[7] 二五之精:阴阳二气和五行的精粹。

[8] 交感:相互感应。

[9] 人极:指做人的最高标准。

[10] 悖:违背。

(二)

横渠先生作《订顽》曰[1]:乾称父,坤称母[2];予兹藐焉,乃混然中处。故天地之塞[3],吾其体;天地之帅[4],吾其性。民,吾同胞;物,吾与也[5]。大君者[6],吾父母宗子[7];其大臣,宗子之家相也[8]。尊高年,所以长其长;慈孤弱,所以幼其幼。圣,其合德;贤,其秀也。凡天下疲癃、残疾、惸独、鳏寡[9],皆吾兄弟之颠连而无告者也[10]。于时保之[11],子之翼也[12];乐且不忧,纯乎孝者也。违曰悖德,害仁曰贼。济恶者不才[13],其践形惟肖者也[14]。知化则善述其事,穷神则善继其志。不愧屋漏为无忝[15],存心养性为匪懈[16]。恶旨酒,崇伯子之顾养[17];育英才,颍封人之锡类[18]。不弛劳而底豫,舜其功也[19];无所逃而待烹,申生其恭也[20]。体其受而归全者,参乎[21]?勇于从而顺令者,伯奇也[22]。富贵福泽,将厚吾之生也;贫贱忧戚,庸玉女于成也[23]。存,吾顺事[24],没[25],吾宁也。(《近思录·论学》)

[1] 订顽:本则出自张载的《正蒙·乾称篇》,原名《订顽》,后被程颐改为《西铭》。

[2] “乾称父”二句:《易传·说卦》:“乾,天也,故称乎父;坤,地也,故称乎母。”

[3] 塞:指充塞天地的阴阳之气。朱熹《朱子语类》卷九十八:“塞只是气,吾之体即天地之气。”

[4] 帅:指主宰天地的乾健坤顺之性。朱熹《朱子语类》卷九十八:“帅是主宰,乃天地之常理也,吾之性即天地之理。”

[5] 与:同类,朋友。

[6] 大君:指天子。

[7] 吾父母:指乾坤、天地。 宗子:嫡长子。

[8] 家相:古代大夫的封地“家”的政务长官。相,宰相。

[9] 疲癃:曲腰高背之疾,泛指年老多病之人。 惸(qióng 穷):没有兄弟的人。 鳏寡:鳏夫、寡妇。

[10] 颠连:喻颠沛流离,困顿不堪之状。

[11] 于时保之:语出《诗经·周颂·我将》。时,适时。

[12] 子:指作为天地之子的人类。 翼:指应有的辅助行为。

[13] 不才:没有才能,此谓不孝、无德。

[14] 践形:体现出人天赋的优秀品性。《孟子·尽心上》:“形色,天性也,惟圣人然后可以践形。”赵岐注:“圣人内外文明,然后能以正道履居此美形。” 肖:像,指像天地之德,意谓是天地的孝子。

[15] 不愧屋漏:语出《诗经·大雅·抑》:“相在尔室,尚不愧于屋漏。”《毛传》:“西北隅谓之屋漏。”郑玄笺“屋,小账也;漏,隐也。” 忝:辱,有愧于。

[16] 存心养性:语出《孟子·尽心上》:“存其心,养其性,所以事天也。” 匪懈:语出《诗经·大雅·烝民》:“夙夜匪懈,以事一人。”匪,通“非”。

笔记栏

[17] “恶旨酒”二句:言大禹厌拒美酒、孝养父母之事。恶旨酒,《孟子·离娄下》:“世俗所谓不孝者五:……博弈好饮酒,不顾父母之养,二不孝也。”又:“禹恶旨酒而好善言。”崇伯子,即大禹。禹父鲧封于崇,史称崇伯。

[18] 颍封人:指颍考叔,曾任颍谷封人,故称。春秋时郑国人,以事母至孝著称。事见《左传·隐公元年》。 锡类:“永锡尔类”的简称。锡,通“赐”。语本《诗经·大雅·既醉》:“孝子不匮,永锡尔类。”

[19] “不弛劳”二句:言舜力行孝道而足为天下可法之事。《孟子·离娄上》:“舜尽事亲之道而瞽瞍底豫,瞽瞍底豫而天下化,瞽瞍底豫而天下之为父子者定,此之谓大孝。”不弛劳,勤劳不松懈。底,致,达到。豫,快乐。

[20] “无所逃”二句:言春秋时晋献公太子申生被谗于父,因于孝道而不辩不逃并选择自杀,被谥为“恭”之事。事见《国语》《左传》及《礼记·檀弓上》。待烹,犹言待死。恭,申生死后的谥号。《谥法》:“敬顺事上曰恭。”

[21] “体其受”二句:言曾子最能完好地奉行孝道。体其受,语本《孝经·开宗明义章》:“身体发肤,受之父母,不敢毁伤,孝之始也。”归全,语本《礼记·祭义》:“父母全而生之,子全而归之,可谓孝矣。不亏其体,不辱其身,可谓全矣。”参(shēn 申),曾参,字子舆,孔子弟子,以孝著称。

[22] 伯奇:周宣王大臣尹吉甫之子,古代著名孝子。《汉书》卷七十九《冯奉世传》“伯奇放流”句颜师古注:“《说苑》云:王国子前母子伯奇,后母子伯封,兄弟相重。后母欲令其子立为太子,乃僭伯奇,而王信之,乃放伯奇也。”

[23] 庸:用,借以。玉女于成:像爱惜玉一样爱护、帮助你,使你成功。女,同“汝”。

[24] 顺事:顺应天地父母自然之理去做事。

[25] 没:同“殁”。死。

(三)

为天地立心,为生民立道,为去圣继绝学,为万世开太平[1]。(《近思录·论学》)

[1] “为天地”四句:本则出自张载的《横渠文集·张子语录》。流行版为“道”作“命”,“去”作“往”。绝学,指衰微的儒学道统。

(四)

凡一物上有一理,须是穷致其理[1]。穷理亦多端[2],或读书,讲明义理;或论古今人物,别其是非;或应接事物,而处其当[3],皆穷理也。或问:“格物须物物格之[4]?还只格一物而万理皆知?”曰:“怎得便会贯通?若只格一物便通众理,虽颜子亦不敢如此道[5]。须是今日格一件,明日又格一件。积习既多,然后脱然自有贯通处。”(《近思录·穷理》)

[1] 穷致:深究精研。本则出自《二程遗书》卷十八,作者程颐。

[2] 多端:多方面,多种途径。

[3] 处:处理,处置。

[4] 格物:推究事物的道理。

[5] 颜子:指孔子的弟子颜回(前 521—前 481,据熊赐履《学统》),字子渊,春秋时期鲁国人,为孔子最得意的弟子。

(五)

或问:“圣可学乎?”濂溪先生曰:“可。”“有要乎?”曰:“有。”请问焉,曰:“一为要[1]。一者,无欲也。无欲则静虚动直[2]。静虚则明,明则通。动直则公,公则溥[3]。明通公溥,庶几乎[4]!”(《近思录·存养》)

[1] 一:恒一,守一,意为专心一意,无杂念。本则出自《通书·圣学》,作者周敦颐,即下文的“濂溪先生”。

笔记栏

［2］静虚动直：静处时虚若怀谷，举动时客观公正。

［3］溥（pǔ 蒲）：水宽大貌，喻仁德学养丰厚博大。

［4］庶几：差不多。

（六）

尧夫解“他山之石，可以攻玉”[1]：玉者温润之物。若将两块玉来相磨，必磨不成。须是得他个粗砺底物，方磨得出。譬如君子与小人处，为小人侵陵[2]，则修省畏避[3]，“动心忍性”，增益预防，如此便道理出来。（《近思录·省察》）

［1］“他山之石”八字：语出《诗经·小雅·鹤鸣》，意为别的山上的石头，可以用来琢磨自己的美玉，后引申为对自己有借鉴、校正作用的人或意见。本则出自《二程遗书》卷二上，作者邵雍（1011—1077），字尧夫，谥号康节，自号安乐先生、伊川翁，世称百源先生，北宋理学家、易学家。

［2］侵陵：侵扰欺凌。陵，通“凌”。

［3］修省畏避：内修、自省、敬畏、回避。

（七）

丁亥年九月[1]，先生起复征思、田[2]。将命行时，德洪与汝中论学[3]。汝中举先生教言：“无善无恶是心之体，有善有恶是意之动。知善知恶是良知，为善去恶是格物[4]。”德洪曰：“此意如何？”汝中曰：“此恐未是究竟话头。若说心体是无善无恶[5]，意亦是无善无恶的意，知亦是无善无恶的知，物亦是无善无恶的物矣。若说意有善恶，毕竟心体还有善恶在。”德洪曰：“心体是天命之性，原是无善无恶的。但人有习心[6]，意念上见有善恶在，格、致、诚、正、修[7]，此正是复那性体功夫。若原无善恶，功夫亦不消说矣。”

［1］丁亥年：指明世宗嘉靖六年（1527）。据《明史·王守仁传》载：“嘉靖六年，思恩、田州土酋卢苏、王受反……乃诏守仁。”

［2］起复：中国古代，官员守孝期满重新任职，称为起复。　思田：指思恩（今广西壮族自治区南宁市武鸣区北）和田州（今广西壮族自治区百色市田阳区北）两地。

［3］德洪：钱德洪（1496—1574），名宽，号绪山，先以讲学授徒为业，后率弟子迎请王阳明并拜入其门下，成为阳明学派传承的重要人物。　汝中：王畿（1498—1583），字汝中，号龙溪，山阴（今浙江绍兴）人，师事王阳明，为王门七派里浙中派的创始人。

［4］“无善无恶”四句：为著名的“阳明四句”，是王阳明生前提出、用以概括其学说大旨的四句口诀。

［5］心体：即心学家所谓的本心、本性，有“人之初”的意味。

［6］习心：习染之心。与体心、本心相对而言，指后天被社会和习俗等染化（污染）了的心，已如蒙尘之镜，不能洞见清明。

［7］格、致、诚、正、修：为《礼记·大学》中“格物、致知、诚意、正心、修身”之省。

是夕侍坐天泉桥，各举请正。先生曰：“我今将行，正要你们来讲破此意。二君之见，正好相资为用，不可各执一边。我这里接人原有此二种。利根之人直从本原上悟入[1]。人心本体原是明莹无滞的，原是个未发之中[2]。利根之人一悟本体，即是功夫，人己内外，一齐俱透了。其次不免有习心在，本体受蔽，故且教在意念上实落为善去恶。功夫熟后，渣滓去得尽时[3]，本体亦明尽了。汝中之见，是我这里接利根人的；德洪之见，是我这里为其次立法的。二君相取为用，则中人上下皆可引入于道。若各执一边，跟前便有失人，便于道体各有未尽[4]。”（《传习录·卷下》）

［1］利根之人：根基良好、天资聪颖的人。

［2］未发之中：没有开启的原初的、中和的状态，即未经习染的原初态。

［3］渣滓：原指某物精炼提纯后所剩的残渣，此喻一切杂念，即习染所成的所有观念等。

［4］道体：道德本体，指心学家所谓源于本心的天理、良知等道德理念。

简　析

宋明理学有程朱理学和陆王心学之分。二者都继承孔孟之道，认为世界的本原是"理"。所不同的是，程朱理学认为"理"在心外，需"格物"以体知"天理"；陆王心学则认为"理"在心中，需去除私欲来恢复"良知"。基于其之所学所求，两家都对人的修为作了全面深入的探求和论述。本课七则，对此基本有所反映。

第一则，出自宋代周敦颐的《太极图说》，共两层涵义：第一层言"太极"，展示整个宇宙原始反终的生成与复归图式，即太极→阴阳→五行→万物（人）的生化过程，以及万物（人）→五行→阴阳→太极的复归过程，这就是"天道"。第二层言"人极"，说明人虽然是与万物一样由自然的气化过程而生，但人之所以为人，在于其社会性即具有善恶的道德选择，"圣人"据此人性的本质而确立了以"中正仁义"的道德原则和"主静"的修养方法为代表的"人道"。该文认为，"太极"是宇宙的本原，人和万物都是由于阴阳二气和水火木金土五行相互作用构成的。五行统一于阴阳，阴阳统一于太极。文中突出人的价值和作用，主张"惟人也，得其秀而最灵"；在人群中，又特别突出圣人的价值和作用，认为"圣人定之以中正仁义，而主静，立人极焉"。这种宇宙观被朱熹接受并构成了他的理学体系的重要组成部分。

第二则，张载以其"气本论"的思想为统领，以乾坤、天地、父母、民众、万物和自己为一体，将古代圣贤关于大爱和孝亲的情怀贯通起来，确立了作为与乾坤等相合的"我"如何感而通之并从个体推广到家国天下的德能修为，同时举出诸多典型故事予以印证说明，体现了理学家超凡入圣的精神。

第三则，是张载对理学旨义的高度凝练和概括，体现了中国哲学最高尚、最精深的追求和对人的终极人文关怀精神，被冯友兰先生称之为"横渠四句"，流传广泛，影响深远。

第四则，是对如何"格物穷理"的指导及其效应的揭示。文中指出：其一，任何事物均有其理，要想"致知"（获得真知），就须深入探究；其二，探究时须注意从多个角度、多个层面，用多个方法进行；其三，事物在一一深入探究之下，日积月累到一定程度，就会获得"贯通"的效应从而"万理皆知"。

第五则，旨在阐述圣人可以学而达成的要领及其道理。其要领是以"无欲"为含义的"一"。如此，就能做到"明通公溥"，也就差不多达成圣人的目标了。

第六则，邵雍通过对"他山之石，可以攻玉"的别样解读，类推出人的优秀品质、智慧和能力，需通过受难的磨砺来造就，也说明了事物相反相成的道理。

第七则，通过王阳明两个弟子对著名的"阳明四句"的理解和王阳明的指正，阐说了王氏心学理解与修证其所强调的"致良知"和"为善去恶"之道。文中指出，人的"心"有"本心"和"习心"之分。"本心"是"未发"状态的"心"，故无善无恶；而"习心"则是"受蔽"状态的"心"，故在人意念上便有了善恶之辩。据此而修证"致良知"和"为善去恶"之道，因人智慧不同而有所不同：高智（利根）之人，可通过直悟"本体"而达到；次智之人，则需按照常规的格物、致知、诚意、正心、修身等途径来去除"习心"而达到。但无论如何，双方都不可各执一端，须"相资为用"。如此，便可即不"失人"，并能各尽"道体"。此说因与禅宗相通，故被说成"近禅"，但毕竟非禅，二者宗旨不同。又孔子说："独学而无友，则孤陋而寡闻。"（《礼记·学记》）真正的好学，最后还要"就有道而正焉"（《论语·学而》）。通过本则，我们也可体会学友论辩与名师指点的重要性。

笔记栏

知识链接

读书有三到

南宋·朱熹

凡读书，须整顿几案，令洁净端正，将书册齐整顿放，正身体，对书册，详缓看字，仔细分明读之。须要读得字字响亮，不可误一字，不可少一字，不可多一字，不可倒一字，不可牵强暗记，只是要多诵遍数，自然上口，久远不忘。古人云："读书百遍，其义自见。"谓读得熟，则不待解说，自晓其义也。余尝谓，读书有三到，谓心到，眼到，口到。心不在此，则眼不看仔细，心眼既不专一，却只漫浪诵读，决不能记，记亦不能久也。三到之中，心到最急。心既到矣，眼口岂不到乎？（选自《训学斋规》）

（李 庆）

复习思考题

1. 背诵并体会理解第一、第二两则。
2. 结合文意解释下列语句，并谈谈自己的心得。

（1）不愧屋漏为无忝，存心养性为匪懈。

（2）贫贱忧戚，庸玉汝于成也。

（3）为天地立心，为生民立道，为去圣继绝学，为万世开太平。

（4）明通公溥

（5）他山之石，可以攻玉。

（6）无善无恶是心之体，有善有恶是意之动。知善知恶是良知，为善去恶是格物。

3. 举例分析文中所述"积习既多，然后脱然自有贯通处"的治学方法对我们今天的指导意义。

五一、文人医记六则

【题解】 古代文人多懂医，在其笔记杂著中，有很多是医事笔记，虽非医学文献，但涉及医学内容非常广泛，记载了丰富的医学资料。凡医事制度、医经训释、医论评介、医家人物、方药出产、各科诊治及掌故、轶闻等，均有记述，体现出浓郁的传统医学文化气息，有极大的参考价值，受到历代医家重视。

第一则《医以意用药》选自《东坡志林》，据商务印书馆1939年《丛书集成初编》本排印，标题为编者所加。作者苏轼（1037—1101），字子瞻，号东坡居士，四川眉山人，北宋著名文学家，其笔记杂著集为《东坡志林》，主要记述作者的日常见闻，兼有对时政、史事、艺文的评述。

第二则《不服药胜中医》选自《避暑录话》，据上海古籍出版社1987年影印文渊阁《四库全书》本排印，标题为编者所加。作者叶梦得（1077—1148），字少蕴，号肖翁、石林居士，原籍吴县（今属江苏），居乌程（今浙江湖州），南宋文学家，撰有《避暑录话》二卷，书中所记多为宋代掌故轶闻，间有文章品评、名物考证等。

第三则《不为良相愿为良医》选自《能改斋漫录》，据上海古籍出版社1987年影印文渊阁《四库全书》本排印，标题为编者所加。作者吴曾，生卒年不详，字虎臣，崇仁（今属江西）

笔记栏

人，南宋文学家，著有《能改斋漫录》十八卷，内容分事始、辨误、事实、地理、议论、乐府等十三类，主要记载唐宋名人轶事、考订诗文故实和辨析名物制度，具有一定的史料价值。

第四则《叶天士妄言巧治》选自《志异续编》，据江苏广陵古籍刻印社 1983 年重刊影印《笔记小说大观》本排印，标题为编者所加。作者青城子，生卒年不详，字静斋，室号松月山房，事迹不详。著有《志异续编》四卷，所记多奇闻轶事，而莫知所出。

第五则《赵三翁日灸奇法》选自《夷坚志》，据江苏广陵古籍刻印社 1983 年重刊影印《笔记小说大观》本排印，标题为编者所加。作者洪迈（1123—1202），字景卢，别号野处，鄱阳县人，南宋文学家、学者，著有《夷坚志》，内容多为神怪故事和异闻杂录，也记录了一些医药疾病资料。

第六则《鼻对》选自《逊志斋集》，据 1919 年上海商务印刷馆《四部丛书》本排印。作者方孝孺（1357—1402），字希直，又字希古，人称郑学先生，宁海（今属浙江）人，明初著名文士，著有《逊志斋集》存于世。

（一）医以意用药

欧阳文忠公尝言[1]：有患疾者，医问其得疾之由，曰："乘船遇风，惊而得之。"医取多年舵牙为舵工手汗所渍处[2]，刮末，杂丹砂、茯神之流，饮之而愈。今《本草注·别药性论》云："止汗，用麻黄根节及故竹扇为末服之。"文忠因言："医以意用药多此比[3]。初似儿戏，然或有验，殆未易致诘也[4]。"予因谓公："以笔墨烧灰饮学者，当治昏惰耶？推此而广之，则饮伯夷之盥水[5]，可以疗贪；食比干之馂余[6]，可以已佞；舐樊哙之盾，可以治怯；嗅西子之珥，可以疗恶疾矣[7]。"公遂大笑。

元祐六年闰八月十七日，舟行入颍州界[8]，坐念二十年前见文忠公于此[9]，偶记一时笑谈之语，聊复识之[10]。

[1] 欧阳文忠：即欧阳修（1007—1072），谥号文忠。

[2] 舵牙：舵的把手。

[3] 比：类。

[4] 致诘：追问。

[5] 伯夷：商末孤竹君长子。初与其弟叔齐互让王位，皆投奔于周。反对讨伐商王朝，武王灭商后，两人又逃奔到首阳山，不食周粟而死。古人谓之贤士。 盥（guàn 惯）水：洗手水。

[6] 比干：商代贵族。纣王的叔父，官少师。相传因屡次劝谏纣王，被剖心而死，古人谓之忠臣。 馂（jùn 俊）余：吃剩的食物。馂，食之余。

[7] 恶疾：此指恶疮。上古称"疠"，又称"癞"，一般认为即今之麻风病。

[8] 颍州：州名。治所在汝阴（今安徽阜阳）。苏轼因不同意司马光尽废新法，开罪旧党，复又遭贬，曾出任颍州等地。

[9] 坐：因为。

[10] 识（zhì 志）：记。

（二）不服药胜中医

世言"不服药胜中医"，此语虽不可通行，然疾无甚苦，与其为庸医妄投药反败之，不得为无益也。吾阅是多矣。其次有好服食，不量己所宜，但见他人得效，从而试之，亦或无益而反有害。魏、晋间尚服寒食散[1]，通谓之服散。此有数方，孙真人并载之《千金方》中。而皇甫谧服之，遂为废人。自言性与之忤[2]，违错节度，隆冬裸袒食冰，当暑甚至悲恚欲自杀，此岂可不慎哉！王子敬有帖云[3]："服散发者亦是数见。"言服者而不闻有甚利，其为害之甚，乃有如谧，此好服食之弊也。吾少不多服药，中岁以后，或有劝之少留意者，往既不耐烦，过江

笔记栏

后亦复难得药材[4]。每记《素问》"劳佚有常，饮食有节"八言[5]，似胜服药也。

［1］寒食散：古代药剂名，又称五石散，主要由紫石英、白石英、赤石脂、钟乳石、硫黄五种矿石组成。此散含有毒性，往往有服后残废致死的。

［2］忤（wǔ 午）：逆，相反。

［3］王子敬：王献之，东晋著名书法家，字子敬。为王羲之第七子。

［4］过江：指北宋亡后，南宋高宗渡江而南，建都临安。

［5］"劳佚有常"八字：语本《素问·上古天真论》"食饮有节，起居有常"。佚，通"逸"。

（三）不为良相，愿为良医

范文正公微时[1]，尝诣灵祠求祷曰[2]："他时得位相乎[3]？"不许。复祷之曰："不然，愿为良医。"亦不许。既而叹曰："夫不能利泽生民，非大丈夫平生之志。"

他日，有人谓公曰："大丈夫之志于相，理则当然；良医之技，君何愿焉[4]？无乃失之卑邪[5]？"

公曰："嗟乎！岂为是哉？古人有云：'常善救人，故无弃人；常善救物，故无弃物[6]。'且大丈夫之于学也，固欲遇神圣之君，得行其道。思天下匹夫匹妇有不被其泽者，若己推而内之沟中[7]。能及小大生民者，固惟相为然；既不可得矣，夫能行救人利物之心者，莫如良医。"

果能为良医也，上以疗君亲之疾，下以救贫贱之厄，中以保身长全。在下而能及小大生民者，舍夫良医，则未之有也。

［1］范文正：即范仲淹（989—1052），字希文，谥号文正。　微时：微贱之时，即未显贵时。

［2］诣（yì 艺）：到，往。

［3］位相：居相位。

［4］愿：倾慕。

［5］无乃失之卑邪：恐怕失于卑下吧。无乃，表示委婉地询问，略同于"恐怕"。

［6］"常善救人"四句：有道的人总是善于做到人尽其才，所以没有被遗弃的人；总是善于做到物尽其用，所以没有被遗弃的物。语出《老子》第二十七章。

［7］内：同"纳"。　沟中：喻指野死之处。

（四）叶天士妄言巧治

有某公子，年方二十，家素富，父为某省制军[1]。是秋登贤书[2]，贺者盈门。公子忽两目红肿，痛不可忍，日夜咆哮，延叶天士诊之。天士曰："目疾不足虑，当即自愈。可虑者，七日内足心必生痈，毒一发则不可治矣。"天士平日决死生如烛照，不差累黍[3]，及闻是言，不觉悲惧交集，再三恳其拯救。天士曰："此时不暇服药，且先以方散毒，如七日内不发，方可再议药也。"当求其方。曰："息心静坐，以自己左手，擦右足心三百六十遍，又以右手，擦左足心三百六十遍，每日如此七次，俟七日后再来施治。"如方至七日，延天士至，曰："目疾果如先生言已愈矣，未审痈毒能不发否[4]？"天士笑曰："前言发毒者，妄也。公子富贵双全，事事如意，所惧者死耳。惟以死动之，则他念俱寂，一心注足矣。手擦足心，则火下行，目疾自愈，不然心益燥，目益痛，虽日服灵丹，庸有效乎[5]？"公子笑而厚酬之。

［1］制军：明清时总督的别称。

［2］登贤书：谓乡试得中。周代制度，乡大夫等地方官每隔三年献当地贤明者书策给周王，供周王挑选授职。因此后世把乡试中选称为"登乡书"或"登贤书"。

［3］不差累（lěi 磊）黍：形容丝毫不差。累黍，指极微小的量。累，量词，十黍为累。

［4］审：清楚。

［5］庸：怎么。

笔记栏

（五）赵三翁日灸奇法

赵三翁者，名进，字从先，中牟县白沙镇人[1]。本黄河埽兵[2]，逃役亡命，遇孙思邈于枣林，授以道要。久之，孙舍去，令只去县境淳泽村，曰："切勿离此，非天子诏不可往，俟我再来，与汝同归。"

宣和壬寅岁[3]，年一百八矣。果被召，见馆于葆真宫[4]。顷之，丐归[5]，诏问所欲，对曰："臣本隶兵籍[6]，未有放停公凭[7]，愿得给赐，它无所欲也。"即日有旨，开封尹盛章给与之[8]，遂放浪自如[9]。于技术无所不通，能役使鬼神，知未来事。为人嘘呵按摩[10]，疾痛立愈。

保义郎顿公苦冷疾二年[11]，至于骨立[12]。一日，正灼艾而翁来，询其病源，顿以实告。翁令撤去。时方盛暑，俾就屋开三天窗，于日光下射，使顿仰卧，揉艾遍铺腹上，约十数斤，乘日光灸之。移时，热透脐腹不可忍；俄，腹中雷鸣下泄，口鼻间皆浓艾气，乃止。明日，复为之。如是一月，疾良已。仍令满百二十日。自是宿疴如洗[13]，壮健似少年时。

翁曰："此孙真人秘诀也。世人但知灼艾而不知点穴，又不审虚实楚痛，耗损气力。日者，太阳真火。艾既遍腹且久，徐徐照射，入腹之功极大，但五、六、七月为上。若秋冬间，当以厚艾铺腹，蒙以绵衣，熨斗盛灰火漫熨之，以闻浓艾气为度，亦其次也。"其术出奇，而中理皆类此。

[1] 中牟：县名。在今河南省郑州市东部、黄河南部。

[2] 黄河埽（sào 瘙）兵：守卫黄河堤岸的士兵。埽，埽材做成的挡水建筑物，泛指堤岸。

[3] 宣和壬寅：即宋徽宗宣和四年，公元 1122 年。

[4] 见馆于葆真宫：被安置在葆真宫居住。见，被。馆，留宿。葆，通"保"。

[5] 丐：乞求。

[6] 隶兵籍：名字被列入埽兵的名册。隶，隶属。籍，名册。

[7] 放停：予以释放，停止服刑。此处指停止服兵役。　公凭：公文凭证。

[8] 开封尹：开封府的行政长官。尹，官名。多为主管之官。

[9] 放浪：浪游，浪迹。　自如：谓活动不受阻碍。

[10] 嘘呵：轻轻吹气。

[11] 保义郎：官名。北宋徽宗时复位武职官阶，分五十三阶，保义郎为第五十阶，旧称为右班殿直。

[12] 骨立：形容人消瘦到极点。

[13] 宿疴：旧病。

（六）鼻　对

方子病鼻寒，鼻窒不通。踞炉而坐[1]，火燎其裳[2]。裳既及膝，始觉而惊，引而视之，煜煜然红[3]，盖裳之火者半也。于是骂鼻曰："夫十二官各有主司，维鼻何司[4]？别臭察微。臭之不察，何以鼻为[5]？今火帛之臭亦烈矣，而尔顽若不知[6]，遽俾火毒烬裳及衣[7]。壅蔽之祸，岂不大可悲乎？"

久之，鼻忽有声，声与口同。曰："我受命为子之鼻，今二十又二冬。兰茝椒桂[8]，其气苾芳[9]，我闻我知，俾子佩藏。槁莸腐鲍[10]，风腥气恶，我觉其秽，俾子避匿。子足不妄履而山不遇毒者，皆我之得职也。今子乃昧于治身，宜暖而寒，去夹就单，为风所加，外铄内郁，壅我鼻观，遂至火燎切肤[11]，而不知其然，皆子之过也，于鼻何罪焉？假使服食以节，起处有常，顺阴燮阳[12]，无所败伤，宁有不闻馨香乎？且古之志士，至于耄老[13]，犹且居不求适，维道是奋，大雪皴肌[14]，而炉不暇近[15]，恐适意之致毒，知炎上之生灾[16]，可不慎也？今子当始弱之时[17]，有荼毒之祸。方当茹冰嚼雪，块枕草坐[18]，愁思怵迫[19]，冻饿摧挫，犹恐不可；而乃

放不加思[20]，恣肆颓惰。当祁寒时[21]，遽自溺于火，为身计者，良已左矣[22]。不此之责，而反诮我为何哉[23]！夫壅蔽之祸，厥有攸自[24]：秦亥蛊昏[25]，赵高乃弑[26]；彼梁偏任[27]，始有朱异[28]；隋广淫酗[29]，而世基以肆[30]。木不虚中，虫何由萃[31]？此三主者，苟以至公为嗜好，以众庶为耳鼻，上宣下畅，无所凝滞，虽有奸邪，何恶之遂？顾乃偏僻猜忌[32]，执一遗二，以莸为薰，椒兰是弃，由是祸乱交兴，宗覆社圮[33]。今子不务自尤[34]，而维鼻是訾。一身之理且不达，况于政治也哉[35]！”

方子仰而嗟，俯而愧，屏火捐炉[36]，凝神养气，既而鼻疾果愈。

[1] 踞：倚靠。

[2] 燎：烧。　裳：古人穿的遮蔽下体的裙。

[3] 煜煜：明亮貌。《说文解字·火部》：“煜，耀也。”

[4] 维：语气词。

[5] 何以鼻为：还要鼻子做什么呢？

[6] 顽若：愚钝貌。若，形容词词尾，用如“然”。

[7] 遽：很快。　烬裳：把下衣烧成了灰烬。烬，烧尽。

[8] 兰茝（chǎi）椒桂：皆芳香之物。兰，兰草，即泽兰。茝，一种香草，即白芷。椒，花椒，芸香科植物。桂，即桂花，常绿灌木或小乔木，花极芳香。

[9] 苾（bì 必）芳：芬芳。苾，浓香。

[10] 槁莸腐鲍：皆恶臭之物。槁，枯木。莸，臭草。腐，这里指腐肉。鲍，盐腌的鱼，气腥臭。

[11] 切：迫近。

[12] 燮（xiè 谢）：调和。《尔雅·释诂》：“燮，和也。”

[13] 耄（mào 茂）老：老年。耄，老。《礼记·曲礼上》：“八十、九十曰耄。”

[14] 皴（cūn 村）：干裂。

[15] 暇：空闲。

[16] 炎上：火。《尚书·洪范》：“火曰炎上。”

[17] 始弱：二十出头。弱，弱冠，二十岁。

[18] 块枕草坐：以土块作枕头，以草荐作坐席。

[19] 怵迫：胁迫。

[20] 放：恣纵。　加思：多思。

[21] 祁：大。

[22] 左：错失。

[23] 诮：指责。

[24] 攸自：所自，开始。

[25] 秦亥：秦二世嬴胡亥，秦始皇少子，公元前 210—前 207 年在位，为赵高所逼而自杀。蛊昏：昏惑。

[26] 赵高：秦宦官，二世时任郎中令和中丞相。　弑：古代臣杀君、子杀父为弑。

[27] 梁：指梁武帝萧衍。南朝梁的建立者，公元 502—549 年在位。

[28] 朱异：梁武帝大臣。据《梁书·朱异传》载：“异居权要三十余年，善窥人主意曲，能阿谀以承上旨，故特被宠任。”侯景谋反，异“抑而不奏，故朝廷不为之备”，遂致都城被破。

[29] 隋广：隋炀帝杨广。　淫酗：沉迷酒色。

[30] 世基：虞世基，隋炀帝时任内史侍郎，他知炀帝不可谏止，每有险情，不以实告。

[31] 萃：聚集。

[32] 顾乃：反而，却。同义词复用。

[33] 宗覆社圮（pǐ 匹）：国家倾败。宗，宗庙。社，指社稷。圮，毁坏。

[34] 尤：责备。

[35] 政治：指国事。

[36] 屏：除去。　捐：舍弃。

笔记栏

简 析

第一则《医以意用药》，嘲讽批驳了庸医不学无术、欺诈病人的陋行，语言犀利，笔法幽默，堪称妙笔生花。第二则《不服药胜中医》，指出庸医妄投药的危害，直斥服食之弊，当为警世之言。第三则《不为良相愿为良医》，记叙范仲淹以良相良医为抱负，将经世与济民相统一，其精神难能可贵。“不为良相，愿为良医”这句话，千百年来对仁人志士多有激励。第四则《叶天士妄言巧治》，记述清代名医叶天士以静心搓足而治愈目疾之事，看似匪夷所思，实为合情合理的“情治”法。叶氏医术之出神入化由此可见一斑。第五则《赵三翁日灸奇法》，记述了赵三翁所施的日灸法之神奇效果。第六则《鼻对》采用拟人化手法，通过“鼻”对指责自己不司其职的回答，说明“服食有节，起处有常”乃是治身之法，并进而论及治国之道，重在大公无私，畅达民意。

文人医记不拘体例，形式灵活自由，篇幅简短，常以亲见历闻为描写对象，叙事生动，语言精炼，内容丰富多彩，读来颇有新意与价值。

知识链接

赠张鹗

宋·苏轼

张君持此纸求仆书，且欲发药，君当以何品？吾闻《战国》中有一方，吾服之有效，故以奉传。其药四味而已：一曰无事以当贵，二曰早寝以当富，三曰安步以当车，四曰晚食以当肉。夫已饥而食，蔬食有过于八珍，而既饱之余，虽刍豢满前，惟恐其不持去也。若此可谓善处穷者矣，然而于道则未也。安步自佚，晚食为美，安以当车与肉为哉？车与肉犹存于胸中，是以有此言也。（选自《东坡志林》）

扫一扫，测一测

（薛芳芸）

复习思考题

1. 结合课文，分析“不服药胜中医”的含义。
2. “不为良相，愿为良医”与认识医生的价值有何内在联系？
3. 结合文意解释下列语句。

（1）食比干之馂余，可以已佞。

（2）黄河埽兵

（3）宗覆社圮

（4）块枕草坐

第七单元

杏苑撷英

笔记栏

学习目标

本单元的主要学习目标，是培养与中医药学密切相关的语文知识、中医古籍文体知识及相关阅读分析能力，体现中医药语文的特色。具体包括以下四个方面：

1. 以本单元文选为引导，鼓励学生深入研习涉医古籍文献。
2. 了解并熟悉中医药语文的特点。
3. 理解并熟悉中医古籍常用文体。
4. 结合篇章阅读，体悟古代医家高超的医术和高尚的道德情操。

五二、《黄帝内经》三则

【题解】本文选自《黄帝内经素问》的《上古天真论》《四气调神大论》《脉要精微论》，据1956年人民卫生出版社影印明代顾从德翻刻宋本排印。《素问》和《灵枢经》合称《黄帝内经》，是我国现存最早的、对中医学发展影响最为久远的一部医学论著，一般认为是从战国至两汉，由多人编著而成，托名黄帝。包括《素问》和《灵枢》各九卷，共一百六十二篇。本书深入论述人与自然、形与神等关系，以及解剖、生理、病理、诊断和防治疾病的原则，形成了一个博大精深的体系，奠定了我国传统医药学的理论基础，迄今仍有重要的现实意义，有待于我们深入学习和研究。

（一）

昔在黄帝，生而神灵，弱而能言，幼而徇齐[1]，长而敦敏[2]，成而登天。乃问于天师曰：余闻上古之人，春秋皆度百岁而动作不衰；今时之人，年半百而动作皆衰者，时世异耶？人将失之耶？岐伯对曰：上古之人，其知道者，法于阴阳，和于术数，食饮有节，起居有常，不妄作劳，故能形与神俱，而尽终其天年，度百岁乃去。今时之人不然也。以酒为浆，以妄为常，醉以入房，以欲竭其精，以耗散其真，不知持满，不时御神，务快其心，逆于生乐，起居无节，故半百而衰也。夫上古圣人之教下也，皆谓之虚邪贼风，避之有时，恬惔虚无，真气从之，精神内守，病安从来。是以志闲而少欲，心安而不惧，形劳而不倦，气从以顺，各从其欲，皆得所愿。故美其食，任其服，乐其俗，高下不相慕，其民故曰朴。是以嗜欲不能劳其目，淫邪不能惑其心，愚智贤不肖不惧于物，故合于道。所以能年皆度百岁而动作不衰者，以其德全不危也[3]。（《素问·上古天真论》）

［1］徇齐：疾速。指敏慧。徇，通"侚"。

［2］敦敏：笃实敏捷。

笔记栏

[3] 德全不危：很好地实行养生之道，就不会受衰老的危害。德，此指养生之道。

（二）

夫四时阴阳者，万物之根本也。所以圣人春夏养阳，秋冬养阴，以从其根[1]，故与万物沉浮于生长之门。逆其根，则伐其本，坏其真矣[2]。故阴阳四时者，万物之终始也，死生之本也。逆之则灾害生，从之则苛疾不起[3]，是谓得道。道者，圣人行之，愚者佩之[4]。

从阴阳则生，逆之则死。从之则治，逆之则乱。反顺为逆，是谓内格[5]。是故圣人不治已病治未病，不治已乱治未乱，此之谓也。夫病已成而后药之，乱已成而后治之，譬犹渴而穿井，斗而铸锥[6]，不亦晚乎！（《素问·四气调神大论》）

[1] 从：顺，适应。　根：指养生之道的根本。

[2] 真：真气。据《庄子·山木》："今吾游于雕陵而忘吾身。"晋代司马彪注："身字亦作'真'字。"文中"坏其真"，亦可视为"坏其身"。

[3] 苛疾：重病。

[4] 佩：通"倍"。违反，违背。

[5] 内格：古病名。据《黄帝内经太素》杨上善注："不顺四时之养身，内有关格之病。"凡逆四时之气，生于肝、心、肺、肾之病，均可称"关格"。格，拒，阻。

[6] 锥：《黄帝内经太素》作"兵"。武器。

（三）

五藏者，中之守也[1]。中盛藏满[2]，气胜伤恐者[3]，声如从室中言，是中气之湿也。言而微，终日乃复言者，此夺气也。衣被不敛[4]，言语善恶[5]，不避亲疏者，此神明之乱也[6]。仓廪不藏者[7]，是门户不要也[8]。水泉不止者[9]，是膀胱不藏也。得守者生，失守者死。

夫五藏者，身之强也[10]。头者，精明之府[11]；头倾视深[12]，精神将夺矣。背者，胸中之府；背曲肩随[13]，府将坏矣[14]。腰者，肾之府；转摇不能，肾将惫矣。膝者，筋之府；屈伸不能，行则偻附[15]，筋将惫矣。骨者，髓之府；不能久立，行则振掉[16]，骨将惫矣。得强则生，失强则死。（《素问·脉要精微论》）

[1] 中：指体内。　守：指精气守护之处。《黄帝内经太素》作"府"。

[2] 中盛藏满：指腹中气盛，肺脏实满。

[3] 气胜伤恐者：清代张琦《素问释义》认为此五字与上下文义不贯，当为衍文。《三因极一病证方论》引此篇亦无此五字。

[4] 敛：收拾整理。

[5] 善恶：偏义复词，偏指"恶"，指语言错乱。

[6] 神明：精神，神志。

[7] 仓廪：收藏谷物的仓库。文中指胃肠等消化器官。

[8] 门户：指肾，因肾为胃之关。　要（yāo 腰）：约束。

[9] 水泉：指小便。

[10] 强：指强健的根本。

[11] 精明之府：精气神气聚集之处。

[12] 视深：指眼睑（眼胞）深陷。

[13] 肩随：肩无力而垂下。随，通"堕"。一本作"垂"。

[14] 府：《类说》及《云笈七签》引作"胸"。

[15] 偻（lǚ 屡）：背曲。　附：一本作"俯"，指俯首。

[16] 振掉：危颤动摇。

笔记栏

简　析

第一则，从人体本身的内在因素与外在联系中去分析探求人体生命的寿夭和疾病发生的原因，提出了保养真气来预防疾病，防止早衰的养生方法。第二则，强调人要顺应四时气候变化，提出“不治已病治未病”，即预防为主的思想。第三则，指出五脏精气如不能内守，失去强健的根基，就会造成种种病变。要言不烦，既概括又具体，不愧为我国古代广大人民与疾病作斗争的宝贵经验之总结。

知识链接

宝命全形论

黄帝问曰：天覆地载，万物悉备，莫贵于人。人以天地之气生，四时之法成，君王众庶，尽欲全形。形之疾病，莫知其情，留淫日深，着于骨髓，心私虑之。余欲针除其疾病，为之奈何？岐伯对曰：夫盐之味咸者，其气令器津泄；弦绝者，其音嘶败；木敷者，其叶发；病深者，其声哕。人有此三者，是谓坏府，毒药无治，短针无取，此皆绝皮伤肉，血气争黑。

帝曰：余念其痛，心为之乱惑，反甚其病，不可更代，百姓闻之，以为残贼，为之奈何？岐伯曰：夫人生于地，悬命于天，天地合气，命之曰人。人能应四时者，天地为之父母；知万物者，谓之天子。天有阴阳，人有十二节；天有寒暑，人有虚实。能经天地阴阳之化者，不失四时；知十二节之理者，圣智不能欺也。能存八动之变，五胜更立，能达虚实之数者，独出独入，呿吟至微，秋毫在目。（选自《素问·宝命全形论》）

（张　继）

复习思考题

1. 请谈谈文中提出了哪些养生观点。
2. 结合文意解释下列词句。
(1) 所以能年皆度百岁而动作不衰者，以其德全不危也。
(2) 道者，圣人行之，愚者佩之。
(3) 圣人不治已病治未病，不治已乱治未乱。
(4) 得强则生，失强则死。
3. 举例分析文中所用的复用、比喻等方法。

五三、医林趣事四则

【题解】《杏林》节选自《神仙传》，据文渊阁《四库全书》本排印。《神仙传》是葛洪为答弟子“世上有无仙人”之问而作。书中记载了古代传说成仙得道者的事迹，其中有虚构的人物，也有史料记载的人物，后人认为《神仙传》的内容应批判地吸收。作者葛洪介绍见本教材四八课《极言》。《韩康》《壶翁》选自《后汉书》，据中华书局 1965 年版排印。《后汉书》是记载东汉光武帝刘秀至献帝刘协时期近二百年历史的一部断代体史书。该史博采众书，结构

笔记栏

严谨,属词丽密,与《史记》《汉书》《三国志》并称“前四史”。作者范晔(398—445),字蔚宗,顺阳(今河南淅川东南)人,南朝宋官员,史学家、文学家。《橘井》节选自《列仙传》,据清代陈梦雷等编纂的《古今图书集成·医部全录》排印。《列仙传》旧题汉刘向撰,系后人伪托,实为东汉人所作。

《杏林》记叙了东汉名医董奉的传说及医林称为杏林的由来。《韩康》节选自《后汉书·逸民列传》,记载了韩康卖药口不二价及不受朝廷征聘、遁入霸陵山隐居事。《壶翁》节选自《后汉书·方术列传》,记述了卖药老翁的神术。《橘井》记述了西汉苏仙公治疫病的故事。

(一)杏 林

董奉者,字君异,侯官县人也[1]。君异后还庐山下居[2]。君异居山间,为人治病,不取钱物,使人重病愈者,使栽杏五株,轻者一株,如此数年,计得十万余株,郁然成林[3],而山中百虫群兽,游戏杏下,竟不生草,有如耘治也[4]。

［1］侯官:旧县名,西汉置,治所在今福州市。

［2］庐山:一名匡庐,在江西省九江市南部。

［3］郁然:繁盛的样子。

［4］耘治:锄耕管理。

于是杏子大熟,君异于杏林下作箄仓,语时人曰:欲买杏者,不须来报,径自取之。得将谷一器置仓中,即自往取一器杏云。每有一谷少而取杏多者,即有三四头虎噬逐之,此人怖惧而走[1],杏即倾覆,虎乃还去,到家量杏,一如谷少。又有人空往偷杏,虎逐之到其家,乃啮之至死[2],家人知是偷杏,遂送杏还,叩头谢过,死者即活。自是已后,买杏者皆于林中自平量之,不敢有欺者。君异以其所得粮谷赈救贫穷,供给行旅[3],岁消三千斛,尚余甚多。

［1］怖:惶惧的样子。

［2］啮:咬。

［3］行旅:外出旅行经济困难的人。

(二)韩 康

韩康,字伯休,一名恬休,京兆霸陵人[1]。家世著姓[2]。常采药名山,卖于长安市,口不二价,三十余年。时有女子从康买药,康守价不移。女子怒曰:“公是韩伯休那[3]? 乃不二价乎?”康叹曰:“我本欲避名,今小女子皆知有我,何用药为?”乃遁入霸陵山中。

［1］京兆:汉代京畿的行政区划名,辖境相当于今陕西西安以东至华县一带。 霸陵:汉代县名,在今西安东北。

［2］著姓:指那些世代显贵、影响大的豪门大姓,因显赫无比并世代传承,被称为“著姓”或“高门”。

［3］那(nè 讷):语气助词,“语余声也”。

博士公车连征不至[1],桓帝乃备玄纁之礼[2],以安车聘之[3]。使者奉诏造康,康不得已,乃许诺。辞安车,自乘柴车,冒晨先使者发[4]。至亭[5],亭长以韩征君当过[6],方发人、牛修道桥,及见康柴车幅巾[7],以为田叟也,使夺其牛。康即释驾与之。有顷,使者至,夺牛翁乃征君也[8]。使者欲奏杀亭长。康曰:“此自老子与之[9],亭长何罪!”乃止。康因中道逃遁[10],以寿终。

［1］博士公车:这里指以博士公车之职。博士,官名,汉代为太常(九卿之一,掌礼乐郊庙社稷事宜)的属官。公车,汉代官署名,设公车令,掌管征召、章奏,亦上书者所诣。

［2］桓帝:指东汉桓帝刘志。146—167 年在位。 玄纁(xūn 勋):原为红黑两种染料,古代用以染制

祭服。后引申指币帛，这里指帝王用以聘请贤士的贽礼。纁，浅红色。

[3] 安车：《汉书·杜周传》"赐安车驷马"颜师古注："坐乘之车也。"

[4] 冒晨：清晨。

[5] 亭：秦汉时乡以下的行政机构，主要负责防御。

[6] 征君：指受朝廷征聘的贤能之士，也做"征士"。

[7] 柴车：简陋无饰的车子。 幅巾：古代男子用绢一幅束发，称"幅巾"。

[8] 夺：这里意为被夺。

[9] 老子：老人自称。这里是韩康自称。

[10] 中道：中途，半路。中，原本无，据《太平御览》卷五〇一补。

（三）壶 翁

费长房者，汝南人也[1]，曾为市掾[2]。市中有老翁卖药，悬一壶于肆头[3]，及市罢，辄跳入壶中。市人莫之见，惟长房于楼上睹之，异焉。因往再拜，奉酒脯[4]。翁知长房之意其神也[5]，谓之曰："子明日可更来。"长房旦日复诣翁，翁乃与俱入壶中。惟见玉堂严丽，旨酒甘肴[6]，盈衍其中，共饮毕而出。翁约不听与人言之[7]。复乃就楼上候长房曰："我神仙之人，以过见责，今事毕当去，子宁能相随乎？楼下有少酒，与卿为别。"长房使人取之，不能胜，又令十人扛之，犹不举。翁闻，笑而下楼，以一指提之而上。视其器如一寸许，而二人饮之终日不尽。长房遂欲求道，随从入深山。翁抚之曰："子可教也。"遂能医疗众病。

[1] 汝南：郡名，治所在今河南上蔡西南。

[2] 掾（yuàn 院）：古代副官、佐吏的通称。

[3] 肆：店铺。

[4] 脯（fǔ 府）：干肉，这里引申指菜肴。

[5] 意：猜想。

[6] 旨酒：美酒。语出《诗·小雅·鹿鸣》："我有旨酒，以燕乐嘉宾之心。"

[7] 不听：不随意。

（四）橘 井

苏耽，桂阳人也[1]，汉文帝时得道，人称苏仙。公早丧所怙[2]，乡里以仁孝著闻，宅在郡城东北，距县治百余里。公与母共食，母曰："无鲊[3]。"公即辍箸[4]，起身取钱而去。须臾以鲊至。母曰："何所得来？"公曰："县市。"母曰："去县道往返百余里，顷刻而至，汝欺我也！"公曰："买鲊时，见舅氏，约明日至。"次日，舅果至。一日，云间仪卫降宅。公语母曰："某受命仙箓，当违色养[5]。"母曰："我何存活？"公以两盘留。母需饮食扣小盘，需钱帛扣大盘，所需皆立至。

又语母曰："明年天下疾疫，庭中井水、橘树能疗。患疫者，与井水一升，橘叶一枚，饮之立愈。"后果然，求水、叶者，远至千里，应手而愈。

[1] 桂阳：郡名，今湖南省郴州市一带。

[2] 早丧所怙：早年死了父亲。

[3] 鲊：指经过腌制的鱼类食品。

[4] 辍箸：放下筷子。

[5] 当违色养：将离开家庭，不能奉养老人而尽孝了。色养，语本《论语·为政》，后称人子和颜悦色奉养父母或承顺父母颜色为"色养"。

简 析

《杏林》记述了董奉"日为人治病，亦不取钱"的故事，至今仍传为美谈。"杏林"已渐成

为"医林"的代名词。根据这个故事,人们用"杏林春暖"或"誉满杏林"等成语来赞扬医生的高超医术和高尚医德。《韩康》除述韩康不受朝廷征聘,遁入霸陵山隐居的故事之外,还特别精选"卖药口不二价"及"亭长夺牛"两个情节,虽寥寥数笔,而人物的性情修养却跃然纸上。《壶翁》描写的是卖药老翁的神术。虽涉神怪,然历史地看待此类方术人物故事,尤其是其中所表述的道理,还是具有一定意义的。"悬壶""悬壶济世"常为后世所征引,并成为出道行医、济世救人的代名词。《橘井》记述的是得道的苏耽告知"庭中井水、橘树能疗病",后果然应验的故事。后世流传的"橘井泉香""龙蟠橘井"等语的"橘井"典故,皆本于此。

知识链接

郭 玉 传

郭玉者,广汉雒人也。初,有老父不知何出,常渔钓于涪水,因号涪翁。乞食人间,见有疾者,时下针石,辄应时而效,乃著《针经》《诊脉法》传于世。弟子程高,寻求积年,翁乃授之。高亦隐迹不仕。玉少师事高,学方诊六微之技,阴阳隐侧之术。和帝时,为太医丞,多有效应。帝奇之,仍试令嬖臣美手腕者与女子杂处帷中,使玉各诊一手,问所疾苦。玉曰:"左阳右阴,脉有男女,状若异人。臣疑其故。"帝叹息称善。(选自《后汉书·方术列传》)

(段鸣鸣)

复习思考题

1. "杏林""悬壶"二词的由来及其含义是什么?
2. 结合文意解释下列词句。
(1) 玄纁之礼
(2) 柴车幅巾
(3) 不听
(4) 色养
3. 文中口不二价与亭长夺车两个细节反映了韩康什么样的性格品质?

五四、养 生 论

【题解】 本文选自《嵇中散集》,据商务印书馆1919年版《四部丛刊》(初编)影印明嘉靖四年(1525)黄省曾刻本排印。作者嵇康(223—263),字叔夜,三国魏谯郡铚县(今安徽省濉溪县境内)人。三国魏文学家、思想家和音乐家,官至中散大夫,世称"嵇中散"。因常和阮籍、山涛、向秀、刘伶、阮咸、王戎等七人在竹林中饮酒、赋诗、唱和,世谓"七贤",后称"竹林七贤"。嵇康博学多才,工于诗文,深通音律,崇尚老庄,信奉服食养生,主张回归自然。代表作有《与山巨源绝交书》《声无哀乐论》《养生论》等。诗长于四言,风格清峻,以《幽愤诗》为最,诗末四句"采薇山阿,散发岩岫。永啸常吟,颐性养寿",表达其对自由生活的向往。善鼓琴,作有《长清》《短清》《长侧》《短侧》四首琴曲,称作"嵇氏四弄",又作《琴赋》,对琴曲的音乐发展、风格特色及表现手法等,都有生动细致的描写。嵇康痛恨当时的政治黑暗,因得

笔记栏

罪钟会,遭其构陷,被当时掌权的司马昭杀害。著有《嵇中散集》十卷。本文所选的《养生论》是古代论述养生问题的名篇,集中体现了嵇康"导养得理,以尽性命"的养生思想。

世或有谓神仙可以学得,不死可以力致者;或云上寿百二十[1],古今所同,过此以往,莫非妖妄者。此皆两失其情[2],请试粗论之。

夫神仙虽不目见,然记籍所载[3],前史所传,较而论之[4],其有必矣。似特受异气,禀之自然,非积学所能致也。至于导养得理,以尽性命,上获千余岁,下可数百年,可有之耳。而世皆不精,故莫能得。

[1] 上寿:最高寿命。李善注引《养生经》:"人生上寿一百二十年,中寿百年,下寿八十年。"
[2] 情:指养生的实情。
[3] 记籍:古代记事的典籍。
[4] 较:通"皎"。清楚,明白。

何以言之?夫服药求汗,或有弗获;而愧情一集,涣然流离[1]。终朝未餐,则嚣然思食[2];而曾子衔哀,七日不饥[3]。夜分而坐[4],则低迷思寝[5];内怀殷忧[6],则达旦不瞑[7]。劲刷理鬓[8],醇醴发颜[9],仅乃得之;壮士之怒,赫然殊观[10],植发冲冠。由此言之,精神之于形骸,犹国之有君也。神躁于中,而形丧于外,犹君昏于上,国乱于下也。

[1] 涣然流离:形容汗液流淌不止。涣然,水盛貌。流离,犹言"淋漓"。
[2] 嚣(xiāo 肖)然:此谓腹中空虚饥饿貌。嚣,通"枵"。空虚。
[3] "而曾子衔哀"二句:语本《礼记·檀弓上》。曾子丧母,心怀悲伤,七日不食,不觉饥饿。曾子,名参,字子舆,孔子弟子,以孝著称。
[4] 夜分:夜半。
[5] 低迷:迷迷糊糊、昏昏沉沉的样子。
[6] 殷忧:深忧。殷,深。
[7] 瞑:闭眼,这里指睡觉。
[8] 劲刷:刚硬的梳子。
[9] 醇醴(lǐ 里):滋味醇厚的美酒。醇,酒味浓厚;醴,甜酒。
[10] 赫然:怒貌。 殊观:此指容貌完全变更。殊,不同。

夫为稼于汤之世[1],偏有一溉之功者,虽终归于燋烂,必一溉者后枯。然则,一溉之益固不可诬也[2]。而世常谓一怒不足以侵性,一哀不足以伤身,轻而肆之,是犹不识一溉之益,而望嘉谷于旱苗者也。是以君子知形恃神以立,神须形以存,悟生理之易失[3],知一过之害生,故修性以保神[4],安心以全身。爱憎不栖于情,忧喜不留于意,泊然无感[5],而体气和平。又呼吸吐纳[6],服食养身,使形神相亲[7],表里俱济也。

[1] 汤之世:指商汤为君时的大旱年代。传说商汤时曾大旱七年,国内赤地千里,寸草不生。
[2] 固:确实。 诬:轻视。
[3] 生理:生机。
[4] 修性:修养性情。
[5] 泊然:恬淡无欲貌。
[6] 吐纳:道家养生炼气的方法。吐,把体中的浊气徐徐从口中呼出;纳,把清新之气从鼻中缓缓吸入。
[7] 相亲:相互融合。

夫田种者[1],一亩十斛,谓之良田,此天下之通称也,不知区种可百余斛[2]。田、种一也,至于树养不同[3],则功效相悬。谓商无十倍之价,农无百斛之望,此守常而不变者也。

[1] 田种(zhòng 众):指田种法,是把种子散漫播撒到经简单处理的田里,然后任其生长,到时收获的

笔记栏

耕作方法。

［2］区种：又称“区田法”，相传为商汤时伊尹所创。其法是把作物种在带状或方形的小区域内，精耕细作，集中施肥灌溉，适当密植，以提高农作物产量。

［3］树养：指种植管理的方法。

且豆令人重[1]，榆令人瞑[2]，合欢蠲忿[3]，萱草忘忧[4]，愚智所共知也。薰辛害目[5]，豚鱼不养[6]，常世所识也。虱处头而黑[7]，麝食柏而香[8]，颈处险而瘿[9]，齿居晋而黄[10]。推此而言，凡所食之气，蒸性染身[11]，莫不相应。岂惟蒸之使重而无使轻，害之使暗而无使明，薰之使黄而无使坚，芬之使香而无使延哉[12]？故神农曰“上药养命，中药养性”者[13]，诚知性命之理，因辅养以通也。

［1］豆令人重：《神农本草经》：“（黑大豆）久服，令人身重。”张华《博物志》卷二：“人啖豆三年，则身重，行止难。”

［2］榆令人瞑：谓食用榆木的内皮令人嗜睡。《神农本草经》言其皮、叶皆能“疗不眠”。

［3］合欢：植物名，又名马樱花，以干燥树皮入药，《神农本草经》载其“味甘平，主安五藏，和心志，令人欢乐无忧”。　蠲（juān 捐）：消除。

［4］萱草：俗称“黄花菜”，古人认为该草可以使人忘忧，故又称忘忧草。

［5］薰辛：荤辛之物，此指大蒜等。薰，通“荤”。

［6］豚鱼：即河豚鱼，其卵巢、血液、肝脏有剧毒，不能吃。

［7］虱处头而黑：《抱朴子·外篇·佚言》：“今头虱着身，皆稍变而白，身虱处头，皆渐化而黑，则玄素果无定质，移易在乎所渐也。”

［8］麝食柏而香：陶弘景曰：“麝形似獐而小，黑色，常食柏叶……五月得香。”

［9］颈处险而瘿：住在山区的人们颈部易生瘿瘤，因山地多轻水的缘故。《淮南子》：“险阻之地多瘿。”险，地势高峻。一说，通“岩”。山崖，指山区。

［10］齿居晋而黄：住在晋地（今山西一带）的人们牙齿容易变黄。《医说》中有晋人常因食枣而牙齿多黄的说法。

［11］蒸性染身：熏陶性情，熏染身体。

［12］延：通“脡”。生肉酱。此指（犹如生肉的）腥气，臭物。

［13］“上药养命”八字：《神农本草经》中将药物分为上、中、下三品，上品“令人身安命延”，中品“主养性以应人”，下品“除病，能令毒虫不加，猛兽不犯，恶气不行，众妖并辟”。

而世人不察，惟五谷是见，声色是躭，目惑玄黄[1]，耳务淫哇[2]。滋味煎其府藏，醴醪煮其肠胃。香芳腐其骨髓，喜怒悖其正气。思虑销其精神，哀乐殃其平粹[3]。夫以蕞尔之躯[4]，攻之者非一涂[5]；易竭之身，而外内受敌，身非木石，其能久乎？其自用甚者[6]，饮食不节，以生百病，好色不倦，以致乏绝。风寒所灾，百毒所伤，中道夭于众难。世皆知笑悼[7]，谓之不善持生也。

［1］玄黄：《易·坤卦·文言传》有“夫玄黄者，天地之杂也，天玄而地黄”句，后用做天地的代称。此指各种颜色的事物。

［2］淫哇：淫邪放荡之声。哇，谄声。

［3］平粹：平和纯正的本性。

［4］蕞（zuì 最）尔：小貌。

［5］涂：通“途”。途径。

［6］自用：自以为是，不听劝告。

［7］笑悼：讥笑哀叹。李善注：“谓笑其不善养生，而又哀其促龄也。”

至于措身失理，亡之于微，积微成损，积损成衰，从衰得白，从白得老，从老得终，闷若无端[1]。中智以下，谓之自然。纵少觉悟，咸叹恨于所遇之初，而不知慎众险于未兆。是由桓侯抱将死之疾[2]，而怒扁鹊之先见，以觉痛之日，为受病之始也。害成于微，而救之于著，故

笔记栏

有无功之治；驰骋常人之域，故有一切之寿[3]。仰观俯察，莫不皆然。以多自证，以同自慰，谓天地之理，尽此而已矣。纵闻养生之事，则断以所见，谓之不然；其次狐疑，虽少庶几[4]，莫知所由；其次自力服药，半年一年，劳而未验，志以厌衰，中路复废。或益之以畎浍[5]，而泄之以尾闾[6]，欲坐望显报者；或抑情忍欲，割弃荣愿，而嗜好常在耳目之前，所希在数十年之后，又恐两失，内怀犹豫。心战于内，物诱于外，交赊相倾[7]，如此复败者。

［1］闷若无端：意指糊里糊涂地察觉不出衰亡的真正原因。闷若，愚昧貌。无端：无因。

［2］由：通“犹”，犹如。　桓侯：指齐桓侯。　抱：染，患。“桓侯抱将死之疾，而怒扁鹊之先见”事，详见《史记·扁鹊仓公列传》。

［3］一切：一般，平常，短时间。

［4］庶：仰慕。　几：微，指养生的奥妙。

［5］畎浍（quǎn kuài 犬快）：田间的水沟。这里比喻补益少而慢。

［6］尾闾：传说中海水流归之处。这里比喻消耗多而快。

［7］交：近，指世俗的物欲享受。　赊：远，指远期的养生功效。　倾：排斥。

夫至物微妙[1]，可以理知，难以目识。譬犹豫章生七年[2]，然后可觉耳。今以躁竞之心，涉希静之涂[3]，意速而事迟，望近而应远，故莫能相终。

夫悠悠者既以未效不求[4]，而求者以不专丧业，偏恃者以不兼无功，追术者以小道自溺，凡若此类，故欲之者万无一能成也。

［1］至物：最精妙的物理，此指养生之道。

［2］豫章：枕木和樟木。《史记·司马相如列传》张守节正义：“案《活人》云：‘豫，今之枕木也。章，今之樟木也。’二木生至七年，枕樟乃可分别。”

［3］希静：虚无寂静，指清心寡欲的修行之事。《老子》第十四章：“听之不闻名曰希。”

［4］悠悠：众多。《史记·孔子世家》：“悠悠者天下皆是也。”引申为众人，常人。

善养生者则不然也，清虚静泰，少私寡欲。知名位之伤德[1]，故忽而不营，非欲而强禁也；识厚味之害性，故弃而弗顾，非贪而后抑也。外物以累心不存[2]，神气以醇白独著[3]。旷然无忧患[4]，寂然无思虑[5]。又守之以一[6]，养之以和，和理日济，同乎大顺[7]。然后蒸以灵芝，润以醴泉[8]，晞以朝阳[9]，绥以五弦[10]，无为自得，体妙心玄[11]。忘欢而后乐足[12]，遗生而后身存[13]。若此以往，庶可与羡门比寿[14]，王乔争年[15]，何为其无有哉！

［1］德：指精神。

［2］累心：使心性受累。

［3］醇白：淳朴恬静。

［4］旷然：坦荡貌。谓胸襟坦荡。

［5］寂然：沉静貌。谓心性沉静。

［6］一：纯一。指“道”和“理”。《老子》第二十二章：“圣人守一，为天下式。”

［7］大顺：自然，天然。指安定的境界。语见《老子》第六十五章。

［8］醴泉：甘美的泉水。

［9］晞（xī 希）：晒。

［10］绥：安定，安抚。　五弦：泛指音乐。

［11］体妙心玄：身体轻妙，心性沉静。玄，微妙，引申为深沉静默。

［12］欢：指物欲之欢。

［13］遗生：忘却自我的存在，意为摆脱世俗的牵绊。

［14］羡门：即羡门子高，古代传说中的神仙，居于蓬莱。事见《史记·秦始皇本纪》。

［15］王乔：即王子乔，古代传说中的神仙。一说名晋，字子晋，为周灵王的太子。喜吹笙作凤凰鸣声，为浮丘公引往嵩山修炼，三十余年后升天而去。事见《列仙传》。

简 析

本文阐述了养生的道理和方法，明确提出"导养得理，以尽性命"的养生观点，指出养生重在精神修养——"修性以保神，安心以全身"与身体调理 "呼吸吐纳，服食养身"两大方面，举例说明养生的作用及不明养生的危害，反复强调"形恃神以立，神须形以存"的形神互依关系，主张形神兼养而尤重养神，分析了常人从事养生不能取效的各种原因，认为只有长期坚持不懈，同时做到"守之以一""养之以和"，真正做到"形神相亲，表里俱济"，才能够达到延年益寿的目的。文章论点明确，逻辑清楚，举例形象生动，引人入胜，体现了作者周密的思辨能力和典雅的文采风度。故而，使本篇成为融文学特色、养生理论为一体的名篇佳作。

知识链接

嵇 康 传

嵇康，字叔夜，谯国铚人也。其先姓奚，会稽上虞人，以避怨，徙焉。铚有嵇山，家于其侧，因而命氏。兄喜，有当世才，历太仆、宗正。康早孤，有奇才，远迈不群。身长七尺八寸，美词气，有风仪，而土木形骸，不自藻饰，人以为龙章凤姿，天质自然。恬静寡欲，含垢匿瑕，宽简有大量。学不师受，博览无不赅通，长好《老》《庄》。与魏宗室婚，拜中散大夫。常修养性服食之事，弹琴咏诗，自足于怀。以为神仙禀之自然，非积学所得，至于导养得理，则安期、彭祖之伦可及，乃著《养生论》。（选自《晋书·嵇康传》）

（任宏丽）

复习思考题

1. 作者提出世人皆"两失其情"，主要驳斥哪两种错误观点？
2. 结合文意解释下列词句。
（1）涣然流离
（2）生理
（3）泊然
（4）玄黄
（5）平粹
（6）眏涕
（7）尾闾
3. 学习本课后，请简要叙述嵇康的养生思想主要包括哪些方面？

五五、大 医 习 业

【题解】 本文选自《备急千金要方》，据人民卫生出版社1995年影印宋刊本排印。《备急千金要方》系统总结了唐代以前的医学成就，取材广泛，内容丰富，遍涉临床各科及针灸、食疗、药物、预防、保健等。本书有述有作，验方经方兼备，是我国第一部理法方药俱全的医学巨著，也是我国最早的医学百科全书。作者孙思邈（541—682），京兆华原（今陕西铜川市

笔记栏

耀州区)人,唐代伟大的医药学家。《大医习业》在全书第一卷"医学诸论"的第一篇,被孙思邈置于全书之首,与第二篇《大医精诚》都是阐发如何成为一名"苍生大医"的著名文章。文中详细指出"欲为大医"应该具备的知识结构,集中体现了孙思邈的医学教育思想。

凡欲为大医,必须谙《素问》《甲乙》《黄帝针经》《明堂流注》[1]、十二经脉、三部九候、五藏六腑、表里孔穴、本草药对、张仲景、王叔和、阮河南、范东阳、张苗、靳邵等诸部经方。又须妙解阴阳禄命[2],诸家相法及灼龟五兆[3],《周易》六壬[4],并须精熟,如此乃得为大医。若不尔者,如无目夜游,动致颠殒[5]。次须熟读此方,寻思妙理,留意钻研,始可与言于医道者矣。又须涉猎群书,何者?若不读五经,不知有仁义之道;不读三史[6],不知有古今之事;不读诸子,睹事则不能默而识之[7];不读内经,则不知有慈悲喜舍之德;不读庄老,不能任真体运,则吉凶拘忌,触涂而生[8]。至于五行休王,七曜天文[9],并须探赜[10],若能具而学之,则于医道无所滞碍,尽善尽美矣!

[1] 谙:熟悉,知晓。 明堂流注:古代的针灸典籍,见于《隋书·经籍志》,已佚。

[2] 禄命:禄食命运,指人生的祸福、寿夭、贵贱等。

[3] 五兆:古代一种占卜法。

[4] 六壬:又称六壬神课,是用阴阳五行占卜吉凶的一种古老的术数门类,后世诸多易学皆源自六壬。

[5] 颠殒:坠落、覆亡,此喻诊疗失败。

[6] 三史:魏晋南北朝以《史记》《汉书》《东观汉记》为"三史"。 唐开元以后,因《东观汉记》失传,又以《史记》《汉书》《后汉书》三部为"三史"。参见清钱大昕《十驾斋养新录·三史》。

[7] 识(zhì 志):记住。

[8] 触涂:亦作"触途"。处处,各处。

[9] 七曜:又称七政,古代的天文术语,指日、月和金、木、水、火、土五星。

[10] 探赜(zé 则):指探求精深的道理。赜,深奥,玄妙,

简 析

孙思邈以赤诚的济世救人之心,精要地论述了大医的习业内容,指出要想成为一名大医,必须具备一定的知识结构,而"习业"的正确方法与途径有二:一、必须拥有丰富的医学知识,包括中医经典著作和基础理论的学习,以及诸家方书等前人经验的积累。二、必须具备广博的知识背景,熟悉诸子百家,乃至天文、地理、历法、气象等各方面的著作,只有这样才能"于医道无所滞碍"。在另篇《大医精诚》中,作者再次论述,成为一名大医,还必须具备高尚的医德,这样才有可能达到"苍生大医"的美善境界。以上孙思邈关于医学教育的理念,符合传统医学教育的规律,从医术、医德等全方位对医师提出要求,对培养当今高素质中医药专业人才具有重要的启发借鉴意义。

知识链接

明 医 箴

今之明医,心存仁义,博览群书,精通道艺。洞晓阴阳,明知运气。药辨温凉,脉分表里。治用补泻,病审虚实。因病制方,对症投剂,妙法在心,活变不滞。不衒虚名,惟期博济;不计其功,不谋其利;不论贫富,药施一例。起死回生,恩同天地。如此名医,芳垂万世。(选自《古今医鉴·附箴三首警医一首》)

(任宏丽)

笔记栏

复习思考题

1. 本文所述大医的习业途径包括哪些方面？
2. 结合文意解释下列词语。
（1）禄命
（2）触涂
（3）七曜
（4）探赜
3. 本文集中反映唐代著名医家孙思邈的医学教育理念是什么？

五六、《梦溪笔谈》三则

【题解】本文选自《梦溪笔谈》，据1987年上海古籍出版社重印《梦溪笔谈校证》本排印。作者沈括（1031—1095），字存中，自号梦溪老人，北宋钱塘（今浙江杭州）人，仁宗嘉祐进士，博学善文，对天文、方地、律历、音乐、医药、卜算均有涉猎及研究。晚年定居京口（今江苏镇江）梦溪园，闭门谢客，著成《梦溪笔谈》二十六卷，《补笔谈》三卷，《续笔谈》一卷。沈括虽非以医为业，然其对医药学的研究，造诣颇深。其著作中记载中医药学方面的文章多达八十余篇。本文所选三则短文的小标题均为编者所加。

第一则《采草药》和第二则《论汤散丸》选自《卷二十六·药议》。第一则对古人采药时机，提出了科学的见解；第二则说明汤散丸在治病过程中各有其所宜，应根据具体病情选用。第三则《芸香辟蠹》选自《卷三·辨正》，强调芸香所具有的辟蠹去蚤虱的功用。文章见解独特，论述精辟，能发前人之所未发，很多观点至今仍值得借鉴。

（一）采　草　药

古法采草药多用二月、八月，此殊未当。但二月草已芽，八月苗未枯，采掇者易辨识耳，在药则未为良时。大率用根者[1]，若有宿根[2]，须取无茎叶时采，则津泽皆归其根。欲验之，但取芦菔、地黄辈观[3]：无苗时采，则实而沉；有苗时采，则虚而浮。其无宿根者，即候苗成而未有花时采，则根生已足而又未衰。如今之紫草，未花时采，则根色鲜泽，花过而采，则根色黯恶[4]，此其效也。用叶者取叶初长足时，用芽者自从本说[5]，用花者取花初敷时[6]，用实者成实时采。皆不可限以时月。缘土气有早晚，天时有愆伏[7]。如平地三月花者，深山中则四月花。白乐天《游大林寺》诗云："人间四月芳菲尽，山寺桃花始盛开。"盖常理也。此地势高下之不同也。如筀竹笋有二月生者[8]，有三、四月生者，有五月方生者，谓之晚筀；稻有七月熟者，有八、九月熟者，有十月熟者，谓之晚稻。一物同一畦之间，自有早晚。此物性之不同也。岭峤微草[9]，凌冬不凋；并汾乔木[10]，望秋先陨。诸越则桃李冬实[11]，朔漠则桃李夏荣[12]。此地气之不同也。一亩之稼，则粪溉者先芽；一丘之禾，则后种者晚实。此人力之不同也。岂可一切拘以定月哉[13]！

［1］大率：大抵，一般。
［2］宿根：指多年生草本植物在土中越冬，隔年生发新芽的根。
［3］芦菔：萝卜，根、叶、子可入药。　地黄：多年生草本植物，以根茎入药。
［4］黯恶：灰暗难看。
［5］自从：自然依从。　本说：指上文所说采叶的道理，此指芽长足时采。

[6] 敷:铺开,引申为开放。

[7] 愆(qiān 千)伏:即愆阳伏阴。指气候寒热失常,冬季应寒不寒称愆阳,夏季应热不热称伏阴。

[8] 筀(guì 贵)竹:竹笋的一种,叶细节疏。 筍(sǔn 损):"笋"的异体字。

[9] 岭峤:五岭的别称,此指岭南地区。

[10] 并汾:并州和汾州,在今山西省。

[11] 诸越:即百越,古代对南方越人的总称。越,古代民族,居住在江、浙、闽、粤一带。

[12] 朔漠:北方沙漠地带,此指北方地区。 荣:开花。

[13] 拘:限制。

(二)论汤散丸

汤、散、丸各有所宜。古方用汤最多,用丸、散者殊少。煮散[1],古方无用者,唯近世人为之。大体欲达五脏四肢者莫如汤,欲留膈胃中者莫如散,久而后散者莫如丸。又无毒者宜汤,小毒者宜散,大毒者须用丸。又欲速者用汤,稍缓者用散,甚缓者用丸。此其大概也。近世用汤者全少,应汤皆用煮散[2]。大率汤剂气势完壮,力与丸、散倍蓰[3]。煮散者一啜不过三五钱极矣,比功较力,岂敌汤势[4]?然汤既力大,则不宜有失消息[5]。用之全在良工,难可以定论拘也。

[1] 煮散:药物加工的方法之一。即散剂加水煮汤,去渣服用。

[2] 应汤:谓应当用汤剂。

[3] 倍蓰(xǐ 徙):谓增加几倍。蓰,五倍。

[4] 敌:抵得上。

[5] 消息:斟酌。

(三)芸香辟蠹

古人藏书辟蠹用芸[1]。芸,香草也,今人谓之七里香者是也。叶类豌豆,作小丛生,其叶极芬香。秋后叶间微白如粉污[2],辟蠹殊验。南人采置席下,能去蚤虱。予判昭文馆时[3],曾得数株于潞公家[4],移植秘阁后[5],今不复有存者。香草之类,大率多异名。所谓兰荪,荪,即今菖蒲是也;蕙,今零陵香是也;茝[6],今白芷是也。

[1] 芸:香草名。亦称芸香,多年生草本,有强烈气味,可除蠹杀虫,全草也可用为通经、驱风药。

[2] 如粉污:如同面粉涂抹。污,玷污。此指涂抹。

[3] 判:犹言兼职。唐宋官制,以大兼小,即以高官兼较低职的官称"判"。 昭文馆:掌管图书经籍的馆阁之一。

[4] 潞公:即文彦博,字宽夫,汾州介休(今属山西)人,北宋大臣,前后任职约五十年,封潞国公。

[5] 秘阁:历代王朝宫中收藏珍贵图书之处。

[6] 茝(zhǐ 止):即白芷。多年生草本,有香气,根可入药,功用祛风解表,散湿止痛,消肿排脓。

简 析

《采草药》对拘泥于二月、八月采药的旧法进行了驳斥,以通俗的事实和道理论证了应根据药用部位、药物生长情况以及地理气候条件不同而灵活决定采药时间,这样才能保证药物的质量。《论汤散丸》从药物作用于人体的部位,药物毒性的大小有无,药物发挥作用的时间等方面,说明汤、散、丸各有所其宜,应根据具体病情选用。《芸香辟蠹》详细记载了芸香的形态、气味、颜色,强调其所具有的功效,夹在书里可预防蠹虫对书的损害。南方人把它放在床席下,可以除跳蚤、虱子。并指出香草之类多有异名,人们应加以辨认。以上论述言简意赅,通俗易懂,体现了沈括朴素的辩证法思想和丰富的实践经验。作者敢于冲破传统观念,尊重实际、勇于革新的科学精神,至今仍值得借鉴。

笔记栏

笔记栏

知识链接

《梦溪笔谈》序

北宋·沈括

予退处林下，深居绝过从，思平日与客言者，时纪一事于笔，若有所晤言，萧然移日，所与谈者，惟笔砚而已，谓之《笔谈》。圣谟国政及事近宫省，皆不敢私记。至于系当日士大夫毁誉者，虽善亦不欲书，非止不言人恶而已。

所录惟山间木荫，率意谈噱，不系人之利害者。下至闾巷之言，靡所不有。亦有得于传闻者，其间不能无缺谬。以之为言，则甚卑，以予为无意于言，可也。（选自《梦溪笔谈·自序》）

（薛芳芸）

复习思考题

1. 第一则里草药采集应注意什么？本文体现了作者怎样的思想观点？
2. 芸香的主要功效有哪些？
3. 结合文意解释下列词句。

（1）天时有愆伏。

（2）用芽者自从本说。

（3）有失消息。

（4）古人藏书辟蠹用芸。

五七、行方智圆心小胆大论

【题解】 本文选自《医宗必读》，据明金阊王汉冲崇祯十年刻本排印。《医宗必读》十卷，为李中梓治学和临证经验的总结，是他的代表作之一。本书集理、法、方、药于一体，又针对内科常见病证作了专门论述，是一部密切结合临床应用的综合性医书，流传极为广泛，成为后世中医学者的启蒙读物、必读之书。作者李中梓(1588—1655)，字士材，号念莪，又号荩凡居士，华亭(今上海松江)人，明末著名医家。青少年时习儒，因痛感亲子死于庸医及自己早岁多病，转而习医。著有《医宗必读》《内经知要》《伤寒括要》《士材三书》《删补颐生微论》等。本文选自卷一，阐述了“行方”“智圆”“心小”“胆大”的具体内容和它们之间辩证统一的关系。文中所论观点，至今仍有积极意义。

孙思邈之祝医者曰[1]：“行欲方而智欲圆[2]，心欲小而胆欲大。”嗟乎！医之神良，尽于此矣。

[1] 祝：希望，期望。

[2] 方：端正。

宅心醇谨[1]，举动安和，言无轻吐，目无乱观，忌心勿起，贪念罔生[2]，毋忽贫贱，毋惮疲劳[3]，检医典而精求，对疾苦而悲悯，如是者谓之行方。禀赋有厚薄，年岁有老少，身形有肥瘦，性情有缓急，境地有贵贱，风气有柔强，天时有寒热，昼夜有重轻，气色有吉凶，声音有高下，受病有久新，运气有太过不及，知常知变，能神能明，如是者谓之智圆。望闻问切宜详，补

泻寒温须辨，当思人命至重，冥报难逃，一旦差讹，永劫莫忏，乌容不慎[4]？如是者谓之心小。补即补而泻即泻，热斯热而寒斯寒[5]，抵当承气，时用回春[6]，姜附理中，恒投起死，析理详明，勿持两可，如是者谓之胆大。

[1] 宅心：用心。

[2] 罔：不可。

[3] 惮(dàn淡)：畏惧。

[4] 乌：何，哪里。

[5] 斯：乃，就。

[6] 回春：治愈。

四者似分而实合也。世未有详谨之士，执成法以伤人；灵变之人，败名节以损己。行方者，智必圆也。心小则惟惧或失，胆大则药如其证。或大攻，或大补，似乎胆大，不知不如是则病不解，是胆大适所以行其小心也[1]。故心小、胆大者，合而成智圆；心小、胆大、智圆者，合而成行方也。世皆疑方则有碍乎圆，小则有妨乎大，故表而出之[2]。

[1] 适：正好。

[2] 表：记载。

简　析

本文作者有感于孙思邈对医生提出的期望，采用了开门见山的手法，开篇即提出医家应“行欲方而智欲圆，心欲小而胆欲大”的论点。然后集中论述了行方、智圆、心小、胆大四个概念，指出四者的关系是“似分而实合”。再进一步论证了行方和智圆、心小和胆大这两组概念的关系，最后得出“心小、胆大者，合而成智圆；心小、胆大、智圆者，合而成行方”的结论，证明了行方、智圆、心小、胆大的辩证统一的关系。

知识链接

大医精诚

唐·孙思邈

凡大医治病，必当安神定志，无欲无求，先发大慈恻隐之心，誓愿普救含灵之苦。若有疾厄来求救者，不得问其贵贱贫富，长幼妍蚩，怨亲善友，华夷愚智，普同一等，皆如至亲之想，亦不得瞻前顾后，自虑吉凶，护惜身命。见彼苦恼，若己有之，深心凄怆，勿避崄巇、昼夜、寒暑、饥渴、疲劳，一心赴救，无作功夫形迹之心。如此可为苍生大医，反此则是含灵巨贼。(选自《备急千金要方·大医精诚》)

(于　恒)

复习思考题

1. 孙思邈对医生提出了什么希望与要求？
2. 行方、智圆、心小和胆大这四者之间的关系是怎样的？
3. 结合文意解释下列词句。

(1) 宅心醇谨，举动安和。

(2) 知常知变，能神能明。

笔记栏

(3) 回春

(4) 世未有详谨之士,执成法以伤人;灵变之人,败名节以损己。

五八、医 易 义

【题解】 本文选自《类经附翼》,据中医古籍出版社1986年影印文渊阁《四库全书》本排印。《类经附翼》是作者对所著《类经》的补充,共四卷。卷一为医易,阐发医易理论;卷二为律原,论述律吕度量;卷三为求正录,阐释三焦、心包络、命门、真阴、真阳等学说;卷四为针灸诸赋,收录了《天元太乙歌》《玉龙赋》等十一首针灸歌赋。张介宾(1563—1640),字景岳,又字会卿,山阴(今浙江绍兴)人,明代著名医家。从京师名医金英学医,尽得其传。壮岁从军,因亲老家贫,转而致力于医学。针对朱丹溪之"阳有余阴不足"论,提出"阳非有余,真阴不足"学说,创制许多著名补肾方剂,是中医温补学派的代表人物。著有《类经》《类经图翼》《类经附翼》《质疑录》《景岳全书》等。

《医易义》详细阐述了医易同源、易理与医理相通的关系,认为"不知易不足以言太医",指出医者懂得易理精义有助于理解医理,在临证上能够知常达变。本篇课文节选的内容,从医易同源于阴阳变化之理、易具医之理的角度,强调了医当知易的必要性和重要性。

宾尝闻之孙真人曰:不知易,不足以言太医。每窃疑焉。以谓《易》之为书,在开物成务[1],知来藏往[2];而医之为道,则调元赞化[3],起死回生。其义似殊,其用似异。且以医有《内经》,何借于《易》?舍近求远,奚必其然[4]?而今也年逾不惑,茅塞稍开;学到知羞,方克渐悟[5]。乃知天地之道,以阴阳二气而造化万物;人生之理,以阴阳二气而长养百骸[6]。易者,易也,具阴阳动静之妙;医者,意也,合阴阳消长之机。虽阴阳已备于《内经》,而变化莫大乎《周易》。故曰天人一理者,一此阴阳也;医易同原者,同此变化也。岂非医易相通,理无二致,可以医而不知易乎!

[1] 开物成务:指通晓万物的道理,并按这道理行事而得到成功。语本《周易·系辞上》。

[2] 知来藏往:指对未来有所预见,对以往心中了然。语本《易经·系辞上》:"神以知来,知以藏往。"

[3] 调元:调理元气。 赞化:辅助天地的化育之道。

[4] 奚:为什么。

[5] 克:能够。

[6] 百骸:指全身。

予因默契斯言,潜心有日,管窥一得[1],罔敢自私,谨摭易理精义[2],用资医学变通,不揣鄙俚而为之论[3]。曰:易有太极,是生两仪,两仪生四象,四象生八卦。天尊地卑,乾坤定矣;卑高以陈,贵贱位矣[4];动静有常,刚柔断矣;方以类聚,物以群分,吉凶生矣;在天成象,在地成形,乾坤设位而易行乎其中矣。是故天生神物,圣人格之[5];天地变化,圣人效之。天垂象,见吉凶[6],圣人象之[7];河出图,洛出书,圣人则之[8]。于是乎近取诸身,远取诸物,作八卦以通神明之德,以顺性命之理。八卦成列,象在其中矣;因而重之,爻在其中矣;刚柔相摩,八卦相荡,变在其中矣;系辞焉而命之,动在其中矣。吉凶悔吝生乎动,而天地鬼神之为德,万物一体之为能,森乎昭著而无所遁乎易矣[9]。

[1] 管窥:从管中看物,比喻所见者小、片面。在此为谦辞。

[2] 摭(zhí 直):拾取。

[3] 揣:估量。

笔记栏

[4] 位:占据其应有的位置。名词活用作动词。
[5] 格:探究。名词活用作动词。
[6] 见:同“现”。显现。
[7] 象:摹拟。名词活用作动词。
[8] 则:效法。名词活用作动词。
[9] 森乎:众多的样子。

伟哉人生!禀二五之精[1],为万物之灵,得天地之中和[2],参乾坤之化育[3],四象应天,四体应地。天地之合辟[4],即吾身之呼吸也;昼夜之潮汐,即吾身之脉息也。天之北辰为群动之本,人之一心为全体之君也。由是观之,天之气,即人之气;人之体,即天之体。故康节曰[5]:思虑未起,鬼神未知,不由乎我,更由乎谁?盖谓一念方萌,便达乎气,神随气见,便与天地鬼神相感通。然则天人相与之际,精哉妙矣,诚可畏矣。人身小天地,真无一毫之相间矣。今夫天地之理具乎易,而身心之理独不具乎易乎?矧天地之易[6],外易也;身心之易,内易也。内外孰亲?天人孰近?故必求诸己而后可以求诸人,先乎内而后可以及乎外。是物理之易犹可缓,而身心之易不容忽。医之为道,身心之易也。医而不易,其何以行之哉?

[1] 二:指阴阳。 五:指五行。
[2] 中和:中正平和之气。
[3] 化育:化生养育。
[4] 合:闭合。 辟(pì 譬):开启。
[5] 康节:北宋著名理学家邵雍,字尧夫,谥康节。
[6] 矧(shěn 审):况且。

简 析

本文论述了医易同源的理论渊源以及二者密不可分的关系,强调医易相通的重要性。第一段作者叙述了对孙思邈的“不知易不足以言太医”这句话的态度由怀疑到坚信的转变,进而提出了医易相通,学医不可不知易的观点。接着围绕论点展开论证。第二段作者引用《周易·系辞上》的语句,论述了宇宙为一大天地,万物各自有一小天地,宇宙万物都存在着共通的规律,都没有脱离易理的范围。第三段指出人的身心之理和天地之理都具备于易理之中,医学就是研究身心之易的。段末用一句反问句,指出了医者要学习易理的必要性。

知识链接

阴阳应象大论

阴阳者,天地之道也,万物之纲纪,变化之父母,生杀之本始,神明之府也,治病必求于本。

故积阳为天,积阴为地。阴静阳躁,阳生阴长,阳杀阴藏。阳化气,阴成形。寒极生热,热极生寒。寒气生浊,热气生清。清气在下,则生飧泄;浊气在上,则生䐜胀。此阴阳反作,病之逆从也。

故清阳为天,浊阴为地;地气上为云,天气下为雨,雨出地气,云出天气。故清阳出上窍,浊阴出下窍;清阳发腠理,浊阴走五脏;清阳实四肢,浊阴归六腑。(选自《素问·阴阳应象大论》)

(于 恒)

笔记栏

复习思考题

1. 结合本文,谈谈如何理解医不可不知易。

2. 结合文意解释下列词句。

(1) 调元赞化。

(2) 予因默契斯言,潜心有日,管窥一得,罔敢自私,谨摭易理精义,用资医学变通。

(3) 伟哉人生! 禀二五之精,为万物之灵,得天地之中和,参乾坤之化育。

3. 掌握文中的成语,如开物成务、知来藏往、方以类聚、物以群分等,并阅读张介宾《类经附翼·医易义》全文,总结其中的成语典故。

五九、不失人情论

【题解】 本文选自《医宗必读》,据归叶山房藏校光绪戊子年重镌本排印。作者李中梓(1588—1655),字士材,号念莪,华亭人,明末著名医学家。少时擅长文学、兵法、淡于仕途,后因病习医。李氏的医学思想主要体现在重视脾肾和强调养阳两方面。所著《医宗必读》《内经知要》《伤寒括要》《删补颐生微论》《士材三书》等书,在医学界颇有影响。1637 年成书的《医宗必读》共十卷,内容包括医论、内景图说、诊断、本草、病机,并论述了三十六种病证的诊治和医案,内容简要,选方实用,是一部颇具影响的医学入门书。

本文是作者选取张介宾《类经·脉色类》"不失人情"句所加按语,删节润色而成,集中分析了病人之情、旁人之情和医人之情。

尝读《内经》至《方盛衰论》[1],而殿之曰"不失人情[2]",未尝不瞿然起,喟然叹轩岐之入人深也[3]! 夫不失人情,医家所甚亟[4],然戛戛乎难之矣[5]。大约人情之类有三:一曰病人之情,二曰旁人之情,三曰医人之情。

[1] 尝:副词。曾经。

[2] 殿:行军在后者谓之殿。引申为放在……最后。

[3] 喟(kuì 溃):叹声。

[4] 亟:迫切,急切。

[5] 戛戛(jiá jiá 颊颊):困难的样子。

所谓病人之情者,五藏各有所偏,七情各有所胜。阳藏者宜凉,阴藏者宜热;耐毒者缓剂无功[1],不耐毒者峻剂有害。此藏气之不同也。动静各有欣厌,饮食各有爱憎;性好吉者危言见非[2],意多忧者慰安云伪;未信者忠告难行,善疑者深言则忌。此好恶之不同也。富者多任性而禁戒勿遵,贵者多自尊而骄恣悖理。此交际之不同也。贫者衣食不周,况乎药饵? 贱者焦劳不适,怀抱可知。此调治之不同也。有良言甫信,谬说更新,多歧亡羊[3],终成画饼[4]。此无主之为害也[5]。有最畏出奇,惟求稳当,车薪杯水,难免败亡。此过慎之为害也。有境遇不偶[6],营求未遂[7],深情牵挂,良药难医。此得失之为害也。有性急者遭迟病,更医而致杂投[8];有性缓者遭急病,濡滞而成难挽。此缓急之为害也。有参术沾唇惧补[9],心先痞塞;硝黄入口畏攻,神即飘扬。此成心之为害也[10]。有讳疾不言,有隐情难告,甚而故隐病状,试医以脉。不知自古神圣,未有舍望、闻、问,而独凭一脉者。且如气口脉盛,则知伤食,至于何日受伤,所伤何物,岂能以脉知哉? 此皆病人之情,不可不察者也。

笔记栏

［1］耐毒：或作“能毒”，指对药物的耐受性。
［2］危言：直言。
［3］多歧亡羊：又做“歧路亡羊”，岔路一多，就找不到逃跑的羊。文中比喻众说纷纭，无所适从。
［4］画饼：画饼充饥。这里比喻没有实用的价值。语本《三国志·魏志·卢毓传》：“选举莫取有名，名如画地作饼，不可啖也。”
［5］主：主见，主张。
［6］境遇不偶：处境不顺利。偶，和谐，顺利。陆德明《经典释文》：“偶，谐也。”
［7］营求：谋求。
［8］杂投：意为乱用药。
［9］沾：接触。
［10］成心：成见，偏见。

所谓旁人之情者，或执有据之论，而病情未必相符；或兴无本之言，而医理何曾梦见？或操是非之柄，同我者是之，异己者非之，而真是真非莫辨；或执肤浅之见，头痛者救头，脚痛者救脚，而孰本孰标谁知？或尊贵执言难抗，或密戚偏见难回。又若荐医，动关生死。有意气之私厚而荐者[1]，有庸浅之偶效而荐者，有信其利口而荐者，有食其酬报而荐者。甚至薰莸不辨[2]，妄肆品评，誉之则跖可为舜[3]，毁之则凤可作鸮。致怀奇之士[4]，拂衣而去，使深危之病，坐而待亡。此皆旁人之情，不可不察者也。

［1］意气：情谊。
［2］薰莸（yóu 由）：香草与臭草，这里指医生的优劣。《左传·僖公十年》：“一薰一莸，十年尚犹有臭。”杜预注：薰，香草；莸，臭草。
［3］跖（zhí 直）：人名，春秋战国时期人民起义领袖，旧时被诬为大盗。
［4］怀奇之士：此指具有高超技艺的医生。

所谓医人之情者，或巧语诳人，或甘言悦听[1]，或强辩相欺，或危言相恐[2]。此便佞之流也[3]。或结纳亲知，或修好僮仆[4]，或求营上荐，或不邀自赴。此阿谄之流也。有腹无藏墨，诡言神授，目不识丁，假托秘传。此欺诈之流也。有望、闻、问、切，漫不关心；枳、朴、归、芩，到手便撮。妄谓人愚我明，人生我熟。此孟浪之流也。有嫉妒性成，排挤为事，阳若同心，阴为浸润[5]，是非颠倒，朱紫混淆。此谗妒之流也。有贪得无知，轻忽人命。如病在危疑，良医难必[6]，极其详慎，犹冀回春；若辈贪功，妄轻投剂，至于败坏，嫁谤自文。此贪倖之流也[7]。有意见各持，异同不决。曲高者和寡，道高者谤多。一齐之傅几何？众楚之咻易乱。此肤浅之流也。有素所相知，苟且图功；有素不相识，遇延辨症，病家既不识医，则倏赵倏钱，医家莫肯任怨，则惟芩惟梗。或延医众多，互为观望；或利害攸系，彼此避嫌。惟求免怨，诚然得矣；坐失机宜，谁之咎乎？此由知医不真，任医不专也。

［1］悦听：犹悦耳。此处指迷惑人。
［2］危言：令人惊惧的话。
［3］便佞（pián nìng 骈宁）：巧言善变，阿谀奉承。
［4］修好：人与人之间表示友好。此处指笼络。
［5］浸润：谗言。语出《论语·颜渊》：“浸润之谮，肤受之愬，不行焉，可谓明也已矣。”
［6］必：决定。
［7］贪倖：贪图贪求。倖，“幸”的异体字。

凡若此者，孰非人情？而人情之详，尚多难尽。圣人以不失人情为戒，欲令学者思之慎之，勿为陋习所中耳[1]。虽然，必期不失[2]，未免迁就。但迁就既碍于病情，不迁就又碍于人情，有必不可迁就之病情，而复有不得不迁就之人情，且奈之何哉！故曰：戛戛乎难之矣！

笔记栏

[1] 中(zhòng 众):侵袭。

[2] 必期:必定。期,必。

简 析

《不失人情论》是作者以《素问·方盛衰论》中的"不失人情"四字为纲并加以发挥,分析了病人之情、旁人之情和医人之情,认为可大致分为两类:一是应当顺应的人情,如脏气、好恶、调治等病人的不同之情,二是不宜迁就的人情,也就是恶俗的习气,如论病则信口开河、荐医则优劣莫辨的旁人之情,以及逢迎、欺诈等医人之情,文中所述,大多属于后者。与此同时,作者也体会到医家面对人情的困难处境,深感人情与病情的相互对立,故而发出"戛戛乎难之矣"的感叹。文中所论种种人情,至今尚有一定的现实意义。

知识链接

病家两要说

明·张景岳

又若病家之要,虽在择医,然而择医非难也,而难于任医;任医非难也,而难于临事不惑,确有主持,而不致朱紫混淆者之为更难也。倘不知此,而偏听浮议,广集群医,则骐骥不多得,何非冀北驽群?帷幄有神筹,几见圯桥杰竖?危急之际,奚堪庸妄之误投?疑似之秋,岂可纷纭之错乱?一着之谬,此生付之矣。以故议多者无成,医多者必败。多,何以败也?君子不多也。欲辩此多,诚非易也。然而尤有不易者,则正在知医一节耳。(选自《景岳全书·传忠录》)

(段鸣鸣)

复习思考题

1. "病家既不识医,则倏赵倏钱;医家莫肯任怨,则惟芩惟梗"反映了病家和医家分别存在什么问题?

2. "旁人之情"包含哪几个方面?有何共同点?

3. 结合文意解释下列词句。

(1) 多歧亡羊

(2) 薰莸不辨

(3) 一傅众咻

六〇、用药如用兵论

【题解】本文选自《医学源流论》,据中医古籍出版社1986年影印文渊阁《四库全书》本排印。《医学源流论》是一部医学论文集,刊刻于乾隆二十二年(1757),为上下两卷,内容分经络脏腑、脉、病、方药、治法、书论、古今等七类,收入论文九十余篇。作者针对当时医学界的现状,结合《黄帝内经》《伤寒论》等经典著作,对医学的诸多方面进行寻本溯源。

徐大椿(1693—1771),字灵胎,一名大业,晚号洄溪老人,吴江(今属江苏)人,清代著名

医家。博学多才，通天文，晓水利，工诗文，尤精于医。一生行医凡五十年，临床经验丰富，著有《难经经释》《神农本草经百种录》《医贯砭》《医学源流论》《兰台轨范》《慎疾刍言》等。本文以用兵之道比拟用药之法，论述了用药当辨证施治的道理，也反映了作者谨慎用药的思想。

圣人之所以全民生也，五谷为养[1]，五果为助[2]，五畜为益[3]，五菜为充[4]，而毒药则以之攻邪[5]。故虽甘草、人参，误用致害，皆毒药之类也。古人好服食者[6]，必生奇疾；犹之好战胜者，必有奇殃。是故兵之设也以除暴，不得已而后兴；药之设也以攻疾，亦不得已而后用。其道同也。

［1］五谷：粳米、小豆、麦、大豆、黍。"五谷为养……而毒药则以之攻邪"，取意自《素问·脏气法时论》。本文对"五谷""五果""五畜""五菜"的注释皆依王冰注文。

［2］五果：桃、李、杏、栗、枣。

［3］五畜：牛、羊、豕、犬、鸡。

［4］五菜：葵、藿、薤、葱、韭。

［5］毒药：泛指各种药物。《周礼·天官冢宰·医师》郑注"毒药，药之辛苦者，药之物恒多毒"。

［6］服食：道家的一种养生法。指服食丹药。

故病之为患也，小则耗精，大则伤命，隐然一敌国也[1]。以草木之偏性，攻脏腑之偏胜，必能知彼知己，多方以制之，而后无丧身殒命之忧。是故传经之邪，而先夺其未至，则所以断敌之要道也；横暴之疾，而急保其未病，则所以守我之岩疆也。挟宿食而病者，先除其食，则敌之资粮已焚；合旧疾而发者，必防其并，则敌之内应既绝。辨经络而无泛用之药，此之谓向导之师；因寒热而有反用之方[2]，此之谓行间之术[3]。一病而分治之，则用寡可以胜众，使前后不相救，而势自衰；数病而合治之，则并力捣其中坚，使离散无所统，而众悉溃。病方进，则不治其太甚，固守元气，所以老其师[4]；病方衰，则必穷其所之[5]，更益精锐，所以捣其穴。

［1］隐然一敌国：同"隐若敌国"。语本《史记·游侠列传》。原指对国家起举足轻重的人，此指对人体有严重危害的疾病。

［2］反用：即反治法，指和常规相反的治法。当疾病出现假象，如真热假寒证、真寒假热证，或大寒证、大热证对正治法发生格拒时所采用的方法。因治法和疾病的假象相从，又称从治法。

［3］行间：离间。

［4］老：疲怠。这里作使动用法。

［5］穷：穷追。用如动词。　之：去，到。

若夫虚邪之体[1]，攻不可过，本和平之药，而以峻药补之；衰敝之日，不可穷民力也。实邪之伤，攻不可缓，用峻厉之药，而以常药和之；富强之国，可以振威武也。然而，选材必当，器械必良，克期不愆[2]，布阵有方，此又不可更仆数也[3]。孙武子十三篇，治病之法尽之矣。

［1］虚邪之体：指邪气在身、体质虚弱的人。

［2］克期：犹克日。约定或限定日期。　愆（qiān 牵）：失误。

［3］不可更仆数：即"更仆难数"。形容事物繁多，数不胜数。

简　析

本文以用兵之道比喻用药之法，着重强调谨慎用药，用药应因病、因人施治。首先指出用药攻疾如同用兵除暴，二者都是在不得已的情况下使用，表明慎用药的主旨。接着从"知彼知己，多方以制之"的指导思想出发，将用药治病与用兵除暴进行类比，指出医生应深入了解药性和病情，要根据病因、病位、病性、病程以及病情缓急等不同情况来用药。最后以"衰

笔记栏

敝之日，不可穷民力"和"富强之国，可以振威武"的观点为喻，指出要依据病人正气的虚实，确定药物的攻补原则。文章采用类比的手法，形象生动，易于理解。

扫一扫，测一测

知识链接

学医犹学弈

学医犹学弈也，医书犹弈谱也。世之善弈者，未有不专心致志于弈谱，而后始有得心应手之一候。然对局之际，检谱以应敌，则胶柱鼓瑟，必败之道也。医何独不然？执死方以治活病，强题就我，人命其何堪哉？故先哲有言曰："检谱对弈，弈必败；拘方治病，病必殆。"丹溪朱氏亦曰："古方新病，安有能相值者？泥是且杀人。"由是言之，世所传经验单方，往往仅标治某病，而不辨别脉证。其间清和平淡之品，即不对证，试用尚无大碍。若刚暴猛烈之药，用者尚其慎之。（选自《存存斋医话稿》卷一）

（于 恒）

复习思考题

1. 如何理解"虚邪之体""实邪之伤"的攻补原则？
2. 结合文意解释下列词句。
（1）是故兵之设也以除暴，不得已而后兴；药之设也以攻疾，亦不得已而后用。
（2）以草木之偏性，攻脏腑之偏胜，必能知彼知己，多方以制之，而后无丧身殒命之忧。
（3）老其师。
3. 作者如何从用兵之道推论用药之法？

下 篇

通 论

笔记栏

PPT 课件

第一章

国学概述

学习目标

1. 掌握中国传统文化的发展脉络，汲取中华民族数千年智慧和经验，传承中华优秀传统文化，弘扬自强不息、厚德载物、中正和谐等中华民族的伟大精神。

2. 了解国学的名义、载体、范围、类别、内容等。

“国学”诞生于西学东渐、文化转型、国人文化自省并努力维护、志在复兴的清末时期。一度兴盛之后，由于种种原因，沉寂了长达数十年之久。我国实行改革开放政策以后，从 20 世纪 80 年代开始，国学重新受到国人的推崇。再度兴盛的同时，又不断得到发展。这是党和国家理性反思并特别重视祖国优秀传统文化传承与弘扬的成效，也是经济发展、中外交流、民众寻根、媒体传播等的成效。所以，且不说大学生，即使是一位普通的中国人，也有理由了解、研习并传播博大精深的国学。

一、国学的名与义

“国学”一词，最早见于《周礼·春官宗伯·乐师》：“乐师掌国学之政，以教国子小舞。”《礼记·学记》中也说：“古之教者，家有塾，党有庠，术有序，国有学。”其所谓“国学”，指的是天子或诸侯在都城设立的国家最高学府，教育的对象是天子、诸侯和卿大夫的子弟，以及从庶民子弟中选拔出来的优秀人才。

“国学”作为教育机构的这一意义，后世名称并不一致：汉武帝后称为太学，晋代改称国子学，北齐又改称国子寺，隋代文帝时先是恢复国子学之名，不久又废而唯立太学，炀帝后再改为国子监，统领各官学。其后直到清末，除元代和明初仍称国子学外，一直沿用从隋代开始的国子监的名称及其制度。教学的内容，早期主要是以儒家的五经六艺等为主的修身进学、经世济民和安身立命的学术。随着历史的演进和国家、社会的需要，渐次增加了律学、书学、算学、武学等科目。清光绪三十一年(1905)，由于种种原因，朝廷废除科举，始设学部，兴办新式教育。于是，以传统经术为主要内容的教育就此终止。

现代意义上的“国学”，简言之，则指以儒学为主的中华传统文化与学术及其研究。所谓“国”，指本国，这里即指中国；所谓“学”，既包括以儒学为主的中华传统文化与学术，也包括以此为对象的研究。

这一全新意义上的“国学”概念，最早是梁启超于光绪二十八年(1902)在写给黄遵宪的信中讨论创办《国学报》时提出来的。他在随后所写的《论中国学术思想变迁之大势》中，还特别标举“国学”的概念，并与东渐日久、影响日巨的“外学”即一般所谓“西学”相对：“近顷悲观者流，见新学小生之吐弃国学，惧国学之从此而消灭，吾不此之惧也。但使外学之输入者果昌，必使吾国学别添活气，吾敢断言也。但今日欲使外学之真精神普及于祖国，则当转

输之任者，必邃于国学，然后能收其效……此吾所以汲汲欲以国学为我青年劝也。”显然，其意也是为了保护和振兴中国传统文化与学术并使之发扬光大。由于时世的需求和梁启超特殊的名人效应，自此，“国学”一词就不仅具有了全新的意义，而且很快被国人接受并风行天下。如 1903 年，《新民丛报》刊登了《游学生与国学》一文，呼吁在会馆内设立“国学图书馆”，以满足留学生研究国学的需要。邓实于 1905 年在上海创立“国学保存会”，公开标举“研究国学，保存国粹”。其后在发表的《国学保存论》中，则对“国学”一词做出了近代意义上的阐释，谓：“国学者何？一国所有之学也。有地而人生其上，因以成国焉，有其国者有其学。学也者，学其一国之学以为国用，而自治其一国也。”至于国学大师章太炎，也于 1906 年在东京发起“国学讲习会”，不久又在此基础上成立了“国学振起社”。

在梁启超提出具有全新意义的“国学”之前，“国学”曾被称做“中学”“旧学”；之后，又曾称为“国故”“国故学”等。

“中学”“旧学”的称谓，出自张之洞在 1898 年发表的《劝学篇》。梁启超在其《清代学术概论》中指出：“所谓‘中学为体，西学为用’者，张之洞最乐道之，而举国以为至言。”

“国故”的称谓，源于章太炎 1905 年创刊的《国粹学报》和 1910 年在日本刊行的《国故论衡》一书。“国故学”的称谓，则始于毛子水。他在 1919 年撰写的《国故和科学的精神》一文中提出：“古人的学术思想，是国故；我们现在研究古人的学术思想……这个学问，应该叫做‘国故学’。”这一概念及其界定，很快便被胡适认可。胡适不仅随即在《论国故学——答毛子水》一函中加以运用，而且还在 1923 年发表的《〈国学季刊〉发刊宣言》中对此重新做了一番诠释，说：“‘国学’在我们的心眼里，只是‘国故学’的缩写。中国的一切过去的文化历史，都是我们的‘国故’；研究这一切过去的历史文化的学问，就是‘国故学’，省称为‘国学’。”

至于今之“汉学”及“华学”“中国学”等名词，则主要源于外国人，其内容也基本与国学不同，主要是指关于整个中国各种问题的学术及其研究。

二、国学的载体

国学的载体，主要包括传世文献、出土文物、历史遗存、民间传说等。

传世文献，集中在《隋书·经籍志》及以《四库全书总目》为代表的古代图书分类之经、史、子、集四部文献之中。经部是我国古代图书分类中的一个特有部类，不相当于今天图书分类的任何部类。经部所收的书籍，是封建统治阶级要求必读的书——儒经及两个附从部类——“乐类”和“小学类”。史部所收，除历史方面的书以外，还有天文历法、地理类和书目类的书。子部的书，为凡属学术、学派等而自成一家之言的著作。集部的书，全部是文学作品。

出土文物，包括甲骨文、金文、玺印文字、简帛古书等。

历史遗存，指历史遗迹和无文字的古物等。

民间传说，从可信度上来说虽多不足证，但很多内容亦非空穴来风。即使纯属传说，在不同程度上也体现了国学的诸多精神内涵，研究的价值还是有的，甚至很大，所以理应视为国学的载体。

三、国学的范围

就范围而言，国学一般以传统的文、史、哲性质的学术为限。其中“文”的范围，包括传统的语言、文字、文献与艺术方面的学术，兼及“文”性很强的中医、数术之学等；“史”的范围，主要包括历史和天文历法、地理、书目方面的学术；“哲”的范围，包括哲学思想与宗教方面的

笔记栏

学术。从中可以容易地看出，其彼此之间显然是相互交叉的，甚至程度很深。这是很自然的事，正如常言所说的那样："文史哲不分家"。

四、国学的类别与内容

国学的类别，因角度不同而划分不同。有完全遵从古代分类的，即上述经、史、子、集四大类；有从性质角度分类的，即一般所谓文、史、哲三大类；还有从应用与特点的角度分类的，包括考据、义理、经世、辞章四大类。不一而足。

参照前贤分类，这里将原附于经部的"小学类"独立出来作为一类，其余经、史、子、集各部均予保留，再将"集"改为"文学"，外增"蒙学"一类，从而分为"蒙学""小学""经学""史学""子学""文学"六大类。

（一）蒙学

传统的蒙学，是关于中国传统文化知识的基础教育之学。有广义和狭义之分：其广义，泛指古代的启蒙教育，包括教育体制、教学方法、教材等内容；狭义，则专指启蒙教材，即童蒙读本。这里广狭二义兼而用之，并及蒙学的研究与应用。

蒙学虽属基础教育之学，但因其在国学教育中所起的作用实在重大，有关研究应用也一直在与时俱进，不断发展完善，故理应归属国学。蒙学教育注重背诵与练习，基本目标是培养儿童认字和书写的能力，掌握最基本的中国历史文化知识，养成良好的生活习惯，具备基本的伦理道德与行为规范。

古代蒙学采用的教材，最主要的是所谓"三百千千弟子规"，即《三字经》《百家姓》《千字文》《千家诗》《弟子规》。此外，还有《名物蒙求》《治家格言》《家诫要言》《增广贤文》《心相编》《小儿语》《续小儿语》《女儿经》《女小儿语》《弟子职》《神童诗》《续神童诗》《幼学琼林》《笠翁对韵》《龙文鞭影》等。其中《幼学琼林》以其百科全书之特点，《增广贤文》以其人生常识之价值，亦极受欢迎。旧谓"读了《增广》会说话，读了《幼学》走天下"，就是对此二者而言的。古人在学童到了一定程度之后，还视情况而使之接触"四书"等经典书目，以便为日后的研习打下基础。

（二）小学

所谓"小学"，内容特指传统的语言文字之学，包括文字学、音韵学、训诂学三小类。

文字学以研究文字的结构与演变为主，兼及音韵学与训诂学有关问题。历史名家为东汉许慎，唐代颜元孙、唐玄度，南宋李从周，清代戴震、段玉裁等，典籍有《说文解字》《干禄字书》《九经字样》《字通》《说文解字注》及近人丁福保的《说文解字诂林》等。

音韵学以研究古代汉语各个历史时期声韵调系统及其发展规律为主，兼及文字学与训诂学有关问题。著名人物为隋代陆法言，唐代僧守温，北宋陈彭年、丁度，南宋刘渊，元代周德清，明代乐韶凤，清代顾炎武等，典籍有《切韵》《守温三十六字母》《广韵》《平水韵》《中原音韵》《洪武正韵》《音学五书》等。

训诂学则以研究并解释古籍中的词义为主，兼及文字学与音韵学有关问题。历史上的名家数不胜数，其著名者，有西汉毛亨、扬雄，东汉郑玄、刘熙，三国魏张揖，西晋郭璞，唐代颜师古、孔颖达、李善、陆德明，北宋邢昺，南宋朱熹，明代杨慎、方以智，清代江永、阮元、孙诒让、郝懿行、王念孙、王引之、钱大昕等。典籍有《尔雅》《毛诗诂训传》《方言》《三礼注》《释名》《广雅》《文选注》《五经正义》《经典释文》《四书章句集注》《通雅》《读书杂志》《经传释词》《经籍籑诂》等。

文字学、音韵学和训诂学三者，其实是一物三面而已：文字学重点在字词之"形"，音韵学重点在"音"，训诂学重点在"义"，历史名家及其典籍也深度交互。三者相合，"小学"之义庶

乎尽矣。

（三）经学

经学除了“小学”，内容为“十三经”“四书”及一个附从部类“乐类”。

1. 十三经　指《诗经》《尚书》《易经》《周礼》《礼记》《仪礼》《左传》《公羊传》《谷梁传》《孝经》《论语》《尔雅》《孟子》十三部儒家经典。

2. 四书　指《礼记》中的《大学》《中庸》两篇长文和《论语》《孟子》两部著述。四书的内容显然统属于“十三经”，本不必再立一类。但因为南宋大儒朱熹认为它们是为学之本、经典中的经典并为之作注之后，遂身价大增，所以在经部也成了一类。

3. 乐类　指有关音乐的经籍。儒学十分注重音乐的教化作用，故儒经原为“六经”，有《乐经》一书。《乐经》后来佚失，故唯言“五经”，但《乐经》精华思想一般认为赖《史记·乐记》得以保留。

（四）史学

史学的内容，除历史方面的书以外，还有地理类和书目类的书。其中历史方面又分正史、编年、纪事本末、别史、杂史、诏令奏议、传记、史钞、载记、时令、野史、稗史、职官、政书、史评等。

1. 正史　这是史书的主干。民国以前所修的共有以下二十四史。

《史记》（西汉　司马迁）
《汉书》（东汉　班固）
《后汉书》（南朝宋　范晔）
《三国志》（西晋　陈寿）
《晋书》（唐　房玄龄等）
《宋书》（南朝梁　沈约）
《南齐书》（南朝梁　萧子显）
《梁书》（唐　姚思廉）
《陈书》（唐　姚思廉）
《魏书》（北齐　魏收）
《北齐书》（唐　李百药）
《周书》（唐　令狐德棻等）
《隋书》（唐　魏征等）
《南史》（唐　李延寿）
《北史》（唐　李延寿）
《旧唐书》（后晋　刘昫等）
《新唐书》（北宋　欧阳修、宋祁）
《旧五代史》（北宋　薛居正等）
《新五代史》（北宋　欧阳修）
《宋史》（元　脱脱等）
《辽史》（元　脱脱等）
《金史》（元　脱脱等）
《元史》（明　宋濂等）
《明史》（清　张廷玉等）

这二十四史加上近代所修的《清史稿》，就是二十五史了。

笔记栏

2. 编年体史书 是以时代为纲而编写的史书，如南朝梁沈约《竹书纪年》，北宋司马光《资治通鉴》。

3. 国别体史书 是以国家为单位，分别记叙历史事件的史书，如春秋时期鲁国左丘明《国语》，战国时期无名氏《战国策》均为国别体的典范之作。

4. 纪事本末体史书 是以事物为纲，把时间和人物等都组织到事件的叙述中去，详录其始终的一种史书，如南宋袁枢《通鉴纪事本末》、章冲《春秋左氏传事类始末》，明代冯琦《宋史纪事本末》等。

5. 别史 是编年体、纪传体以外，杂记历代或一代事实的史书。如西晋孔晁《逸周书》，南宋郑樵《通志》等。

6. 杂史 杂史之名，始于《隋书》。其中《经籍志二》谓："大抵皆帝王之事，通人君子，必博采广览，以酌其要，故备而存之，谓之杂史。"如唐代吴兢《贞观政要》，清代蒙古萨囊彻辰《钦定蒙古源流》等。

7. 诏令奏议 顾名思义，即君主的诏令和大臣的奏议。如北宋宋敏求《唐大诏令集》、明代杨士奇《历代名臣奏议》。

8. 传记 是按类划分的人或事的记述。如春秋齐国晏婴《晏子春秋》，西晋皇甫谧《高士传》，北宋胡仔《孔子编年》，元代辛文房《唐才子传》，明代解缙《古今列女传》，清代黄宗羲《明儒学案》等。

9. 史钞 为改编或删削众史的史书。如南宋沈枢《通鉴总类》，清代沈名荪等《南史识小录》。

10. 载记 是记载不属于正统王朝的割据政权的事迹的史书。如东汉赵晔《吴越春秋》，东晋常璩《华阳国志》，明代无名氏《朝鲜史略》，清代吴任臣《十国春秋》。

11. 时令 指天文历法方面的书。如南宋陈元靓《岁时广记》，清代李光地等《御定月令辑要》。

12. 野史与稗史 二者虽颇多交互，但基本不同："野史"与"正史"相对，是民间编写的有别于官撰正史的史书；"稗史"则通常指记载闾巷风俗、民间琐事及旧闻之类的史籍，如清代潘永因的《宋稗类钞》、近人徐珂的《清稗类钞》。然而二者有时也完全混同为一，如清代留云居士的《明季稗史汇编》。

13. 职官 包括官制与官箴两类。如唐代张九龄等《唐六典》，清代永瑢、纪昀等《钦定历代职官表》，北宋吕本中《官箴》。

14. 政书 是专述典章制度的变革的史书。有通论的，如唐代杜佑《通典》，北宋王溥《五代会要》，元代马端临《文献通考》；也有分论的，如唐代长孙无忌等《唐律疏义》、萧嵩等《大唐开元礼》，北宋李诫《营造法式》，南宋陈傅良《历代兵制》，清代俞森《荒政丛书》。

15. 史评 即评论史事并作为今鉴的书。如唐代刘知几《史通》，北宋范祖禹《唐鉴》，南宋李焘《六朝通鉴博议》，元代胡一桂《十七史纂古今通要》。

地理类的书属于史部，是因为历代山川形势、田地沃瘠等都与历史息息相关。其内容也颇为丰富，有总论的，也有分论的。总论的，如唐代李吉甫《元和郡县志》，北宋乐史《太平寰宇记》，清代和珅《大清一统志》；分论的，如北魏郦道元《水经注》，南朝宋释法显《佛国记》，南朝梁宗懔《荆楚岁时记》，唐代无名氏《三辅黄图》，唐代释玄奘《大唐西域记》，北宋孟元老《东京梦华录》、陈舜俞《庐山记》，明代胡宗宪《筹海图编》、徐宏祖《徐霞客游记》，清代谢旻等《江西通志》、毕沅《关中胜迹图志》。

书目类书亦属史部，与很早时候国家藏书就由史官管理并传之很久这一传统密切相关。

其名家名著，有北宋王尧臣、王洙《崇文总目》，南宋陈振孙《直斋书录解题》，清代永瑢、纪昀《四库全书总目》、张寿荣《八史经籍志》、曹禾《医藏读书志》，近人丁福保、周云青《四部总录》等。

（五）子学

凡是学术、学派等而自成一家之言者，都属于子学。

子学的内容最为庞杂，除各种各样的哲学思想的著作以外，还有宗教、政治、军事、天文、农学、医学、艺术、小说和类书等极其广泛的书籍。在《四库全书总目》中，子部包括儒家类、兵家类、法家类、农家类、医家类、天文算法类、术数类、艺术类、谱录类、杂家类、类书类、小说家类、释家类、道家类十四大类。这里结合诸子百家之学，以儒、道、释、墨、法、阴阳、农、纵横、兵、医、名、杂、艺术、小说十四类外加“其他”共十五类为序，略述其要。

1. 儒家　作为子学之一的儒家，是指从教育教化的角度传承孔子学说的学派，而不是作为经世济民之大道的儒学。这一学派的名家名著，有战国时期赵国荀况的《荀子》，西汉刘向的《说苑》《新序》、扬雄的《法言》，北宋程颢、程颐的《二程遗书》，南宋朱熹的《近思录》，明代王守仁的《传习录》、胡广的《性理大全书》等。其学以孔子为宗师，以五经为经典，以仁义为目标，以中庸为准则，以礼制为约束，“祖述尧舜，宪章文武”，在传承儒家学术、进行道德伦理教育和人的修养方面独树一帜，贡献巨大。

2. 道家　道家的代表人物是春秋时期楚国老子，战国时期宋国庄子、郑国列御寇、魏杨朱，西汉淮南王刘安，东晋葛洪等，典籍有《道德经》《庄子》《列子》《淮南鸿烈》《抱朴子》等。其学遵从老庄学说，以创始人老子关于“道”的思想为根本，运用相反相成的辩证思维，来阐释宇宙万物的本质、特点、构成和变化规律。推崇上善若水，怀素抱朴；主张道法自然，无为而治。人生理想是返璞归真，社会理想是“小国寡民”。同时，多还讲求长生不老之术。

3. 释家　释家即佛家。其学尊奉释迦牟尼世尊的教义，以经、律、论为三藏，以佛、法、僧为三宝。认为人生实有而真空，充满无常和痛苦，不能获得真正的幸福快乐。要想离苦得乐，就需真修实证佛法。依修证的情况和果位，分为小乘和大乘两大层次：小乘以个人了脱生死而离苦得乐为果位，达成者称做罗汉；大乘则同时以随缘帮助他人了脱生死而离苦得乐为果位，达成者称做菩萨。

4. 墨家　墨家的代表人物是墨翟，人称墨子，典籍为《墨子》。这一学派的社会伦理思想以“兼爱”为核心，故反对儒家所强调的社会等级观念。同时反对当时的兼并战争，提出“非攻”的主张，以尚贤、尚同、节用、节葬作为治国原则。在认识论方面提出了以经验为基础的认识方法，尤重艰苦实践，崇尚侠义。其从事谈辩者称“墨辩”，从事武侠者称“墨侠”。此外，它还主张非命、天志、明鬼，一方面否定天命，同时又承认鬼神的存在。其后学汇合成两支：一支注重今所谓认识论、逻辑学、几何学、几何光学、静力学等学科的研究，另一支则转化为秦汉时期及后世的游侠。

5. 法家　法家的代表人物是春秋时期齐国管仲，战国时期卫国商鞅、魏国李悝、韩国韩非。韩国韩非、秦国李斯为其集大成者。典籍有《管子》《商君书》《韩非子》等。其学依宽猛不同而分为两系：以管仲为代表的齐国法家主张法礼并重，先德后刑，因道生法，较为温和。而以商鞅、李悝、韩非、李斯为代表的秦晋法家则反对礼义说教。政治上主张废分封，设郡县，君主专制，专重于法、术、势，主张严刑峻法；经济上主张废井田，重农抑商，奖励耕战；思想和教育上主张禁断诸子百家学说，以法为教，以吏为师；军事上不断扩张，力图兼并天下。他们是法家中激烈而彻底的一派，虽非常猛酷，但政绩显著，且终于统一海内。历史上通常把秦晋法家视为先秦法家学派的主要代表。

笔记栏

6. 阴阳家 阴阳家的代表人物是战国时期齐国邹衍。他将自古以来的数术思想与阴阳五行学说相结合,并试图作进一步的发展,用来建构宇宙图式,解说自然现象及其变化法则;又根据五行相生相胜的理论,创“五德终始说”,用以解说历史和社会人事。

7. 农家 农家的代表人物是战国时期楚国许行。《吕氏春秋》中的《上农》《任地》《辩土》《审时》等篇,被认为是研究先秦农家的重要资料。其学认为农业是衣食之本,应放在一切的首位。许行还提出贤者应“与民并耕而食,饔飧而治”,表现了农家的社会政治理想。此派对农业生产技术和经验也注意记录和总结,其中北魏贾思勰的《齐民要术》为这方面的杰出代表。

8. 纵横家 这一学派的代表人物是战国时期周国苏秦和魏国张仪,其主要言论载于《战国策》。所谓“纵横”,特指战国时期的“合纵”与“连横”战略。“合纵”,具体指秦国以东诸国结成从北到南纵向的政治军事同盟之事;“连横”,则主要指秦国与东方某国结成东西关系横向的政治军事同盟之事。纵横家是当时以纵横之术游说诸侯、从事政治与外交以至军事活动的策士,他们对于战国时期政治与军事格局的变化有着非常重大的影响。

9. 兵家 兵家的代表人物是西周吕望,春秋时期齐国孙武、司马穰苴,战国时期齐国孙膑、卫国吴起、魏国尉缭、秦国白起,西汉张良、韩信、黄石公,唐代李靖等。典籍有《黄帝阴符经》《六韬》《孙子兵法》《司马法》《孙膑兵法》《吴子》《尉缭子》《三略》《李卫公问对》等。其学的重点在于研究战争的谋略与战力及其运用之道,但由于智略非常远大高深,故其意义从一开始就超出军事本身,不同方面的人们都能从中得到关于智、力交争从而获胜的有益指导和启示。

10. 医家 古之医家,谓今之中医。中医具有很强的人文属性。主要因为,它以中国传统文化为基础,以大医精诚为追求,以整体观念为理念,以阴阳五行为维系,以藏象经络为关键,以养生预防为上务,以用药治疗为下务。治疗时以辨证论治为纲领,以望闻问切为诊法,以妙悟玄通为境界,以医药针灸为手段,充分体现出中国文化特色、以人为本的精神和道术合一的智慧。其代表人物有战国时期齐国扁鹊,东汉张仲景、华佗,唐代孙思邈,明代李时珍等,典籍有《黄帝内经》《难经》《神农本草经》《伤寒杂病论》《诸病源候论》《备急千金要方》《本草纲目》等。

11. 名家 名家的代表人物为战国时期宋国惠施、赵公孙龙,典籍为《公孙龙子》。这一学派因从事论辩“名”(名称、概念)、“实”(事实、实在)为主要学术活动而得名。当时人称“辩者”“察士”或“刑名家”。

12. 杂家 杂家的代表人物是秦国吕不韦,典籍为《吕氏春秋》。杂家是战国末期的一种综合性学派,因“兼儒墨、合名法”“于百家之道无不贯综”而得名。其学博采众议,形成一套思想上兼容并蓄的治国方略和知识体系。

13. 艺术 此类内容主要有书法、绘画、篆刻、雕塑、工艺、音乐等内容。有关研究的名家及著作,有唐代孙过庭的《书谱》,北宋米芾的《书史》《画史》,宋代无名氏的《宣和画谱》,明代陶宗仪的《书史会要》,清代程雄的《松风阁琴谱》、朱象贤的《印典》等。

14. 小说家 小说家或采集民间传说议论,以供天子大臣了解民情风俗;或记述杂事、异闻、琐记,以供人扩大见闻等。其名家名著,有先秦无名氏《山海经》,西汉虞初《虞初新志》、刘歆《西京杂记》,西晋张华《博物志》,东晋干宝《搜神记》,南朝宋刘义庆《世说新语》,唐代段成式《酉阳杂俎》,五代孙光宪《北梦琐言》,明代陶宗仪《辍耕录》等。

15. 其他 这里所谓“其他”,主要指子学中“文”性较强的天文算法、术数等学术。其学玄深庞杂,此不一一列举。

笔记栏

（六）文学

此类内容，全部为古典文学。今天认为是古典文学源泉之一的《诗经》，由于古人当作儒经，列在经学类，所以未列此类。也因为这样，文学类的第一小类就是古典文学的另一个源头——楚辞，其次分别是别集类、总集类、诗文评类、词曲类。

1. 楚辞　是以屈原的作品为主要内容，其他作家在形式、内容、风格上与屈原作品相类的作品为次的早期文学巨著。

2. 别集类　内容是作家的专集，如《李太白集》《杜工部集》《苏东坡集》。

3. 总集类　是汇集了众家作品的文学书籍。有两种：一是某时代的全部作家的作品，如《全上古三代两汉六朝文》《全唐诗》；二是选本，如《昭明文选》。

4. 诗文评类　内容为文艺理论著作，如南朝梁刘勰的《文心雕龙》。

5. 词曲类　主要是词曲著作，如明代臧懋循的《元曲选》。

五、中国古代文化与学术的重点及其成就

从先秦到清末，中国传统的文化与学术是不断发展变化的，各个时代的重点和成就也不相同。归纳起来，其重点脉络基本如下：

（一）先秦百家之学

先秦时期由于诸侯并立且纷争不已，政治并非一统，学术环境反而因此极其宽松，于是呈现出百花齐放、百家争鸣的局面，成为中国历史上最为辉煌灿烂的文化和学术的创造时期。这一时期最为称道的学说，即所谓“诸子百家”，主要是儒、道、阴阳、法、名、墨、纵横、杂、农、小说十家。而十家的情况，又如班固在《汉书・艺文志・诸子略》所述：“其可观者九家而已。皆起于王道既微，诸侯力政，时君世主，好恶殊方，是以九家之术蜂出并作，各引一端，崇其所善，以此驰说，取合诸侯。”

（二）两汉经学

两汉时期，国学成就和影响最大的是经学。西汉建立后，汉武帝当政之前的几十年时间内，朝廷奉行黄老之学，实行无为而治、与民休息的国策。汉武帝当政以后，希望并需要有为而治，于是采纳了号称汉代孔子的董仲舒“罢黜百家，独尊儒术”的建议，在中央设立太学，确定《诗》《书》《礼》《易》《春秋》为五经，置五经博士以授学。从此，儒学成为统治思想和主导学术，不仅推行当世，而且行之久远，直到清末，始终居于主体地位。经学在汉代又分为今文经学和古文经学两大派。所谓今文经学，是指用当时流行的隶书（今文）传写的历代相传的儒经及其学术；古文经学，是指汉武帝时从孔子住宅发现的用蝌蚪文（古文）书写而久未传世的儒经及其学术。由于两者内容不尽相同，于是发生了今古文经学之争，也由此涌现了一大批著名的学者，产生了一系列伟大的成就。到了东汉末年，郑玄成为两汉经学的总结性人物。

（三）魏晋玄学

魏晋南北朝时期，随着政治与经学统一局面被打破，文化与学术上出现了一个多元发展的多彩时期。其中，玄学的成就最为瞩目。玄学是以道家思想为主、结合儒家思想来研究并解释宇宙人生的学术流派。其代表人物和学派，是以何晏、王弼、阮籍、嵇康等为代表的“贵无”派和以裴頠、郭象等为代表的“崇有”派。他们以时称“三玄”的《老子》《庄子》《周易》三部经典为研究对象，以辩证“本末有无”问题为中心，以探索世界本体为基本内容，以“辨名析理”为思维，以“得意忘言”“寄言出意”为方法，以解决道家自然与儒家名教的关系为目的，深入研究了有关系列问题。其后内容还不断扩充，增加了“山”（修行）、“医”“命”（命理）、“卜”（占算）、“相”（相术）等“五术”。玄学是中国哲学史上的一个特殊的亮

笔记栏

点，其所倡导的人生态度深刻影响了魏晋时期的名士群体，形成了飘逸自然的“魏晋风度”，不仅对当时，而且对后世的哲学以及文学、艺术等都产生了深远的影响。

（四）隋唐佛学

隋唐时期，由于朝廷思想开放、气度恢弘、对学术非常宽容等原因，从东汉初年即传入中国的佛教不仅得到迅速发展，而且完成了完全本土化的历程，从而取得了其他文化与学术不能相比的成就。这时的佛教形成了许多宗派，其中天台宗、净土宗、华严宗和禅宗的影响最大。禅宗在武则天时分为北、南两宗，以南宗流传最广。但佛教也因发展过于迅速，不但大量丁壮出家为僧，而且寺院又拥有大量土地，严重威胁到朝廷统治，所以到了唐武宗时代，继北魏武帝之后又一次开展了灭佛运动，使佛教受到严重打击。有唐一代，始创于东汉的道教也很发达。这是因为，唐代皇帝姓李，自称为老子后代，所以特别推崇道教，以至于奉为国教。唐玄宗为此还下令士人都要学习《道德经》。

（五）宋明理学

宋明时期，国学成就与影响最为突出的是理学，又称“道学”。其奠基人是北宋的周敦颐，而程颐、程颢和张载是北宋理学的代表人物，朱熹、陆九渊是南宋理学的代表人物，王守仁是明代理学的代表人物。这些大儒由于认识与态度不同，使理学最终形成了两大流派：一派是程朱理学，一派是陆王心学。程朱理学将儒家的纲常伦理确立为万事万物当然之理，即“天理”；认为在万物未生之前即有一理存在，即“理在事先”。他们将“天理”与“人欲”对立起来，要求人们要有对天理的自觉意识，从而做到“存天理”“灭人欲”。为了培养这种自觉意识，特地把《大学》首章的论述梳理成“三纲八目”，以便人们遵从修养。所谓“三纲”，就是《大学》中所说的“在明明德，在亲民，在止于至善”；所谓“八目”，亦即《大学》中阐述的“格物”“致知”“诚意”“正心”“修身”“齐家”“治国”“平天下”。程朱理学从南宋后期至明清，一直都是封建王朝用于统治的官方主导思想。陆王心学则认为“理”在心中，“心即理”，把“知行合一”“致良知”作为实现其“理”念的要求。

（六）清代朴学

清代国学成效与影响最大的是“朴学”，又称“汉学”“考据学”。乾嘉时期，在朝廷的倡导与支持下，大批学者对我国古代文献展开了规模空前的整理工作，由此形成了一门新的学科，即“朴学”。之所以称做“朴学”，是因为学风朴实；之所以又称“汉学”，是因为远承汉儒训诂的治学方法而来；而称做“考据学”，顾名思义，即因于重证据而轻义理之故。其成果堪称辉煌，出了一大批学者和学术专著。如阎若璩、胡渭、惠栋、戴震、王念孙、王引之、段玉裁、章学诚、阮元；《说文解字注》《古文尚书考》《广雅疏证》《九经古义》《易图明辨》等。朴学对于中国传统文化与学术的保护、传承和发展做出了巨大的贡献。

拢总而言，作为人类文明史上唯一从未间断地盛传至今的文化与学术——凝聚着中华民族数千年智慧和经验的国学，具有伟大而独特的价值和意义。其独到的“辩证、直悟、中和”等思维特点，“天人合一，以人为本；求仁尚义，循礼重信；明德维新，止于至善；天下兴亡，匹夫有责；格物致知，知行合一；修身慎独，知常达变；贵和尚中，和而不同；刚柔相济，经世致用；大道之行，天下为公；厚德载物，自强不息”等博大精深的内涵，“为天地立心，为生民立命，为往圣继绝学，为万世开太平”的志存高远而立足现实的终极情怀和圣贤境界，是我们完善自我、和谐群体、报效祖国、成就中华民族伟大复兴并贡献人类的取之不尽、用之不竭的宝库。我们无不俱应用心珍惜，并发扬光大，以无愧于我们伟大的先人和绵绵的后代。

扫一扫，测一测

（薛芳芸）

复习思考题

1. “十三经”指的是哪十三部经典?
2. 你是怎样理解道家“无为而治”的?
3. 宋明理学包括哪两大派别?其代表人物是谁?

PPT 课件

第二章 中国文学概述

学习目标

掌握中国文学发展的时间脉络及各时期的发展特点、代表人物及代表作品。

中国文学概括划分为上古文学、中古文学、近古文学、现当代文学。

上古文学包括先秦文学和秦汉文学，是文学自发的时期。中古文学包括魏晋南北朝文学、唐代文学、宋代文学，是文学自觉的时期，诗歌和散文的成就达到顶峰。近古文学包括元代文学、明清文学，是文学转型的时期，戏剧和小说兴起并达到顶峰。现当代文学包括现代文学、当代文学和学术界目前已达成共识的“二十世纪中国文学”，是文学的全新时期，无论是形式还是内容，都呈现出百花齐放的面貌。

一、上古文学

上古文学包括先秦文学、秦汉文学。首先，中国文学的各种体裁几乎都孕育于这个时期。散文可以追溯到甲骨卜辞；诗歌可以追溯到《诗经》《楚辞》和汉乐府；小说可以追溯到神话传说、《左传》《史记》等历史散文，以及诸子散文中的寓言故事；辞赋可以追溯到《楚辞》。骈文中对偶的修辞手法，在这个时期也已出现；就连戏曲的因素在《九歌》中也已有了萌芽。其次，中国文学的思想基础也是孕育于上古时期。特别是儒、道两家的思想影响着此后几千年作家的世界观、人生观和价值观。再次，中国的文学思潮以儒、道两家为主，儒家注重文学的社会功能，道家注重文学的审美价值，这在上古时期也已经形成了。影响着整个中国文学的一些观念，如“诗言志”“法自然”“思无邪”“温柔敦厚”等，都是在这个时期提出来的。最后，从文学的创作、传播、接受来看，士大夫作为创作的主体和接受对象，文字作为传播的主要媒介，中国文学的这个基本格局也是在上古时期奠定的。直到宋代出现了市民文学，才使这个格局发生了变化。

（一）先秦文学

1. 先秦文学的作者　先秦文学阶段，文化呈现一种综合态势。文学的创作主体经历了由群体到个体的演变。有些作品并非一时一人所作，它们或由集体创作，或经过后人加工修改，原始作者和创作年代都难以确指。《诗经》里的诗歌大都是群体的歌唱，从那时到中国文学史上第一位诗人屈原出现，经过了数百年之久。

先秦经历了一个由原始文化向理性文化嬗变的过程。在这一过程中，文化主要承担者的身份、地位发生了明显变化，文学作者也因之而不断变化。夏商时代和西周初期，以原始宗教文化为主，文化的主要承担者是巫觋，他们也是文学的创造者。今存甲骨卜辞、《易》卦爻辞，就是因占卜行为而作。巫觋都善于歌舞音乐，在夏商或周初，出于巫术祭祀目的而创制的韵文或歌谣应是当时主要的文学作品。巫觋作为文学的作者，随着时代发展而逐渐衰

亡。上古巫史不分，史的职务也是宗教性的。一般史官除了从事宗教活动外，还从事有关赐命、册命、载录氏族谱系等政治活动。随着商周之际鬼神地位的下降，史官从原始宗教中解脱出来，成为新兴文化的代表。他们成为史家散文的最早创作者。春秋时期，史官的文化活动达到了一个高潮，各国都有自己的史书，其中鲁国的《春秋》留存至今。鲁国史官左丘明采集各诸侯国的史记，作《春秋左氏传》，把史家散文推上了一个高峰，成为后世散文创作的典范。

西周时期，学在官府，文化为贵族所垄断。他们掌握了知识文化，成了西周、春秋时文学的主要创作者。西周也有许多民间歌谣，这些歌谣的作者大都是平民。

春秋战国之际，分封制度的解体，导致了贵族地位的下降和庶民地位的上升。在贵族和庶民之间兴起了一个士阶层，文化知识也由贵族转移到士的手里。他们聚众讲学，影响渐大，成为统治阶级招徕的对象。他们站在不同的角度和立场，议论时政，阐述哲理，形成“百家争鸣”的盛况。先秦文学作者的身份由巫到史，到贵族，再到士，其演变过程与文学繁荣的趋势是一致的。作者身份的多样性，使文学在体裁、题材、风格等方面表现出了异彩纷呈的特性。

2. 先秦文学的形态　先秦文学的形态，一方面是文史哲不分，另一方面是诗乐舞结合。这种混沌的状态成为先秦的一大景观。所谓文史哲不分，是指先秦文学并非纯文学，某些作品是史学或哲学著作，史学和哲学著作也富有文学意味。就散文这个领域而言，在讲先秦散文时我们无法排除《尚书》《左传》《国语》《战国策》等历史著作，也无法排除《周易》《老子》《论语》《孟子》《庄子》等哲学著作，那时还没有纯文学的散文。至于诗歌，最初是和音乐、舞蹈结合在一起的，《吕氏春秋》里记载的葛天氏之乐，以及《尚书·尧曲》里记载的“击石拊石，百兽率舞”，都是例证。《诗经》《楚辞》中的许多诗歌也和乐舞有很大关系。风、雅、颂的重要区别就是音乐的不同。《诗》三百五篇都可以和乐歌唱。《楚辞》中的《九歌》就是用于祭祀的、与乐舞配合的歌曲。

3. 先秦文学的发展　先秦文学大致可以分为夏商、西周春秋、战国三个时期。夏商文化以原始宗教为主，以巫文化最有代表性。夏商文学与原始宗教关系密切，从涂山氏所咏《候人歌》和夏孔甲的《破斧歌》可看出夏商时代已有完整的诗歌出现。商代诗歌《诗经·商颂》五篇颂咏祖先，歌舞娱神，都是用于祭祀。《周易》中的某些卦爻辞也与巫文化有关。巫史文化的昌盛，也促进了散文的发展。《尚书》所录《禹贡》和《甘誓》据说是夏代的遗文。《禹贡》列有九州岛，这种地理观念夏人是不可能有的，可推断是周人补充进去的。《甘誓》亦是后人追记。

自西周开始中国进入了以礼乐为标志的理性文明阶段，殷商时期的浓厚的巫术色彩渐减，周代文学更加关注历史社会人生。因此，周代的历史意识空前发展起来，史官原来的宗教职责迅速淡化，他们以自己的历史知识和职业信念自觉地肩负起对现实的责任，所谓的史官文化也因此成熟。历史著作和说理散文因此取得了长足发展。周代文学在精神和风格上都体现为一种和谐、典雅的特质，一种婉而多讽的特征。

战国时期，礼乐崩溃，各个学派的代表人物著书立说，批评时政，互相辩论，形成百家争鸣的局面。诸子们立足现实、有自觉的创作精神，反映到文学上，形成了各自不同的风貌。

楚国的屈原身遭贬谪，满腔愤懑，发而为赋。屈赋吸取了楚文化的精华，以奇伟瑰丽的辞藻，丰富奔放的想象，表现了屈子的政治理想和高尚人格情操，是《诗经》之后又一个诗歌高峰。

先秦文学是古代文学发展的第一个阶段，诗歌、散文是这一时期的主要文学样式，现实主义和浪漫主义创作方法都已经形成。这是我国文学发展丰厚而坚实的基石，也是我国文

笔记栏

学发展的光辉而良好的开端。

（二）秦汉文学

1. 秦代文学　秦始皇统一中国，结束了诸侯纷争的局面，文学也随之进入一个新的阶段。然而，大一统中央集权国家的建立，并没有给文学的发展带来生机，相反，由于秦王朝实行极端的文化专制政策，文学创作空前冷落。再加上秦朝时间短暂，所以流传下来的文学作品屈指可数。由吕不韦门客集体撰写的《吕氏春秋》成书于秦王政八年（前 239），体系完整，广泛吸收诸子百家的观点，客观上反映了战国末年即将实现国家统一的历史趋势。

秦代唯一有作品流传下来的文人是李斯。他的《谏逐客书》铺陈排比，纵横议论，逻辑性强，富有文采。记载秦始皇巡游封禅的刻石铭文也多出自李斯之手，除《琅邪台》铭文外，都是三句一韵的特殊诗体，质实雄壮，对后世碑铭文有影响。

2. 汉代文学　两汉王朝总共 400 余年，是中国历史上的昌盛时期。汉代统治者认真总结秦代迅速覆灭的历史教训，虽然在政治体制上沿袭秦代，但在文化政策上有较大调整，采取了一系列有利于文学发展的措施，加之国力增强，社会进步，汉代文学出现了蓬勃发展的局面。无论是作家的文学素养，还是文学作品的数量和种类、思想深度和艺术水平都很有发展。汉代文学在价值取向、审美风尚、文体样式等诸多方面为后世树立了典范。

（1）汉代文学的特点：西汉朝廷是在秦灭亡之后，经历短暂的楚汉相争而建立起来的。批判秦代的暴政，总结秦代迅速灭亡的教训，对历史进行高屋建瓴的反思，是汉初文学的重要内容。从贾谊的政论、司马相如的《哀二世赋》，到司马迁的《史记》，都贯穿着对历史的批判精神。

从武帝开始，思想界由对历史的批判转入本朝理论体系的构筑，与此相应，文学也由对历史的批判转入对现实的关注，歌功颂德、润色鸿业成为西汉盛世文学的主要使命。大赋是这种使命的得力承担者。

从东汉开始，文学界的批判潮流再度涌动。从王充、王符等人的政论，到郦炎、赵壹、蔡邕、祢衡等人的诗赋，批判精神日益强烈。批判的对象包括神学目的论、谶纬宿命论、鬼神迷信、社会的黑暗腐朽，以及传统的价值观、人生观。汉代文学以历史的批判发轫，经由昌盛期的歌功颂德，最后又以现实的批判而告终，完成了一次循环。不过，和前期的历史批判相比，后期对现实的批判更具有深度、广度和力度。

（2）汉代文人的地位：和汉代文学所走过的批判—赞颂—批判的发展道路相一致，汉代文人的地位也经历了一个从独立到依附、再到独立的演变过程。汉初的枚乘、庄忌、邹阳等人游食诸侯之间，为大国上宾，来去自由，具有独立的人格，兼有文人和纵横家的品性。从武帝开始，侍从文人很大程度上为迎合天子的口味而创作。东汉时期被外戚招纳的幕僚文人，有时也要牺牲自己的人格为主人唱赞歌，他们和宫廷侍从文人一样，都是不自由的。这些依附于天子、外戚的作家，多数是文人兼学者的类型，如王褒、扬雄、刘向父子、班彪父子都是如此。

从西汉末年起，向慕人格独立的精神又在文人队伍中萌生，扬雄、班固、张衡等人自觉或不自觉地、程度不同地摆脱侍从文人、幕僚文人的依附性，努力按照自己的理想从事创作。东汉后期的赵壹、祢衡等人，任性使气，耿介孤傲，从他们身上可以更多地看到党人的影子。从汉初出处从容、高视阔步于诸侯王之间的枚乘、邹阳等人，到汉末赵壹、祢衡等近乎狂士的文人，汉代文人在经历了一段屈从、依附之后，又向个性独立回归，并且达到更高的层次。

笔记栏

（3）汉代文学的发展：汉代文学和先秦时期的楚地文学有很深的渊源关系，所以，汉代文学从一开始就具有浓郁的浪漫色彩。西汉时期的文人一方面对现实世界予以充分的肯定，另一方面又幻想到神仙世界去遨游，以分享那里的欢乐。许多作品出现了人神同游、人神同乐的画面，人间生活因和神灵世界沟通而显得富有生气。进入东汉以后，文学作品的浪漫色彩逐渐减弱，而理性精神日益增强。把司马相如、扬雄的辞赋和班固、张衡的同类作品相比，把《史记》和《汉书》相比，都可以看到浪漫和现实的差异。当然，东汉文学的浪漫气息远逊于西汉。道教的兴起和佛教的传入，并没有使东汉文学走向虚幻，相反，它按照自己的规律向前发展，作品的现实性得到进一步强化。在辞赋创作中，出现了像班彪的《北征赋》、班昭的《东征赋》、蔡邕的《述行赋》、赵壹的《刺世疾邪赋》等现实性很强的作品。文人诗歌创作也罕见虚幻成分，"感于哀乐，缘事而发"的乐府诗发展到顶峰。至于像王充《论衡》那类以"疾虚妄"为宗旨的政论，在东汉也问世了。

总之，秦汉文学阶段，出现了不同于先秦文学的一些新的特点。首先是创作主体的处境有了变化，战国时代游说于列国之间的士，聚集到统一帝国的皇帝或诸侯王周围，形成若干作家群体。他们以歌功颂德或讽喻谲谏为己任，如武帝时的司马相如、东方朔、枚乘、邹阳等。这些"言语侍从之臣"正好成为大赋这种汉代新兴文体的作者。与汉代大一统的政治局面相适应，汉代文学以大为美，铺张扬厉成为风尚。与"罢黜百家，独尊儒术"的政策相适应，汉代文学失去了先秦文学的生动活泼与多姿多彩，而形成格式化、凝重板滞的风格。然而，对于中国诗歌来说，汉代是一个极其重要的朝代。《诗经》那种四言的躯壳到汉代已经僵化了，楚辞的形式转化为赋，汉代乐府民歌却以一种新的姿态、新的活力，先是在民间继而在文人中显示了不可抗拒的力量，并由此酝酿出中国诗歌的新节奏、新形式。这就是历久不衰的五七言体。

二、中古文学

中古文学分为两个阶段。

（一）中古文学的第一阶段——从魏晋南北朝到唐中叶

这个阶段是五七言古体诗繁荣发展并达到鼎盛的阶段，也是五七言近体诗兴起、定型并达到鼎盛的阶段。诗，占据着文坛的主导地位。文向诗靠拢，出现了诗化的骈文；赋向诗靠拢，出现了骈赋。从"三曹""七子"，经过陶渊明、谢灵运、庾信、"初唐四杰"、陈子昂，到王维、孟浩然、高适、岑参、李白、杜甫，诗歌的流程清楚而又完整。杜甫既是这个阶段最后的一位诗人，又是开启下一阶段的最早的一位诗人，像一个里程碑矗立在文学史上。"建安风骨"和"盛唐气象"这两个诗歌的范式，先后在这个阶段的头尾确立起来，作为一种优秀的传统，成为后代诗人追慕的极致。这又是一个文学创作趋于个性化的阶段，作家独特的人格与风格得以充分展现。陶渊明、李白、杜甫，他们的成就都带着鲜明的个性。此外，这个阶段的文学创作，宫廷起着核心的作用，以宫廷为中心形成若干文学集团，文学集团内部成员之间相互切磋，提高了文学的技巧。以曹操为首的文人在发展五言古诗方面的作用，齐梁和初唐的宫廷诗人在建立近体诗格律方面的作用，都是有力的证据。在这个阶段，玄学和佛学渗入文学，使文学呈现多姿多彩的新面貌。在儒家提倡文学的政治教化作用之外，玄学家提倡的真和自然，已成为作家的美学追求；佛教关于真与空的观念、关于心性的观念、关于境界的观念，也促进了文学观念的多样化。

在中国文学史上，魏晋南北朝是一个酝酿着新变的时期，许多新的文学现象孕育着、萌生着、成长着，透露出新的生机。一种活泼的、开拓的、富于创造力的文学冲动，使文坛出现一幕接一幕新的景观。魏晋南北朝文学的魅力就在于此。这种新变总的看来可以概括为以下三点:文学进入自觉的阶段,文学创作趋于个性化;玄学的兴起和佛教的传入为文学创作带来新的因素;语言形式美的发现及其在文学上的运用。就文体的发展看来:五言古诗继承汉乐府的传统,增强了诗人的个性,得到长足的发展并达到鼎盛;一种诗化的散文即骈文的兴盛,成为这个时期重要的文学现象,中国文学增添了一种新的、抒情性很强的、可以充分发挥汉语语言形式美的文体;在汉代盛极一时的大赋,演变而为抒情小赋,并因骈文的兴盛而增加了骈俪的成分,骈文、骈赋在梁陈两代进入高峰;七言古诗在这时确立起来,并取得可喜的成就;南北朝民歌的新鲜气息,刺激着诗人进行新的尝试,再加上其他因素,到了唐代绝句便繁荣起来;小说在这时已初具规模,奠定了中国小说的基础,并出现了一批著名的志怪小说和志人小说。以 393 年的时间酝酿这些新变,虽然显得长了一些,但和汉代大约 400 年文学的收获相比,不能不说魏晋南北朝的文学成就是相当可观的。如果没有这段酝酿,就没有唐诗的高潮,也就没有唐代文学的全面繁荣了。

(二)中古文学的第二阶段——从“安史之乱”到南宋灭亡

唐中叶以后文学发生了一些值得注意的变化:韩、柳所提倡的古文引起文学语言和文体的改革,宋代的欧阳修等人继续韩、柳的道路,完成了这次改革。由唐宋八大家共同实现的改革,确定了此后的文学语言和文体模式,一直到五四运动才打破。诗歌经过盛唐的高潮之后面临着盛极难继的局面,诗人们纷纷另辟蹊径,经过白居易、韩愈、李贺、李商隐等中晚唐诗人的努力,到了宋代终于寻到了另一条道路。就宋诗与唐中叶以后诗歌的延续性而言,有这样两点值得注意:由中晚唐诗人开始,注重日常生活的描写,与日常生活相关的人文意象明显增多,到了宋代这已成为一种普遍的风气;由杜甫、白居易开创的反映民生疾苦积极参与政治的传统,以及深沉的忧患意识,在晚唐一度减弱,到了宋代又普遍地得到加强。就宋代出现的新趋势而言,诗人与学者身份合一,议论成分增加,以及化俗为雅的美学追求,也很值得注意。作为宋诗的代表人物,黄庭坚与江西诗派具有比较明确的创作主张与艺术特色。苏轼、杨万里、范成大、陆游等也各以其自身的特点,与江西诗派共同构成有别于唐音的宋调。唐中叶以后曲子词迅速兴盛起来,经过五代词人温庭筠、李煜等人之手,到了宋代遂蔚为大观,并成为宋代文学的代表。柳永、苏轼、周邦彦、李清照、辛弃疾、姜夔等人的名字也就永远镌刻在词史上了。唐中叶以后传奇的兴盛,标志着中国小说进入成熟的阶段;而在城市文化背景下,唐代“市人小说”的兴起,宋代“说话”的兴盛,则是这个阶段内文学的新发展。

三、近古文学

近古文学分为三个阶段。

(一)近古文学的第一阶段——从元代开始,延续到明代中叶

从元代开始叙事文学占据了文坛的主导地位,这是具有重大意义的。从此,文学的对象更多地从案头的读者转向勾栏瓦舍里的听众和观众。文学的传媒不仅是写在纸上或刻印在纸上的读物,还包括了说唱扮演的艺术形式。儒生社会地位降低,走向社会下层从事通俗文学的创作,先是适应群众喜闻乐见的文学形式,继而提高这些文学形式,于是出现了关汉卿、王实甫、马致远、高明等一大批不同于正统文人的作家。元代的文学以戏曲和散曲为代表,以大都为中心的杂剧与以温州为中心的南戏,共同创造了元代文学的辉煌,而明代流行的传奇又是对元曲的继承与发展。元末明初出现了《三国演义》《水浒传》这两部长篇白话小说,成为这个阶段的另一标志。它们的出现预示着一个长篇小说的时代到来了。

明嘉靖以后文学发生了划时代的变化。这变化主要表现在以下方面:

1. 随着商业经济的繁荣、市民的壮大、印刷术的普及,文人的市民化和文学创作的商品

化成为一种新的趋势。为适应市民这一新的热爱群体的需要，文学作品的内容、题材、趣味，发生了一系列的变化。同时，在表现正统思想的士大夫文学之外，反映市民生活和思想趣味的文学占据了重要的地位。《金瓶梅》的出现就是这种种现象的综合反映。

2. 在王学左派的影响下，创作主体的个性高扬，并在作品中以更加强烈的色彩表现出来；在文学作品中对人的情欲有了更多肯定的描述；对理学禁欲主义进行了强烈的冲击，从而为禁锢的人生打开了一扇窗户。汤显祖的《牡丹亭》所写的那种"生者可以死，死可以生"的爱情，便是一种新的呼声。晚明诗文中所表现出来的重视个人性情、追求生活趣味、模仿市井俗调的倾向，也透露出一种新的气息。

3. 诗文等传统的文体虽然仍有发展，但已翻不出多少新的花样。而通俗的文体显得生机勃勃，其中又以小说最富于生命力。这些通俗文学借助日益廉价的印刷出版这个媒体，渗入社会的各个阶层，并产生了广泛的影响。从以上各方面看来，明代中叶的确是一个文学新时代的开端。

（二）近古文学的第二阶段——从明嘉靖开始到鸦片战争

明清易代是一个巨大的变化，特别是对那些汉族士人的震动极其强烈，但清代初期和中期的文学创作基本上沿袭着明代中叶以来的趋势，并没有发生巨大变化。在此阶段，文学集团和派别的大量涌现以及它们之间的论争，是一种值得注意的现象。在诗文方面有公安派、竟陵派、神韵派、格调派、性灵派、桐城派的主张和创作实践，在词的方面有阳羡词派、浙西词派、常州词派的主张和创作实践，甚至在戏曲方面也有以"临川派"和"吴江派"为主的两大群体的论争。在不同流派的相互激荡中，涌现出一些杰出的作家，清诗、清词取得不可忽视的成就。值得特别注意的还是戏曲、小说方面的收获。汤显祖的《牡丹亭》、洪昇的《长生殿》、孔尚任的《桃花扇》，共同达到传奇的顶峰。这一时期是白话长篇小说的丰收期，吴承恩的《西游记》、兰陵笑笑生的《金瓶梅》、吴敬梓的《儒林外史》、曹雪芹的《红楼梦》，是这个阶段的巅峰之作。蒲松龄的《聊斋志异》是中国文言小说的一座高峰。

（三）近古文学的第三阶段——从鸦片战争开始到五四运动

与明清易代相比，鸦片战争的炮声是更大的一次震动。鸦片战争带来千古未有之变局，从此中国由封建社会沦为半封建半殖民地社会。西方文化开始涌入中国这片古老的土地，而中国许多有识之士在向西方寻求新的富国强兵之路的同时，也寻求到新的文学灵感，成为一代新的作家，如龚自珍、黄遵宪、梁启超便是这批新人的代表。与社会的变化相适应，文学创作也发生了变化。救亡图存的意识和求新变于异邦的观念，成为文学的基调。文学观念也发生了变化，文学被视为社会改良的工具，在国民中最易产生影响的小说的地位得到充分肯定。随着外国翻译作品的逐渐增多，文学的叙事技巧更新了。报刊这种新的媒体出现了，一批新的报人兼而具有作家的身份，他们以报刊传播其作品，写作方法也因适应报刊这种形式的需要而有所变化。在古文领域内出现了通俗化的报刊文体，在诗歌领域里提出了"我手写我口"这样的口号。

五四运动爆发的 1919 年，也就是中国古代文学的终结，这是因为五四运动不仅在社会史上开启了一个新的时期，也在文学史上开启了一个新的时期。在五四运动之前虽然出现了一些带有新思想与新风格的作家，但那仍然属于古典文学的范畴。五四运动中涌现出来的那批作家才有了质的变化。我们既注意 19 世纪末以来文坛发生的渐变，更注重五四运动这个大的开阖。五四运动阖上了中国数千年古典文学的门，同时打开了文学的一片崭新天地。

朝代的更换给文学带来了兴衰变化，汉之盛在赋，唐之盛在诗，宋之盛在词，元之盛在

笔记栏

曲。唐、宋两代诗文的创作，随着本朝之内时间的推移，都有一个从渐盛到极盛再到渐衰的发展过程。文学的发展与朝代兴衰有密切的关系。

四、现当代文学

中国现当代文学，是一门研究近代以来中国文学如何告别古典，步入现代的发展历史的学科，是整个中国文学的重要组成部分。它紧承古代文学的明清文学，又与明清文学的封建主义性质截然不同。按照传统，现当代文学应分属现代文学、当代文学两个阶段。现代文学部分讲述从 1915 年新文化运动开始，至 1949 年中华人民共和国成立这三十余年的文学现象和文学活动；当代文学部分是从 1949 年至今的文学事件和文学现象。面向 21 世纪，学术界提出“二十世纪中国文学”的概念，已得到学术界和教育界的广泛认可。目前，现当代文学已确立“二十世纪中国文学”的整体框架，前边增加 20 世纪初至五四运动前的近代文学部分，后面延续 20 世纪 90 年代的文学作家作品。

文学进入现代时期，是与古代文学截然不同的文学阶段。新文化运动、文学革命标志着文学进入新民主主义时期，以胡适、陈独秀为代表的革命者，提倡民主和科学，周作人、鲁迅倡导个性解放，反对封建制度，揭示中国文学在现代历程中的变革与发展。

现代文学是新民主主义性质的文学，包括 20 世纪 20 年代的新文化运动、文学革命；30 年代的左翼文学，以梁实秋、林语堂为代表的自由主义文学；40 年代的解放区文学、国统区文学、沦陷区文学、孤岛文学等。每个时期都出现了不同的文学流派和文学社团，如 20 世纪 20 年代的文学研究会、创造社、新月诗派、湖畔诗社、语丝社、乡土文学、问题小说等，30 年代的海派、京派、左联、社会剖析小说、新感觉派、现代诗派等，40 年代的解放区文学、国统区文学、孤岛文学、沦陷区文学、七月诗派、九叶诗派、山药蛋派、荷花淀派等。现代文学作家众多，主要有鲁迅、郭沫若、茅盾、巴金、老舍、曹禺等伟大作家，另外冰心、叶圣陶、郁达夫、徐志摩、闻一多、沈从文、戴望舒、卞之琳、丁玲、赵树理、孙犁、张爱玲、钱钟书等在现代文坛也占有一席之地。他们以及他们的文学主张、文学作品，共同构成了现代文学的内核。

当代文学是社会主义性质的文学，与当代中国的政治、经济、文化的发展同步，形成了极具中国特色的复杂景观。当代文学主要包括十七年文学、“文革”文学和新时期文学三大部分。十七年文学以第一、第二次文代会、“双百”方针为文艺创作的指导，强调“文学为人民服务”的精神，创作了大量农村题材、革命题材作品，成为十七年文学的主要成就。十七年文学尽管受到种种干扰，但基本路线是正确的，文艺工作成绩是显著的。出现了样板戏、手抄本小说，形成了白洋淀诗群等。进入 20 世纪 80 年代，文学真正进入自由创作的时期，伤痕文学、反思文学、改革文学、先锋小说、新写实主义文学朦胧诗先后出现，使当代文学呈现出繁荣多样的局面。当代文学走过了风风雨雨六十多年的历史，它本身就是一部内涵丰富、杂糅着无数知识和价值的精神启示录，是现代文学特别是延安文学的继续发展和更加完备的表述，是 20 世纪现代化进程中不可忽视的单位。

扫一扫，测一测

对于中国现当代文学，我们应该在把握历史全貌的基础上，了解各个阶段的文学现象和文学思潮，在文学史的意义上阐明作家在不同时期的历史贡献。充分结合时代特点，正确认识现当代文学的性质、特点及其发展过程；历史地、全面地分析、评价各个历史时期的重要作家和代表作品；系统了解 20 世纪中国文学发展过程中的文学运动、文学思潮和文学创作的基本情况；科学公正地总结 20 世纪中国文学的主要成就和经验教训。

（赵鸿君）

笔记栏

复习思考题

1. 谈谈先秦文学作者的变化情况。
2. 魏晋南北朝到唐中叶诗歌发展的特点及代表诗人。
3. 说说元代文学的特点。

PPT 课件

第三章 古代诗词格律常识

学习目标

掌握用韵、平仄、对仗、句式等古代诗词格律常识，提高古代诗词的鉴赏能力。

中国和外国古代的诗歌，差不多都有一定的格律。格律，指诗、词、曲、赋等关于字数、句数、对仗、平仄、押韵等方面的格式和规则。尽管格律是诗词曲赋的一种外在形式，但是如果不了解这种形式，将影响到对内容的理解，也就谈不上充分地欣赏。下面对中国古代的诗律和词律常识作一简略的介绍。

第一节 诗律

一、诗体

要了解诗律，首先要了解诗体，因为不同的诗体有不同的格律要求。诗体的分类，是一个复杂的问题，现在，只就一般的看法，简单地谈谈先秦至唐宋的诗体。

先秦时期的诗体主要有风、骚。风，是以《诗经》中的“国风”为代表的一种诗体；骚，是以《楚辞》为代表的一种诗体。

汉魏六朝诗，一般称为古诗，其中包括汉魏乐府古辞、南北朝乐府民歌，以及这个时期的文人诗。乐府本是官署的名称，乐府歌辞是由乐府机关采集，并配上乐谱，以便歌唱的。后来袭用乐府旧题或摹仿乐府体裁写成的作品，虽然没有配乐，也称为乐府。中唐时白居易等掀起一个新乐府运动，创新题，写时事，因而叫作新乐府。

唐以后的诗体，从格律上看，大致可分为近体诗和古体诗两类。近体诗又叫今体诗，它有一定的格律。古体诗一般又叫古风，这是依照古诗的作法写的，形式比较自由，不受格律的束缚。

从诗句的字数看，有四言诗、五言诗和七言诗。唐代以后，四言诗很少见，所以通常只分五言、七言两类。五言古体诗简称五古；七言古体诗简称七古；三五七言兼用者，一般也算七古。五言律诗简称五律，限八句四十字；七言律诗简称七律，限八句五十六字。超过八句的叫长律，又叫排律，长律一般都是五言诗。只有四句的叫绝句，从字数上分为五绝和七绝，五绝共二十字，七绝共二十八字；从格律上分为律绝和古绝，律绝要受平仄格律的限制，古绝不受平仄格律的限制。

二、近体诗的格律

中国古代诗歌自一开始就有着格律要求，但其格律的严格始自唐代近体诗，且唐以后的

笔记栏

诗在格律上完全和唐诗一样。因此，我们就主要以近体诗为代表，来了解一下古代诗歌的格律常识。总体来说，除了“句数固定”以外，主要有用韵、平仄、对仗、句式等四个方面的一些具体要求。

（一）用韵

用韵是构成诗歌格律的主要手段之一。我国古代的诗歌从一开始就是有韵的。《诗经》三百零五篇中只有七篇是没有韵的。正确把握古诗的用韵，必须了解三个方面的内容：韵、韵例、韵部。

1. 韵　很多人常将韵和韵母混为一谈，实际上二者是不同的。韵母指韵头、主要元音和韵尾，而韵则只指主要元音和韵尾（如果有韵尾的话）。如干 gān、涟 lián、欢 huān，虽然韵头不同，是可以互相押韵的。同韵的字放在诗句同样的位置上就构成诗韵。诗韵一般放在句尾，习惯上叫做韵脚。

2. 韵例　韵例就是关于用韵的格律：什么地方用韵，什么地方不用韵，怎样用韵。

《诗经》韵例的格式多样，最主要有两种：一是隔句押韵的句尾韵，一是首句入韵而后隔句押韵的句尾韵。这两种押韵的格式成了后代诗歌押韵的准绳。汉魏六朝诗继承了诗骚的传统，四言诗和五言诗一般是隔句为韵，也就是说偶句的末一字用韵。七言诗在南北朝以前是句句入韵，后来也出现了隔句入韵。来自民间的杂言乐府诗用韵比较自由，但主要还是隔句韵和句句韵。

唐代产生的近体诗，押韵的位置是固定的。律诗是二、四、六、八句押韵，绝句是二、四句押韵。无论律诗或绝句，首句可以用韵，也可以不用韵。另外，近体诗在用韵上比古体诗有着更加严格的要求，主要体现在：

（1）近体诗一般只押平声韵，仄韵的近体诗罕见。古体诗则既可以押平声韵，又可以押仄声韵。

（2）无论律诗、长律或绝句，都必须一韵到底，而且不许邻韵通押。古体诗则可以邻韵通押。

3. 韵部　韵部就是指押韵字的归类，互相押韵的字原则上就属于同一个韵部。

因为语音的历史演变，用现代读音去读古诗，会在把握诗歌的用韵上出现误差。因此，我们必须了解古代的韵部。先秦时期没有韵书，清代以来，研究音韵的学者按照《诗经》用韵的实际情况概括出《诗经》时代的韵部，叫做“古韵”，也就是上古时代（主要指先秦）的韵部。在这方面，段玉裁的《六书音均表》、江有诰的《诗经韵读》、王念孙的《诗经群经楚辞韵谱》都具有较好的参考价值。汉魏六朝诗的韵部系统，亦没有韵书传世，且作品的地域分布比《诗经》时代更为广泛，所以还不容易弄清楚。大致说来，汉魏古诗的用韵接近先秦韵部，晋以后的诗韵，越到后来越接近隋唐韵部。隋代陆法言著《切韵》，盛行于世。这部书一共分为 206 韵，由于分得太细，且并不完全符合当时的语音，不便于押韵，所以唐代规定相近的韵可以“同用”。南宋时期，平水刘渊（一说为王文郁）把同用的韵合并起来，成为 107 韵，后人又减为 106 韵，这 106 韵被称为平水韵，一般就叫作“诗韵”。

（二）平仄

在诗歌创作中，中国古代文人很早就有意识地依照汉语声调的特点，安排一种高低长短互相交替的节奏，来寻求诗歌的声律之美。而这种声调的交互主要就是平仄的交互。在历代诗人长期创作所积累的艺术经验的基础上，到了南齐永明年间（483—493），经过沈约等人的大力倡导，形成了较为完善的声律论，提出了比较严密的格律。但是，平仄的交互作为一种规则固定下来，则是从近体诗开始的。平仄是近体诗最重要的格律因素，我们讲近体诗的格律，主要就是讲平仄。

笔记栏

1. 平仄的辨别 大体来说，普通话中的阴平、阳平都是平声，上声、去声都是仄声。有一点需要注意的是，古代的入声字是仄声，而普通话中是没有入声的，入声字有的转到了上声、去声，有的转到了阴平、阳平。转到上声、去声的入声字不影响平仄的辨别，因为同属仄声。只有转到阴平、阳平的入声字需要注意加以辨别。

2. 平仄的格式 五言律诗的句子只有四个类型：

A 仄仄仄平平 a 仄仄平平仄

B 平平仄仄平 b 平平平仄仄

其中，A 和 a 为一类，头两个字都是仄仄，是仄起句，主要分别在于 A 收平声，a 收仄声；B 和 b 是一类，头两个字都是平平，是平起句，主要分别在于 B 收平声，b 收仄声。由这四个句型错综变化，可以构成五言律诗的四种平仄格式，分为仄起式和平起式两类。仄起式中，首句不入韵的，以 a 类句型起；首句入韵的，以 A 类句型起。平起式中，首句不入韵的，以 b 类句型起；首句入韵的，以 B 类句型起。五言律诗以首句不入韵为正轨，而且以仄起式为较常见。首句入韵的仄起式也有一些，至于首句入韵的平起式，那是罕见的。

七言律句是在五言律句的前面增加两个字，把仄起变为平起，把平起变为仄起，其四个句子类型如下：

A 平平仄仄仄平平 a 平平仄仄平平仄

B 仄仄平平仄仄平 b 仄仄平平平仄仄

由这四个句型错综变化，也可以构成七言律诗的四个平仄格式。与五言律诗不同的是，七言律诗以首句入韵为正轨。

3. 黏对 律诗是每两句为一联，每首分成四联：第一二句称为首联，第三四句称为颔联，第五六句称为颈联，第七八句称为尾联。每联的上句称为出句，下句称为对句。出句和对句的平仄讲求黏对。

所谓“黏”，是指上联的对句和下联的出句的平仄类型必须是同一大类的：上联对句是 A 型，则下联出句是 a 型；上联对句是 B 型，则下联出句是 b 型。也就是后联出句第二字的平仄必须跟前联对句第二字的平仄一致，平黏平，仄黏仄，把两联黏联起来。所谓“对”，是指每联的出句和对句必须是相反的类型：出句是 a 型，则对句是 B 型；出句是 b 型，则对句是 A 型。也就是在对句中，平仄完全是对立的。黏对的作用是使平仄的安排多样化。不“对”，上下两句的平仄就会雷同；不“黏”，前后两联的平仄也会雷同。讲究黏对能加强整首诗节奏的优美。

不合乎黏的规则的，叫“失黏”；不合乎对的规则的，叫“失对”。初唐时期，格律未严，黏的规则尚未确定下来，所以有少数失黏的现象。对的规则确定得较早，在唐诗中较少有失对的情况。宋代以后，失黏和失对则成为了诗歌创作中的大忌。

4. 避免孤平，讲求拗救 孤平是就 B 型句说的。B 型句七律第三字、五律第一字必须是平声，否则叫做犯孤平。之所以称为孤平，是因为整个句子除了韵脚之外只剩下一个平声字。孤平是律诗的大忌。在唐人的律诗中，很难发现孤平的句子。

所谓拗句，就是不依照一般平仄的句子。诗人对于拗句，往往用“救”。具体地说，就是一个句子该用平声的地方用了仄声，然后在本句或对句的适当位置，把该用仄声的字改用平声，以便补救。合起来叫做拗救。

（三）对仗

对仗，就是对偶。“对仗”中的“仗”，源于仪仗队中的“仗”，两两相对，排列整齐。诗句中的对仗，也要求两两相对，排列整齐。对仗一般要求对句与出句字数相等、平仄相对、词性相同、结构相当、节奏相应、意趣相投。

笔记栏

1. 对仗的位置　作为格律要求，律诗一般是中间两联用对仗。也有少数颔联不用对仗或尾联用对仗的，但都是特殊情况，不是一般规律。至于首联是否用对仗，往往决定于诗的内容和诗人的艺术技巧。律诗极少完全不用对仗的，也极少全首都用对仗的。

2. 常见的几种对仗

（1）言对：对偶而不用故事。如：浮云游子意，落日故人情。（李白《送友人》）

（2）事对：对偶且用故事。如：但见文翁能化俗，焉知李广未封侯？（杜甫《将赴荆南寄别李剑州》）

（3）正对：事例不同而意义一致。如：春蚕到死丝方尽，蜡炬成灰泪始干。（李商隐《无题》）

（4）反对：事理相反而旨趣相合。如：白发无情侵老境，青灯有味似儿时。（陆游《秋夜读书》）

（5）借对：就是借义相对。有两种情况：

1）借义：一个词有两种以上的意义，诗人在诗中用其中一义，同时借用另一义与另一词相对。如：酒债寻常行处有，人生七十古来稀。（杜甫《曲江》）其中“寻常”诗中的意义是经常、平时。而寻、常又皆为古代长度单位，八尺为寻，一丈六尺为常。诗中正是借用“寻常”的这个意义与“七十”相对。

2）借音：某词本无某义，只因读音与另一词相同，故借另一词的意义相对。如：厨人具鸡黍，稚子摘杨梅。（孟浩然《裴司士员司户见寻》）其中“杨”因与“羊”读音相同，所以借用“羊”的意义来与“鸡”相对。

（6）流水对：两句意思相连贯，一气而下。如：欲穷千里目，更上一层楼。（王之涣《登鹳雀楼》）野火烧不尽，春风吹又生。（白居易《赋得古原草送别》）

（7）工对：依照对仗的要求把词划分为名词、形容词、数词、颜色词、方位词、动词、副词、虚词、代词九类。其中名词又细分为天文、时令、地理、宫室、器物、衣饰、饮食、文具、文学、草木、鸟兽、形体、人事、人伦等一些小类。所谓工对，是指凡同类或同一小类的词相对。有些名词虽不属同一小类，但在语言中经常并提，如天地、诗酒、花鸟等，也算工对。如：草枯鹰眼疾，雪尽马蹄轻。（王维《观猎》）明月松间照，清泉石上流。（王维《山居秋暝》）春蚕到死丝方尽，蜡炬成灰泪始干。（李商隐《无题》）

（8）宽对：只要词性相同便相对，如名词对名词、动词对动词、形容词对形容词等，甚至包括半对半不对。如：遥怜小儿女，未解忆长安。（杜甫《月夜》）天意怜幽草，人间重晚晴。（李商隐《晚晴》）

3. 对仗的避忌

（1）避重字：避免用同字相对。修辞上的连环等手法则不属于重字，如：举头望明月，低头思故乡。（李白《静夜思》）刘郎已恨蓬山远，更隔蓬山一万重。（李商隐《无题二首》）

（2）避合掌：一联对仗出句和对句完全同义（或基本同义），叫做“合掌”。实际上是同义词相对，应极力避免。

（3）避对开：相对的两句意义没有联系或联系不紧密，叫做“对开”。

（4）避平仄不谐：由于平仄格律的规定，近体诗的对仗一般总是平对仄、仄对平。

（四）句式

句式和字数是密切相关的。句式根据字数分为偶字句和奇字句。所谓偶字句，主要是四言和六言；所谓奇字句，主要是五言和七言。《诗经》和《楚辞》的《离骚》《九章》等是偶字句的一类。《诗经》以四字句为主要形式，《楚辞》以六字句为主要形式（“兮”字不算在六字之内）。《诗经》和《楚辞》也有一些奇字句，但没有全篇都是五字句或七字句的。汉魏时期

笔记栏

出现了五言诗和七言诗。

四言诗的一般句式是二二，如：树木——丛生，百草——丰茂。秋风——萧瑟，洪波——涌起。（曹操《步出夏门行·观沧海》）五言诗的一般句式是二三，如：纤纤——擢素手，札札——弄机杼。（古诗《行行重行行》）七言诗的一般句式是四三，如：秋风萧瑟——天气凉，草木摇落——露为霜。（曹丕《燕歌行》）唐代七言诗还出现了二五句式，如：惊破——霓裳羽衣曲（白居易《长恨歌》）。

唐近体诗句式有两个主要特点：

（1）一般每两个音节构成一个节奏单位，音乐节奏和意义单位基本一致。

（2）每句往往以三字结尾。

第二节 词 律

词，滥觞于隋唐，孳衍于五代，极盛于赵宋，是一种和当时新兴音乐相配的歌词，最初称为曲子词，又称长短句等。

一、词调、词谱

词人一开始是按照乐谱的音律节拍来写词的，叫做填词，又叫做倚声。这种写词时所依据的乐谱就是词调。词调很多，每种词调都有特定的名称，如"忆秦娥""西江月"等，这些名称叫做"词牌"。后来，又对每一种词调作品的句法和平仄加以概括，建立各种词调的平仄格式，形成"词谱"。词人不再按照乐谱而是按照词谱的格式来填词。词谱据说始于明人张綖的《诗余图谱》，后来较通行的有清人万树著的《词律》和康熙命词臣王奕清等编纂的《钦定词谱》。

词牌种类繁多，又有同调异名（一种词调有几种调名）和同调异体（一种词调有几种别体）的情况。清代万树《词律》收集整理，得出 660 调，1 180 余体。康熙时王奕清等所编《钦定词谱》，列出 826 调，2 306 体。后来还陆续有人补辑，总共在 1 000 调以上，其中常用的有 100 多个。

词有"令""引""近""慢"等。"令"一般比较短，在文人创作中盛行比较早。"引"和"近"一般较长。"慢"又比"引""近"长，虽在唐五代时已有，但盛行在北宋中叶以后。明嘉靖顾从敬刻本《类编草堂诗余》又提出了小令、中调和长调的分类法。词除一部分字数较少的小令如《十六字令》《如梦令》等外，都要分段落。词的一段叫做阕，又叫片。根据分段情况，词有单调、双调、三叠、四叠的分别。不分段的称单调；分两段的称双调（如《满江红》），第一段被称为"上片"或"上阕""前阕"，第二段被称为"下片""过片"或"下阕""后阕"；分三段的叫三叠（如《兰陵王》）；分四段的叫四叠（仅《莺啼序》一调）。

二、词韵

古人填词没有特别规定词韵，基本是按照诗韵，比诗韵更宽、更自由。清人戈载搜集宋代名家作品的用韵，"参酌审定"，撰有《词林正韵》，把平上去三声分为十四部，入声分为五部，共十九部。实际上不过是诗韵的大致合并，和古体诗的宽韵差不多。

词的韵例比较灵活多样。其押韵的位置各个词调不同，有句句韵，有隔句韵，有隔二句韵，有隔三句韵等等；有的词调中间换韵，有的词调一韵到底，中间不换韵；有些词调规定平仄互押，有些词调规定平仄换韵等等。

笔记栏

三、词的句式和平仄

1. 字数一定　每一词调都规定一定字数，全篇字句是固定的。
2. 句式大多参差不齐　最短的是一字句，最长的是十一字句。
3. 讲究平仄　词句基本上是律句，每句都有平仄格式，但也有一些不合乎平仄常规的拗句。

四、词的对仗

词的对仗比较灵活，上下字数相同就可安排对仗，一般按照习惯运用。词的对仗与律诗的对仗主要有以下几点不同：

第一，律诗的对仗原则上要求以平对平、以仄对仄，词的对仗则不限于平仄相对。

第二，律诗的对仗避免同字相对，词的对仗则允许同字相对。

第三，律诗的对仗有固定的位置，词的对仗很少有固定的位置。

扫一扫，测一测

（王明强）

复习思考题

1. 律诗句子平仄的基本格式有哪几种？
2. 词的对仗有哪些特点？
3. 根据诗律常识，分析刘禹锡的《乌衣巷》这首诗属于什么类型以及是如何用韵的。

乌衣巷

唐·刘禹锡

朱雀桥边野草花，乌衣巷口夕阳斜。
旧时王谢堂前燕，飞入寻常百姓家。

PPT 课件

第四章 阅读的方法与技巧

学习目标

掌握科学的阅读方法和技巧，提高阅读效率，养成良好的阅读习惯。

阅读是一种通过对文字内容的认知而达到领会和感悟的思维活动，是获取知识、认识社会与人生的基本技能。阅读还是写作与研究的基础，是学生提高人文素养的重要途径。

一、阅读必备的素养

阅读的本质是因文得意的心理过程，是与自然、社会、他人的对话，即依据所读作品的语句、篇章结构以及表达方式等，在识读、理解、记忆的同时，发现并汲取一定的知识、思想、情感或表述技巧的言意兼得的审美体验活动。阅读出于主动，源于习惯，既陶冶情操，又提升修养。对读者而言，如何通过阅读获益，其关键，即提高阅读的发现与获得的能力，这就要求读者具备一定的阅读素养。

（一）知识水平与人文素养

1. 语言文字的素养　虽然不同的阅读目的与不同的读物类型，所需具备的专门知识与技能有所不同，但无论阅读什么样的内容，对语言文字的识记要求是最基本的，也是必须具备的。因为阅读的效果取决于理解，而阅读的对象是由文字组成的，没有一定的语言功底，根本不可能进行顺畅的阅读。熟练、准确、高效地驾驭语言文字的能力是每个人生存、发展的最基本的能力。因此，读者首先应当有足够的语言文字储备量，尤其是阅读古代典籍，古文字的识记水平、词语数量的多寡、文法句意理解的正误、汉字的构造与形体的演变、词语古今意义的辨识等，都是衡量个人阅读素养的圭臬。可以说，语言文字的素养是阅读得以顺利进行所必需的基本保障。

2. 使用工具书的素养　工具书是专供查考、检索资料而编撰的书籍，指那些能够帮助人们解决疑难字词、查找所需资料的特定图书的总称。它有解释疑难、辅助自学、指示门径、提供线索、搜集资料的重要作用，是研究学问不可或缺的工具。熟悉并善于使用与阅读对象相关的各类工具书，是增强阅读能力、提高阅读质量的重要途径之一，也是衡量一个人阅读水平高低的标准之一。工具书包括的范围极广，不同学科有其一系列不同的工具书，读者应学会根据不同的阅读对象选择不同的工具书。按照工具书的功能来看，有字典、词典、书目、索引、年鉴、手册、年表、图书、类书、丛书、百科全书等不同种类。其中，字典、词典是最基本也是阅读活动中必备的工具书。学会有选择地使用不同类型的字典、词典，往往可以起到事半功倍的阅读效果。因此，读者不仅要具备查阅字典、词典等基础工具书的能力，还必须具备选择与使用专业工具书的素养，以提高阅读的数量与质量。

3. 相关知识的素养　不同的读物，对读者所掌握的相关知识的要求也不同，尤其是阅

笔记栏

读专业性较强的书籍，如果没有一定的专业知识，是无法正常阅读的。因此，每个人所从事的专业以及与专业相关的、基本的知识，是阅读必备的素养。如果阅读中医书籍，即便是通俗的中医读本，也应具备一定程度的中医专业知识，理解基本的中医术语。再如阅读文史类的书籍，尽管这类读本较中医类的浅显易懂，专业性不强，但如果不了解典故的出处，不具备基本的史实常识，还是无法连贯性阅读的。当今网络时代的特点，又要求读者具有一定的网络阅读素养，即有能力通过网络系统去检索、获取、评价、组织信息，完成高效的阅读活动。可见，相关的专业知识是阅读必备的基本素养。

（二）阅读内化的素养

在阅读的过程中，通过对所读内容的筛选、记忆、思考、理解、储存、应用，将有用的知识信息进行消化与吸收，无形中受到影响和感染，融合为自己的思想、观点、情感、志向、品性或习惯等，这就是阅读内化的素养。只有具备了这种素养，才能实现阅读的价值。

1. 筛选记忆素养　实现阅读内化，首先要做到筛选与记忆。筛选即通过淘汰的方式挑选，指在阅读过程中按照预定的目标做出是非优劣的判断，从而有选择地获取知识信息。在筛选的过程中，选择的标准是关键，根据阅读目的，确立不同的筛选标准，去掉不需要的，才能产生阅读所需的筛选结果，即才能明确阅读内化的对象。发现内化对象，还需要通过阅读进一步加强记忆，没有记忆就没有真正意义上的阅读。许多知识的学习、信息的积累，往往是理解、记忆、再理解的过程。第一个“理解”不过是记忆的手段，而第二个“理解”则是深入思考的过程。可以说，记忆是思考的前提，有意识地加强记忆是获得高效阅读的有效途径。总之，确立筛选标准，明确内化对象，强化记忆，是实现阅读内化的第一步。

2. 思考理解素养　实现阅读内化，其次要做到思考与理解。阅读目的不同，选择读物、阅读方法也就不同。有为了选取读物而先大致浏览一下读物内容的探测性阅读、为了向他人推荐读物而进行的评价性阅读、为了稍事休息于茶余饭后的消遣性阅读、为了研究某一问题而翻阅大量相关资料的创造性阅读、为了深入细致地探讨专业书籍的研究性阅读等。但无论是怎样性质的阅读活动，都不是简单机械地重复，均强调对文意的思考与理解这一性质。通过思考，去理解文章所表达的意思，从而汲取有用的知识或情感体验。因此，分析归纳等逻辑思维与理解能力便成为实现理解文意的必备素养。就阅读而言，逻辑思维与理解能力即在阅读过程中，能够合理运用分析、比较、综合、抽象、概括、判断、推理等思维方法，达到准确而条理地理解文意的能力。加强逻辑思维能力的训练，有助于促进思考与理解能力的深化，才能将筛选记忆后的知识转化为有生命力的、有价值的知识。

3. 储存应用素养　实现阅读内化，第三要做到储存与应用。通过筛选记忆、思考理解，阅读的短期内化已经实现，而长久的内化是储存与应用。储存应用的素养是阅读生命化、价值化的最关键步骤，也是最高层次的知识获得与情感体验。储存是一种结构化的图式积聚与存放，即通过筛选记忆、思考理解后的阅读获得转化，逐渐成为综合图式形态的个体知识结构，在需求时或刺激下，可以从中随机调取，加以应用，于实践中发挥其功能。可以说，储存应用的素养是将筛选记忆素养和思考理解素养的结果补充到自己原有的储存图式当中，进一步补充丰富、创新完善原有的知识结构，最大限度地提高自己的结构化图式储存效果，以应对不断变化发展的社会生活实际，可谓是阅读内化的最终、最重的环节。总之，阅读有没有效果，不但取决于有没有发现读物，有没有正确筛选与记忆，有没有深入思考与理解，还取决于有没有适时地储存与应用。只有具备了上述素养，才能有高效的阅读获得。

二、阅读的方法与技巧

阅读也可以说既有方法，又无定法，或随时代的变迁而改变，或随阅读目的不同而不同，

笔记栏

或随读物的选择而有别。如:了解内容、掌握大意、融会贯通的“三步阅读法”;浏览、发问、阅读、复述、复习的“五步阅读法”;由厚到薄、再由薄到厚的“两阶段阅读法”。此外,还有概念阅读法、框架式阅读法、质疑阅读法、以写带读法,以及朗读、默读、精读、略读、速读、慢读、全读、分读、品读、直读、跳读等多种阅读法,不胜枚举。阅读方法虽多,然应根据实际情况采用最适宜的方法,才是最佳的阅读技巧。宏观来看,从是否发声可分为朗读与默读;从阅读效率的高低可分为精读与略读;从阅读速度的快慢可分为速读与慢读;从阅读的功能与作用可分为理解性阅读、记忆性阅读、评价性阅读、创造性阅读、探测性阅读和消遣性阅读等。无论从哪个角度分类,都要注重实际阅读需求。下面简要介绍几种常用的阅读方法和技巧。

(一)阅读方法

1. 朗读与默读　朗读与默读的区别只在发声与不发声,阅读的速度差不多,都是很重要的阅读技能。

朗读是一种出声的阅读方式,是将文字符号转化为有意义的声音,是视、说、听、思的结合,是读者声情并茂地理解读物的重要手段。其特点是有助于读者增强记忆、培养语感、欣赏作品、理解文义,其技巧就在于朗读时的语速、语调、重音、停顿等抑扬顿挫方面的恰当把握。语速或快或缓,语调或高或低,音调或悲或喜,均要依据所阅读的内容而定。当需要强调某一词语、某一句子、某一段落时,或为了抒发感情,则需使用重读。停顿则是朗读的关键,恰当地停顿有助于更好地理解文意,否则,不仅不能达到朗读的效果,甚至可能引起歧义。朗读要求朗读者完全融入读物当中,将自己当成作品中的人物,身临其境,身居其中,从而真切地去经历、感受、思考与体悟。

默读是一种不出声的阅读方式,是视觉与思维的结合,少了“声”的参与,但它是所有阅读方法的基础,具有其他方法不可替代的作用与地位,也是最普遍、最常用、最有效的一种阅读方法。默读的特点是阅读速度快,阅读环境安静,不互相干扰,便于集中思考,易于深入理解读物内容,有利于调整阅读差异,具有广泛的阅读适用性,实用价值极高。由于默读不发声、不动嘴、边读边思考的独特性,因此,阅读时要求较高,需要做到眼到、心到、手到。眼睛要逐字、逐句地看清楚、看仔细,心随眼,手随心,专注于理解语意,边读边思边动笔,标出重点和疑点,记下问题,提高默读效果。

2. 精读与略读　精读与略读的区别在于读得深与读得多,精读为主体,略读为补充,互相配合,方能养成良好的阅读能力。

精读是一种仔细琢磨、反复推敲的阅读方法,要求咬文嚼字,即根据需要,对阅读对象进行揣摩,多方思考,深入分析,逐层归纳,既要了解文章大意,又要体会言外之意,务求明白透彻,达到融会贯通、举一反三的阅读效果。精读经常在工作、学习过程中被采用,以便精准地理解与记忆,是对读物的掌握度要求极高的一种阅读方法。通过精读,可以品味文章的好处,把握文章的精髓,弄清文章的写法,得到必要的知识,提高语言的修养,同时也培养识记能力、理解能力、应用能力、分析能力、综合能力等,是一种非常重要的、常用的学习方法。精读的特点是强调边读边思考,主张阅读与思考、理解、记忆的统一,力求将所读内容生命化、价值化。精读时需要具有分析、比较、归纳、演绎、联想、想象、感悟等积极的思维,来分析问题、解决问题,以获取知识、提高素养。

略读是一种最常用的、注重效率的阅读方法,其重点不在于周到细致,而在于短时间内获取大量信息,通过有目的地快速阅读,大致了解内容的、概要式的阅读方法。略读的特点是省时高效、实用性强。略读要求读者快速阅读,跳过细节,粗略浏览,只抓大概,阅读有选择性,无需字斟句酌地深层次理解。略读的技巧在于不纠缠细节,以明白大体为主,以获得信息为要,要善于抓住与利用阅读对象的标题、中心句、首尾句等带有结论性的重点句式,掌

笔记栏

握文章大意，提高阅读速度。因此，略读时读者需手、眼、脑反应迅速，集中注意力，以准确搜集、重点阅读。

3. 慢读与速读　慢读与速读的区别不过是阅读的速度而已，灵活运用二者，可以扩大阅读量，拓展视野，获取丰富的知识。

慢读是一种传统的阅读方法，即用足够的时间，有深度的、思考性的阅读，一般按照字词、句、篇逐个的、渐进式阅读的方法，前面提到的精读、朗读、默读等，都有慢读的成分。

速读是一种纯粹运用视觉的阅读，即从文字读物中迅速提取有用信息的阅读方法。它讲求效率，需要高速地眼动脑转，充分调动左右脑的功能，发挥其抽象思维与形象思维的加工优势，共同进行文字信息的形象辨识与文意理解，是眼看脑记、眼脑同步地处理文字信息，是一种“眼脑直映”式的阅读方法，又可称为“全脑速读”。速读省去了语言与听觉这两个中间环节，将文字信号直接映入大脑记忆中枢进行理解和记忆。速读的技巧在于如何加快阅读速度，因此，节省阅读时间成为其关键。这就要求读者在速读时尽量避免发声、避免回视、减少注视点、扩大视觉幅度，以加快阅读速度。速读的方法主要有这样几种：一是浏览法，即在有限的时间内，粗略且尽可能多地掌握阅读内容，不需要细致了解；二是扫读法，即像扫描那样一目数行地阅读文字，大容量地获取信息；三是跳读法，即跳过不需要的内容而选取关键性的、需用的内容阅读；四是寻读法，即为了获取急需的信息，在相关资料中搜寻查找式的阅读。如在辞典中查阅某个字词的意义或读音，在药品说明书中查询服用禁忌等。速读要求读者保持高度的注意力，提高整体识读能力，把握阅读速度与理解、记忆的关系。理解是速读的前提。

（二）阅读技巧

1. 综合取法　所谓综合取法，即选用阅读方法，不必拘泥于一法，即使是同一篇读物，不同的章节内容，也可随着阅读目的的不同而不同，能够灵活运用。如前文所说的“五步阅读法”，就是一种综合多种不同阅读方法为一体的通用式阅读法。通常情况下，可视实际需要分五个步骤进行：第一步，先快速地浏览全文，对文章作一个大概的了解，感知文章的主旨、材料、结构、语言。如此采用的就是略读、速读的阅读方法。第二步，根据浏览结果与阅读目的，发现问题，明确重点，找到下一步阅读的范围。如此采用的就是问题式的阅读方法。第三步，通过阅读，把握主题，尤其要针对第二步所提出的问题与确定的重点内容，进行逐句逐段的仔细阅读，深入思考，并做好阅读笔记，理清脉络，分析解决问题。如此采用的就是精读和理解性的阅读方法。第四步，回忆、复述甚至背诵已经阅读过的重点句段，铭记要点。如此采用的就是记忆性的阅读方法。第五步，整理提纲，复习读书笔记，温习重点句段，回顾问题的解决办法，甚至进一步归纳整理出自己的看法、观点或评判。最后这一步，便综合采用了记忆性阅读法、创造性阅读法、评价性阅读法。综上阅读的方法，即根据读物的性质与阅读的目的，综合运用了各种不同的阅读方法，并调动了感知、思考、分析、理解与记忆的多种思维方式，如此进行阅读的技巧，即可谓综合取法。只有这样灵活掌握阅读方法，才能获得理想的阅读效果。

2. 善用标记　所谓善用标记，即在阅读过程中，为帮助理解、加深印象而借助一些记号，对某些重点内容做标志，以起到提示、醒目的效果，从而辅助加强对阅读内容的理解。善用标记，可以是点、线、圈等，也可以是拼音字母和阿拉伯数字混合使用，还可以在文字旁边画一些简单的图示，甚至在空白处作一些简单的批注，来理清线索，只要自己能看得懂，有助于阅读。善用这些辅助性的标记，对有阅读习惯的人来说，阅读将获得极大的收益。一个善于读书的人，一定会有一套自己熟练使用的标记方法和习惯，而这套标记方法和习惯恰恰又是其理想阅读的最佳途径。可以肯定地说，善用标记，对阅读而言，效果是事半功倍的，它是

笔记栏

辅助理解性阅读不可或缺的重要技巧。

3. 勤做笔记　所谓勤做笔记，即在阅读过程中，以随笔记录的形式经常汇集信息，也就是养成写读书笔记的习惯。一般认为，记录读者阅读时心得感悟，它可以是读者的心得体会，也可以是文中重点内容的整理，或者是文中名言佳句的摘录。勤做笔记，对于阅读者来说，可以加深理解、巩固记忆、积累材料，从而为学术研究提供资料或间接提高写作能力，都有着极大的作用与必要，更是提高阅读能力、加强阅读效果的重要捷径。

阅读时，一般要做到眼到、口到、心到、手到。手到就是做读书笔记，方法有：

一是摘要式读书笔记，即抄写文中的重要观点、精辟语句或有用材料的方式。摘要式读书笔记可以是只记录文章题目、出处的索引笔记，也可以是照抄原文的摘录。

二是评注式读书笔记，即在摘录原文的基础上，加上读者的观点、看法或对摘录内容的概括说明的笔记形式。评注式读书笔记，就是在文中重点地方做标记的书头批注笔记，也可以是用摘要的形式把读物的论点、论据抄录或概述出来的提纲笔记，还可以是简明扼要地总结读物内容或做简要说明的提要笔记，更可以是对读物得失进行评论或对难点疑点之处进行标注的评定笔记，甚至是围绕中心思想加以引申或发挥的补充笔记。

三是心得式读书笔记，即读者对读物的认识、感想、体会。心得式读书笔记可以是摘记要点与心得感悟相结合的札记，也可以是单纯地记录读者的心得感悟的读后感，还可以是围绕同一个问题对多本读物观点评论与阐发的综合读书笔记。

读书笔记的形式非常灵活，不拘一格，可以是笔记本、活页本、卡片，还可以是剪报、书签等，可以依据实际需要、随个人喜好而定。总之，勤做读书笔记是保证阅读质量的最有效方法，也是读者工作、学习、生活中最直接的阅读手段与阅读技巧。

三、中医古籍阅读法举隅

（一）中医古籍语言的特点

中医作为中国传统文化的重要组成部分，古老而优秀，博大又精深，其历史特点非常鲜明，仅从浩如烟海的中医古籍数量来看，就居中国古代各学科之首。这些中医典籍保留了上古语言的诸多特色，使得中医专业语言具有明显的古代书面语言的特点。尤其是随着时代的变迁、社会生活的快速发展、人们意识形态的巨大改变，中医语言的文言风格显得更加突出。其特征主要表现在以下几个方面：

1. 保留古代汉语词汇与用语习惯　中医古籍的语言保留了大量的古汉语词汇，这些词汇的内涵与外延、语音形式、用语习惯，均与现代汉语有所不同。如中医讲用某某方治疗时，常说某某汤主之，而这个“主”字，即是古代由于避讳而遗留下来的用语习惯。可见，语言具有鲜明的时代性，时代不同，社会发展特征下的语言现象也不同。如现代出现的网络语言，即是当代网络技术发展的印证。中医古籍同样保留了反映当时社会文化发展过程中的一些特有语言，如“气”“阴阳”“五行”。这些语言既是古代思维方法或认识论的反映，也是不同历史阶段文化差异的反映。此外，由于中医学与人民的生活息息相关，其必然受到古代日常生活语言的影响，出现同源、同形的特点，如中医的人体名、病证名、方药名、疗法名等，都有此种现象。因此，用现代的语言和思维方式去阅读、理解、认识中医古籍，必然会出现不小的距离感，从而导致误读或误解。

2. 反映古人认识方法与思维习惯　语言是交流的工具，是人们表达思想、抒发情感、认识问题的方式方法，可以说，人们的思维形式首先表现在人们的语言里。中医古籍的语言也恰恰全面地反映了古代医家认识人体自身的角度与特有的思维习惯，如三阴三阳、三焦、卫气营血等中医术语。因此，剖析古人的认识方法，了解古人的思维习惯，有助于提高阅读理

解中医古籍的能力。

（二）阅读障碍

中医古籍在流传过程中必然会不断丰富充实并发生改变，这自然会对我们阅读中医古籍造成了诸多障碍或误解，就其实质而言，可以归结为四个方面的问题，即版本的问题、文字的问题、词汇的问题、语法的问题，而这些问题都源于古今语言的变化。古今汉语语言差异很大，主要表现在语音、语法、语义三个方面。语音上，古代汉语形声字中的声符，有些已经变得与今音完全不同，在分析字形时往往会对音符产生疑惑，出现不解；语法上，古代汉语的语序与词类有很多与现代汉语不同，于是出现了宾语前置、名词作状语等一些特殊的语法现象；语义上，古代汉语的语汇主要是以单音节词为主，古今词义也有着明显的变化。而且，汉字字形上的变化更是复杂多样。这一切都成为了阅读中医古籍的语言困难，又是我们阅读中必须逾越的障碍，否则，对中医古籍的阅读与理解只能是停滞不前或误解百出。

1. 版本　“版本”一词最早出现于宋初，专指雕版印刷的图书，后泛指雕版与雕版印刷以前的简策、帛和纸的写本，以及雕版印刷以后的拓本、石印本、影印本、活字本等形式的图书。

书籍的流传在不同的历史时期有其不同的方式与特点，在印刷术发明之前，单靠传抄流传，由于时代、地域、条件、抄写者水平等的不同，同一部书往往会有多种不同的抄本；当印刷术发明之后，一部书经过不同时期、不同书商不断地刻印，也同样会产生多种不同的版本。这些不同的抄本或版本在文字、印刷、装帧等方面必然会出现许多差异，从而形成各自不同的特征，如写或印的形式、年代、版次、字体、行款、纸张、墨色、装订，内容的增删、修改、用语习惯等变化，以及在流传过程中形成而留存于书上的题跋、识语、批校、藏章印记等。这些特征即构成一本书的不同版本，而各种版本在后期的流传过程中，相互之间又会出现各种复杂的演变现象，这些均造成了版本的多样性与复杂性，必然给阅读带来诸多的障碍，尤其是年代久远的中医古籍，版本问题更加突出与复杂。

2. 文字　文字是记录语言的符号。文字使用方法的改变主要源于语言的变迁。语言包括声音与意义，是二者的有机结合体。当文字的创造或发展无法与语言的改变相适应时，必然会出现文字上的一些特殊用法，这就是文字发展的时代性。不同的历史时期，语言与文字均有其不同的历史特点，相应的古籍也必然会烙上时代的印记。中医古籍即是如此，文字的时代性直接影响着中医古籍的表述习惯，从而使不同历史阶段的古籍遗留着不同的历史痕迹。古今汉字使用习惯的演变，往往使后人产生望文生训的阅读错误。尤其是汉字的表意性，更增加了人们对字形的依赖，常常将汉字与语言混为一谈，因而忽略对文字形体讹变、借用等导致字形、字义与语义背离的可能性，出现理解错误，产生阅读障碍。

如《素问·阴阳应象大论》“谷气通于脾”中，“谷气”，《太素》《甲乙经》作“穀气”。丹波元简注：“宜从《甲乙》等而为水穀之气。‘穀’‘谷’，古通用。”这就是通常所说的通假现象，是古文字中常见的借用。再如“胡桐泪”，一名“胡桐律”。《唐本草》载：“律、泪，声讹也。”因读音相同或相近，产生互相代用的现象，古人称这种现象为“讹变”，其实不过也是一种通假现象。像这样由于音转致讹，令人误解名物取义的现象在中医古籍里有很多，如“补骨脂”，又名“破故纸”或“婆固脂”。《本草纲目》认为：“补骨脂言其功也。胡人呼为婆固脂，而俗讹为破故纸。”

如上所举可见，文字障碍是阅读古代医籍的最大困难，也是我们要提高中医古籍阅读能力需要着力面对和解决的难题。

3. 词汇　词是具有一定的语音形式和语义内容、具有独立的称谓功能和造句功能，在结构上具有完整性和定型性的一种现成的或给定的语言单位。上古词语多为单音节词，自

笔记栏

魏晋以来，单音节词不断向复音节词发展，复音节词渐趋增多并频繁使用，词汇经历了从一词到多词的分化过程，即古代一词多义的单音节词，后来大多发展成为若干个双音节词。于是词义的消失或产生，随之便有了古义与今义的演变与区别，而词的古义如今不仅保存在成语中，中医古籍中也同样保留了大量的上古词汇。这些词汇就像横亘在阅读者前的一座大山，越之方能读古籍。因此，对上古词汇继承甚多的中医古籍的一大阅读障碍，便是词汇。

4. 语法　语法是语言结构的规律，包括词法和句法两部分：词法，指词的结构和部分变化形态的规律；句法，指遣词造句的规律。这两方面的规律是由不同的抽象性的规则组成的一个用语体系，因此，在汉语发展过程中，许多语法规则很少发生大的变化，较之于语音、词汇，具有相对的稳固性。古今语法的差异虽然变化不太大，但也应引起读者的重视，因为它与词义有着密不可分的关系。词法或句法的变化，将直接引起读者对词义的误解，影响阅读质量。如古代汉语中的宾语前置词、定语后置句、主谓倒装句等语序的不同，还有名词的使动用法、意动用法等词类的活用现象，均为影响中医古籍阅读的语法障碍。

总之，中医古籍在历史的传承中，从书籍体制到具体内容、从文字到词句、从词法到句法，各个方面都发生过演变，而这些演变恰恰是今天阅读中医古籍的困难与障碍，只有深入研究古医籍文本在流传过程中的这些问题，加强解决这些问题所需的专门知识，才能找到提高中医古籍阅读能力的正确途径。

（三）阅读方法

中医古籍的阅读方法，除上文关涉到的内容以外，还应把握中医著作的文本、语言特色，明确阅读障碍，有针对性地、灵活地运用各种方法阅读中医古籍，如善本和真本的辨识与选择、医用古汉语知识的积累、阅读技巧的综合运用等。以下就中医古籍的基本阅读方法予以简要介绍：

1. 校勘辨伪，选择善本　阅读中医古籍，第一步是阅读文本的选择，这是非常关键的环节。因为不同的版本，从中获得的信息往往有很大的差别，文本的优劣，直接影响阅读效果。众所周知，中医学乃性命之科学，文本的选择就显得尤其重要，失之毫厘，谬之千里，甚至有时一字之差，就可能引起严重的后果，其影响是不言而喻的。因此，阅读中医古籍时，选择好的“善本”书籍，是进行有效阅读的基础。那么何为“善本”呢？

凡精校细勘、讹误较少、刻印精工、年代较早、具有一定学术资料价值的足本，均可视为善本。“善”即好的意思，而“善本”概念的提出，最早见于宋代。当时，由于宋代雕版印刷术的兴盛，书籍发行量突增，便有官刻和民刻两类。官刻质量好，民间雕版质量则参差不齐，有的版本装帧、脱字、讹字、纸张、字迹等都存在问题，与之相应的，就出现了对书籍质量好坏的研究，“善本”的概念由此产生。因此，“善本”最初指版刻古籍中的校刊好、装帧好、年代久、流传少，具有较高学术价值和历史价值的书籍。此后，人们在研究版本时，根据其不同版本书籍收录文献多寡、校勘程度优劣的不同，出现了足本与残本、精本与劣本的认识；又依据书籍版本出现时间早晚、珍稀程度的不同，产生了古本和今本、孤本和复本的认识。

由此，“善本”所指较原先更加广泛，逐渐形成现在通用的善本“三性”“九条”说。

善本的性质有三：一为历史文物性，指古书版印、抄写的时代较早，具有历史文物价值的性质，或指古书可作为历史人物、历史事件的文献实物见证，具有某种纪念意义的性质；二为学术资料性，指经过精校细勘，文字上讹误较少和经过前代学人精注精疏的稿本、写本、抄本、印本，以及古书中那些在学术上有独到见解，或有学术特点，或集众说较为系统，或在反映某一时期、某一领域、某一人物、某一事件的资料方面有比较集中、比较完善、比较少见的稿本、写本、抄本、印本；三为艺术代表性，指能反映我国古代各种印刷技术的发明、发展和成熟水平，或在装帧上能反映我国古代书籍各种装帧形制的演变，或用纸特异，印刷精良，能反

笔记栏

映我国古代造纸工艺的进步和印刷技术水平的古书。

善本的择定收录范围有九：①元代及元代以前刻印抄写的图书（包括残本与散页）；②明代刻、抄写的图书（包括具有特殊价值的残本与散页），但版印模糊，流传较多者不收；③清代乾隆以前流传较少的刻本、抄本；④太平天国及历代农民革命政权所刊印的图书；⑤辛亥革命前，在学术研究上有独到见解，或有学术特点，或较有系统的集众说稿本，以及流传极少的刻本、抄本；⑥辛亥革命以前，反映某一时期、某一领域或某一事件资料方面的稿本，以及流传很少的刻本、抄本；⑦辛亥革命以前的名人学者批校、题跋或摘录前人批校而有参考价值的印本、抄本；⑧在印刷术上能反映古代印刷术发展，代表一定时期技术水平的各种活字印本、套印本或有精校版画、插画的刻本；⑨明代的印谱全收，清代的集古印谱、名家篆刻印谱的钤印本、有特色的亲笔题记的收，一般性的印谱不收。

明确了“善本”的收录范围，便可有选择地阅读。近代以来，随着对“善本”书籍的研究，出版了一些善本书的目录著作，如上海古籍出版社 1983 年出版的王重民所撰《中国善本书提要》，上海古籍出版社 1989 年出版的由中国古籍善本书目编辑委员会所编的《中国古籍善本书目》，北京图书馆出版社（现国家图书馆出版社）1999 年出版的由任继愈主编的《中国国家图书馆古籍珍品图录》，北京大学出版社 1998 年出版的由张玉范、沈乃文主编的《北京大学图书馆藏善本书录》等。这些善本书目，有助于选择阅读古籍，提高阅读质量。

另外，在阅读的过程中，为探求真原，还可以进行校勘式的阅读，这也是一种深入研究型的阅读方法。校勘的方法主要包括：一是不改原文，而另撰校记，还要对书籍的外形，包括书的行款、版式、字画差异、纸质，以及旧本上的圈点、收藏图章等情况进行描述的存真式；二是不改动原文，只将不同版本及他校的各种异文在校勘记中详细列出，不判断其正误，由读者去判断抉择的校异式；三是不改动原文，但对底本中的衍、误、倒之处在校记中加以说明的底本式；四是依据校勘的结果，将底本中的衍、脱、误、倒之处全部改正，并写出校记说明的定本式等。校勘的具体方法，即广泛搜集各种本子和熟读资料，然后进行比较、分析、鉴别、考证，进而得出结论。实际校勘中，常采用陈垣在《校勘学释例》中提出的四校法：一是以同书之祖本或别本对读，遇有不同之处，则注于其旁的对校法；二是以本书前后行文互证，以抉择其异同，校正讹误的本校法；三是以其他书中内容相同或相近的文字来校本书的他校法；四是在没有祖本或他书可据的情况下，用推理的方法进行校勘的理校法。实际上，在校勘阅读过程中，这四种方法是综合使用的。

在古代典籍校勘过程中，经常会出现一些差错，如钱超尘《前人描改金陵本致讹举隅》一文中指出，“目”字误校为“自”字、“血”字误校为“而”字、“人”字误校为“大”字等，这样的误改现象，当引起读者的注意。总之，通过广泛搜集不同的版本、校勘辨伪、识别优劣、选择善本，对于阅读中医古籍有极高的指导价值。

2. 明确字词，解读句意　在阅读古代医籍的过程中，最大的障碍还是语言文字，而解决语言文字的关键，就在于掌握古代汉语的用语习惯。如字词的假借现象、异体现象、词义的古今演变现象、特殊的语法现象等，均为古代汉语区别于现代汉语的最明显之处，熟悉这些特殊现象，明晰本字，确定词义，辨识句意，才能顺畅阅读。

古代医籍中保留有大量的通假字、古今字、异体字，造成这些特殊字词的原因很多，如古人由于不明本字，便借用音同或音近的字来代替本字，逐渐约定俗成而为公认的通假现象。如《素问·阴阳应象大论》“阴阳者，万物之能始也”一句中的“能”字，孙诒让在《札迻》中注：“能者，胎之借字。”《尔雅·释诂》：“胎，始也。”再如，古文字在发展演变过程中，由于某个古字长期被借用，不得不创造新字以表示其原有的字义，造成古今字现象，如“莫”，本义为“日暮”，因长久借用为“不”义，只好在“莫”下加“日”以表现原有字义。还有一种现象，就

笔记栏

是随着语言的发展，一个字承担的词义太多，不得不再造新字来分担义项而造成古今字，如“支”，本指竹枝，由此义分化出枝、肢、岐、歧、伎等，它们均与“支”构成了古今字关系。另外，由于年代、地域、不同人群等因素造成音义完全相同而形体却不同的异体字，如脉衇、针箴等。因此，了解与认识常用的通假字、古今字、异体字，对于正确阅读中医古籍是十分必要的。

词义的古今演变现象，一向是阅读中医古籍的障碍。如“脚”字，《说文解字》释为“胫也”，段玉裁注“膝下踝上曰胫”，可知“脚”之古义为小腿。《素问·水热穴论》载：“三阴之所交结于脚也。”从这一句中可知，足太阴、足少阴、足厥阴所交之处正是小腿。后来“脚”由“小腿”义转移为“足”义。如《备急千金要方·论风毒状》载：“然此病发，初得先从脚起，因即胫肿。”将“脚”与“胫”对举，则“脚”当为“足”义。可见，掌握足够数量的常用词语，尤其是准确地把握古今词义的差异，对阅读中医古籍有着非常重要的作用。

在阅读中医古籍时，还应该注意复杂多样的词语现象，如同形词语、同义复词、偏义复词、连绵词、叠音词等，均当着重掌握。同形词语，即为古今同形异义词语。如《素问·阴阳应象大论》：“年五十，体重，耳目不聪明矣。”此处“体重”为主谓结构，意为“身体重滞”，而非表示“身体之重量”的偏正词组。同义复词，即指具有相同意义的两个单音词连用，其词义为其中任何一个单音词的意义。如《伤寒论·伤寒例》：“愚者之动作也，必果而速。”《说文解字》：“动，作也。从力，重声。”“作，起也。”二者近义，属近义动词复用。偏义复词，即指具有相反意义的两个单音词连用，其词义只是其中一个单音词的意义。如《黄帝内经素问注·序》：“历十二年，方臻理要，询谋得失，深遂夙心。”此处“得失”偏义于“得”，为偏义复词。连绵词，即指两个字连缀在一起，成为一个声音组织，不可分割地表示一个意义，如芍药、参差、玫瑰、仿佛等。叠音词，即指重叠两个相同音节组成的词，如“啬啬恶寒”中形容怕冷的“啬啬”，“淅淅恶风”中形容风声的“淅淅”等。

古代汉语中的这些词语现象表现了词语表达能力的丰富性，但却给读者阅读古医籍增添了诸多困难。因此，正确辨别词义是阅读中医古籍的一个途径。如何辨别词义呢？可根据上下文意辨别词义，也可根据对举结构辨别词义，还可根据古代汉语语法规律辨别词义。尤其是掌握一定的古代汉语用语规律，可以正确阅读古代医籍。如果不明古今语法的差异，则易于误解古医籍词义。常见的一些特殊语法有名词的动词功能、名词的状语功能、使动功能、意动功能等。如《针灸甲乙经·五脏六腑胀》：“脾胀者，苦哕，四肢烦闷，体重不能衣。”句中的“衣”本为名词，而在句中具有动词功能，指“穿衣”。《类经·序》：“又若经文连属，难以强分，或附见于别门，欲求之而不得，分条索隐，血脉贯矣。”句中“血脉”本为名词，却具有状语功能，意为“像血脉一样”。《黄帝内经素问注·序》：“咸日新其用，大济蒸人。”“新”本为形容词，在句中则具有使动功能，表示“使……更新”义。《史记·扁鹊仓公列传》：“扁鹊过齐，齐桓侯客之。”“客”本为名词，而在句中具有意动功能，表“把……当作客人”之意。

另外，古代汉语的一些特殊语序也是阅读古代医籍的主要障碍，在中医古籍中常见的有主谓倒装句、宾语前置句、定语后置句等。如《素问（遗篇）·刺法论》：“可得闻乎，刺法？”为突出谓语“可得闻”，将之提到主语“刺法”之前；《伤寒论序》：“皮之不存，毛将安附焉？”将作宾语的疑问代词“安”置于谓语“附”之前；《九灵房山集·丹溪翁传》：“诸医之笑且排者，始皆心服口誉。”为与“诸医”这个集合概念相区别，而将定语“笑且排者”后置。

总之，掌握足够数量的字词，明确其本义，正确理解句意，是阅读中医古籍的良好途径。

3. 借助注释，准确解读　中医古籍的注释源远流长、丰富多样，有助于读懂古医籍。古代医籍注释的内容可谓全面丰富，有词语的解释、医理的阐发、文法的分析等。其注释的体例也多种多样，掌握一定的注释体例，学会运用注释书籍，是正确阅读中医古籍的辅助捷径。

笔记栏

古注的体例有传、笺、注、义疏、章句、集解、微、校诂等。传，即传述、解说之义，当今多指依照经文逐字逐句加以解释的体例。笺，本指读书时随手记录心得体会，系在相应的简册上以备参考之用的小竹片。自汉代郑玄《毛诗笺》始将注书称作“笺”。注，即注书之称。义疏，盛行于南北朝，即疏通其义之意，可以简称为义或疏，不仅对古书原文加以解释，还对注文进行解释。章句，即指发挥微言大义、疏通经文字句、归纳段意之书。集解，即为荟萃众说的传注体例。微，一般指阐发书中精微、隐微之处。与“微”同义的有“隐”“索隐”，如唐代司马贞注《史记》，取名曰《史记索隐》。校诂，指对古籍进行校勘注释，如清代俞樾的《内经辨言》等。

中医古籍的注释，或释文理，或释医理，均有特殊的训释术语，如多用来说明比喻义的“言”，解释词义或说明同义词的细微差别的“曰、为、谓之”，说明被释词语具有某种性质或状态的“貌”，校勘文字错讹的“当为、当作”，说明本字与假借字关系的“读为、读曰”，说明被释字读音的“读若、读如”等。读者首先须明辨术语，才能准确阅读。其次，需了解著作的特点，全面分析，从而贯通中医古籍的义理。另外，还需留意注释中阐释医理的文字，从而更加深入且贴切地理解古代医籍。而古注中对文理与医理的注释常常表现出“综释全句，兼寓训词”的特点，即说理中兼有说文，把需要解释的一个或几个难懂词语的意义在串讲该句医理的过程中反映出来，并不加以特别说明，这是医籍注释常用的方法。读者应当熟悉并了解这种方法，准确地区分说理与说文，以便更好地辅助阅读。

总而言之，中医古籍既有古代一切典籍的特点，又有其自身的专业特色。阅读古代医籍时，不仅需要吸收传统的阅读方法，还需要借鉴当代新的知识信息，完善阅读行为，让阅读过程更顺畅，如苏轼提出的“八面受敌法”、胡适提出的“校勘、训诂、贯通”三环节阅读法、日本汉学家森立之提出的“错简试阅读法”等，都值得借鉴。懂得了这些阅读方法，将有益于深化阅读内容、提高阅读效果，以期开卷受益。要知道，阅读中医古籍，必须不断地积累丰富的古代汉语知识，运用历史观、发展观、科学观，参考注释，勤检工具书，培养中医语言的领悟力，熟悉中医学的思维习惯，综合调动各种知识、技能与方法，真正提高中医古籍的阅读理解能力。

扫一扫，测一测

（杨　莉）

复习思考题

1. 如何实现阅读的内化？
2. 做读书笔记的方法有哪些？
3. 中医古籍的基本阅读方法有哪些？

PPT 课件

第五章 写作与表达

学习目标

1. 掌握记叙文、说明文、议论文、学术论文等文体的特点、写作要求。

2. 熟悉介绍、交谈、发言、提问、演讲、主持等在表达方面的特点和要求，提高相应的写作和表达能力。

第一节 写　作

一、记叙文的写作

记叙文是一种以记人、叙事、写景、状物为主，以叙述为主要表达方式的文体。广义的记叙文既包括记叙性的文学作品，如小说、散文、戏剧等，又包括一般记叙性文章。狭义的记叙文是指记叙真人真事的文章，通常包括消息、通讯、特写、游记、回忆录、报告文学等，此外，古代的传、记、序、表也属于狭义记叙文。

（一）记叙文的类别

由于记叙文所记述和描写的对象不同，一般分为三类。

1. 以写人为主的记叙文　以人为主要描写对象。通过对人物生活片段的记述和思想性格的展示，来表现文章的主题。写人的记叙文往往侧重于刻画人物的外貌、语言、行为、心理，通过记述人物的生平和事迹，来突出表现人物的思想性格特征。

2. 以叙事为主的记叙文　以叙述事件为主要内容。但并非不写人，而是以侧重叙述事件的始末经过为重点。叙事的记叙文是以事来反映现实生活，表达作者的所思、所想、所感、所悟，从而来表现文章的主旨。叙述的事件要完整、生动、形象，让读者有身临其境之感。

3. 以写景状物为主的记叙文　把景与物作为主要记述、描写对象。在这类文章中，景和物是主角，是作者着重要表现的中心。作者描写景物的目的往往是借景抒情、借物达意。在写法上，写景状物的记叙文往往是通过描绘景物来寄托情怀，所以，一定要写自己所熟悉的景或物，要抓住景和物的特点，要找到便于抒情达意的切入点。

（二）写好记叙文的基本要求

1. 反映现实生活应具有相对的“完整性”　记叙文无论是写人记事，还是写景状物，一般都要交代清楚时间、地点、人物、事件起因、经过、结果这六要素，否则文章就显得残缺而不完整。

2. 选择的观察点和叙述的角度要通篇一致　记叙文写人或记事时要选择某个观察点和叙述角度。无论用第一人称，还是用第三人称来记述，在一篇文章中，人称通篇要一致，不

可前后不一，也不可随意转换人称。通常情况下，记叙文大都使用第一人称“我”来记述，这样便于直接叙述“我”的所思、所想、所作、所忆、所见、所闻。第一人称“我”既是主人公、参与者、目击者，也是叙述者、抒情者和议论者，这种多重身份可给读者创造一种真实感和亲切感。

3. 善于“小中见大”地反映现实生活　记叙文立足现实生活，取材广泛，可以选取生活的大题材去叙写，大到时代风尚、潮流、社会的动态等，但记叙文常限于篇幅，更适合写小题材，即从现实生活中挖掘一些零散的、片段的小事来表达深刻的社会内涵。所以写作者应独具慧眼，善于感受生活、发现生活中的小人物、小事件，把这些人与事整理出来，成为表现主题所需的题材。

4. 看重形象性、情感性　记叙文行文中，要充分地表现出文章的形象性和情感性。记叙文是以形象思维的方法，通过对人物与事件具体形象的描绘，激发人们的想象与联想，唤起人们的情感共鸣，通过具体事件、典型形象来表达主题。记叙文的主要特点是形象性，同时还具有情感性的特点。这种情感性是指作者对自己描写的对象所持的主观感情。作者在文中不仅客观地反映生活中的真人与真事，而且通过对人和事的叙描来寄托表达自己的爱憎。记叙文重在以情感人。

5. 要围绕主题选择材料　选取材料一定要围绕着主题进行，材料是为主题服务的，主题决定着材料的取舍。主题是文章的灵魂，是作者在文章中要表达的中心思想，是文章的立身之本，主题要正确、深刻、鲜明、集中。主题必须借材料来体现，离开材料主题是无法单独存在的，要围绕主题选取真实的、典型的、新颖的材料。

6. 依据主题需要确定详略　写记叙文动笔之前，要根据主题需要确定哪些材料详写、哪些材料略写。否则，就如同记流水账，想到哪写到哪，平淡无奇，烦琐而成赘笔。详写是指为了使主题思想鲜明突出，把所要表现的人物、事件或所要说明的观点、问题写得具体些、详尽些、生动些。略写是指为了顾及布局谋篇，突出中心，把那些与表现主题思想关系不十分密切的内容、表现力也不十分强的内容写得尽可能简略些、概括些。

7. 文章的线索要清晰　好的记叙文一定要线索清晰。所谓线索，即文章内容展开的脉络。一般来说，一篇文章可有一条线索，也可以有多条线索，但总有一条线索是文章的主线。写记叙文动笔前就应先确定线索。尽管写作的题材多种多样，笔法千变万化，构思各有奇妙，但只要把握住线索，行文思路就自如顺畅，文章则浑然一体。线索不清，条理不明，文章犹如一盘散沙，支离破碎，杂乱无章。

8. 写人记事要注意记叙顺序　写记叙文，必须考虑记叙的顺序，记人也好，叙事也罢，必须依据主题思想的需要安排文章的顺序，恰当的记叙顺序是作文的首选。记叙的顺序常见的有顺叙、倒叙、插叙、补叙四种类型。

9. 运用合理的表达方式　记叙文的表达方式是以叙述和描写为主，兼有抒情和议论。描写是用形象生动的语言把人物、事物、景物的状态描绘出来，使人如闻其声，如见其人，如历其事，如睹其物、如临其境。抒情是作者或文章中的人物对事件或景物的主观情感、情绪的抒发和表露。议论是作者对客观事物进行分析或评论，阐明见解和态度的一种表达方法。抒情和议论可揭示事物深刻的内涵，突显文章的主旨，起到点睛之功效。

二、说明文的写作

说明文是一种以说明为主要表达方式来解说事物，阐明事理，给人以文化科学知识的文体。说明文的实用性很强，涵盖范围很广，与我们日常的生活息息相关。无论是社会科学知识，还是自然科学知识，大至百科全书、科学论著、各类教材，小到报刊杂志上的科普短文、商

笔记栏

品广告或各种说明书，以及广播、电视等媒体宣传所用的科普稿件等，都离不开说明文体的运用。以说明的对象为标准，说明文可分为事物说明文和事理说明文；以说明的语言风格为标准，说明文又可分为平实的说明文和生动的说明文。

（一）说明文的特点

说明文的特点是具有知识性、科学性、客观性、实用性。

1. 知识性　是指说明文所介绍的知识必须给人一定的认识或经验，否则便没有意义。

2. 科学性　是指说明文所介绍的知识必须揭示事物的本质属性，符合客观事实标准。

3. 客观性　是指说明文在介绍知识时应严格遵照事物实际，强调真实存在，决不可凭主观兴趣而任意取舍或歪曲。

4. 实用性　是指说明文介绍知识的目的是传播知识，有助于人们解决工作、生活中的实际问题，具有实用价值。

以上四个特点是紧密结合、缺一不可的，综合决定了一篇说明文的优劣。

（二）写好说明文的基本要求

1. 把握好说明对象特征　任何事物都有其自身的本质特征，是有异于其他事物的标志。了解事物的特征，不能停留在表象上，要了解事物内在的东西。只有把握好说明对象的特征，才能将其准确而清晰地介绍出来，这样，既抓住了说明的中心，也让人对事物有了确切的了解。

2. 选择合适的说明顺序　说明文的说明顺序有时间顺序、空间顺序、逻辑顺序，主要依据被说明对象的特点去考虑，有时也兼顾到说明文所面对的读者对象，让读者看明白。选择适宜的说明顺序，使说明内容更具条理性。一般以一种说明顺序为主，兼用其他。

3. 选择恰当的说明方法　说明文为了阐明事物、事理的特征，应根据被说明事物的特点和不同的阅读对象，选择恰当的说明方法。说明方法很多，如举例子、作比较、下定义、作诠释、分类别、摹状貌、打比方、列图表、列数字、引资料等，写作者可根据需要恰当灵活地择用。

4. 选择适合的结构方式　撰写说明文应选择什么样的结构方式，也是由被说明事物的特征来决定的。说明文的总体结构一般由三部分构成，即引出说明对象（引说部分）、阐释说明对象（主体部分）、总结说明对象（结尾部分）。说明文的基本模式主要有横式结构、纵式结构和纵横交错式。说明文常见的形式有并列式、对照式、递进式、总分式等。

5. 掌握说明文对语言的要求　说明文的语言要求具有科学性、严谨性、准确性、真实性、周密性，但最基本的要求是准确平实，不可有歧义，不能模棱两可，力求简明通俗。文艺性的说明文还要求具有生动性和形象性。

三、议论文的写作

议论文是一种以议论和说理为主要表达方式，对某个问题或事物进行分析评论，表明观点、立场、态度、看法和主张的文体。

（一）议论文的三要素

一篇议论文必须具备三要素，即论点、论据和论证。

1. 论点　议论文的灵魂，即需要证明什么，是作者在剖析客观事物的基础上得出的结论，或者是作者对阐述的问题提出的主张、看法和表明的态度。一篇议论文的论点有一个，也可以有几个，但中心论点只有一个，其他是作为分论点而紧密围绕着中心论点来展开的。中心论点是作者的主要见解，处于文章的中心地位，起着统领全篇的作用。

2. 论据　用来证明论点赖以成立的依据，即证实论点的事实性和确定性。一般论据分作两大类:事实论据和理论论据。事实论据可以是具体事例,也可以是概括的事实,还可以是统计数字之类的。理论论据包括一般原理、政策法规、至理名言、科学定理及俗语谚语等。

3. 论证　指用论据证明论点的过程和方法。论证的过程是用事实和理论具体地提出问题、分析问题、解决问题的过程,也是一个逻辑推理的过程。论证的目的在于提示论点和论据之间的逻辑关系,从而实现问题的解决。

(二)议论文的特点

1. 观点的鲜明性　议论文的突出特点就是观点的鲜明。议论文要求作者旗帜鲜明地亮出自己的观点,赞成什么,反对什么,态度要明确,不能模棱两可、含糊不清。

2. 逻辑的严密性　议论文是阐述事理的文章,展示人们认识事理的思维过程。在议论文中,作者要用概念、判断、推理来进行证明,并且每个判断与推理之间都要保持内在的联系,充分体现逻辑的基本规律。这种严谨的、正确的、极强的逻辑性,是议论文的又一个突出的特点。

3. 语言的概括性　议论文着重于逻辑推理和抽象思维,是从一个个具体事物中寻求普遍性和共同点,这就需要相应的语言来表述,从而把事物大量的属性包容在普遍性的概念判断之中。语言的严密性、概括性、简洁性等是议论文的另一个特点。

(三)议论文的论证方式

议论文的论证方式从论证的角度讲,可分为立论和驳论两种。

1. 立论　针对客观事物或问题,直接提出自己的见解和主张,阐明理由,表明态度,以"立"为主。

2. 驳论　作者针对片面的、错误的或反动的观点进行批驳,从而证明自己观点和主张的正确的论证方式,以"破"为主。

(四)写好议论文的基本要求

1. 主题应正确、深刻、鲜明、集中　任何文章的主题,都是作者借助材料所表达出的基本观点,是文章的统帅和灵魂,也是文章的立身之本。主题有了偏差,文章就失去了生命力。议论文的主题就是中心论点。对主题的要求是正确、深刻、鲜明、集中。

2. 结构要完整和谐、严谨自然　结构是文章的骨架和形式。结构如果完整和谐、严谨自然,就会感到布局合理,文章不是有头无尾,也不是散乱无序,给人一种紧凑自然、衔接得当、浑然一体的感觉。议论文的基本结构是:引论(提出问题)——本论(分析问题)——结论(解决问题)。在具体展开论述时,有的议论文在提出论点之后,从几个不同的角度(侧面)并列地加以论述,于是便表现为"横式"结构;有的议论文在提出论点之后,由浅入深,层层深入地进行论述,于是便表现为"纵式"结构。

3. 写好开头和结尾　文章的开头和结尾因处在特殊的位置,所以有着特殊的功用。议论文的开头段,大都开宗明义,简洁精彩且旗帜鲜明地揭示主题,先入为主,开篇就给人一个明晰的印象,使人产生读下去的欲望。议论文的结尾段,大都收束全文,突出中心论点,如果写得好,不仅能使文章首尾圆合,完整统一,而且可以深化主题,耐人寻味。结尾如不好,即使其他部分写得再好,文章也是"断尾的蜻蜓",会功亏一篑。议论文的结尾段往往要总结全文,深化主题,要写得生动有力,催人奋发,引人思索,还要适可而止,不草率收兵,也不画蛇添足。

4. 选用适合的论证方法　写议论文要根据表达内容的需要,恰当地选用论证方法,如归纳法、演绎法、对比法、类比法、喻证法、例证法、引证法、反证法、归谬法等。论证方法的使用,可以是单一的,也可以是多种方法的并用。

笔记栏

四、学术论文的写作

学术论文是用来进行科学研究和表述科研成果的论说文,用来在学术会议上宣读、讨论或在学术刊物上发表,是与他人交流成果、传递信息的重要工具,是衡量一个人学术水平和科研能力的重要标志。

(一)学术论文的特点

1. 科学性　学术论文的科学性要求作者在立论上,不能带有个人的好恶,不得主观臆造,要从客观实际出发,从中引出符合实际而有科学性的结论。在论据上,尽可能多地占有资料,论据要充分、确凿,论证要缜密、严谨。

2. 独创性　科学研究就是对新知识的探求,学术论文在探索研究方面必须具备独创性。学术论文的独创性在于作者要有自己独到的见解,能够提出新观点、新理论和新方法。承袭与重复别人的观点称不上学术研究。

3. 理论性　学术论文有内在的理论系统,是对大量的事实、材料进行分析、研究,使感性认识上升到理性认识,而不是简单的材料罗列。学术论文的理论性,使其具有论证色彩或论辩色彩。

4. 平易性　学术论文的平易性主要表现在用通俗易懂的语言来表述科研现状和研究成果,要做到准确、鲜明、清晰、晓畅。

(二)写学术论文如何选题

撰写学术论文,选题是最重要一环,学界普遍认为,选择好一个研究题目,学术论文写作就成功了一半,由此可知选题的重要。那么如何进行选题呢?

1. 应选自己有浓厚兴趣并有大量知识储备的题目　兴趣是最好的老师,也是研究的动力,选择感兴趣的题目,就会积极主动地去获取许多这方面的知识信息,从而拥有大量的材料。也会乐于在这方面深入地思考、反复地研究,写作起来自然就会容易得多,易于显现出自己应有的学术水平。

2. 应选社会需要并有科学价值的题目　学术论文是要为社会服务、为国家建设服务的,所以,社会的需要是选题的主要考虑。同时还要考虑选那些能补充学科上的短缺、填补学科上的空白的题目。对通行说法的纠正,对前人理论的补充,都可作为选择的题目。

3. 应选大小适当、难易适度的题目　学术论文的选题,要根据自己的研究能力与现有掌握材料的多少来考虑。题目过大或偏难,不易驾驭,难以完成;题目过小或偏易,就无法展开,难以进行而失去了意义。

(三)学术论文的结构格式

学术论文的格式一般包括标题、作者、绪论、本论、结论、注释。

1. 标题　标题位于首页居中位置,可设正副标题,文中亦可设小标题;标题过长,需要转行时,应注意保持词或词组的完整。

2. 作者　作者署名在标题下方居中的位置。

3. 绪论　绪论位于论文的首段或前几段,用来提出问题。要求简洁,禁用套话,主要内容包括:开宗明义,提出中心论点;阐释论题各概念定义;说明研究背景,阐明所论问题的重要或必要;说明研究缘由,交代写作动机和写作目的;论证研究课题的价值和意义;摆出对方论点,为驳论树立“靶子”。

4. 本论　本论是全文的主体部分,应用较多的层次段落表达。

5. 结论　结论是全文的收束,可用一段或几段表达。可以择写以下内容:总论点的归

笔记栏

纳;中心论点的反复强调;说明尚有待研究的问题;表达对某文某人的致谢。

6. 注释　注释是对引文出处的交代说明。方式主要有夹注、脚注和尾注三种。

第二节 表　　达

一、介绍

介绍是向听众推荐自己所知道的人、事、物的语言表达形式,是社交中人们相互认识、建立联系的必不可少的手段。因介绍的对象不同可分为自我介绍、介绍他人、介绍事物等等。

(一)介绍的类型与方法

1. 自我介绍　自我介绍是指把自己的情况介绍给对方,如姓名、身份、特点等,意在使对方了解自己,从而为自己的社会生活提供便利。自我介绍是向别人展示自我的一个重要手段。自我介绍好不好,直接关系到你给别人第一印象的好坏及以后交往的顺利与否。在自我介绍时,要注意以下几点。

(1) 要确立对方意识:在自我介绍时,虽然介绍的是自己,但不能一味地从自己的利益和需要出发,而应注重对方的需要和感受,根据他们的需要和感受来组织内容和语言,从而使对方从心理上能够顺畅地接纳自己。

(2) 要繁简适度:一般来说,以联系工作为目的或纯礼仪性的自我介绍应该简单,讲清姓名、身份、目的和要求即可;而以自荐或交友为目的的自我介绍,则应该详细些,如参加招聘,不仅要讲清姓名、身份、目的、要求,还要介绍自己的学历、资历、性格、专长、经验、能力、爱好等。

(3) 要把握分寸:自我介绍不仅是对自己基本情况的客观陈述,也包含着自我评介,应做到自信、自识、自谦,涉及自我评介的内容应恰到好处,既不要过高,也不能过低。

2. 介绍他人　这是站在中间人的立场上,使双方相识或建立关系的一种社交活动。在介绍他人时,应注意以下几点。

(1) 介绍多人时,应注意介绍的顺序:一般而言,遵循以下原则:①不同性别的两个人,应先介绍男士给女士。如果男士年纪比女士大很多时,则应把女士介绍给男士,以示尊重。②不同辈分、职务的两个人,应先介绍年长的,后介绍年轻的;先介绍职务高、知名度大的,后介绍职务低、知名度低的。③把一对夫妇介绍给他人,在一般情况下应先介绍丈夫,后介绍妻子。

(2) 用心组织介绍内容:介绍内容除姓名、工作单位等基本信息以外,还应根据被介绍人的情况有所侧重,尤其是要介绍个人特长,以加深印象,促进双方了解、建立友谊。如:“小王,这位是李女士。我知道你正在学习舞蹈,这位李女士可是‘舞坛’高手,荣获好多舞蹈大赛金奖呢!”这样的介绍有穿针引线、增进了解的作用。另外,还要注意选择双方都感兴趣的内容进行介绍,以引起双方交往的欲望。如果你把一位教师介绍给一位医生,“她叫王莉,是位教学经验丰富的语文老师……”,可能无法引起双方继续交谈下去的兴趣。但是你如果对这位医生说:“她叫王莉,是位语文老师,她的父亲是省人民医院有名的大夫。”就可以激发双方继续交谈和沟通的欲望。

3. 介绍事物　就是把物品、景点等事物的有关知识介绍给对方,以使人了解相关知识、产生兴趣。介绍事物要力求全面概括,重点突出,脉络清晰,通俗易懂。

(二)介绍的基本要求

1. 要诚恳热情　不论是自我介绍,还是介绍他人、介绍事物,都应态度诚恳热忱,让人

笔记栏

感到和蔼可亲，给人留下深刻难忘的印象。

2. 要口齿清楚 介绍的内容要准确，口齿要清楚，让人听得明白。

3. 要落落大方 神情要镇定自然，仪态要落落大方。

4. 要注意礼节 应注意礼貌，使用尊称、谦敬词，用词文雅，如说“请允许我向您介绍……”。当然，在朋友之间，则可以采用轻松、活泼的方式，如说“老王，这就是我常提到的青年才俊小李，这位就是鼎鼎大名的老王”等。但是，无论在什么场合，切勿粗俗随便，让人反感。

5. 要实事求是 无论介绍自己还是介绍他人、事物，都必须实事求是，否则就会降低对方的信任感，从而影响继续交往。

二、交谈

交谈就是以两个人或几个人之间的谈话为基本形式，用语言来交流各自的思想状态。交谈是人类口头表达活动中最常用的一种方式。它以对话为基本形态，包括交谈主体、交谈客体、交谈内容三个方面。交谈是一门古老的艺术，它作为一种社会现象，是和人类劳动、生活、交际活动一起发展起来的。随着人类社会的高度发展，交谈目前已成为政治、外交、科学、教育、商贸、公关等各个领域中重要的、不可缺少的一项语言活动，是人们建立良好人际关系和学习知识、增长才干的重要途径。在现代社会，善于交谈已经成为优秀人才的一项重要条件。

（一）交谈的基本原则

1. 真诚坦率的原则 真诚是做人的美德，也是交谈的原则。交谈双方只有态度认真、诚恳，坦诚相见，明明白白地表达各自的观点和看法，实现真心实意的交流，才能取得满意的交谈效果。

2. 互相尊重的原则 交谈双方无论地位高低，年纪大小，或长辈晚辈，在人格上都是平等的，切不可妄自尊大，自以为是，武断专横。交谈过程中，在心理上、用词上、语调上都要体现出对对方的尊重，顾及对方的心理需求。讲话者，态度要谦逊，语气要友好，内容要适宜，语言要文明；听话者，要认真倾听，不可漫不经心，甚至做其他事情。只有亲切、友善、和谐、愉快的交谈气氛，才能为交谈成功奠定基础。

3. 言之有物的原则 交谈是获取知识、拓宽视野、增长见识、提高水平的重要渠道，也是解决问题的重要方式，绝不是用来消磨时光、浪费时间。空洞无物、废话连篇的交谈只会让人厌倦。因此，交谈要有观点，有内容，有内涵，有思想。

（二）交谈的基本技巧

1. 明确角色 从社会学的角度看，人是社会关系的总和，我们每个人都在社会这个大舞台上在不同的场合扮演着不同的角色。角色规范不仅制约着你的行为，而且制约着你的言语。西方社会心理学家把角色语言概括为三个方面：一是必须说的话；二是允许说的话；三是禁止说的话。因此，交谈首先要摆正自己的位置，认清自己的身份，按照自己的角色来规范自己的言行举止。如果在交谈中不注意自己的角色规范，就很容易让对方产生误解和不快。

2. 了解对方 要使交谈融洽，避免引起不快，从而达到预期的目的，建立良好的人际关系，还必须观察、了解交谈对象。观察了解对方，可了解其姓名、年龄、职业、职务、文化素养、性格爱好、生活阅历以及嗜好、忌讳等。

3. 观察语境 语境指由一定的时间、空间和交际情景组成的言语交际场合。语境制约着谈话者的话题、遣词用语及风度格调等，是交谈不可分割的一个部分，是谈话取得成功不

笔记栏

可忽视的一个重要因素。交谈时，要遵从语境调整谈话的内容和风格，也要善于根据语境引发话题，缩短与对方的距离。

4. 把握话题　话题反映着交谈的动机，规定和制约着交谈的内容、范围和重点。交谈的话题一般应该是双方较熟悉、较感兴趣和新鲜的话题。工作性交谈，话题一般是比较明确的，应把握时机，明确提出话题，并在交谈中注意控制。同熟人朋友交谈，话题的选择往往比较灵活随意，具有明确意图的交谈也可开门见山提出话题，从而节省时间，提高效率。在与陌生人交谈时，应学会观察，寻找双方的相似点，如年龄、职业、经历、境遇、地域、兴趣、性格、观念等，及时捕捉话题，引发交谈。心理学家研究表明，人们都喜欢同与自己有相似之处的人交往，这种相似之处能消除交谈者的戒备心理，缩短交谈双方感情的距离，引发双方交谈的愿望和兴趣。

5. 认真听讲　交谈，是一种有来有往相互交流思想感情的双边或多边活动。参与谈话的人，不仅要认真"听"，还要认真"讲"。听人说话，要做到聚精会神，心领神会，切不可漫不经心，要适时对话题内容做出积极反应，有什么想法和感受，通过点头、微笑、手势、体态等不同方式随时表露出来。交谈中，不但要做好一个听众，还要做好一个"谈"的角色，要积极主动地参与到话题中去，善于发表自己的见解和看法。

6. 适时发言　要注意发言时机，尤其不要打断别人的发言，即使你不同意对方的看法，也不可匆忙打断，要等对方讲完再阐明你的意见。

7. 有错就改　与人谈话，失言总是难免的，特别是在心情过于激动时，更容易发生。一旦失言，就要视具体情况，采取应急措施，进行弥补。若他人失言，则要保持宽容，避免发生冲突。

三、发言

发言是社会生活中运用广泛的一种言语交际手段。它与演讲都属于应用于较正式社交场合的单向口语话体。但两者又有所区别：演讲适用于较为隆重的场合，属于典雅口语体，而发言则适用于一般社交场合，属于事务口语体；演讲以"讲"为主，但同时要辅之以"演"，艺术性较强，而发言则要求用较为平实的语言表情达意，以朴素为上；演讲是一人面对众人的社会活动，注重理性的教育和行动的导向作用，而发言则是在较小的交际场所进行的面对面的沟通形式，主要用来发表见解、表述问题或适应某种礼仪活动的需要。发言根据场合的不同有各自独特的要求，这里我们重点介绍致辞和即席发言两种形式。

（一）致辞

致辞，是指在正式场合，作为个人或集体的代表，以向对方表示祝贺、欢迎、勉励、感谢或表决心等为内容的一种语体。常见的致辞有祝贺辞、欢迎辞、感谢辞、誓辞等。

1. 祝贺辞　对他人或单位的喜庆事宜表示高兴祝愿的言辞称为祝贺辞。由于祝贺对象不同，可以分为一般性祝辞、纪念性祝辞、日常性祝辞等。一般性祝辞，如会议开幕、重大工程开工典礼、领导人当选等场合的致辞，内容主要是评价该事件的意义，表达庆贺及美好祝愿，语言应简洁明快，通俗流畅，亲切热情。纪念性祝辞，是在对国家、单位或个人具有纪念意义日子里的致辞，内容多是回忆过去，激励现时，展望未来。日常性祝辞是日常生活中具有一定意义的特殊时间、场合的一种致辞，比如祝酒辞。日常性祝辞应简短，凝练，有趣，不可长篇大论。

2. 欢迎辞　在宾客莅临、新生入校、单位增添新成员等情况下，由主人或事务负责人发表热情洋溢的讲话，对来人表示欢迎、接纳之意。这类讲话就是欢迎辞。欢迎辞应简短，热情，要表达出对欢迎对象诚挚的问候和盛情的欢迎。

笔记栏

3. 感谢辞　喜庆宴会、授奖大会、欢迎及送别会上，在致辞以后，一般应由当事人致答辞，以示对组织的关怀、支持和同志、朋友的友谊、帮助的感谢。这就是感谢辞。感谢辞要求感情真挚，实事求是，切忌说套话，或言不由衷的话。

4. 誓辞　誓辞就是在公开场合，个人或集体代表对组织、领导或群众，就完成某项艰巨任务表示决心、做出承诺的讲话。誓辞要求语言准确，朴实，简练，语气要肯定有力，内容指标要实事求是，量力而定，切忌说大话、空话，哗众取宠。

（二）即席发言

即席发言也叫即兴发言。它是一种事先无充分准备而在特定场景和主题的诱发下或由他人提议而临时决定的发言。即席发言因具有临时性，不容发言者深思熟虑，字斟句酌，必须在极短的时间内迅速展开思维，组织材料，形成较完整的腹稿，立即从容地表述出来，需要发言者具有敏捷的思维、丰富的经验、渊博的知识、较强的记忆、严密的逻辑和高超的临场发挥能力。当今社会，无论是生活还是工作中，机敏的思考能力与流畅的即兴语言表达能力是每个人都应具备的一项素质。由于即席发言的特性，即席发言要取得较好的效果是一件很难的事。一般来说，即席发言要注意以下几点。

1. 明确话题　即席发言者要根据场合和自己的身份，审时度势，选择适当的发言题目。在发言的过程中，要紧紧围绕主题展开，切忌无主题地或离开主题海阔天空地乱讲。

2. 构思敏捷　主题确立后，要迅速围绕主题展开构思，确定发言的层次、顺序和基本素材，形成较为完整的“腹稿”，做到心中有数，临场不乱。

3. 内容新颖　即席发言要别具风格才能够吸引住听众，因此发言内容要力求新颖，切忌肤浅老套，更要避免重复其他人发言已经讲过的话。

4. 语言简练　即席发言时间不宜过长，因此要言简意赅。对渲染主题有用的话就说，与主题无关紧要的话就坚决删掉，切忌画蛇添足，没话找话。

5. 实事求是　即席发言观点要准确，材料要真实，不能不负责任地信口开河，误导听众，甚至引起听众的反感。

6. 通俗易懂　即席发言是一种口头表述形式，最基本的要求是要让听众理解和接受。因此，要力求用最通俗易懂、生动形象的语言来表达自己的意思，要避免使用艰深晦涩的词语，更不要堆砌辞藻，卖弄文采。

7. 分清对象　即席发言要根据听众的身份确定发言的表达方式。如果对象是工人或农民，语言表达要朴实；如果对象是青年，语言表达要热情豪放；如果对象是知识分子，语言表达则要流畅入理。

四、提问

提问，顾名思义，即有针对性地请对方回答问题的一种口语表达方式。提问在谈话中应用非常广泛，一般有两种情况：一种是发问，即对情况不熟悉，通过发问来了解；另一种是为启发对方思考某个问题，通过提问的方式把对方思路引导到某个要点上去。提问往往是交谈的起点，是把话题引向深入的动因。恰当的提问能拓展对方言路，决定交谈的方向。不适宜的提问会窒息友善的空气，不但难以获得满意的回答，甚至导致谈话无法继续。会不会问，怎么问，问什么，直接影响着交际的效果，因此，要研究提问艺术，掌握提问技巧。

（一）提问的基本要求

1. 目的要明确　提问应具有明确的目的性和指向性，或为了解某些情况，或为引发某些思考，或为鼓励发表意见，或为反击对方等。只有明确提问目的，才能在提问时胸有全局，精心设计问题，并能随机应变，善于抓住某一点把问题深入下去。

2. 内容要精当 首先，提问内容要讲究适应性。提问内容应因人而异，不同的年龄、身份、民族、职业、文化素质、性格特点、心理状态等，提问内容应不同。提问内容要因场合而异，有些场合的气氛严肃、庄重，则不适宜提轻佻的问题；有些场合轻松活泼，则不适宜提沉重的问题等。其次，提问内容要讲究确定性。提问的内容要具体明确，表述要条理清楚，不使对方产生歧义和误解。

3. 时机要适当 问题的设计很重要，但同一个问题在不同时机提出来效果差异却会很大，因此，一定要抓住适宜的时机发问。

4. 方式要恰切 提问要根据不同的人和不同的需要选择不同的提问方式。有时可以单刀直入，有时可以迂回曲折，有时可以步步紧逼，有时又要声东击西。如果不加以研究，不注意选择，非但问不出所以然，而且会闹得彼此不愉快。

（二）提问的技巧

提问的技巧很多，下面介绍常见的几种。

1. 开门见山法 这是日常生活中用途最广泛的一种提问方法，特别是对工作、学习、生活中的一些问题。如问“你的成绩怎样？”“你是怎样做这件事情的？”等，可以得到明确的答复，是一种可以迅速得到反馈的提问方法。即使存在一定对立性的提问，如法庭法官审判犯人、辩手辩论、记者采访以及外交场合，也常常采用这种提问方法。但是采用这种方法提问要注意环境和人物的身份，否则会出现不愉快或僵局。

2. 迂回隐蔽式 当对方对某些问题比较敏感，有所讳忌，不便直问时，就需要迂回隐蔽、委婉含蓄地提问。

3. 因势利导法 这种提问不直接切入正题，而是采取由远及近、由表及里、由彼及此的方式渐次提问，目的是使对方落入自己预设的问题圈套，从而迫使其就范。

4. 明知故问法 即提问者明明知道自己所提问题的正确答案，但为了达到说服教育对方的目的而故意提问。这种提问方式往往能启发听者思考，为下面的进一步阐述做好铺垫，往往会使说理水到渠成，令人折服。

5. 反问法 反问实际上是用问句来表达自己确定的思想，同时否定对方的观点。反问一般不要求回答，因为反问本身即是一种回答。反问经常用于辩论、谈判等反驳对方的场合，往往比正面提问更有力量。

各种发问方式都有其优长和局限性。在口语交际过程中，要从交际需要出发灵活恰当地选择发问方式，求得最佳效果。

五、演讲

演讲，又称演说、讲演，是演讲者在特定的环境中，借助有声语言和态势语言的艺术手段，公开向听众传递信息、阐明事理的一种社会实践活动。演讲是“演”与“讲”密切结合起来的一种比较高级的，既有实用价值又有审美价值的口语表达形式。演讲以广大听众为对象，针对特定问题发表主观见解，抒发特定情感，是一种以说服人、感染人、培养人、改变人的思想和行为为目的的宣传教育活动。

演讲的类型，可以从不同的角度来划分。按演讲的场所划分，可以分为集会演讲、战地演讲、街头演讲、课堂演讲、广播及电视演讲等；按演讲的内容来划分，可以分为政治演讲、学术演讲和礼仪演讲等；按演讲语言的表达方式划分，可分为叙事性演讲、抒情性演讲、议论性演讲等；按演讲准备程度划分，可分为备稿演讲和即兴演讲等。

（一）演讲的特点

1. 现实性 演讲是一种现实性极强的实践活动，每次演讲都应针对人们关心的具体问

笔记栏

题，具有一定的现实意义。演讲者要有坚定的立场、鲜明的态度，通过发表出自己的见解给人以启示和鼓舞，从而促成或促进问题的解决。

2. 艺术性　演讲是以声音和形象来传递信息的语言艺术，它的表现形式要求具有一定的艺术魅力。“讲”不但要求发音清晰、准确，而且要富有美感和感染力；“演”则要随着内容的变化，贴切自然地调动表情、手势、体态等辅助手段，有效地传达演讲者的思想感情。通过“讲”与“演”的结合，使演讲的内容、感情通过优美的声音、恰当的态势产生感人的艺术魅力。

3. 综合性　演讲是演讲者品格修养、知识经验、思想情操、口语表达和风度仪态的综合体现，是演讲者的观察力、判断力、想象力、记忆力和表现力的协调运用，是诸多能力综合的口语实践活动。

（二）演讲的基本要求

1. 内容要正确感人　内容是演讲的生命，演讲内容应该反映时代精神，宣传正确的思想，传播进步的观念，具有时代性、科学性、真实性。只有新颖、正确、真实的思想内容才能吸引人，感染人，单纯追求技巧而内容空泛或虚假的演讲，只会给听众留下哗众取宠或无病呻吟的印象。

2. 表达要晓畅生动　演讲是有声语言的艺术，要想取得演讲的成功，演讲者必须具有较高的驾驭语言的能力和表达技巧。演讲的语言应该是典型的大众化语言，除了一些礼仪性惯例式的演讲需要讲究措辞或使用一些固定词汇、固定表达方式外，演讲的用语要尽量通俗易懂，要善于把抽象的道理具体化，抽象的概念形象化，用简洁明快的语句来表达丰富复杂的思想内容，深入浅出地阐明观点。同时演讲者的声音必须清晰响亮，富有弹性，具有一定的美感。

3. 感情要真挚朴实　演讲必须“动之以情”，才能“晓之以理”，因此演讲者必须与听众实现感情上的交流与融通。只有质朴自然的真情实感才能引起听众感情上的共鸣，从而感染人，打动人。虚假造作、装腔作势的演讲只会引起听众的反感。

4. 态势要自然得体　演讲者不仅要善于运用口头语言说服感染听众，还要善于运用态势语言作为辅助手段。态势语言主要包括仪表举止、手势表情等，同口语相互补充配合成为表情达意的工具。演讲中的态势语言要服从内容表达的需要，要体现自己的个性，切忌矫揉造作，过多过滥。

（三）演讲的技巧

演讲一般需要事先写好演讲稿，但演讲稿写好了，不等于就能演讲好。要想演讲成功，平时需要加强训练，掌握演讲技巧。

1. 保持良好的心理状态　良好的心理状态对于演讲的成功至关重要，因此演讲者必须进行心理调节，使自己保持良好的“竞技状态”，全神贯注地投入演讲。面对听众，很多人会怯场，有紧张情绪，这很正常。在一定程度上，适度紧张可以使演讲者处于兴奋状态，精力集中。但过分的紧张却有害无益，往往会导致演讲的失败。要克服这种紧张情绪，首先要树立信心，相信自己的能力，在心理上做到“目中无人”，集中精力在台上尽情发挥。其次，要适度分散注意力，不要过分在意演讲的得失，尽量消除焦虑情绪。最后，要事先熟悉演讲环境，了解听众。当然，要从根本上克服紧张情绪，一是要在演讲前做好充分准备，二是要增加自己的临场经验。

2. 精心安排演讲过程

（1）设计好开场白：登台演讲要做到情绪饱满，文雅庄重，自然大方。上台后不要急于开口讲话，先稳定情绪再从容开讲。开始演讲时，要根据会场的听众确定恰切的称呼，称呼

笔记栏

要郑重其事，咬字要清，以表示对听众的敬重。开场白的方法有很多，每位演讲者可根据自己的情况、演讲的环境、氛围和对象，选择适合自己的开场白。常见的开场白方式有：①开门见山式：直接进入正题，不做铺垫渲染。②提纲挈领式：在开场白中简明扼要地介绍演讲的中心内容，使听众一开始就能把握要讲的内容。③跳板入题式：不直接进入主题，而是从其他一些事情讲起，或讲一件生活中的小事，或讲一段个人的经历，以此引起听众的注意，然后以此为跳板转入正题。④提问式：演讲开始时，先向听众提出一个问题，目的当然不是叫听众回答，而是以此引起听众的思考，激发听众的兴趣，引导听众进入演讲主题。⑤名言警句式：用大家熟知的名言警句开头，可以使听众产生认同感，而且富有启迪和鼓舞作用。

（2）演讲过程中的注意事项：在演讲过程中，要注意语言的逻辑性、文采性和情感性，还要注意合理安排演讲的高潮。此外，还要注意以下三点：①忌照本宣科读演讲稿：演讲时，可以带演讲稿，但切忌低头读文稿。在演讲时要把目光集中在听众身上，随时观察听众的表现、表情，及时调整演讲方式或内容等。②要合理控制演讲时间：演讲时间长短没有固定的标准，要根据演讲的内容和客观情况，恰当处理。演讲时间太长，听众容易疲劳，影响演讲效果。演讲时间短，需要立意新，内容集中，才能取胜。③恰当运用修辞手法：在演讲中恰当运用重复、排比、设问、反问等修辞手法，能提高演讲的感召力，使演讲达到高潮。

（3）设计好演讲的结尾：演讲的结尾和开头同等重要，好的结尾能与开头照应，深化主题，突出重点，既可以鼓起听众的激情，把情绪推到顶峰，又可以给听众留下深刻的印象，留有回味的余地。设计好结尾的方法有很多，每位演讲者可根据自己演讲的具体时间、地点、讲题、听众，加以设计。常见的结尾方式有：①总结全文式：以简洁的语言总结所讲的内容，以加深听众对演讲内容的印象。②鼓舞式：在结尾时提出任务，指明前途，发出号召，提出希望，从而鼓舞听众，振奋思想，付诸行动。③名人名言式：利用名人名言、诗句作为演讲的结尾，使听众产生信服感。

演讲结束后，要向听众行礼致谢，从容地走下讲台。一场演讲，从上台到下台都要一丝不苟，认真对待，保持演讲的完整性，给听众留下完美的印象。

六、主持

主持是指运用有声语言和态势语言艺术地驾驭整个活动（会议、比赛、节目等）进程的行为，是一门以有声语言为主要创作手段的艺术。承担主持任务的人称为主持人。主持有不同的类型，常见的有会议主持、赛场主持、节目主持等。

（一）主持人的基本要求

主持不但是一门别具特色的艺术，而且是一门综合性很强的艺术。作为一名合格的主持人，需要具有多方面的知识修养。不同类型的主持人有不同的具体要求，但概括起来有以下几点基本要求。

1. 思维敏锐，洞察深邃　主持人在整个活动中起主导作用，需要驾驭整个活动的进程，这就要求主持人要具有缜密的思维、敏锐的洞察力，以灵活应对各种复杂的情况，准确、迅速地做出判断，在整个活动中掌握主动权。另外，主持人还要具有较高的思想水平、正确的价值观念和较强的社会实践能力，甚至要具有超凡的智慧和勇气。

2. 知识广博，积累丰富　主持人这门艺术涉及的范围非常广泛，只有掌握了广博的知识才能有驾驭节目的信心与能力。这就要求主持人在平时要广泛涉猎，用心积累，成为知识广博的杂家。同时，在主持某项具体活动时，事先应对相关内容进行较为广泛和深入的研究，力求成为该方面的“专家”，以便在主持时做到游刃有余。

笔记栏

3. 表达精妙，态势得体　主持人的全部工作就是以他的口头语言和态势语言组织、传送各种信息，因此主持人要具有出众的语言表达能力。总体来说，主持人说话要口齿清晰，轻松洒脱，简洁明快，切忌冗词赘语，故弄玄虚。主持人还要善于运用态势语来丰富、衬托、补充、提高有声语言的表达，增强主持的生动性、形象性。

4. 热情诚恳，自然亲切　主持成功的一个重要因素就是要实现与受众之间心理和情感上的融通，因此主持人要真诚热情，自然朴实，用自己热情诚恳的态度和亲切自然的语言搭建起与受众联结的桥梁。

5. 身心康健，精力充沛　主持人工作极其繁琐而庞杂，面临的压力非常大，因此一个主持人必须具有健全的体魄、充沛的精力和良好的心理素质。

6. 应变机敏，富有个性　主持具有鲜明的“临场性”，在主持活动中随时可能遇到一些意想不到的突发事件，这就要求主持人要具有机敏应变的能力。面对各种复杂的情况，能随时准确地观察，快速地思考，迅速、准确地做出判断，巧妙地根据现场的情绪、气氛等进行恰当的处理。另外，主持人还要具有鲜明的个性，不能千人一面。独特的风采是主持人成功的重要因素之一。

（二）不同类型主持及其技巧

1. 会议主持　会议主持是日常学习、生活、工作中经常出现的一种类型，比如班会、庆祝会、研讨会等都需要有人主持。一般而言，会议主持应做到以下几点。

（1）准备充分，计划周密：对会议召开的背景、目的、议题以及参加者等有关事项事先必须充分地调查，详细地分析，合理安排会议进程，确定自己主持的风格、方式和基本内容。

（2）议题突出，宗旨明确：举行会议大都有明确的议题和要达到的目的，主持人必须使会议按照既定议题和日程进行，以达到预期的目的。这就要求主持人必须使与会者在会议一开始就充分了解议题，要向与会者逐一交代会议的目的、要求、内容等事项，并做到层次清楚，逻辑严密，表达准确，中心突出。在会议进程中，要围绕议题展开。如果会议出现偏离议题的现象，要及时引导到议题上来。

（3）控制基调，因势利导：每场会议都有其特定的基调，主持人要保持这种基调贯穿会议始终。如果会议进程中出现与整体基调不协调的情况，主持人应能及时发现问题并快速扭转局面，使会议朝着积极健康的方向发展。

（4）控制进程，做好总结：控制好进程是会议取得圆满成功的一个重要因素，否则很难达到预期目的。因此，主持人要掌握好会议的节奏，确保会议在既定日程圆满结束。会议即将结束时，主持人要对会议情况加以总结，总结要言简意赅，巧妙精当，起到画龙点睛、引人展望、促人深思等作用。

2. 赛场主持　在生活中，各类比赛如朗诵赛、知识竞赛、体育比赛、辩论赛等，都需要主持人来控制整场比赛的进行。不同类型的比赛对主持风格有不同的要求，但都要掌握以下要领。

（1）做好赛前准备：赛前准备具体充分，对比赛的各种因素考虑周全，如比赛的宗旨、参赛者的组成、比赛的形式、评分的标准等。

（2）秉持公正、科学：严格遵循公正、科学的原则，不偏袒任何一方，不违背各项规则。

（3）注意语言运用：语言表达要明快、准确、清晰，以体现比赛的科学性、严谨性。

3. 节目主持　广播电视领域的各种节目以及日常文化生活中的联欢会都需要主持人来主持。广播电视节目主持是一门专业性较强的艺术，对主持人的要求比较高，一般应接受专业性的训练才能胜任。日常联欢会节目主持是我们在日常生活中经常遇到的。此类节目主持应体现出轻松欢快、健康向上的精神风貌，基本要领如下。

（1）开场白要精巧别致，引人入胜：联欢会的开场白形式多样，不拘一格，无论采取什么形式，都要能吸引观众，营造气氛。

（2）串联词要生动活泼，连缀自然：联欢会由不同的节目组成，每个节目特点各异，主持人要善于组织语言把不同的节目有机地连缀起来，使联欢会节目既浑然一体又各放异彩。

（3）终场词要热情欢畅：既为本场活动画上圆满的句号，又使观众意犹未尽。

（王明强　段鸣鸣）

笔记栏

扫一扫，测一测

复习思考题

1. 说明文有哪些特点？
2. 写学术论文应该如何选题？
3. 即席发言要注意哪些方面？

PPT 课件

第六章 中医古籍常用文体

学习目标

理解并掌握常用的中医古籍文体，并尝试写作表达，解决临床科研相关问题。

文体，是指文章的体裁（或样式），是文章构成的规格和模式，它反映了文本从内容到形式的整体特点，属于文学理论范畴。不同的文体在表达方式和语言风格上都存在着差异，作者往往根据写作内容选择与之相应的文体。

古人在三千年前就开始有意识地区分文体，后人经过不懈研究，写出不少专著，对我们今天学习和研究文体，仍有很高的参考价值。如南朝刘勰在《文心雕龙》中将文体分为诗、杂文、史传等二十类；清代姚鼐《古文辞类纂》分为论辩、序跋、奏议、书说、赠序、传状、碑志、辞赋等十三类，在此基础上曾国藩进一步将文体简化为三门十一类，三门包括著述门、告语门和记载门（《经史百家杂钞·序例》）。

中医古籍主要记载的是医学知识，在内容上具有应用文体的特点。同时，在形式上，传统医籍也曾吸收、借鉴了文学中的多种文体，受到古代不同时期文风的陶冶，有一定的文学文体特点。因此，中医古籍在长期的发展中，逐渐形成了一些特有的文体形式。现将常见的中医古籍文体分类介绍如下：

一、散文

散文泛指不押韵、不重排偶的散体文章，是各种文体中最常用的一种，通常概称为“散文”。中医古籍文体绝大部分属于此种，按其内容性质又可分为论辩、说明、记述三类。

（一）论辩类

此类文章即通常所说的医论，是一种分析事理、阐明是非的文章。论是论述，辩是辨析反驳。这类文体特点：一是体裁以论为主。医论或阐发经旨，或辨别是非，或提出新论，或质疑旧说，均为专题讨论文章，重在探赜索隐，颇似学术争鸣。二是内容以学术为主。医论的主题是学术探讨，如基础理论、诊法辨证、治疗原则、处方用药、临床各科等，偶亦论及医德医事、医家医著。医论类文章篇名常用“论、辨、考、原”等为标题，按其形式，又可分为以下四式：

1. 段落式　即一篇文章有多层意思，每层意思分为一个段落。由若干句子组成，全篇有若干段。这种文体在中医古籍里占有很大比重。如晋代嵇康的《养生论》，金代刘完素的《病机论》，明代李时珍的《奇经八脉考》，清代张志聪的《侣山堂类辨》、徐大椿的《医学源流论》、石寿棠的《医原》等，皆属此类。

2. 条文式　以条文的形式来论述和阐发医理，这在医书中也不少见。如《伤寒论》《金匮要略》就属于这类文体。这种条文形式实源于简帛医书。由于简帛材料的限制，每一简帛

只能记载有限的字数，简帛顺序又可以移动，因此作者在记载文字时尽量使该简帛的内容，成为一个意思完整的独立单位，就形成医书的条文化。后人也保留这种形式，写作出不少条文体的医书，如《伤寒论条辨》《温病条辨》等。

3. 问答式　此类著作大多先假托有人提出疑问，然后再加以解释，主题鲜明，论述周详，形象生动，引人深思。如《黄帝内经》就多以问答形式论述，擅长以物比兴，以类比象，用阴阳五行对立统一的关系和金木水火土五行相生相克的规律，阐明人体生理、病理、诊断、治疗、用药等基本问题。《难经》实际也是以问答形式阐明了八十一个疑难问题。这种文体，临床各科也有不少，如汪机的《针灸问对》、鲁伯嗣的《婴童百问》等等。

4. 注疏式　注疏即注和疏的合称。注，指对经书字句的注解，又称传、笺、解、章句等；疏，指对注的注解，又称义疏、正义、疏义等。注、疏内容关乎经籍中文字正假、词语意义、音读正讹、语法修辞，以及名物、典制、史实等。由于古医书文字晦涩，内容又涉及哲学、天文、地理等多个学科，为了更好地理解古医书，就出现了许多专门为前人注疏的著作。这些书籍形式以一段原文一段注释为多。有些注解不仅是对原文字句的解释，而且对文章内容进行深入探讨，多有发挥，丰富并发展了中医理论。如《黄帝内经》注释著作《黄帝内经素问吴注》《素问直解》《素问悬解》，《伤寒论》注释著作《注解伤寒论》《伤寒来苏集》等。

（二）说明类

即说明事物、阐明事理的文章。这类文章通过揭示概念来说明事物本质、特征及其规律，主题鲜明，语言简练，条理清楚。在中医古籍中，与临床相关的内容，如对某症的治法，某方某药的成分、性质、功能、应用，某书内容与作者情况的介绍说明等多属此类。常见有以下形式：

1. 医方体　中医传统的方书和医方，是一种创新的医学文体，一般记载有中医方剂的方名、出处、主治、组成、剂量、方义分析、服用方法和饮食禁忌等。有的还有历代方论、文献摘录及医方验案等，有固定的体式和要求。如唐代孙思邈的《备急千金要方》《千金翼方》，宋代的《太平惠民和剂局方》，明代的《普济方》等。

2. 本草体　古代本草书也有其固定的记载格式，记载每一味药的药名、出处、形态、产地、性味、功用、配伍、服法和剂量、禁忌等。有的还有复方和文献摘要等。这种中医文体既有类似于现代辞书条目式的记载形式，又有记载中药的特殊形式和要求，是一种适合于记载中药的医学文体，如《证类本草》《本草纲目》《本草发挥》等。

3. 序跋体　即写在一本书或一篇文章前面或后面的说明文字，前为序，后为跋。这些文字意在表述作者著书立说的原因、目的、经过等，使后学者更好地阅读和理解原著。最初的序文一般是作者自作，为自序。到汉代出现为别人作序。晋代请别人作序，称为代序。医籍序跋文字少而容量大，结构严谨，也有一定的格式，如张仲景《伤寒杂病论》序，王冰《黄帝内经素问注》序，张景岳《类经》序均为中医序文的名篇。

（三）记述类

以记叙、叙述为主的文章，通常记载人、事、物。由于中医本身需要记录的基本材料很多，就形成了记述类文体在中医古籍中十分兴盛的局面。其特点是题材广泛、写法多样、叙述详尽。这类文体常用于对医林人物和临证体会的记录。常见的有：

1. 医案体　中医医案是中医诊断、治疗活动的记录，是中医临床实践的文字记载。它可以集中地体现医生的理法方药水平，又浓缩、涵盖了中医基础理论和临床各方面知识，可谓博大精深。中医医案有一定的格式与要求，一般记有患者的姓名、性别、职业、年龄、症状、辨证、方药和诊疗经过，大部分还有医家分析和体会。

笔记栏

因分类标准不同，医案的分类方法有多种：

（1）按是否独立分为独立性医案和附属性医案：独立性医案指该案原本是独立的，是作者为记述医事而专门撰写的，可简称为“本案”。如《史记·扁鹊仓公列传》所载仓公“诊籍”25 则，既是最早的中医医案，也是最早的“本案”。附属性医案指该案原本是附属于其他内容的，是作者为论述他事附带而及的。这类医案简称为“附案”。朱丹溪《格致余论》载医论42 篇，为表达观点，朱丹溪多于文中夹叙医案，其中“倒仓论”即穿插医案 4 则。每案虽首尾完整，但实则是附属于医论的。

（2）按表达方式分为叙述式医案和议论式医案：医案可仅述其诊治过程，如《三国志·华佗传》载：“彭城夫人夜之厕，虿螫其手，呻呼无赖。佗令温汤近热，渍手其中，卒可得寐，但旁人数为易汤，汤令暖之，其旦即愈。”全案仅述过程，无一字议论，此为叙述式医案。医案也可以以议论的形式来表达，如《三家医案合刻》卷下载：“明系肝风上冒，右尺脉碎乱搏指。此乙癸同源，肾肝同病也。但少阴之脉不至于颠，惟厥阴能至。以肝为重，肾次之。羚羊角、生地、半夏、白芍、当归身、陈皮、茯苓、菊花、女贞子。”全案除方药外皆采用议论形式，言简意赅。

实际上，完全叙述式或议论式的医案都较少，更多的是叙议相兼式医案。如《名医类案》卷四载：“薛己治儒者，痢后两足浮肿，胸腹胀满，小便短少。用分利之剂，遍身肿，兼气喘。薛曰：两足浮肿，脾气下陷也；胸腹胀满，脾虚作痞也；小便短少，肺不能生肾也；身肿气喘，脾不能生肺也。用补中益气汤加附子而愈。半载后，因饮食劳倦，两目浮肿，小便短少，仍服前药，顿愈。”此案即为夹叙夹议式医案。

（3）按详略程度分为完整式医案和简约式医案：简约式医案文字简洁，如《问斋医案》卷二载：“痰喘不得卧，脉平，为支饮。云茯苓、桂枝、冬白术、制半夏、木防己、炙甘草、福泽泻、厚朴、生姜。”全案不过 34 字，既不载患者信息，亦不载用药证验。完整式医案则篇幅较长，如《吴鞠通医案》卷四载“赵，四十五岁”案，全案 30 余诊，字数达 3 000 余字。

（4）按书写时间分为实录式医案和追忆式医案：实录式医案即通称的“脉案”，为医家出诊时当场留下的文字资料。其格式比较固定，前为议论，称为案语，后为药物，一般写在处方笺上。这种医案的特点是病情记录比较真实，药物、剂量、炮制等项目亦多详细记录，能忠实反映医家诊疗的现状。如《柳选四家医案·尤在泾医案》载：“病从少阳，郁入厥阴，复从厥阴，逆攻阳明，寒热往来，色青，巅顶及少腹痛，此其候也。泄厥阴之实，顾阳明之虚，此其治也。人参、柴胡、川连、陈皮、半夏、黄芩、吴萸、茯苓、甘草。”

追忆式医案，为医者诊后追忆诊疗的过程与效果，然后记录的文字资料。由于已经经过作者本身的消化与加工，故又称之为“医话性医案”。其特点是诊疗过程及疗效比较清楚。有的医案有医家的辨证用药体会，文字较为生动，易读好懂。这种医案多是医家总结整理的平时所遇的比较有学术价值或体会较深的病例，故常常作为作者论著的佐证或从中阐述作者的某一个学术观点。这类医案除单独出版外，更多地散见于医论医著中。如《类证普济本事方》载：“乡里有姓京者，以鬻绳为业，子年三十。初得病身微汗，脉弱恶风，医以麻黄药与之，汗遂不止，发热，心多惊悸，夜不得眠，谵语不识人，筋惕肉瞤，振振动摇。医者又进惊风药，予曰：此强汗之过也。仲景云：脉微弱汗出恶风者，不可服大青龙汤，服之则筋惕肉瞤，此为逆也。惟真武汤可救，进此三服，佐以清心丸，竹叶汤送下，数日愈。”

2. 医话体　医话，即以随笔记录或漫谈方式记录从事医学研究和医疗活动的心得体会。其特点是：一，形式活泼，体裁不拘。医话是有关医事的随笔记录，或摘抄转引，或论说评议，行文不拘一格；或分类，或不分类，无严格要求；或有题目，或无题目，无统一体例。二，

笔记栏

内容丰富，无医不话。由于无所拘束，故医话所及，几乎涉及中医学的方方面面。三，言而有据，俱出心裁。医话看似信手拈来皆文章，但却“必有事实，乃有是文”。四，医文兼通，文字流畅。医话之作，不限于医家，历代文人名士的随笔杂著，亦偶涉于医，其中多有医话佳篇。由于医文交融，故医话之作，多具文采，并以文字简练、语言生动流畅而见长。按内容不同，医话可分为争鸣、札记、考证、心得四类。现存最早的医话专著为宋代张杲所撰《医说》，其他比较有代表性的医话如明代黄承昊的《折肱漫录》，清代王孟英的《潜斋医话》、陆以湉的《冷庐医话》等。

3. 纪传体　与史书中的纪传体相同，中医纪传体文体是对历代医史人物的记载。我国第一篇医学家的传记是汉代司马迁的《史记・扁鹊仓公列传》，这篇合传开历代名医传记的先河。魏晋时期陈寿的《三国志・华佗传》对华佗在医学上的重大成就作了评价，对其生平经历做了具体记叙。又如南宋周守忠《历代名医蒙求》记载了自传说中的伏羲以来历代名医二百零二位，以及清代蒋廷锡《医术名流列传》均为此种文体。

二、韵文

韵文是一种有韵律和节奏的文体。古人在医书写作中，受传统诗歌创作的影响，常以句式整齐而押韵的句子来传播医学内容。韵文读起来朗朗上口，便于记忆，尤其适合初学中医者。这种文体又可分为歌诀、辞赋、颂赞箴铭三类。

（一）歌诀类

歌诀又称歌括，是一种押韵的诗歌，字数每句有三言、四言、五言、七言等，符合一般古诗的特点，但缺乏古诗的艺术性和形象性，主要是便于朗读背诵。这种歌诀从基础到临证各科均有，其中以七言歌诀为最多。陈修园的《医学三字经》，“医之始，本岐黄。《灵枢》作，《素问》详。《难经》出，更洋洋。”全书以三字一句的歌诀形式写成，附以注释，内容简明扼要，通俗易懂，便于诵读记忆。崔嘉彦的《脉诀》是四言歌诀，又称《四言举要》。七言歌诀中最大型的著作要算《医宗金鉴》。它是一部大型丛书，歌诀是其重要组成部分。汪昂的《汤头歌诀》也是七言歌诀，对于学习记忆中医方剂有很大的便利，影响最大，现在还为大家所习用。

（二）辞赋类

这种文体盛于汉代，大多采用铺叙、对偶、排比的手法，在医书中也有利用这种文体写作的。如金代窦默《针经指南》中的《标幽赋》《通玄指要赋》，还有何若愚《子午流注针经》中的《流注指微针赋》等，都是以“赋”为标题的。辞赋类中医古籍中最著名的是《药性赋》，著书年代大概是在金元时期，是一本初学中药的启蒙书，历代广为流传。书中 248 种常用中药，就其药性分为寒、热、温、平四性，用韵语写成赋体，易诵易学。

（三）颂赞箴铭类

颂赞为称颂赞扬，箴铭为规劝告诫。这类文体简短有韵，句子整齐。前者多用于对医家的颂扬，如《古代名医像赞》。后者用于提醒人们需要自警的事项，如朱丹溪《格致余论》中的《饮食箴》。

以上是对常见中医古籍文体的分类介绍，由于文体分类标准不一，故对文体的类别可能会有不同的认识和理解。但从以上介绍可知，中医古籍的文体形式多样，这种多样化的中医文体源于医学知识传播的需要。认识中医古籍的多种文体，了解并掌握其特点，有利于提高我们利用中医古籍的能力，更好地传承、创新中医药文化。

扫一扫，测一测

（任宏丽）

笔记栏

复习思考题

1. 中医古籍文体大部分属于散文，按照内容性质如何分类？

2. 医案按照不同的分类标准，分别可分为哪些种类？

3. 中医古籍韵文包括歌诀、辞赋和颂赞箴铭三类，请每类举一个代表性的古代医家著作。

第七章 中国传统文化常识

笔记栏

PPT 课件

学习目标

1. 掌握中国古代天文、地理、历法、纪时、职官等相关知识。
2. 熟悉年龄称谓及姓名称谓。

第一节 天 文

一、中国古代宇宙观

宇宙概念在中国古代是指空间和时间的统一体。先哲对它进行了深刻的解析。《墨子·经上》:“久,弥异时也;宇,弥异所也。”宇,是空间概念;久,是时间概念,与“宙”字所体现的含义相同。战国时代《尸子》对于“宇宙”有明确的定义:“四方上下曰宇,往古来今曰宙。”东汉时期的张衡在他的天文著作《灵宪》中对宇宙的阐述是:“宇之表无极,宙之端无穷。”

中国古代宇宙观的特征是宇宙演进论,早在春秋时期就出现了宇宙生成的论点。《老子》认为天地万物由“道”生成,即“道”是构成宇宙的本源,并指出“道生一,一生二,二生三,三生万物”。这是一种由构成宇宙本源的“道”而逐渐演化万物的模式。《易传》认为天地万物由“太极”生成,提出“太极生两仪,两仪生四象,四象生八卦”的模式。西汉时期成书的《易纬·乾凿度》把宇宙的演化分为四个阶段:太易阶段,宇宙空间是一种“未见气”的状态;太初阶段,“气”开始产生;太始阶段,“形”开始产生;太素阶段,“质”开始产生。《黄帝内经》则认为宇宙早期呈现无边无际的“太虚”状态,由太虚“肇基化元”而演化万物。南宋时期理学家朱熹提出宇宙的“元气旋涡”论,认为宇宙本初是由元气构成,元气旋转运动而产生天地万物。

中国古代的宇宙观还体现了一种宝贵的思想特点,就是以“天人合一”为核心的人与自然和谐统一的天人观,把“究天人之际”作为面对自然的重要课题去思考,强调“以人合天”。《老子》提出“人法地,地法天,天法道,道法自然”的思想,对于今日人类面对周围及外空间环境而言,仍有先导启迪意义。

二、宇宙结构学说

(一)盖天说

盖天说是中国古代最古老的宇宙结构学说之一。盖天说起源于西周前期,记载于《周髀算经》,认为宇宙的构形是天圆地方。天形如半球形的盖笠,北极位其最高处,四周下垂,日月、五星在其上随之旋转;大地形如倒扣着的盘子,天穹上日月星辰交替出没,在大地上产生

笔记栏

了昼夜的变化。人类万物居于天地之中。雨水落地,江河之水流向四周边缘,大地在极远处似与天相接。为解释天象运动,又把天和地想象为两个同心圆。盖天说为了解释天体的东升西落和日月五星在恒星间的位置变化,想象设计出一种模式:极星及北斗居于天之中,恒星附着在天盖内壁上,日月五星又运行于恒星之间。天之中距地八万里,天盖的边缘距地的边缘处较天顶为近,天高为二万里。天盖以极星为中点绕大地由东向西运转,形成直观上的东升西没。日月五星在随天盖由东向西旋转的同时,又自行由西向东慢慢运动。为使其形象化,又设计出一种帮助问题的模型,把天盖想象为旋转的磨盘,又把日月行星想象为在旋转运行的磨盘上反向爬行的蚂蚁。很显然,在磨盘上爬行的蚂蚁有两种运动,一是随磨盘旋转,二是逆旋转方向缓慢爬行。

盖天说的天圆地方说被中医学认可,如《灵枢·邪客》:"天圆地方,人头圆足方以应之。"人体头似天,足似地,头圆足方应和天圆地方。

(二)浑天说

浑天说近似于希腊的天球说,即以地球为中心的球面运动。浑天说始于战国时期,公元前4世纪天文学家石申在浑天说的基础上编制出量表。"浑天"最早见于西汉杨雄的《法言·重黎》。对浑天记载最完善的是东汉时期张衡编著的《灵宪》《浑天仪注》,标志着浑天说已经成熟。这一时期浑天说发展很快,而且按浑天说制造的浑象和浑天仪广泛应用于天文研究和实际测量中。张衡《浑天仪注》说:"浑天如鸡子,天体圆如弹丸,地如鸡子黄,孤居于内,天大而地小也,天表里有水。天之包地,犹壳之裹黄。"天体运转如同车轮,运行不息,其形浑浑,所以叫浑天。浑天说还有思辨上的进步,即认为"浑天体"不是宇宙的界限,浑天之外还有另外的世界。

浑天说最初认为,大地浮在水上,这种说法受到盖天说学派的批评,此后又有所发展,认为大地浮在气中,故而才有可能回旋游动。这就是"地有四游"的朴素地动说先导。

浑天说认为恒星都布在一个"天球"上,日月五星则附在这个天球背景上运行,这与现代天文学中的天球概念十分接近。浑天说采用球面坐标系,如赤道坐标系,来度量天体的位置,以及天体的运动。如对于恒星昏旦中天、日月五星的运行及顺逆去留,都采用浑天说体系来描述。所以,浑天说不仅仅是一种宇宙结构学说,也是一种观测和测量天体视运动的计算体系。

(三)宣夜说

宣夜说始于战国时代,没有留下完整的文献资料。东汉时期的郄萌记述了先师流传下来的宣夜说,主要观点收录于《晋书·天文志上》。宣夜说认为:天既不是一个半球状的顶盖,也不是一个鸡子浑圆蛋壳,没有固定的苍穹,天是无边无涯的空间,充满了气,而日月星辰飘浮游动于气中,并受气的制约。气的运动和作用是有规律的。宣夜说展示了宇宙是茫茫无涯、无穷无尽的空间,而日月星体则飘浮于寥廓的太虚之中。这比盖天说和浑天说认为日月星体附着在天球同一层面上,有了很大进步。浑天说学派的张衡,其"宇之表无极,宙之端无穷"的观点,实质是受了宣夜说的影响。宣夜说之所以消亡而失其传承,可能是因为缺乏历法学所需要的实际测量,在古代又缺乏有力的理论证明,故仅仅保留在思想领域而成为一种思辨的假说。这种假说对中医学产生了一定的影响,如《素问·五运行大论》:"夫变化之用,天垂象,地成形,七曜纬虚,五行丽地。"七曜即日月和金木水火土五星。《释名》曰:"纬,围也。"虚指太虚、太空。"七曜纬虚"意为日月五星围绕在太空之中,这正是宣夜说的思想。"五行丽地"指金木水火土五行等有形的物质附着在大地之上。

三、天象观察

1. 七曜　七曜,又称七政,指日月和金木水火土五星。日、月和人的关系最为密切。日

起日落，是为一天；月圆月缺，是为一月；日远日近，冷热寒暑，周而复始，是为一年。时间的量度，与日月的运行息息相关。至于五星，则是古人实际观测到的五颗行星，即水星、金星、火星、木星、土星。因为是东西向运行，又称五纬。金星，黎明时出现在偏东方，古人称为启明星，黄昏时见于偏西方，所以又称为长庚星。因为它光色很白，亮度特强，又名太白。如《诗经·小雅·大东》："东有启明，西有长庚。"木星古名岁星，在历法学中又称太岁或岁阴。这是因为古人认为岁星十二年绕天一周（现测定为11.86年）。古人把天球黄道一周划为十二个区域，称为十二岁次。木星每年行一岁次，十二年行一周。十二岁次又与十二地支对应。水星又名辰星，火星又名荧惑，土星又名镇星。值得注意的是，先秦古籍中谈到天象时所说的水并不是指水星，而是指恒星中的定星（营室，即室宿）；所说的火也并不是指火星，而是指恒星中的大火，即心宿。

2. 二十八星宿　二十八星宿确立大约在春秋时期。星宿又称星舍，唐以后又称星官。"宿"与"十二宫"的"宫"有类似的含义。每一宿不是指一颗星，而是指一组。每一组由两颗到多颗不等。二十八星宿是古人为了观测日、月、五星运行而确立的恒星坐标。古人已经发现恒星相互间的位置是固定不变的，于是利用恒星的这种"不动"做标志来确定日月五星运行的相对位置。经过长期观测，古人确立并选择了天球黄道与赤道附近的二十八组恒星作为坐标，称为二十八宿，又称二十八舍或二十八星。"宿"或"舍"就如同日月五星运行轨道上的驿站。

二十八星宿每七宿为一组合分布于东西南北四方，每一方七宿形成的组合又用一种动物命其象，又称为"四象"或"四兽"。其排列顺序是从"角宿"开始自西向东延续，具体名称是：

东方苍龙七宿：角、亢、氐、房、心、尾、箕；

北方玄武七宿：斗、牛、女、虚、危、室、壁；

西方白虎七宿：奎、娄、胃、昴、毕、觜、参；

南方朱雀七宿：井、鬼、柳、星、张、翼、轸。

二十八星宿沿天球黄赤间自西向东排列的内在道理是：我们面南仰观星空，二十八星宿的顺序是以逆时针方向排列的。而以东南西北四象的顺序是：由东而北，由北而西，由西而南，由南而东完成一周天。这里的东、北、西、南与黄道的东、北、西、南正好反向。东方七宿大致分布区域是在天球黄道的秋分点至冬至点；北方七宿大致分布区域是在天球黄道的冬至点至春分点；西方七宿大致分布区域是在天球黄道的春分点至夏至点；南方七宿大致分布区域是在天球黄道的夏至点至秋分点。

二十八星宿不只是古人观测日月五星位置的坐标，其中有些星宿还是测定岁时季节的标志。正月间黄昏时"参宿"上中天，五月间"大火"上中天。这里的"大火"指心宿。"参宿"中有三颗星亮度相等、间距相等并排列在一条直线上，俗称"三星"。现在民间还有"三星正南，天下过年"的谚语。

3. 三垣　三垣，即紫微垣、太微垣、天市垣。古人在黄河流域观测天空，在这一区域常见的北天上空，以北极星为中心，集合周围其他十五星，合为一区，称为紫微垣，又称紫垣、中垣。在紫微垣之外，在二十八星宿的星、张、翼、轸宿以北的星区为太微垣，又称上垣。在房、心、尾、箕、斗以北的星区，共二十二星，称为天市垣，又称下垣。

4. 北斗　古人面南观测天象主要是对日、月、五星及二十八星宿进行探知，面北观测主要是观察北极星和北极星周围的恒星，即紫微垣范围的星体。其中古人最感兴趣的星群就是北斗。北斗是北极星附近七颗较明亮的星，其排列形状很像古时淘酒的斗，古称北斗七星，即现代天文学的大熊座。这七颗星靠近北极的四颗称天枢、天璇、天玑、天权，构成斗身，

笔记栏

又称魁。外端的三颗称玉衡、开阳、摇光组成斗柄，又称杓。斗星一年之中正好绕极星一周，呈逆时针方向运转，也就是由东而南（上），由南而西，由西而北（下），由北而东。观测时以傍晚为准，春分时斗柄指向东方，夏至时斗柄指向南方（上方），秋分时斗柄指向西方，冬至时斗柄指向北方（下方）。这与中国传统的四季配四方正好吻合。《鹖冠子·环流》曰："斗柄指东，天下为春；斗柄指南，天下为夏；斗柄指西，天下为秋；斗柄指北，天下为冬。"北斗如同天上的年钟，以北极星为轴，以斗星为指针，一年之中由东春而南夏，由南夏而西秋，由西秋而北冬，由北冬而冬春。循环往复，为我们指明岁时季节。因为是面北定位，由东而西旋转是逆时针方向运行。由东而西旋转实质是地球自西向东运转的逆向反映。北极星亮度较低，不好辨认，我们可以通过斗星确认极星。方法是把天璇、天枢连成直线，向勺口方向延长两星间约五倍的距离，就是北极星。北极星和天璇、天枢在一条直线上。

5. 十二次　古人为了量度日、月、五星的位置和运行，把黄道附近一周天按照由西向东的方向分为十二个部分，叫做十二次，又称十二宫。十二次的每次都有二十八星宿中的某些星宿作为标志。十二次最初主要用于记载木星位置，汉以后才定型。据《汉书·律历志》记载，十二次名称依次是：星纪、玄枵、娵訾、降娄、大梁、实沈、鹑首、鹑火、鹑尾、寿星、大火、析木。它们是按赤道经度等分的，这和二十八宿的广狭不一有所不同。

我国古代创立的十二次主要有两种用途：一是用来指示一年四季太阳所在的位置，以帮助节气的变换。例如太阳在星纪次的起点为大雪节气，在中点为冬至中气，等等。二是用来帮助岁星每年运行所到的位置，并据以纪年。例如《春秋》《国语》上所说的"岁在鹑火""岁在星纪"等等。此外，在星占术中十二次也被用作分野的一种天空区划系统。

6. 分野　《史记·天官书》说："天则有列宿，地则有州城。"古人认为，天上的星宿和地上的州郡邦国是对应相配的。该星宿发生的天象预兆着各对应地方的吉凶，这就是分野的观念。分野大约起源于春秋战国，最早见于《左传》《国语》等书，其所反映的分野大体以十二次为准。战国以后也有以二十八宿来划分分野的，或以星宿和列国相配，或以星宿和各州相配。后又因十二次与二十八宿互相联系，从而两种分野也在西汉之后逐渐协调互通。现以《晋书·天文志》中"十二次度数"及"州郡躔次"两节所载，把十二次、二十八宿及分野的对应关系列表如下：

十二次	寿星	大火	析木	星纪	玄枵	娵訾	降娄	大梁	实沈	鹑首	鹑火	鹑尾
二十八宿	角亢氐	房心	尾箕	斗牛女	虚危	室壁	奎娄胃	昴毕	觜参	井鬼	柳星张	翼轸
分野	郑 兖州	宋 豫州	燕 幽州	吴越 扬州	齐 青州	卫 并州	鲁 徐州	赵 冀州	魏 益州	秦 雍州	周 三河	楚 荆州

第二节　地　　理

地理包括历史地理和人文地理，对于阅读古籍有重要意义，要注意同名异地等情况。历史地理包括地貌、地形、气候、水文、植被、土壤等；人文地理包括历史上的城市、人口、政区和风俗等。《尚书·禹贡》和《管子·地员》中有我国最早相关地理文献的记载。《尚书·禹贡》记载各地自然条件、经济活动和物产交通，并按地理特征分九州；《管子·地员》对土地进行分类，载有山地植物的垂直带谱。

一、京、都

我国古代首都随朝代更替屡经变迁，首都称为京、都。京、都是人口众多、城池宏伟的帝

笔记栏

王所居之处。商代自盘庚迁都至殷，西周定都镐京，东周定都洛邑（又作雒邑），秦定都咸阳，西汉定都长安，东汉迁都洛阳，魏和西晋均定都洛阳，东晋定都建业（后称建康），南朝定都建康，隋代定都大兴，唐代定都长安，北宋定都东京，南宋先定都南京（今河南商丘）后迁都临安，元定都大都，明清将大都改名为顺天府。

除京、都外，有的朝代还有陪都。唐代"五京"，分别指中京京兆府、西京凤翔府、南京成都府、东京河南府、北京太原府。宋代定都东京开封府，另有西京河南府、南京应天府、北京大名府。

二、郡、国、州、县、府、省、道、路

秦统一中国后，设郡、县两级行政区域，初定陇西、颍川、南阳、钜鹿、琅琊、汉中、长沙、黔中等三十六郡，后增加桂林、象郡、南海和闽中，至四十郡。县是基层行政区划，秦汉时县隶属于郡。

汉承秦制，除郡、县外还有与郡平行的"国"，国是汉代诸侯王的封地，地方大小不一，国的区域略等于郡，所以又将"郡国"连称。汉武帝为加强中央集权，除长安附近七郡外，全国分为豫州、兖州、青州、徐州、冀州、幽州、并州、凉州、益州、荆州、扬州、交趾、朔方"十三州（又称十三部）"。东汉十三州有调整，将朔方并入并州，交趾改称交州，另增司隶校尉部（直辖州），州已逐渐变成郡上一级行政区域。

南北朝时行政区域分州、郡、县三级。西晋分全国为十九州，南北对峙后南朝和北朝的版图缩小，州的数量却不断增多，州的所辖范围逐渐缩小，和郡没有明显差别，到陈末有 57 个州。

隋统一全国后废郡，以州、县为两级行政区域。唐代州郡迭改，宋朝废郡称州，以后各朝一直是以州统县。

唐代设道，略等于汉代的州。贞观时，将全国分为十道，如关内道即古雍州（治凤翔）、河南道即古豫兖青徐四州（治洛阳）等。开元年间，从关内道分出京畿道（治长安），从河南道分出都畿道（治洛阳），将山南道分为山南东道和西道，江南道分为江南东道、江南西道和黔中道，增至十五道。

宋朝没有道而有路，除行政区划外，部分还兼有军队区划属性。全国初分十五路，后来渐增至十八路、二十三路。二十三路与现在省的区划大致相同，名称也有不少相同，如湖南路、湖北路等。

唐宋时与州、郡平行的行政单位还有府，大州叫府，如唐代的凤翔府、兴元府，宋代的开封府、大名府等。唐代府隶属于道，宋代府隶属于路。

元朝的行政区划分省、道、路、州（府）、县五级，有的省下没有道，直接领路，路下是州（府），州（府）辖县。元朝的道相当于宋朝的路，元朝的路与后来明清的府相近。省起初是临时设置的中书省行署（简称行中书省、行省），后成为固定的行政区划。元代山东、山西、河北由中书省直辖，其余地方分为十一行中书省。

明朝行政区划包括布政使司、府（州）、县。明朝改省为布政使司，山东、山西、河南、陕西、四川、湖广、浙江、江西、福建、广东、广西、云南、贵州一共十三个布政使司（十三省），加上北直隶、南直隶两京，合称"十五省"。明朝，布政使司以下的行政区划是府，如扬州府，只留少数直隶州直辖于省，其余的散州与县平行，隶属于府。

清朝行政区划与明朝大致相同，将布政使司改为省，分省、府（州）、县三级。清朝省的名称与现在基本一致，清初，北直隶改称直隶省，南直隶改称江南省，后又将江南分为江苏、安徽，陕西分为陕西、甘肃，湖广分为湖南、湖北。

笔记栏

第三节 历 法

历法，就是根据天象变化的自然规律，计量较长的时间间隔，判断气候的变化，预示季节来临的法则。我国历法渊源甚远。《尚书·尧典》就有“乃命羲和，钦若昊，历象日月星辰，敬授民时”等记载。中医古籍和历法的关系非常密切。以记时单位的名称为例，宋代《重修政和经史证类备用本草》晦明轩本的牌记题作“泰和甲子下己酉冬至南日”，明代陆彦功《伤寒论类证便览》题作“弘治己未岁菊月之望”。这两个时间在当时并不难懂，但今人读来却有些难度。这就需要懂得一些古代历法的常识。下面就古代历法的常用术语进行解析。

一、朔望月、太阳年

古代观察月相以定月，以月相变化的周期为一月。古人把每月农历初一称为“朔”，把每月农历十五称为“望”，以月的从朔到上弦、望、下弦再到朔的圆缺周期记时，即“朔望月”。从朔到朔为一个月，相距 29 日为小月，30 日为大月。

“年”的概念，最初大约是由于庄稼成熟的物候而形成的。《说文·禾部》：“年，谷孰(熟)也。”而禾谷由播种到成熟和地球的寒暑变化有密切联系，所以，禾谷成熟的周期也就意味着寒来暑往的周期，也就是地球绕太阳运行一周的时间，《尚书·尧典》说“期三百有六旬有六日”，即一周年有三百六十六日，称为太阳年。

二、阴历、阳历、阴阳合历

1. 阴历　根据朔望月制定的历法就是阴历，又称“太阴历”。历年长短和太阳视运动无关，因此和四季寒暑无关，主要为希腊历和伊斯兰教历。纯阴历的年历长短不与太阳回归年等长，因此不存在闰月。6 个大月各 30 天，6 个小月各 29 天，全年 354 天。

2. 阳历　以太阳年(地球绕太阳一周)为单位制定的历法是阳历，又称“太阳历(公历、格里历)”。太阳历是根据太阳视运动而定的年历，年的长度和回归年相齐，但与朔望月无关，始于罗马(前 46 年)。现在世界上通用的阳历(公历)是在罗马阳历的基础上修订的。

3. 阴阳合历　我国殷商时期就已经开始使用阴阳合历。阴阳合历调和太阳、地球、月亮的运转周期，既有依据朔望月制定的阴历，又有依据太阳回归周期制定的太阳历，是一种综合阴、阳历优点，调和阴、阳历矛盾的历法，又称“阴阳历”。我国在辛亥革命前，除太平天国颁行的天历外，其余的历法都属于阴阳历。

地球绕太阳一周约三百六十五又四分之一天(现代测得是 365 天 5 小时 48 分 46 秒)，而阴历一年十二个月 354 天，比一个太阳年平均约少十又八分之七天。积三年就要差 33 天，故每三年须置一月闰；还差 3 日或 4 日，再积二年，共少 25 日或 26 日，可置一闰月。平均计算，每十九年须置七闰，使历年平均长度大约等于一个太阳年。阴阳合历的优点在于既有月相，又有二十四节气，既符合纪年、纪月、纪日的要求，又能准确指导农事活动。古人很重视置闰，当闰而不闰叫做“失闰”，被认为是有关部门的严重失职。

三、四时

一年分为春、夏、秋、冬四时。四时就是四季。但是在商代和西周前期，一年只分为春秋二时，所以后世常以春秋作为四时的代称。后来历法日趋详密，由春秋二时再分出冬夏二

笔记栏

时，所以有些古书所列的四时顺序不是“春夏秋冬”，而是“春秋冬夏”。例如《礼记·孔子闲居》：“天有四时，春秋冬夏。”《素问·八正神明论》：“四时者，所以分春秋冬夏之气所在，以时调之也。”西周中期之后，四时之称就规范为春夏秋冬了。

古代四季取名，除春、夏、秋、冬外，还有不少异名、别名，列表如下：

季名	异名									
春	阳春	青阳	艳阳	阳节	淑节	韶节	青春	苍灵	三春	九春
夏	朱明	朱夏	炎序	炎节	炎夏	清夏	朱律	长嬴	三夏	九夏
秋	素商	高商	金天	白藏	素节	商节	萧长	凄辰	三秋	九秋
冬	元冬	元英	元序	清冬	严节	寒辰	岁余	安宁	三冬	九冬

在中医古籍里除春夏秋冬四时外，还有一个“长夏”的名称，合称为“五时”。这是因为四时与五行相配缺少一位，故加上一个“长夏”以配土。王冰《素问·六节藏象论》注曰：“四时之中，加之长夏，故谓得五行时之胜也。”“长夏”在《内经》中有两层意思：一是指六月。王冰《素问·六节藏象论》注曰：“所谓长夏者，六月也。土生于火，长在夏中，既长而王，故云长夏也。”二是指四时的四个季月后各十八日，即丑、辰、未、戌月后各十八日，共七十二日。

四、二十四节气

二十四节气的划分，起源于我国黄河流域。古人很早就掌握了“二分二至”这四个重要节气，后来又掌握了“启闭”等节气。“分”指春分、秋分，“至”指夏至、冬至；“启”指立春、立夏，“闭”指立秋、立冬。古人使用圭表（测日影器）测量日影的长度，当投影最短时称夏至，最长时称冬至。战国末年，《吕氏春秋》中出现了立春、日夜分（即春分）、立夏、日长至（即夏至）、立秋、日夜分（即秋分）、立冬、日短至（即冬至）八个节气。二十四节气名称首载于《淮南子·天文训》。公元前104年，由邓平等制定的《太初历》，正式把二十四节气纳入历法，明确了二十四节气的天文位置。

二十四节气是古人根据太阳在黄道（即地球绕太阳公转的轨道）上的位置（黄经）变化和地面气候演变次序，将全年划分的二十四段，每段约隔半月。每月第一个节气为“节气”，即立春、惊蛰、清明、立夏、芒种、小暑、立秋、白露、寒露、立冬、大雪和小寒12个节气；每月的第二个节气为“中气”，即雨水、春分、谷雨、小满、夏至、大暑、处暑、秋分、霜降、小雪、冬至和大寒12个节气。“节气”和“中气”交替出现，各历时15天，统称为“节气”。每节气分三候，五天为一候，每年七十二候。

二十四节气歌

春雨惊春清谷天，夏满芒夏暑相连。
秋处露秋寒霜降，冬雪雪冬大小寒。
每月两节日期定，最多相差一两天。
上半年来六廿一，下半年是八廿三。

节气中气歌

立春正月节雨水正月气
惊蛰二月节春分二月气
清明三月节谷雨三月气

笔记栏

立夏四月节小满四月气
芒种五月节夏至五月气
小暑六月节大暑六月气
立秋七月节处暑七月气
白露八月节秋分八月气
寒露九月节霜降九月气
立冬十月节小雪十月气
大雪十一月节冬至十一月气
小寒十二月节大寒十二月气

节气跟太阳走，固定在太阳年的一定日期上，和朔望月没有关系，所以节气在阳历上每年有固定日期，和阴历月份的搭配却不是绝对年年一致。

二十四节气名称都有一定的含义。立春、立夏、立秋、立冬四个节气，分别表示春夏秋冬的开始。夏至、冬至两个节气，分别表示炎夏与寒冬即将到来。春分、秋分两个节气，“分”有“半”的意思，即把春季和秋季各分为两半。同时也包含着“昼夜平分”的意思，因为春分和秋分这两天昼夜几乎等长。雨水，指开始降雨，即此时天空的降水形成已由雪变为雨了。惊蛰，古代本叫“启蛰”，汉代避景帝刘启讳，改名“惊蛰”。惊蛰气温上升，渐有春雷，蛰伏在地下的小动物开始出土活动。清明，含有天气清澈明朗的意思，此时气候温暖，草木萌茂，改变了冬季寒冷枯黄的景象。谷雨，即“谷得雨而生”之意，言此时雨量增多，是作物播种、出苗的重要时机。小满，“物至于此小得盈满”，指麦类等夏熟作物籽粒逐渐饱满。芒种，“谓有芒之种谷可稼种矣”，此时长江中下游地区将进入多雨的黄梅时节，在现代农业生产上，多忙于夏收夏种。暑，热也。小暑时正值初伏前后，农业生产上多忙于夏秋作物的田间管理。大暑时值中伏，为一年最热时期。“处”有“止”的意思，处暑意为炎热的夏暑至此结束，气温逐渐下降。白露，谓天气渐凉，草木上的水汽开始凝聚成白色的露珠。寒露，气温进一步降低，“露气寒冷，将凝结也”，此时正进入秋收秋种。霜降，谓此时秋气肃杀，天气渐冷，露结为霜。小雪，言此时雨下而为寒气所迫，凝而为雪，“小者，未盛之辞”。大雪，至此雪盛，黄河流域一带渐有积雪。小寒，此时正值“三九”之前，我国大部分地区进入严寒时期。大寒，此时寒气逆极，为一年的最冷时期。

古人把二十四节气细分为节气和中气两种，由于一个节气加一个中气差不多是三十天半，大于一个朔望月，所以每月的节气和中气总要比上月推迟一两天。这样推至某月只有节气而没有中气的时候，就把这个月份定为闰月，这就是古人所说“闰月无中气”的意思。所以二十四节气和置闰有密切关系。阳历则每个月都有节气和中气，上半年时，每月六日和二十一日左右是交节日期，到了下半年，每月八日和二十三日左右是交节日期。

二十四节气是我国古代农事活动的主要依据。反映在医学上，《内经》在论述“天人相应”理论时，有不少关于二十四节气的记述。在中医古籍中，节气也可以表明时间，如明代徐春甫《古今医统》自序题作“嘉靖丙辰仲冬至日”即是一例。

五、三正

春秋时期有三种不同历法，即夏历、殷历、周历，因正月的月建不同，所以叫做“三正”。“正”，即岁首之意，俗称“正月”。

夏历以建寅之月（即冬至后二月，相当于现今阴历正月）为正，殷历以建丑之月（即冬至后一月，相当于现今阴历十二月）为正，周历以建子之月（即冬至所在之月，相当于现今阴历

笔记栏

十一月）为正。由于三种历法岁首的月建不同，四季的划分也就随之而异。

同一时期出现三种不同的岁首规定，是因为春秋时期，历法正处于草创时期，各地区的历日制度还不能取得一致。同时，也因为当时诸侯争霸，列强出于政治斗争的需要，有意要在用历上变换一些手法，以示与周王朝分庭抗礼，那么，最方便的一种手法就是变换岁首了。为了表示自己治历有据，诸侯托古改制，在自己使用的历日制度前冠以夏历、殷历、周历等名目，三正于是产生。秦始皇统一中国后，改以建亥之月（相当于现今阴历十月）为岁首。但是夏正比较适合农事季节，所以民间并不称十月为正月。汉初沿袭秦制。汉武帝太初元年（前104年）改用太初历（我国历史上第一部比较完整的历法），以建寅之月为岁首。此后大约二千年间，除王莽和魏明帝时一度改用殷正，唐武后和肃宗时一度改用周正外，其余都是用的夏正。辛亥革命后，对于旧用的历法称为“夏历”，俗称“阴历”“旧历”，又因为与农业生产有比较密切的关系，也称为“农历”。

由于春秋时期不同地区使用不同的历日制度，先秦古籍所据以纪时的历日制度也就不能统一，因此我们阅读先秦古籍时有必要了解三正的差异。举例来说，《春秋》和《孟子》多用周历，《楚辞》和《吕氏春秋》用夏历，《诗经》中有些诗篇是夏历和周历并用，《黄帝内经》则是三正兼用，甚至有用秦正的。能够辨识各种典籍所用的历日制度，诸如《春秋·庄公七年》“秋，大水，无麦、苗”（秋，应指周历秋季，相当于夏历五、六月）之类的问题，也就不难索解了。

月建		子	丑	寅	卯	辰	巳	午	未	申	酉	戌	亥
夏历	月份	十一月	十二月	正月	二月	三月	四月	五月	六月	七月	八月	九月	十月
	季节	冬		春			夏			秋			冬
殷历	月份	十二月	正月	二月	三月	四月	五月	六月	七月	八月	九月	十月	十一月
	季节	冬	春			夏			秋			冬	
周历	月份	正月	二月	三月	四月	五月	六月	七月	八月	九月	十月	十一月	十二月
	季节	春			夏			秋			冬		

第四节 纪　时

一、干支纪日

古人最早用干支纪日，以天为干，以地为枝。天干，即甲、乙、丙、丁、戊、己、庚、辛、壬、癸，又称“十干”。“干”有“个”之意，如颜师古注《汉书·食货志》云：“干，犹个也。”日为阳，阳为天，故称“天干”。天干的先后，不仅仅指数位记号，而且包含着万物由发生至少壮、至繁盛、至衰老、至死亡，至更始的涵义。

地支，即子、丑、寅、卯、辰、巳、午、未、申、酉、戌、亥。支者支条也，其数为十二，故称“十二地支”，最早是用来纪月的。月为阴，阴为地，故称“地支”。

天干地支配合可以用来纪年、纪月、纪日、纪时。天干与地支配合是天干在上，地支在下，按干支顺序向下排列。天干始于甲，地支始于子，干支相合，故名甲子。十天干和十二地支相互配合，从甲子始依次推算到癸亥，共得六十次，便称为一周或一个甲子，如此交替往复。干支配合六十次中，天干往复轮周六次（10干×6次=60），地支往复轮周五次（12支×5次=60）。

笔记栏

天干地支相配后，得到六十组不同的组合

甲子 乙丑 丙寅 丁卯 戊辰 己巳 庚午 辛未 壬申 癸酉
甲戌 乙亥 丙子 丁丑 戊寅 己卯 庚辰 辛巳 壬午 癸未
甲申 乙酉 丙戌 丁亥 戊子 己丑 庚寅 辛卯 壬辰 癸巳
甲午 乙未 丙申 丁酉 戊戌 己亥 庚子 辛丑 壬寅 癸卯
甲辰 乙巳 丙午 丁未 戊申 己酉 庚戌 辛亥 壬子 癸丑
甲寅 乙卯 丙辰 丁巳 戊午 己未 庚申 辛酉 壬戌 癸亥

每个组合代表一天。假设某日为甲子日，那么以后的日子依次顺推为乙丑、丙寅、丁卯等；甲子以前的日子依次逆推为癸亥、壬戌、辛酉等。六十甲子周而复始，如环无端。

干支纪日，大约产生于殷商时代，春秋战国一直沿用。据文献资料记载，春秋时鲁隐公三年二月己巳日（前 720 年 2 月 10 日）起的干支纪日，一直到清代宣统三年（1911 年）止，计二千六百多年，从未间断。这是世界上迄今所知的应用时间最长的纪日法。古人亦有单用天干纪日的，早在夏代可能已产生这种方法，即用甲、乙、丙、丁等十个字来纪日。夏代后期的几个帝王使用"孔甲""履癸"等名号，可以为证。后来干支纪日通行，天干纪日便逐渐不用了。值得一提的是，《黄帝内经》中多数只用天干纪日，如《素问・藏气法时论》："肝病者，愈在丙丁，丙丁不愈，加于庚辛，庚辛不死，持于壬癸，起于甲乙。"句中四组天干都是指日而言。至于单用地支纪日则属于后起，且大多限于特定的日子，如"三月上巳"（古代的一个节日）之类。《素问・六节藏象论》："天以六六之节，以成一岁。"六十日为一甲子，六个甲子为"六六之节"，即一年。"天有十日，日六竟而周甲，甲六复而终岁，三百六十日法也。"天干有十，纪日则为十日；十天干经过六次完整的循环而成为甲子一周六十天；六个甲子循环往复而为一年，三百六十日。

二、纪月法

1. 月名纪月　先秦时期每个月有特定的名称，《尔雅・释天》对此有详尽的记载："正月为陬，二月为如，三月为寎，四月为余，五月为皋，六月为且，七月为相，八月为壮，九月为玄，十月为阳，十一月为辜，十二月为涂。"如清代汪昂《医方集解・序》"康熙壬戌岁阳月"，"阳月"即指十月；清代《温病条辨》汪廷珍序"嘉庆十有七年壮月既望"，"壮月"即指八月。

2. 四季纪月　古人把四季的每一季节都分成孟、仲、季三个阶段，即：孟春、仲春、季春；孟夏、仲夏、季夏；孟秋、仲秋、季秋；孟冬、仲冬、季冬。依次分别代称月份，如孟春为正月，仲春为二月，季春为三月等。这种纪月法，常见于序跋。如明・吴昆《医方考・自序》"皇明万历十二年岁次甲申孟冬月"的"孟冬月"即为十月。

3. 地支纪月　春秋时代开始以十二地支纪月，叫做"月建"。古代以北斗七星斗柄所指作为判定月份的标准。将地面分成十二个方位，按顺时针方向分别以十二地支表示：正北为子，正东为卯，正南为午，正西为酉等。夏正十一月（冬至所在的月份）黄昏时斗柄指子，十二月黄昏时斗柄指丑，正月黄昏时斗柄指寅，二月黄昏时斗柄指卯……于是就称十一月建子，十二月建丑，正月建寅，二月建卯，三月建辰，四月建巳，五月建午，六月建未，七月建申，八月建酉，九月建戌，十月建亥。北斗斗柄所指的方位称为"斗建"。上文提到的夏正指的是夏历，具体内容见本章"历法"。

4. 律吕纪月　律吕是六律、六吕的合称，即十二律。律本来是古代用竹管制成的校正乐律的器具，以管的长短（各管的管径相等）来确定音的不同高度。从低音管算起，成奇数的六个管叫做"律"，成偶数的六个管叫做"吕"。后来就用律吕作为音律的统称。所以，十二

笔记栏

律就是十二个标准音，从低到高依次排列，共有十二个名称，后来被借称十二个月。六律用以指单月，六吕用以指双月。如《类经·序》“岁次甲子黄钟之吉”的“黄钟”即指阴历十一月。

纪月	正月	二月	三月	四月	五月	六月	七月	八月	九月	十月	十一月	十二月
月名纪月	陬月	如月	寎（bìng）月	余月	皋月	且月	相月	壮月	玄月	阳月	辜月	涂月
四季纪月	孟春	仲春	季春	孟夏	仲夏	季夏	孟秋	仲秋	季秋	孟冬	仲冬	季冬
地支纪月	寅月	卯月	辰月	巳月	午月	未月	申月	酉月	戌月	亥月	子月	丑月
律吕纪月	太簇	夹钟	姑洗	仲吕	蕤宾	林钟	夷则	南吕	无射	应钟	黄钟	大吕

三、干支纪年

一般认为，干支纪年始于东汉，也有人认为西汉初已经开始使用，只是到东汉元和二年（85年）才以朝廷命令的形式在全国推行。干支纪年，六十年为一个周期，故《素问·六微旨大论》说：“天气始于甲，地气始于子，子甲相合，命曰岁立，谨候其时，气可与期。”

干支纪年推算：

年的天干速定法：年的末位数所对应即是该年天干。对应如下：

0	1	2	3	4	5	6	7	8	9
庚	辛	壬	癸	甲	乙	丙	丁	戊	己

年的地支速定法：（年数-3）÷12……余数，余数是几即从子上数几，1是子年，2是丑年……如无余数则是亥年。例：（2019-3）÷12……0无余数则是亥年。故2019年为己亥年。

干支纪年在中医古籍中有广泛的应用，如清代柯琴《伤寒论注·自序》题作“时己酉初夏也”，据柯琴的生活年代，可查得“己酉”当为1729年。当然，更常见的是皇帝年号加上当年干支的合记方法，如明代陈实功《外科正宗·自序》题作“时万历丁巳之秋七月既望”，清代张志聪《侣山堂类辩·自序》题作“康熙岁次庚戌正阳月”等。还有再加上年次的，如唐代王冰《黄帝内经素问·序》题作“时大唐宝应元年岁次壬寅”，元代危亦林《世医得效方·自序》题作“至元三年岁丁丑七月既望”。两法并用纪年的好处是双管齐下，不易错乱。

四、纪时法

古人根据天色把一昼夜分为若干时段，确定每个时段的名称。比如日出时叫做旦、早、朝、晨，日入时叫做夕、晚、暮、昏。所以古书上常常见到朝夕并举、旦暮并举、晨昏并举、早晚并举。太阳正中时叫做日中，将近日中时叫做隅中，太阳西斜叫做日昃或日昳，太阳落山称为日入。日入以后是黄昏，接着是人定、夜半，随后为鸡鸣、昧旦、日出，这时天就亮了。此外，古人一日两餐。朝食在日出之后、隅中之前，这段时间就叫做食时；夕食在日昃之后、日入之前，这段时间就叫做晡时。这样划分时段的方法，通用于周代。随着历法的详密，古人对于一昼夜有了等分的时辰概念。汉太初以后，开始用十二地支作为十二时辰的名称，每个时辰等于现代的两个小时（小时，即小时辰之意）。近代又把每个时辰细分为初、正，等于把一昼夜分为二十四等分。古人还有专门的夜间计时法，即把一夜等分为五段，以天干中的甲、乙、丙、丁、戊命名，或以五鼓、五更来区分。列表如下：

笔记栏

时段	夜半		鸡鸣		昧旦 昧爽		日出 平旦 平明		食时		隅中		日中		日昃 日昳		晡时		日入		黄昏		人定	
时辰	子		丑		寅		卯		辰		巳		午		未		申		酉		戌		亥	
	子初	子正	丑初	丑正	寅初	寅正	卯初	卯正	辰初	辰正	巳初	巳正	午初	午正	未初	未正	申初	申正	酉初	酉正	戌初	戌正	亥初	亥正
钟点	23	24	1	2	3	4	5	6	7	8	9	10	11	12	13	14	15	16	17	18	19	20	21	22
天干	丙夜		丁夜		戊夜																甲夜		乙夜	
鼓时	三鼓		四鼓		五鼓																一鼓		二鼓	
更时	三更		四更		五更																一更		二更	

需要指出的是，一些时段往往有不同的称谓，而同一时段所指时辰也可能各不相同。例如表中所列“平旦”（或“平明”），各书所指略有分歧。一般认为“平旦”即“日出”，如林亿等“新校正”云：“日出与平旦时等。”而王充《论衡·谰时篇》则说：“平旦寅，日出卯。”就把“平旦”与“日出”看作两个时辰。此外，《内经》中还有一些介于各时段之间的特定称谓，如：大晨，指天大明之时；早食，指朝食之前的一段时间；晏时，指朝食之后的一段时间；早晡，指将近晡时的一段时间；下晡、晏晡，均为晡时之后，但下晡在前，晏晡在后；合阴，指夜半之后的一段时间；合夜，指鸡鸣之前的一段时间。后世医书一般都按十二地支纪时。还有一点要注意的是，“小时”（表中写“钟点”）的概念是到 20 世纪初才慢慢通行起来的，因此，古代医书里所说“隔二时服”，今天就应该间隔两个时辰即 4 小时才符合原意。

第五节　科举和职官

一、科举

科举是我国古代选拔人才的制度。先秦有乡举里选，《周礼·地官·乡大夫》记载三年举行一次“大比”，以考察乡人的“德行道艺”，选拔贤能的人才，《礼记·王制》记载“乡论秀才”，经过逐级选拔，有所谓俊士、进士等名称，《礼记·射义》有“诸侯贡士于天子”。

（一）汉魏六朝察举制

1. 举孝察廉　汉代已有察举制度。西汉以举贤良为主，汉高祖颁求贤诏，汉文帝、汉武帝曾分别颁布诏令察举贤良方正直言极谏之士、孝廉和茂才（秀才，优秀的人才）。汉昭帝以后举士各方面人才。东汉承袭旧制，以举孝廉为主。

汉代，被荐举的人才需经过皇帝对策和射策两种策问，再按等第授官。对策，是将政事或经义方面的问题写在简策上发给应举者作答；射策，由应举者用矢投射简策，并解释射中简策上的问题，类似抽签考试。后来策问演变为一种文体，萧统《文选》中称为“文”。对策也是一种文体，简称为“策”。

2. 举秀才　汉武帝颁诏察举茂才，至魏晋六朝，地方察举孝廉、秀才的制度基本未废。

3. 九品官人法　魏晋六朝推行九品官人法，各州郡都设中正官负责品评当地人物的高低，分上上、上中、上下、中上、中中、中下、下上、下中、下下九品。九品官人法最初用于本品

笔记栏

评人才优劣，便于选拔人才，但由于担任选拔的中正官都是“著姓士族”，人物品评失去公正性，“上品无寒门，下品无势族”。

（二）隋唐宋明清科举制

1. 隋代　魏晋以来门阀世族垄断朝政。隋代开皇末年为奖拔寒庶、抑制门阀，推行科举制。隋代科举加强中央集权，规定六品以下官吏须由尚书省吏部铨举，废除汉魏六朝州郡辟举制和九品中正制。隋代科举制除秀才、明经科外，炀帝时增加进士科。进士科只试策，明经科除试策外还试经。试策和试经符合士绅选拔需求，通过考试，即可担任官职，有才识的庶族寒门也有机会入仕。

2. 唐代　唐代承隋制，进一步完善科举制。以进士、明经二科为主，增设法、明字、明算诸科。进士科重文辞，明经科重经术。进士、明经等科通常每年都举行。唐高宗后，进士科成为儒生入仕的重要途径。科举从唐朝武则天开始到清代，还有武科一类。

唐代取士由地方举送中央考试，称为乡贡，被地方举送应试的人称为举人。中央主持科举考试的机关是礼部，考官由礼部侍郎担任，称为知贡举。“举进士”是指应举参加进士科考试，在唐代也称为进士。唐人仍通称应进士科考试的人为秀才。唐代进士、举人和秀才的概念与后世不同。唐代进士及第后尚未授官称为前进士，还需参加吏部“博学宏词”或“拔萃”的考选，取中后才授予官职。

唐代还有“制举”，由皇帝特诏举行的考试来选拔特殊的人才。已考取进士、明经等科都可以应制举，考期不固定，科目由皇帝临时决定，有贤良方正能直言极谏科、才识兼茂明于体用科、文辞秀逸科、风雅古调科等，多达百十种。这些称为制科。唐代博学宏词科最初也是制科，开元十九年后改为吏部选人的科目，每年举行考试。宋代制举恢复博学鸿词科，直至清代仍保留博学鸿词科。

3. 宋代　宋代沿用进士、明经等科取士，至宋神宗时，王安石上书建议保留进士科废明经等科。进士科改试经义，保留论策（间或兼考诗赋）。礼部考试合格后，由皇帝殿试复审，分五甲发榜，授予官职。

4. 明清　明清两代的科举制度大致相同。清代参加正式科举考试前，以儒童或童生身份参加童试，入学后称为生员（庠生、秀才）。生员按成绩分廪生、增生和新入学的附生三种。每年由学政考试，按成绩等第依次升降。

正式科举考试分乡试、会试、殿试三级。通过本省学政巡回科考成绩优良的秀才，被选送参加乡试。乡试通常在省城每三年举行，又称大比、秋闱。乡试取中后称举人，第一名为解元。参加会试的是举人，会试考八股文和试贴诗，在乡试后第二年春天在礼部举行，又称礼闱、春闱，取中后称为贡士，第一名称为会元。贡士参加殿试，由皇帝主试，考策问，取中后统称进士。殿试分三甲录取，第一甲赐进士及第，第一甲录取三名，依次为状元、榜眼和探花，合称三鼎甲。第二甲赐进士出身，第三甲赐同进士出身。

二、职官

我国古代的职官制度历代都有所不同。秦汉以前还没有形成全国统一的官制。秦始皇统一中国以后，建立起中央集权的统一官制，把官吏分为中央和地方两类。汉代基本沿袭秦制，以后历代虽然有种种变化，但两千年来大致是以秦汉官制作为基础发展演变的。

（一）三公

秦代设丞相府、太尉府和御史大夫寺。丞相、太尉和御史大夫史称三公，丞相佐理国政，太尉掌全国军事，御史大夫是皇帝的秘书长兼管监察。三公中丞相官位最高，尊称为相国（宰相）。三公是中央官制中的中枢机构之一。

笔记栏

汉初沿袭秦制，西汉末将三公改为三司，分别是大司徒、大司马、大司空，都是宰相。汉武帝以后设台阁（尚书台），后世又称尚书省。尚书省设尚书令、尚书仆射，丞相权力逐渐缩小，三公（三司）负责处理例行公事，台阁成为实际意义上的宰相府。

东汉以来尚书台权力过大，魏文帝时将其改为执行机构，另设中书省，以中书监、中书令为首长，执掌中枢。南北朝时，中书省权势又日渐势大，设置门下省，以侍中为首长，对中书省加以限制，最终形成尚书、中书、门下三省分职制度。中书省取旨，门下省审核，尚书省执行，三省最高领导共议国政，同为宰相。

唐代宰相一职出现变革。唐太宗时期，尚书省不再设尚书令，而以左右仆射为尚书省的首长宰相；中书省的中书令和侍中官职常委派其他官员以参议朝政、参议得失、参知政事之职担任。唐高宗以后执掌实际宰相职务为同中书门下三品、同中书门下平章事。

宋代新建二府，枢密院沿袭秦代太尉府，设枢密使、枢密副使。宋代文、武分治，权力由中书省和枢密院分掌。

辽代中枢机构是北、南宰相府，各设左、右宰相，正式确定宰相这一官职。

元代以尚书省、中书省为宰相府，以尚书令、左右丞相、平章政事为宰相，后废尚书省，并入中书省。

明代废中书省，皇帝亲理国政，翰林院官员加龙图阁大学士官衔草拟诏谕，大学士逐渐参与大政，权力类于宰相。清沿袭明制，雍正时成立军机处，大学士一职权力被削减。

（二）九卿

九卿指奉常、郎中令、卫尉、太仆、廷尉、典客、宗正、治粟内史和少府，秦汉时中央行政机构长官。九卿和三公组成中枢机构，九卿之下各有属官，九卿之外，还有掌管京师治安的中尉（后称执金吾），掌管营建宫室的将作少府（后称将作大匠）等。

九卿分别掌管国家政务和皇帝事务。国家政务具体职责为：最高法官（廷尉或大理）、管理少数民族来朝事宜（典客或大行令、大鸿胪）、管租税赋役（治粟内史或大农令、大司农）。皇帝事务具体职责为：掌宗庙礼仪（奉常或太常）、总领宫廷侍卫（郎中令或光禄勋）、管宫门近卫军（卫尉或中大夫令）、管皇帝车马（太仆）、管理皇族事务（宗正）、管宫廷总务（少府）。

（三）六部

从东汉到隋唐，尚书省（尚书台）是行政的总负责机构。由于事务繁多，尚书省内分曹办事，每曹设尚书一人，这是后世中央各部的前身。隋代始定为吏、民、礼、兵、刑、工六部，属于尚书省。唐避太宗讳，改民部为户部。此后作为中央行政机构的六部制基本未变，沿袭到清代。

六部职责有具体分工。吏部，掌官吏的任免、铨叙、考绩、升降等；户部，掌土地、户口、赋税、财政等；礼部，掌典礼、科举、学校等；兵部，掌全国军政；刑部，掌刑法、狱讼等；工部，掌工程、营造、屯田、水利等。六部最高领导为尚书，六部尚书以《周礼》六官作为代称，如户部尚书称大司徒、礼部尚书称大宗伯、兵部尚书称大司马、刑部尚书称大司寇等。六部成立后九卿的职权变小，有的由于并入相关部司被裁撤。

第六节　称　　谓

一、年龄称谓

古籍中对于不同年龄段的称谓富含文化信息。年龄，常通过引用诗词、典故，或使用隐喻、转喻等方式来表达，与传统文化、人生礼仪等密切相关。体现了中国文化的深厚底蕴。

古代年龄称谓大致可以分为以下几类：

（一）数量化的年龄称谓

古籍中常见以实际年龄加“岁、年、龄”等表示具体年龄。古人希冀长寿，对老人的年龄称谓常加“寿”字表示，如寿几何、寿八十。还可以通过加“秩、旬”等表示阶段性的词，表示具体年龄。古人以十年为一秩、十岁为一旬。如，七秩、年过六旬、八旬老者，并通过加“开”形成“开×秩”“开第×秩”表达方式，引申出某一范围内不确定的年龄称谓。白居易《喜老自嘲》：“行开第八秩，可谓尽天年。”自注：“时俗谓七十以上为开第八秩。”

在文学作品中还有用数字组合来称谓年龄的。如，二八指十六岁，三六指十八岁。

（二）经典化的年龄称谓

经典化的年龄称谓源自典籍，被后世多用于男子不同年龄的代称。《礼记》和《论语》中均有各年龄阶段的划分和概括，沿袭至今，部分称谓不再分性别，有些习俗化。

《礼记·曲礼上》：“人生十年曰幼，学。二十曰弱，冠。三十曰壮，有室。四十曰强，而仕。五十曰艾，服官政。六十曰耆，指使。七十曰老，而传。八十九十曰耄，七年曰悼，悼与耄虽有罪，不加刑焉。百年曰期，颐。”《礼记·内则》：“五十杖于家，六十杖于乡，七十杖于国，八十杖于朝。”体现一种尊老的礼制。《论语·为政》：“吾十有五而志于学，三十而立，四十而不惑，五十而知天命，六十而耳顺，七十而从心所欲，不逾矩。”《论语》为四书之首，年龄称谓流传最广，影响也最大。

十岁：幼学、幼学之年；十五岁：志学、志学之年；三十岁：而立；四十岁：强仕、强仕之年、不惑、不惑之年；五十岁：杖家之年、知天命、知命；六十岁：耆、耆年、年耆、耳顺、耳顺之年、杖乡之年；七十岁：从心、不逾矩、杖国之年；八十岁：杖朝之年；八九十岁：耄、耄耋；一百岁：期颐。古籍中多有组合使用。如：

艾耆：泛指五六十岁。《荀子·致士》：“耆艾而信，可以为师。”又称耆艾。

耆耄：泛指六十岁以上。又称耄眊、耆耇、耆齿、耆耋、眊耆。

耆老：七十岁。《国语·吴语》韦昭注：“六十曰耆，七十曰老。”又称老耆。

（三）习俗化的年龄称谓

汤饼之期：出生三日。小儿出生三日，设筵招待亲友，又称汤饼筵、汤饼局。

百岁：出生满百日。家中举办宴会招待亲友，祈愿孩子长命百岁，又称百晬。孟元老《东京梦华录》：“生子百日，置会，谓之‘百晬’。”

周晬：小儿周岁。孟元老《东京梦华录》：“至来岁生日，谓之‘周晬’，罗列盘琖于地，盛果木、饭食、官诰、笔研、筭秤等经卷针线应用之物，观其所先拈者，以为征兆，谓之‘试晬’。此小儿之盛礼也。”又称晬日、晬盘日、抓周、试晬。

总角：幼年十一二岁。古代男女未成年结发为两髻，状如两角。《诗·卫风·氓》：“总角之宴，言笑晏晏。”陶渊明《荣木》诗序：“总角闻道，白首无成。”又称总发。

垂髫：幼童。古时童子未冠，头发自然下垂，后来就用垂髫或垂发来称七八岁之前的幼年儿童。陶渊明《桃花源记》：“黄发垂髫并怡然自乐。”又称垂发、髫年、髫龄、髫发、髫裁等。

及笄：女子十五岁。加笄是女子成年之礼，行笄礼，表示已经成年，又称既笄。

束发：男子十五岁。古代男子到十五岁把头发束成髻，盘在头顶，表示成童。又称结发、结童。

弱冠：男子二十岁。加冠，意为男子不再梳童髻。古代男子二十岁行冠礼，加冠的男子已具成人资格，但因加冠时还不到壮年，称弱冠。又称冠年、及冠、弱龄。

（四）诗文化的年龄称谓

初度：出生之时。屈原《离骚》：“皇览揆余初度兮，肇锡余以嘉名。”

笔记栏

孩提：二至三岁的儿童。韩愈《祭十二郎文》："如此孩提者，又可冀其成立邪！"《说文解字》："孩，古文咳，从子。"孩，"咳"的古字，小儿笑的咳咳之声。又称孩抱、提孩。

金钗：女子十二岁。南朝梁武帝萧衍《河中三水歌》："河中之水向东流，洛阳女儿名莫愁……头上金钗十二行，足下丝履五文章。"又称金钗之年。

豆蔻：女子十三四岁。杜牧《赠别》："娉娉袅袅十三余，豆蔻梢头二月初。"豆蔻初夏开花，比喻女子还未成年，又称豆蔻年华。

桃李年华：女子二十岁。陆游："粉淡香清自一家，未容桃李占年华。"

知非：五十岁。《淮南子·原道训》："蘧伯玉年五十，而知四十九年非。"春秋时卫国蘧伯玉不断反省自己，五十岁时就知道了以前的错误。又称知非之年。

古稀：七十岁。杜甫《曲江》："酒债寻常行处有，人生七十古来稀。"又称古希、古稀年。

（五）生理化的年龄称谓

古人对不同年龄阶段的生理自然特征也体现在各个年龄段的称谓中。

赤子：初生。婴儿出生时皮肤微微泛红。

襁褓：不满周岁的幼儿，张守节《史记正义》："襁，长尺二寸，阔八寸，以约小儿于背；褓，小儿被也。"

龆龀：七八岁。牙齿是识别年龄的标志之一，儿童七八岁时开始换牙，龆指男孩换牙，龀指女孩换牙。《韩诗外传》："男八月生齿，八岁而龆齿……女七月生齿，七岁而龀齿。"又称毁齿、冲龀。

皓首：老年人。王勃《滕王阁序》："老当益壮，宁移白首之心。"又称白首。

黄发：长寿老人，一说，九十岁。古时老人头发由白转黄是长寿的象征。

（六）历法化的年龄称谓

花信：女子二十四岁。江南自小寒至谷雨，共八个节气，计一百二十日，每五日为一番风候，应一种花信，凡二十四番。

花甲：六十岁。本指六十甲子，天干地支按序每六十年循环一次，故称花甲。又称花甲子、花甲之年。

（七）趣味化的年龄称谓

将汉字拆解，趣味性表示数量来称谓年龄。

破瓜：女子十六岁。"瓜"字拆开为两个八字，即二八之年。又称瓜字。

喜寿：七十七岁。草体喜字，字形如直笔连写的七、十、七三字。

伞寿：八十岁。伞字的古体仐，形似八十。

米寿：八十八岁。米的字形可拆解成八、十、八三字。

乙寿：八十九岁。乙字比九秩（九十岁）的九字少一撇。

白寿：九十九岁。白字为百字减一横而成。

茶寿：一百一十八岁。茶字字形中的"廿"指二十，下面可拆为八十八。

二、姓名称谓

（一）姓氏

上古有姓和氏。姓是族号，氏是姓的分支。《通鉴·外纪》："姓者，统其祖考之所自出；氏者，别其子孙之所自分。"周代，贵族有姓氏，一般平民没有姓氏。战国以后，姓和氏逐渐合一，以氏为姓。汉以后统称姓，平民也可以有姓了。

上古同姓不通婚，女子称姓，姓比名更显重要。周王室及鲁、晋、郑等国都姓姬，齐国姓姜，秦国姓嬴，楚国姓芈。未婚女子在姓前冠以孟（伯）、仲、叔、季表示排行，如孟姜、伯姬、仲

笔记栏

子、叔姬、季芈。出嫁后主要有六种方法加以区别：在姓前加上出嫁前的国名，如齐姜、晋姬、秦嬴、陈妫；嫁给别国国君，在姓前冠以夫君受封国的国名，如秦姬、芮姜、息妫、江芈；嫁给别国的卿大夫，在姓前冠以配偶的氏或邑名，如赵姬（赵衰妻）、棠姜（棠公妻；棠，邑名）；去世后在姓前冠以配偶或本人的谥号，如武姜（郑武公妻）、穆姬（秦穆公妻）、敬嬴（鲁文公妃、鲁宣公母）；在姓后加“氏”，如武姜为姜氏。

周代贵族有姓氏，男子称氏。诸侯以受封国名为氏，如郑捷（郑文公）、蔡甲午（蔡庄公）、齐环（齐灵公）；卿大夫及其后裔以受封邑名为氏，如晋大夫原轸、晋大夫羊舌赤、楚大夫叶公子高；卿大夫以所居地名为氏，如南宫敬叔（孔子弟子，名适，字子容）、百里孟明视（秦大夫，百里奚之子）；卿大夫以官名为氏，如祭仲（郑大夫，初为祭封人掌封疆者，后以为氏）；以祖先字或谥号为氏，如孔丘（宋公孙嘉之后，嘉字孔父）；以技为氏，如弈秋、庖丁。

（二）名字

名、字由父亲或尊长取定，字是为了便于他人称呼。表示礼貌和尊敬，对平辈或尊辈称字。如，屈原名平字原、司马迁字子长、陶渊明字元亮。

周代贵族在字前加伯、仲、叔、季表示排行，字后加父或甫表示是男子，也可以出现省略称谓。如仲尼父（仲尼、尼父）。春秋时期，男性常在自己的字前加“子”，如子产、子渊，有时也将“子”省略。

（三）别号

号由自己取定。号，用于自称以显示某种志趣或情感，称他人号是一种敬称。如陶潜号五柳先生，欧阳修号醉翁、晚年又号六一居士，王安石晚年号半山，苏轼号东坡居士。

称斋号。如，蒲松龄为聊斋先生、梁启超为饮冰室主人。

称籍贯。如，柳河东（柳宗元是河东人）、王临川（王安石江西临川人）；顾亭林（顾炎武是江苏昆山亭林镇人）。

称郡望。如，韩愈为河内河阳人，但因昌黎韩氏为唐代望族，韩愈常以“昌黎韩愈”自称，世人称其韩昌黎。苏轼本为四川眉州人，因赵郡苏氏是当地望族，有时自称“赵郡苏轼”“苏赵郡”。

称官地。如，刘备曾任豫州刺史，故称刘豫州；“建安七子”孔融曾任北海相，世称孔北海；陶渊明曾任彭泽县令，世称陶彭泽；柳宗元曾任柳州刺史，世称柳柳州。

称官名。如，称贾谊为贾太傅；阮籍曾任步兵校尉，世称阮步兵；嵇康曾拜中散大夫，世称嵇中散；王羲之官至右军将军，人称王右军；杜甫曾任左拾遗，故称杜拾遗，又因任过检校工部员外郎，又称杜工部；刘禹锡曾任太子宾客，世称刘宾客；苏轼曾任端明殿翰林学士，世称苏学士。

称爵名。如，诸葛亮封武乡侯，世称武侯；书法家褚遂良封河南郡公，世称褚河南；王安石封荆国公，世称王荆公；司马光封温国公，世称司马温公。

（四）谥号

古代帝王、诸侯、官吏、文士死后被追加的称号叫谥号。如，陶渊明为靖节征士，欧阳修为欧阳文忠公，王安石为王文公，范仲淹为范文正公，林则徐为林文忠公。皇帝在谥号前再加庙号，如汉武帝称世宗孝武皇帝。

（五）避讳

避讳是中国封建社会特有的现象，人们为尊敬君主、圣人、贤者和长辈，不直呼其名，不照字直书，而用其他的字、词代替的一种习俗。《公羊传・闵公元年》：“春秋为尊者讳，为亲者讳，为贤者讳。”避讳大约起源于周代，作为我国特有的一种称谓现象，和中国两千多年漫长的封建社会共始终。分国讳、家讳、圣讳和宪讳、个人讳等。

笔记栏

避讳的方法通常有三种，即改字法、空字法和缺笔法。

改字法。凡遇到需要避讳的字，改用与之意义相同或相近的字，叫做改字法。改字之例，秦汉典籍常见。司马迁撰《史记》，为了避秦庄襄王子楚之名讳，遂改“楚”为“荆”。汉高祖刘邦，《汉书》为避其讳，遂改“邦”为“国”。至隋唐，改字之风日盛。

空字法。凡遇到需要避讳的字，则空其字而不写，或用空围“□”“某”“讳”来代替，叫做空字法。如，沈约修《宋书》，为避宋武帝之名，把刘裕写作刘讳，或写作刘□。今本《宋书》已回改。《史记·孝文本纪》“子某最长，纯厚慈仁，请建以为太子”，其中“某”指“启”，讳以景帝刘启之名。

ER-下-7-2
扫一扫，测一测

缺笔法。凡遇到需要避讳的字，就在原字基础上缺漏笔划，多为最后的一二笔，叫做缺笔法。这是产生于唐代的一种方式。如：为避孔子讳，将“丘”字写作“丠”。为避唐太宗讳，将“世”字写作“丗”或“廿”。为避宋太祖讳，将“胤”字写作“𦙍”或“乱”。为避清圣祖康熙皇帝玄烨讳，将“玄”字写作“𤣥”。

（赵鸿君　张　继）

复习思考题

1. 中国古代职官制度中六部有哪些部门？
2. 中国古代的人才选拔制度，从汉魏六朝至明清有哪些主要形式？
3. 避讳有几种常用方法，如何使用？

附录　常用语文工具书简介

一、字典类

《说文解字》　简称《说文》，东汉许慎著，宋徐铉校定，中华书局 2004 年出版。成书于汉和帝永元十二年(100)到安帝建光元年(121)，首创 540 部，收字 9 353 个，是我国第一部按部首编排的字典。其体例是先列出小篆，然后解释字的本义，再解释字形与字义或字音之间的联系。

《康熙字典》　张玉书、陈廷敬等奉诏编撰，成书于清朝康熙五十五年(1716)，按部首排列。全书共分 214 个部首，这些部首又以笔画为序，分别归入用十二地支标分的十二集中，每集又分为上、中、下三卷，释字的体例是先注音，后释义，各义之下一般引古书为证，共收录汉字 47 035 个，是收录汉字最多的古代字典。《康熙字典》的版本很多，常见的有中华书局 2004 年版、中州古籍出版社 2006 年版。

《中华大字典》　陆费逵、欧阳溥存等编，1915 年中华书局出版，1935 年重印，1978 年再次重印。该书编撰目的即纠正《康熙字典》中的错误，弥补其不足。其分部与《康熙字典》相同，仍为 214 部，每字先注音，注音以《集韵》为准；注音之后是释义，义项基本上按本义、引申义、假借义顺序排列。每一义项后都引一条文献作为书证。此外，书前还附有《切韵指掌图》，书后附有笔画检字。

《说文解字诂林》正编及补遗　丁福保编辑，1928 年上海医学书局影印。该书汇集了 182 种 1 036 卷注释和研究《说文》之著作，以许慎的原书次序为纲编辑而成，不仅得一字而各说皆备，而且集许学之大成，成为治《说文》者最便利的资料。作者后续又编成《说文解字诂林补遗》，计收书 46 种，汇为 173 卷，1932 年上海医学书局影印。

《联绵字典》　符定一编，1943 年北京京华印书局出版。本书是一部解释双声叠韵词的词典。全书 36 卷，依《康熙字典》体例，分为子、丑、寅、卯等 12 集，按部首排列。每一词下先注出《说文解字》大徐本的反切，《说文解字》没有的字就注出《广韵》或《集韵》的反切，然后解释词义，并列举古书用例和原书注文。此书可作为一种材料书供检查之用。

《汉语大字典》　徐中舒主编，1985 年起由四川辞书出版社、湖北辞书出版社陆续出版，1990 年出齐。全书 8 卷，是目前收字最多的字典，收列单字 5.6 万个左右。字形方面，在楷书的单字条目下，收列了能够反映形体演变关系的、有代表性的甲骨文、金文、小篆和隶书的形体；字音方面，对收列的楷书单字尽可能地注出其现代读音，并收列了中古的反切，标注了上古的韵部；字义方面，不仅注意收列常用字的常用义，而且注意考释常用字的生僻义和生僻字的义项。这是目前学术水准最高的汉语字典之一。

《通假大字典》　张桁、许梦麟主编，黑龙江人民出版社 1993 年出版。该书收录古书中约 3 000 个通假字进行汇释。所收字头均有通假义，并有古书例证，无通假义者概不收录。字书、韵书中无古书例证的通假字，一般也不予收录。对于一部分古今字，人们习惯上认为有通假关系的，则予以收录。编排体例以借字为字头，被借字(本字)列于字头之下，字头按传统的 214 部首归部排列，部首相同者依笔画多少排序。为方便阅读，凡互通字均分别出列条目，并附设部首、音序两套索引。

《古汉语常用字字典》　古汉语常用字字典编写组编，商务印书馆 1998 年新版。字典收古汉语常用字 4 100 多个，收双音词 2 500 多个，释义按本义、引申义、假借义排列，一些字下列有［注意］，指出词义在发展过程中应注意的地方，［辨］则对同义词和反义词作简要辨析。另附《难字表》，收字 2 600 余个。这是一部小型实用、翻检方便的古汉语字典。《古汉语常用字字典》的版本有 1979 年首版、1993 年版、1998 年版、2005 年版和 2016 年版，每一次重印过程中，商务印书馆都做过多次小的修改。

二、词典类

《尔雅》　最早收录于《汉书・艺文志》。作者不可考，大约创作于先秦，成书于汉代。尔，近；雅，正，指雅正之言。《尔雅》就是近正之言。《尔雅》是中国最早的一部解释词义的书，是中国古代第一部词典，儒家“十三经”之一，也是后代考证古代词语的一部著作。全书收词语 4 300 多个，计 2 091 个条目，现存 19 篇，被认为是中国训诂学的开山之作，在训诂学、音韵学、词源学、方言学、古文字学方面都有着重要影响。今本《尔雅》共 3 卷，按所释词的内容分十九类。其中前三篇释诂、释言、释训，解释普通字义；其余释亲、释宫、释器、释乐、释天、释地、释丘、释山、释水、释草、释木、释虫、释鱼、释鸟、释兽、释畜等十六篇，解释人事、天文、地理、动物、植物等方面的名称。因年代久远，不易看懂，须参考后人注疏。著名的有晋代郭璞的注、北宋邢昺的疏、清代邵晋涵的《尔雅正义》和郝懿行的《尔雅义疏》，以及今人朱祖延的《尔雅诂林》。后者汇集历代研究《尔雅》的专著一百多种，并撰有《尔雅》研究书目提要 144 篇，堪称《尔雅》研究大全。

《词源》　宋末元初词人张炎著，是中国古代关于词和词乐的专门著作。全书分上下两卷，上卷 14 条，论词乐；下卷 16 条，除了个别条目仍论词乐外，主要论述词文学，最后 1 条记录了杨守斋的“作词五要”。作者虽然在论词中有过于苛求其符合音乐创作要求，偏重形式的倾向，但仍为后世词家所重视。《词源》重要版本有商务印书馆 1983 年版。

《经传释词》　清代王引之著，出版于 1819 年，主要用于解释经传古籍中的虚词。它所收录的虚词以经传为主，以子书和其他书的材料为辅，东汉之后的一概不录。本书体例比较严密，引证博赡，解说详备，有不少好的见解。它还能突破字形的框框，用同音假借的道理，说明一些虚词的意义。

《辞源》　陆尔奎主编，商务印书馆 1915 年出版。《辞源》是我国现代出版史上第一部大型语文工具书，以解释古汉语字、词为主，收单字 12 890 个，复音词 84 134 个。全书依十二集和二百一十四部首为次序，同部首的按笔画多少为序。书后附有《繁体字对照表》《新旧字形对照表》及《历代建元表》。全书采用繁体字，专于求本，重在溯源；用浅近的文言释义，释义简明。

《词诠》　杨树达编著，商务印书馆 1928 年出版，是一部虚词词典。按注音字母顺序排列，附有部首目录。对每个虚词的解释，都先注音，次标明词类，然后解释意义和用法，再列举大量例句，例句都注明出处。眉目清晰，系统性强。

《辞通》　清代朱起凤编著。此书原名《新读书通》，1934 年由开明书店出版，改名《辞通》，是一部汇释双音词的大型词书，共 24 卷，收词 30 000 多条，全书共 300 多万字。书中所录都是古籍中两字连用在一起的异形同义的词语。其最大的特点是每一组词语之后几乎都加有按语，以声韵为枢纽，指出文字异同之间的关系。所有词语都取第一个词语的下一个字按《佩文韵府》106 韵的韵次排列，分为平上去入四声。本书资料丰富，体例严谨，井然有序。

《辞海》　舒新城主编，上海辞书出版社 1936 年出版，是中国最大的综合性辞典。分两册，采用部首排列法，分为 214 个部首，先解释单字的字义，其次再解释复音词或词组的意义和用法，复音词和成语典故等收在该词语典故的第一个字下面，按字数多少和第二、三字的笔画数目分列先后。此后对《辞海》进行多次修订，第 6 版《辞海》由夏征农、陈至立担任主编，于 2009 年 9 月 21 日起面向读者发行。

《汉语成语词典（修订本）》　西北师范学院中文系汉语成语词典编写组编，上海教育出版社

1978年第1版。这是一部中型成语词典，共收以查检频率较高的成语为主的常用成语5 300多条。其特点是收词适中，释义准确，列出书证，文字通俗，翻检方便，实用性和可读性较强。

《现代汉语词典》　中国社会科学院语言研究所词典编辑室编，商务印书馆出版。1978年《现代汉语词典（第1版）》出版，至今已修订至《现代汉语词典（第7版）》。经过大修出版的《现代汉语词典（第6版）》于2012年出版，共收单字13 000多个，词、词组、熟语、成语等条目69 000余条。其特点是收词丰富，注音标准，释义严谨。

《汉语大词典》　罗竹风主编，中国汉语大词典编辑委员会、汉语大词典编纂处编纂，汉语大词典出版社1993年版。这是一部大型的、历史性的汉语语文词典，是一部集古今汉语语词之大成的巨著。全书12卷，共收词目375 000余条，全书5 000余万字，插图2 253幅，另有索引和附录1卷。词条依200个部首编排，以繁体字立目，标注现代音和古音，义项精当齐备，释义扼要准确，引证全面丰富。每卷有《难检字表》《部首检字表》。附录有《中国历代度制演变测算简表》《中国历代量制演变测算简表》《中国历代衡制演变测算简表》《公制计量单位进位和换算表》《历代帝王纪年干支纪年公元纪年对照表》《两晋南北朝时期的十六国政权简表》《五代时期的十国政权简表》等。索引有《单字笔画索引》和《单字汉语拼音索引》。该书是一部大型的、历史性的汉语语文词典。其后《汉语大词典》编纂处又历经五年编写完成了《汉语大词典订补》，收单字条目与多字条目三万余条，由上海辞书出版社2010年出版。

《古代汉语虚词词典》　中国社会科学院语言研究所古代汉语研究室编写，商务印书馆1999年出版。这是一部充分反映古今虚词研究成果的词典，不仅收单音虚词，还收复合虚词、惯用词组和固定格式，共计1 855条。其特点是例证丰富，释义严谨，科学性和实用性兼备。

《故训汇纂》　宗福邦、陈世铙等主编，商务印书馆2003年出版。该书全面汇辑了从先秦至晚清古籍文献中的注释材料，共收字头近2万个，注项约50万条，篇幅达1 300万字，按《康熙字典》214部编排。该书是对《经籍纂诂》的继承和拓展，是近年来编纂的较有价值的大型训诂专著。

《中国典故大辞典》　赵应铎编著，汉语大词典出版社2005年出版。全书共收《汉语大词典》中已收和未收的典故6 400多个，各种变化形式32 000多条。该书以典故的常见常用名称为主条，爬梳文献，追源溯流；以该典故各种变式为副条，并给出书证，主条副条都逐条注音释义。是当今规模较大、内容较全的一部典故类工具书。

《成语辞海》　冷玉龙等主编，上海辞书出版社2014年出版。该书广收博采古今成语61 000余条。释义力避繁琐，简明扼要，还尽可能收录古代文献中出现的异形成语，把能关联的异形成语都做了关联；同义异形条目分立，以突出两者区别；需要处尽量用简明通俗的文字交代典故或引出语源，并大多进行了白话翻译。书前有《词目首字音序表》，书后附《词目笔画索引》。

《十三经索引》（重订本）　叶圣陶编，中华书局1983年版。这是一部专为查检“十三经”语句出处而编的索引。“十三经”指《周易》《尚书》《诗经》《周礼》《仪礼》《礼记》《春秋左传》《春秋公羊传》《春秋谷梁传》《论语》《孝经》《尔雅》《孟子》13部经书。这本书将十三经原文摘成单句，以笔画为序，编成索引，十分方便。

《诗词曲语辞汇释》　张相著，中华书局1953年出版。这是一部研究诗词曲中特殊词语的专著，共收唐宋元明诗词曲中常用特殊词语800余条。书中一般是解释词或词组的意义，有时还推及于词源（或语源）的探讨和语法的分析。书末附有笔画索引，方便查阅。

《唐诗宋词鉴赏辞典》　傅德岷、卢晋主编，湖北辞书出版社2005年版。该辞典的编撰体例除原诗词外，并有作者简介、注释、鉴赏及插图。其简介言简意赅，注释精要准确，鉴赏深入浅出，生动活泼，且书末汇编“名句索引”作为附录，适合初学者阅读。

（李莹波）

主要参考书目

1. 方孝孺. 逊志斋集[M]. 上海:商务印书馆,1919.
2. 苏轼. 东坡志林[M]. 北京:商务印书馆,1939.
3. 王安石. 临川先生文集[M]. 北京:中华书局,1959.
4. 曹寅,彭定求等. 全唐诗[M]. 北京:中华书局,1960.
5. 唐圭璋. 全宋词[M]. 北京:中华书局,1965.
6. 罗贯中. 三国演义[M]. 北京:人民文学出版社,1973.
7. 阮元. 十三经注疏[M]. 北京:中华书局,1979.
8. 鲁迅. 鲁迅全集[M]. 北京:人民文学出版社,1981.
9. 司马迁. 史记[M]. 北京:中华书局,1982.
10. 洪迈. 夷坚志[M]. 扬州:江苏广陵古籍刻印社,1983.
11. 陈熙晋. 骆临海集笺注[M]. 上海:上海古籍出版社,1985.
12. 吴功正. 古文鉴赏辞典[M]. 南京:江苏文艺出版社,1987.
13. 朱光潜. 谈美・谈文学[M]. 北京:人民文学出版社,1988.
14. 罗竹风. 汉语大词典[M]. 北京:汉语大词典出版社,1994.
15. 陆钦. 庄子通义[M]. 长春:吉林人民出版社,1994.
16. 柳士镇,刘开骅. 世说新语全译[M]. 贵阳:贵州人民出版社,1996.
17. 陈其光. 中国当代文学史[M]. 广州:暨南大学出版社,1999.
18. 朱谦之. 新编诸子集成[M]. 北京:中华书局,2000.
19. 纪昀等. 文津阁四库全书[M]. 北京:商务印书馆,2006.
20. 房玄龄,刘绩. 管子[M]. 上海:上海古籍出版社,2015.

复习思考题答案要点
复习思考题
答案要点

模拟试卷
模拟试卷